Sangue, ossos e terras

Os mortos e a ocupação do território luso-brasileiro
séculos XVI e XVII

Sangue, ossos e terras

Os mortos e a ocupação do território luso-brasileiro
séculos XVI e XVII

RENATO CYMBALISTA

Copyright © 2011 Renato Cymbalista

Edição: Joana Monteleone
Editor assistente: Vitor Rodrigo Donofrio Arruda
Projeto gráfico: Carlo Zufellato
Assistente de produção: Fernanda Pedroni Portijo
Revisão: Paula Carolina de Andrade Carvalho
Capa: Carlo Zufellato

Imagem da capa: gravura de Melchior Küssel do livro *Societas Jesu usque ad sanguinis et vitae profusionem militans*, de Mathias Tanner (Praga, 1675)

CIP-BRASIL. CATALOGAÇÃO-NA-FONTE
SINDICATO NACIONAL DOS EDITORES DE LIVROS, RJ

C996s

Cymbalista, Renato
SANGUE, OSSOS E TERRAS:
os mortos e a ocupação do território luso brasileiro - séculos XVI e XVII
Renato Cymbalista
São Paulo: Alameda, 2011.
346p.

   Inclui bibliografia
   ISBN 978-85-7939-026-5

1. Morte - Aspectos sociais - Brasil - História. 2. Morte - Aspectos religiosos - Brasil - História. 3. Cemitérios - Aspectos sociais - Brasil - História. 4. Monumentos funerários - Brasil. 5. Territorialidade humana. 6. Religião e geografia. I. Título.

10-0720.   CDD: 393.0981
                            CDU: 393(81)

ALAMEDA CASA EDITORIAL
Rua Conselheiro Ramalho, 694 – Bela Vista
CEP 01325-000 – São Paulo – SP
Tel. (11) 3012-2400
www.alamedaeditorial.com.br

Sumário

	Agradecimentos	7
	Introdução	13
CAPÍTULO 1	O reino de Cristo, território dos mártires	29
CAPÍTULO 2	Relíquias sagradas e a construção do território cristão na Idade Moderna	115
CAPÍTULO 3	O corpo do reino	179
CAPÍTULO 4	A comunidade dos vivos e dos mortos	223
CAPÍTULO 5	Os índios, sua terra e seus mortos	251
	Considerações finais	301
	Referências bibliográficas	315
	Referências das imagens	335
	Glossário de personagens	345

AGRADECIMENTOS

Se eu acreditasse em Deus, agradeceria aqui a Ele por enviar-me Ana Lúcia Duarte Lanna, orientadora da tese de doutoramento que resultou neste livro. Ana, que também orientou meu trabalho de mestrado, possui o raro talento de fazer seus orientandos se sentirem à vontade em um mundo tão complicado como o da academia, orientando com disponibilidade, criatividade e, principalmente, bom humor. Após mais de dez anos de convivência, percebo que esse aprendizado vai bem além de minha trajetória intelectual. Posso dizer que Ana ajudou a construir parte daquilo que sou hoje.

Foram fundamentais as contribuições de Mário Henrique D'Agostino (Maíque), Laura de Mello e Souza, Ana Paula Megiani, Paulo César Garcez Marins, Cristina Pompa e Murillo Marx nas bancas de qualificação e defesa da tese. Outros leitores e comentadores de partes ou de todo o trabalho, desde o projeto de pesquisa, foram Lília Moritz Schwarcz, Beatriz Picolotto Bueno, Iara Rolnik Xavier, Ananda Stücker, Paula Freire Santoro, Renato Sztutman, Valéria Piccoli.

Para desenvolver o trabalho, tive duas passagens pelos arquivos portugueses, e sou muito grato às várias pessoas que possibilitaram que a pesquisa acontecesse de forma tão produtiva. Em 2004 tive uma acolhida dupla em Lisboa, como investigador visitante do Instituto Superior de Ciências do Trabalho e da Empresa (ISCTE), sob a supervisão de Manuel Teixeira, e do Instituto de Ciências Sociais da Universidade de Lisboa, sob Nuno Monteiro, que enriqueceram o trabalho com seus aportes oportunos e complementares. O apoio financeiro veio da Cátedra Jaime Cortesão – Instituto Camões/USP, e agradeço à professora Vera Ferlini pela confiança. Em 2005-6, fui recebido como investigador visitante no Centro de História de Além-Mar da Universidade Nova de Lisboa, sob Pedro Cardim, a quem devo um agradecimento especial pela disponibilidade, pelas dicas bibliográficas e pelo estímulo. Nos dois períodos de pesquisa, recebi apoio da Pró-Reitoria de Pós-Graduação da USP para o transporte. Agradeço também àqueles que abriram suas agendas e me ajudaram de várias formas nessas passagens por Lisboa: Teresa Vale, Luisa Luzio, Renata Malcher, Walter Rossa, Chris Machado e Rui Tavares, além dos funcionários da Biblioteca Nacional e da Biblioteca da Ajuda.

Agradecimentos por ajudas ajudas técnicas e afetivas: Fernando Bastos, Vera Figueiredo, Kiko Masuda pelos mapas, Fernando Sarti Ferreira pela pesquisa de personagens, Anita Rodrigues Freire, Mateus Fandiño, Luiz Filipe Chammas, Paulo Tavares, André Kobashi. Estelita e Maria José, da biblioteca da FAU Maranhão, deram um apoio sempre atencioso. Geralda, Nice, Eneida e Sílvia, do Departamento de História da FAU, me ajudam desde a graduação. A todos eles um muito obrigado. Agradeço também o apoio da Biblioteca José e Guita Mindlin.

O corpo técnico e administrativo do Instituto Pólis, a quem devo minha formação profissional, teve papel fundamental. Menciono somente aqueles com quem trabalhei mais diretamente nesses anos na equipe de urbanismo, que com competência e solidariedade seguraram todos os rojões quando tive que me recolher para fazer este trabalho: Raquel Rolnik, Kazuo Nakano, de novo Paula Santoro, Tomás Moreira, Gisela Leonelli, Weber Sutti, Paula Pollini, André Kobashi, Carla Menezes, Marina Colonelli, Francisco Comaru, Ana Barone, Rita Canutti, Vanessa Egle, Eulália Portela, Patrícia Cobra.

Agradeço aos meus colegas da Escola da Cidade pela convivência, especialmente Malu de Oliveira, Rosa Artigas, Fraya Frehse, Joana Mello, Renata Motta, Eduardo Rossetti, Ana Castro, Tereza Speyer e Marcio Sattin. Agradeço principalmente aos alunos, que já testaram partes do conteúdo deste trabalho em sala de aula.

Entre a conclusão do doutoramento e a publicação deste livro, minhas reflexões se beneficiaram tremendamente com o envolvimento no projeto temático "Dimensões do Império Português", coordenado por Laura de Mello e Souza na Cátedra Jaime Cortesão, onde tive o privilégio de conviver com um grupo de pesquisadores brilhantes, alguns deles repetidos nestes agradecimentos: Laura de Mello e Souza, Leila Mezan Algranti, Vera Ferlini, José Jobson Arruda, Pedro Puntoni, Íris Kantor, Carlos Zeron, Adone Agnolin, Marina de Mello e Souza, Luiz Filipe Silvério Lima, Ana Paula Megiani, Bruno Feitler, Ana Lúcia Lana Nemi, Maria Cristina Cortez Wissenbach, Rodrigo Ricupero, Luciana Gandelman e Milena Maranho. Agradeço a todos individualmente, e também ao coletivo, pela acolhida generosa de um arquiteto entre historiadores.

A produção final do livro não teria sido possível sem o apoio de Carlo Zufellato, que diagramou, editou as imagens e realizou a capa. Agradeço também a ajuda de Paulo Humberto Ludovico de Almeida e Ricardo Schetty nessa etapa. Não poderia deixar de agradecer a Joana Monteleone, da Alameda, que confiou em mim todo o tempo na edição de um livro mais complexo do que a média, pela quantidade de imagens. Tampouco seria possível sem o apoio da FAPESP.

Agradeço à minha família, meus avós, tios e primos sempre presentes, meus irmãos, André e Flávia, e também a Carine, Lina e Aurora. Agradeço à minha mãe, Célia Cymbalista, e à memória de meu pai, Sérgio Gorki Cymbalista, pelo apoio afetivo, material e pela formação. Sei que isso tudo é privilégio de poucos. E também pelo ensinamento mais importante: curiosidade e intuição devem ser levados a sério.

Dedico este trabalho à memória de Luiza Cymbalista e Bernardo Casoy, dois exemplos de vida.

"Tu és Pedro, e sobre esta pedra edificarei a minha igreja."

Mateus, 16:18

"Não foi pequena a consolação que recebemos de morte tão gloriosa, desejando todos ardentemente e pedindo a Deus com orações contínuas morrer desse modo. Agora sim acreditamos que o Senhor há-de estabelecer aqui a Igreja, tendo já lançado nos alicerces duas pedras banhadas em sangue tão glorioso."

Carta de José de Anchieta a Inácio de Loyola, 1555.

Introdução

Já está se tornando longa a minha trajetória com a temática da morte, em suas relações e seus desdobramentos territoriais. Aos poucos, vem acontecendo o que eu não imaginei que aconteceria: este vai se tornando o "meu assunto", no sentido da delimitação de um campo específico no continente acadêmico. Confesso que essa ideia não me agrada, aproxima-se demais à ideia de propriedade, no pior sentido da palavra: é meu, porque não é dos outros. Mas o fato é que, diferentemente de outros trabalhos que escrevi, a melhor maneira de justificar este trabalho é recuperá-lo dentro da minha própria trajetória.

Após uma graduação em Arquitetura e Urbanismo, minha pesquisa de mestrado dedicou-se ao estudo dos cemitérios do estado de São Paulo, e partiu de uma curiosidade pouco acadêmica pela profusão de formas, estilos, materiais e representações que se faziam presentes em seus túmulos. Interessavam-me, inicialmente, as maneiras como os pedreiros e mestres de obras, os responsáveis pela construção da maior parte dos túmulos, agregavam as informações estéticas presentes nos túmulos das elites com seu próprio repertório e com os materiais construtivos e de revestimento disponíveis para os diferentes grupos da população, resultando na paisagem exuberante das cidades dos mortos.

O percurso foi cheio de meandros, mas o importante é que, em um dado momento, percebi que ao me deter na paisagem contemporânea daqueles cemitérios, eu estava apenas arranhando a superfície da minha questão. Para explicar algumas das coisas que o próprio objeto da pesquisa me mostrava, era preciso remexer as camadas invisíveis do passado.

Fui assim pela primeira vez desafiado pelo instrumental da história: arquivos, manuscritos, paleografia, campos inteiros de debate... o que só foi aumentando as minhas inquietações em relação a esse tema fascinante e inesgotável que é a historicidade das atitudes perante a morte. De um trabalho que inicialmente se tratava de uma leitura de territórios contemporâneos, a história foi ganhando terreno, e para acomodá-la foi necessário construir todo um capítulo que recuperava o movimento de saída dos mortos das igrejas e a constituição dos cemitérios públicos em várias cidades.

Mas nem isso foi suficiente. A história reclamava mais espaço em minha trajetória. O principal saldo daquela pesquisa de mestrado foi uma grande inquietação com documentos que eu mal compreendia, mas que mostravam suas potencialidades acerca da produção de conhecimento sobre o território e as cidades – áreas em que, talvez, minha condição de arquiteto e urbanista oferecesse um diferencial, e não a costumeira desvantagem em relação àqueles que fizeram toda a sua formação em história. Tratava-se de não mais que cinco ou seis passagens, nenhuma delas inéditas, que revelavam que, em alguns casos, os mortos chegaram antes dos vivos nos princípios da urbanização das cidades paulistas. O cemitério ou o túmulo de um personagem especial parecia não só preceder, mas até mesmo orientar, condicionar posteriores assentamentos permanentes, alguns dos quais se tornaram grandes cidades.[1]

---

1 Renato Cymbalista, *Cidades dos vivos:* arquitetura e atitudes perante a morte nos cemitérios do Estado de São Paulo. São Paulo: Annablume/Fapesp, 2002, p. 27-30.

Seria possível? Teriam os mortos participado, por assim dizer, ativamente da urbanização no Brasil? As pessoas e as cidades já teriam se comportado dessa forma, tão radicalmente diferente das maneiras como nos relacionamos com o território atualmente? Cinco ou seis anos depois, apresento este trabalho, construído pela obsessão que essas perguntas despertaram, e pela incrível quantidade de fontes que encontrei. E já é possível adiantar a resposta: sim.

Porém, mais importante que dar a resposta é esclarecer o *como*. Quais elementos tornam verossímil essa bizarra assertiva, de que a urbanização brasileira foi parcialmente obra dos mortos? Quais são os objetos de pesquisa, as fontes, os campos teóricos e metodológicos? Detalhá-los ao máximo é questão de sobrevivência acadêmica, pois não me parece tratar-se de afirmação usual, ainda menos no campo dos estudos urbanos.

Os caminhos percorridos levaram-me bem mais longe do que eu havia suspeitado, tanto do ponto de vista geográfico (incluindo uma passagem fundamental por alguns acervos portugueses e espanhóis) quanto do ponto de vista acadêmico, exigindo uma incursão radical fora de minha formação e disciplina. Os documentos que tanto me fascinaram eram, na verdade, testemunhos de um mundo que há muito deixou de existir, e que teve seu maior vigor no início da Idade Moderna. Um mundo muito diferente do nosso, um mundo que nossas verdades ajudam muito pouco a desvendar, se a ideia é entendê-lo em seus próprios termos.

Aceitar a integração entre o religioso e o social é a porta de entrada para a compreensão daquele mundo, onde não havia dúvida de que a força maior de construção da realidade era a providência divina. Deus comandava e controlava todas as coisas, tudo estava em suas mãos. A vida material era a revelação de uma dimensão espiritual e divina, sem qualquer questionamento. Assim, o principal parâmetro sobre o qual este trabalho se constrói é o da religiosidade. Assumi, do início ao fim do texto, que no começo da Idade Moderna era impensável para o homem cristão pensar, percorrer ou produzir o território de forma laica. Não se trata de negar as influências de ordem econômica e pragmática nos atos dos sujeitos da época, mas de identificar uma outra racionalidade, de base espiritual e religiosa, que também orientou a produção do território. Mais do que isso, trata-se de desfazer uma associação, para nós automática, que define a esfera da espiritualidade como um âmbito "simbólico", primo pobre da esfera do "real" ou do "material", quando estudamos o desenvolvimento territorial em qualquer período. Pelo contrário, para o cristão do início da Idade Moderna, conceitos como Deus, Diabo, pecado, céu, inferno, purgatório e outros eram "realidades reveladas pela esfera divina e, portanto, mais reais do que os fugazes aspectos temporais de suas vidas".[2]

O livro estrutura-se em cinco capítulos, com os quais pretendo revelar diferentes aspectos das complexas relações entre o espaço dos vivos, dos mortos e a realidade territorial na época da expansão colonial. Descreve uma sociabilidade e espacialidade nas quais os pa-

---

2   Brad S. Gregory, *Salvation at stake:* christian martyrdom in early modern Europe. Cambridge: Harvard University Press, 1999, p. 10.

râmetros religiosos, os corpos dos mortos, os locais para a sua deposição, os procedimentos de sepultamento, os laços de reciprocidade entre vivos e mortos, o culto aos corpos dos santos eram elementos de especial significado. Ajustando minhas lentes a uma documentação pouco usual para os estudos territoriais – hagiografia, imagens sacras, crônicas de reis, livros de bem morrer – e perguntando às fontes o que elas tinham a informar a respeito dessas relações é que fui construindo os capítulos deste trabalho.

Os dois primeiros capítulos procuram mostrar que nos séculos XVI e XVII a conformação territorial tanto na Europa católica quanto na América Portuguesa era altamente mediada pelos corpos sagrados dos santos e pelos lugares e relatos de martírios. Não me refiro aqui à representação mais recente e etérea dos santos em imagens gloriosas, mas à presença física de seus corpos na terra, dos sinais materiais de sua passagem por este mundo antes de partirem para privar da companhia de Deus. Esta investigação foi ganhando mais e mais espaço conforme caminhava o trabalho, e isso aconteceu porque fui me deixando seduzir pela interminável documentação que descobri, cujas problemáticas abriam-se em leques. Reconheço que travei conhecimento apenas com uma pequena parte do que existe, mesmo assim, acredito que já posso afirmar algumas coisas sobre a presença dos corpos dos santos no território.

O primeiro capítulo trata de alguns mortos muito especiais: os mártires cristãos, cujas trajetórias de sofrimento transformaram os locais de sua morte e sepultamento em lugares investidos de significados excepcionais. Reconstrói as relações de identidade entre o culto aos mártires e a ordem territorial cristã, para mostrar que no início da Idade Moderna, a narrativa do martírio era dotada de grande significação, alavancada pelo poder pedagógico das inúmeras mortes de fundo religioso que ocorreram na Europa das reformas e pela circulação da informação a respeito dos martírios de missionários nas novas regiões. Os martírios foram também eventos plenos de significados para os índios que os portugueses encontraram na América. O capítulo mostra também a disposição dos missionários – Jesuítas e Franciscanos – a morrer em prol da expansão da fé cristã.

O segundo capítulo aborda as relíquias sagradas, os restos materiais dos corpos dos santos, principalmente seus ossos. Diferente dos locais de martírio, que eram fixos e permanentes, as relíquias eram objetos móveis, que podiam ser tratados de forma bastante diversificada. Podiam adormecer escondidas por séculos, até serem redescobertas, e isso aconteceu extensivamente na Península Ibérica recém reconquistada pelos cristãos nos séculos XVI e XVII. Também na América e na Ásia houve esse movimento, principalmente em torno das relíquias de São Tomé, apóstolo que teria pregado naquelas terras. O início da Idade Moderna foi provavelmente o período de mais intensa mobilidade das relíquias, por diversos processos que aconteciam simultaneamente: no Norte e Centro da Europa, as reformas protestantes negaram o seu poder de mediadoras entre o mundo divino e o terreno, destituindo as igrejas de suas relíquias e não raro destruindo-as. Na Europa católica, em contraponto, seu culto foi exaltado. Inúmeras relíquias trocaram de mãos e de cidades naquele momento, e as cerimônias de traslado e recebimento desses objetos assumiram um porte grandioso. Os transportes de relíquias deram-se também em escala global, pois era fundamental integrar as gigantescas novas terras à narrativa simbólica cristã, e a chegada de relíquias nas colônias eram grandes acontecimentos enobrecedores das cidades na América Portuguesa.

Enquanto os dois primeiros capítulos dão prioridade às formas como o clero relacionou-se com o território, a pergunta básica do terceiro capítulo é: quais relações eram promovidas pela Coroa no que diz respeito à territorialidade da morte? Focado nos reis aos quais a América Portuguesa esteve sujeita no século XVI, "O corpo do reino" mostra, por um lado, que os mesmos procedimentos relacionados aos martírios e ao trânsito e colecionismo de relíquias estavam inteiramente legitimados pelos reis. Por outro lado, verifica o importante processo de territorialização e monumentalização do local de sepultamento dos monarcas, mostrando a progressiva afirmação da figura real por meio desses mesmos sepulcros, parte integrante de um processo de centralização do Estado. Os túmulos reais foram também fundamentais para a construção das cidades capitais – que neste caso são duas: Lisboa e Madri – o que acabou por produzir uma nova hierarquia territorial para os impérios.

O quarto capítulo, "A comunidade dos vivos e dos mortos", mostra que não eram apenas os santos e mártires os mortos capazes de influir sobre a sociabilidade e a organização do território, mas os mortos comuns tinham também seus poderes. Procura investigar os laços de dependências e reciprocidades que ligavam vivos e mortos, mostrando a poderosa capacidade de agregação sobre o território que os mortos possuíam no início da Idade Moderna, constituindo-se quase como um grupo social, uma "faixa etária". A geografia do além fazia parte da vida das pessoas como as ruas, casas e templos da cidade, e existiam vias de acesso claras e amplamente aceitas entre esses dois mundos. Neste capítulo, será dada importância especial ao purgatório, que dentre os territórios do além, sem dúvida, era aquele que tinha mais interfaces com o mundo dos vivos.

A ocupação católica do Brasil significou também um gigantesco choque de territorialidades fúnebres, talvez o mais profundo que a humanidade jamais assistiu. Os habitantes nativos do Brasil atribuíam significados que não podiam mais ser distintos daqueles que os portugueses davam à morte e ao território. Os capítulos 1, 2 e 4 procuram mostrar aspectos da forma como mártires e relíquias foram recebidos pelos índios, do modo como passaram a morrer e enterrar como os cristãos. Já o quinto capítulo, "Os índios, sua terra e seus mortos", é integralmente dedicado a eles, procurando entender a maneira como os índios, especificamente os Tupi, articulavam em seus próprios termos as relações entre morte e território. Nesse sentido, relaciona aspectos aparentemente díspares, como a pouca importância dada aos locais de sepultura, o nomadismo, a antropofagia e atitudes corporais. Se por um lado este capítulo destoa dos demais por sua abordagem quase antropológica, por não ter como sujeitos os cristãos do século XVI e seu mundo como objeto de investigação, por outro lado eu jamais poderia tê-lo sido escrito se os outros capítulos não existissem. As relações são feitas a partir da documentação deixada pelos cristãos dos séculos XVI e XVII a partir de seu olhar religioso, que identificava coisas que meus olhos técnicos talvez não tivessem sensibilidade para fazer. Assumindo a perspectiva daqueles cristãos é que pude recuperar algo daquele mundo perdido para sempre, de certa forma foram os colonizadores quinhentistas e seiscentistas que me ensinaram a ver os antigos Tupi da costa.

Antes que eu seja acusado de omissão, cabe um aviso. Este trabalho não avança nas questões referentes à territorialidade dos mortos para os africanos na América. Talvez por não ter procurado nas fontes certas, não encontrei na documentação elementos para problematizar essa questão. Mas minha hipótese é de que os dois primeiros séculos não são o período mais evidente para tratar disso; a questão central aqui é entender a colonização a partir do binômio posse do território e catequização do gentio. Sem dúvida, em relação aos séculos seguintes, torna-se bem mais importante tratar as atitudes fúnebres dos africanos, se o interesse é o impacto da morte e dos mortos nas cidades. Pude explorar isso em outro trabalho, investigando alguns dos aspectos referentes aos significados dados pelos negros ao culto dos mortos e das estratégias de sobrevivência de relações culturais de matriz africana, baseadas nos vínculos entre os vivos e seus antepassados, dirigido principalmente aos séculos XIX e XX paulistas, mas trazendo alguns elementos mais antigos.[3]

O recorte temporal, como já ficou claro, são os primeiros 200 anos de colonização. Ao fim desses dois séculos, inicia-se o período de maior vigência de matrizes presentes, ou seja, matrizes técnicas, orientando os processos de urbanização – ainda que as formas de ocupação territorial e de sociabilidade aqui representadas tenham sido identificáveis por muito mais tempo, na verdade até hoje, conforme coloco nas considerações finais.

Nem sempre foi possível restringir-me à documentação desses dois séculos, em várias passagens são utilizados documentos do século XVIII. Isso aconteceu por duas razões: muitas vezes, a memória de eventos importantes para este trabalho ficou registrada de forma precária ou à qual não tive acesso. Além disso, veremos que em muitos aspectos a sociedade do século XVIII (ou partes dela) carregava inalteradas algumas relações entre os mortos e o território que motivaram a construção deste trabalho, e não valia a pena desperdiçar a documentação em prol de uma ortodoxia excessiva de definição do marco temporal.[4] Lembro que este é um tema que, definitivamente, não se deixa domar no tempo curto, pertence essencialmente às longas durações.[5]

Se o recorte temporal é razoavelmente claro, os já mencionados séculos XVI e XVII, o mesmo não se pode dizer do recorte territorial, que não poderia ser mais indisciplinado. A prioridade é a América Portuguesa – exceto o terceiro capítulo, que é integralmente europeu – principalmente as regiões em que a colonização se instalou até o fim do século XVII: Pernam-

---

3   Principalmente no capítulo 3 de Cymbalista, *op. cit.*

4   Isso aconteceu principalmente no que diz respeito à crença nas almas do purgatório, detalhadas no capítulo 4, mas é temática que também aparece em vários outros pontos do livro.

5   Fernand Braudel, "História e ciências sociais. A longa duração". In: *Escritos sobre a história*. São Paulo: Perspectiva, 1992 [1969]. Especificamente sobre a temática da morte nas longas durações, ver Philippe Ariès, *O homem diante da morte*. Rio de Janeiro: Francisco Alves, 1981.

buco, Bahia, Espírito Santo, Rio de Janeiro, São Paulo, Maranhão, alguns exemplos do Ceará. Serão inúmeras as referências a Portugal, território que forneceu os agentes e as práticas de ocupação espiritual para essa parte da América, e a escassez de documentação sobre a colônia para esse período é amplamente complementada pela documentação sobre a metrópole.

Também serão inúmeras as referências à Espanha, mais ou menos pelos mesmos motivos. É certo que não se pode tratar Portugal e Espanha como territórios iguais, mas alguns autores já apontaram que no século XVI e na primeira metade do XVII, ambos apresentavam significativas identidades culturais, passando pela língua, pelos laços matrimoniais da Coroa e, fundamental neste caso, compartilhavam praticamente das mesmas práticas religiosas católicas.[6] Nesse quesito específico, mais ligado às mentalidades do que às especificidades políticas ou regionais, não consegui identificar diferenças significativas entre a documentação dos dois reinos, que durante um largo período dentro do marco temporal deste trabalho (1580-1640) estiveram unidos sob o reinado do mesmo monarca, a Espanha de certa forma a metrópole de Portugal. Reforço assim a hipótese de que, para o tratamento de alguns problemas, as fronteiras entre Portugal e Espanha devem ser algo afrouxadas.[7]

Mais arriscada é a inclusão de uma série de lugares cujo vínculo com a ocupação da América é menos evidente. Um deles é a cidade de Roma, modelo para a nossa colonização em alguns sentidos, principalmente se levarmos em conta que a colonização portuguesa ou ibérica foi, antes de tudo, católica, e de alguma forma Roma pode ser considerada uma "segunda metrópole" da América, à qual em muitos aspectos as ordens religiosas deviam obediência.[8] Somado a tudo isso, trago também alguns exemplos colhidos na África, Ásia, Europa central, Inglaterra, França, Holanda, entre outros, que contribuem para enriquecer o panorama criado. Os próprios navios são em alguns momentos territórios estratégicos para a investigação de como foi possível trasladar até tão longe tantos elementos de uma cultura, que revelam toda uma sociabilidade relacionada às grandes viagens marítimas, com um conjunto de significados envolvendo as novas possibilidades de vida e morte nessas travessias.

É evidente que foi motivo de ansiedade evocar uma territorialidade tão ampla, contextos que em alguns casos praticamente desconheço. Como resposta a isso, tenho duas coisas a dizer. A primeira é que no formato atual o texto reflete a trajetória um tanto errante em busca dos elementos que encontrei dispersos em corpos documentais de várias

---

[6] Ana Isabel Buescu, "O bilinguismo, fenômeno estrutural". In: *Memória e poder*: ensaios de história cultural (séculos XV - XVIII). Lisboa: Edições Cosmos, 2000, p. 49-66.

[7] Serge Gruzinski, "Les mondes mêlés: de la monarchie catholique et autres "connected histories". *Annales* 56 année (1), Jan-fev 2001, p. 85-89.

[8] Fernand Braudel afirma: "as ordens multiplicadas pela piedade católica acrescentaram os seus esforços ao do papado. Sendo assim Roma a capital desses pequenos Estados dentro do Estado, a sua capital ostentatória, Jesuítas, Dominicanos, Carmelitas, Franciscanos, cada um contribuiu com a sua parte de esforço financeiro e de emulação artística e copiou, fora de Roma, as lições da capital". *O mediterrâneo e o mundo mediterrânico na época de Felipe II*. Lisboa: Publicações Dom Quixote, 1984, vol. II, p. 193.

ordens. Certamente será desejável construir uma abordagem mais focada para alguns desses aspectos, como desdobramento deste trabalho. Por outro lado, é também importante apontar que há algo de metodológico nesse comportamento. Em um dos textos mais importantes para a construção teórica deste trabalho, Serge Gruzinski coloca a desobstrução de fronteiras nacionais como uma das principais atribuições do historiador contemporâneo: "Para enfrentar as realidades que só podem ser compreendidas em uma multiplicidade de escalas, o historiador deverá se transformar em uma espécie de eletricista, capaz de restabelecer as conexões continentais e intercontinentais que as historiografias nacionais esforçaram-se por muito tempo em desconstruir ou escamotear à medida que impermeabilizavam suas fronteiras."[9] É isso que me descobri fazendo. Por seu caráter universal e não nacional, essa ocupação de caráter religioso foi sendo obscurecida em prol de uma desproporcional atenção às estratégias das coroas europeias, bem mais adequadas como instrumentos de fundamentação das fronteiras dos estados nacionais.

Esse comportamento de "historiador-eletricista" ajuda também a traçar caminhos alternativos à escassez de fontes sobre a América nesse período, e toco aqui em uma questão importante para a minha disciplina. Como regra, os estudos urbanos começam no ponto em que as cidades ou os assentamentos de caráter urbano começam a se materializar para nós – ou seja, no momento em que começam a deixar mais profundamente os seus rastros usuais: cartografia, iconografia, registros fundiários, atas de câmaras. Mas no terreno das representações, é possível afirmar que antes de construir a primeira casa, a primeira igreja, antes de levantar a primeira cruz, na verdade antes mesmo de pisar na américa, os colonizadores já traziam consigo cidades, em seu imaginário, em sua memória, em seus mitos e costumes. Navegaram na companhia dessas cidades. Eram tão dependentes do organismo urbano quanto nós somos hoje.

Depois de anos debruçado sobre esse assunto, hoje me parece evidente que esses mitos, tradições, costumes têm razoável capacidade de se fazer expressar no território. Isso nos ajuda a formular melhor as inúmeras variações da pergunta básica dos estudos de história urbana: por que as cidades e o território, quando se efetivaram, aconteceram desta maneira? E, melhor ainda, ajuda a diversificar as nossas respostas.

Defendo aqui a relevância de investigar essa "outra urbanização", de caráter espiritual e católico, que compartilhava uma série de princípios e crenças com a Coroa, mas que operava com relativa autonomia, com seus próprios atores, seus próprios recursos materiais e simbólicos. Estudar a ocupação do território sob este ponto de vista pode produzir resultados interessantes, pode revelar sentidos, disputas, conquistas e sofrimentos vindos de lugares onde um olhar exclusivamente focado no político e no econômico só enxerga ausência, precariedade, miséria. Uma discussão de caráter mais bibliográfico sobre isso se encontra nas considerações finais deste livro.

---

9 Gruzinski, *op cit* "Les mondes mêlés de la monarchie catholique et autres "connected histories", *Annales* 56, p. 87.

Sobre o tratamento das fontes, um ponto que pode causar indignação é o fato de eu misturar aqui com pouca problematização documentos de características tão diferentes: cartas, relatos sem proposição inicial de publicação, testamentos, atas de Câmaras, livros de doutrina eclesiástica, cartografia, vidas de santos, plantas arquitetônicas e urbanísticas, gravuras, pinturas, fotografias de locais ou edifícios da época, peças de teatro, poesias.

Antecipando as críticas, eu estaria assim "desconsiderando" os diversos filtros, compromissos, intencionalidades relacionadas a todas essas fontes. Concordo que essa problematização não foi feita, ou foi feita de forma muito limitada, e existe um motivo para isso.[10] Não me interessa tanto aqui compreender as motivações ideológicas para a produção desses testemunhos, as contradições ou intencionalidades que eles escondem, sua não-objetividade, sua parcialidade (embora considere fascinantes esses assuntos), e sim a forma como todos esses documentos circularam complementando-se entre si, reforçando os nexos de interdependência entre o território dos vivos, dos mortos e dos corpos sagrados, em suma, tornando discurso em verdade e, dessa forma, inscrevendo e reproduzindo esses elementos no território. Meu trabalho aqui não foi o de interpelar ou desconfiar da documentação, mas o de "querer crer" nela, em sua literalidade, como método de aproximação àquela realidade do início da Idade Moderna.[11]

Não questionando aquela visão de mundo e de construção do território, o que faço é questionar a nossa maneira de fazer isso. Funcionalidade, economia, exploração colonial, racionalidade (ou improviso) dos traçados urbanísticos são categorias que nos permitem aproximar a documentação colonial da capacidade interpretativa dos pesquisadores contemporâneos, mas sustento aqui que não são capazes de explicar uma série de sentidos que essa mesma documentação nos traz. Em outras palavras, são categorias que podem até nos ajudar a explicar aquelas cidades, mas não nos ajudam a entendê-las. Proponho aqui um movimento oposto, e bem mais trabalhoso, pois coloca nossas próprias verdades, categorias e até mesmo mitos em questão: ajustar as nossas lentes para enxergar melhor o que a documentação, a literatura, a mitologia dos nossos colonizadores estabeleciam. Dessa forma, talvez sejamos capazes de refletir um pouco sobre os filtros que foram sucessivamente sendo impostos a essa documentação, com efeitos altamente desagregadores de sentidos, por exemplo o do Estado Nacional, o da sociedade regida pela técnica, o da separação entre ciência, política e religião.

Como não estou aqui interessado em descrever as forças que constituem e ocupam as cidades tecnificadas dos arquitetos, engenheiros e administradores atuais, mas nas forças que constituíram e ocuparam aquelas cidades e aquele território naquele tempo, pouco importa

---

[10] Tampouco apresento com propriedade, no decorrer do texto, muitos dos personagens que aparecem neste trabalho. Para orientar o leitor, foi construído, com a ajuda de Ananda Stücker, um "Glossário de personagens" ao final do livro.

[11] Lucien Febvre é quem mostra o homem do século XVI como um homem essencialmente religioso, segundo ele "um homem que queria crer". *Le problème de l'incroyance au 16ᵉ siècle*: la religion de Rabelais. Paris: Éditions Albin Michel, 1968[1942].

denunciar aqui que os vivos manipulam as representações dos mortos e os utilizam para cumprir seus objetivos. Esta é uma visão por demais contemporânea, sedimentada nos últimos cento e poucos anos, que apenas atrapalha a nossa aproximação com relação a um universo cultural onde as regras vigentes eram outras, e os mortos influenciavam, sim, a vida dos vivos. Para não cometer o maior dos pecados de quem estuda a história, o anacronismo, é necessário reconhecer que no contexto europeu dos séculos XVI e XVII o mundo apenas fazia sentido a partir da dimensão religiosa – ainda que, como veremos, nesse período este olhar tenha passado por importantes rupturas e transformações. Para a Península Ibérica e o Brasil daquela época, vale a observação de Lucien Febvre em relação ao século XVI francês: as bases de construção daquela sociedade – o que significa dizer, daquele território – exibem diferenças de natureza, e não de simples gradação em relação às atualmente vigentes.[12]

Por coerência, não questionarei o poder mágico de relíquias sagradas, a força mística do corpo de Cristo, a veracidade das narrativas hagiográficas, a concepção missionária de mundo trazida pelos jesuítas. Pelo contrário, este trabalho constrói-se justamente sobre essas crenças, e sobre a sua capacidade de interpretar e produzir o território. É a mecânica interna dos esquemas de produção do território nos séculos XVI e XVII o que me interessa, e todo o esforço é o de ver aquele território com os olhos deles, e não os nossos. Não se trata de construir um trabalho que acredita em tudo isso, mas de aceitar que aquelas crenças fizeram sentido e fizeram parte da construção da realidade. Nesse sentido, pouco importa "descobrir" a verdade, o mais importante é a busca pelo delineamento de um quadro histórico, pela recuperação das formas utilizadas pela memória coletiva da sociedade daqueles séculos de colonização para explicar a origem e organização do território. Dessa forma, procuro devolver a coesão a todo um conjunto de elementos que os intelectuais de hoje podem considerar bizarros, mas que por muito tempo e para muita gente constituíram a verdadeira narrativa em torno da fundação e funcionamento de nossas cidades.

Esse movimento de aceitação de lógicas distintas das nossas na disputa e ocupação do território possui um significado que não se encerra em si mesmo, não se pretende uma demonstração de erudição ou de virtuose acadêmica. Devolver a voz, a coerência, a dignidade às partes silenciadas de nosso passado é algo altamente instrumental para orientar nossas ações no presente. No início do século XXI, conhecer melhor um mundo e uma humanidade cujas ações são motivadas pela religiosidade e pela espiritualidade não é um capricho, mas uma urgência.[13]

---

12 "Um racionalismo coerente, um sistema racionalista bem organizado e por isso mesmo perigoso, porque se apoiava sobre especulações filosóficas, sobre a veracidade das aquisições científicas, isto não existia no tempo de Pantagruel. Ele ainda não podia existir." Febvre, *op. cit*: *Le problème de l'incroyance au 16ᵉ siècle: la religion de Rabelais*, p. 424.

13 Para facilitar a compreensão do texto, atualizei a redação dos documentos transcritos rumo ao português contemporâneo. As traduções também são minhas. Tentei preservar o sentido dos trechos, mas não descarto a hipótese de ter cometido erros. Se for o caso, espero que minha formação de não-historiador e não-lingüista sirva de desculpa.

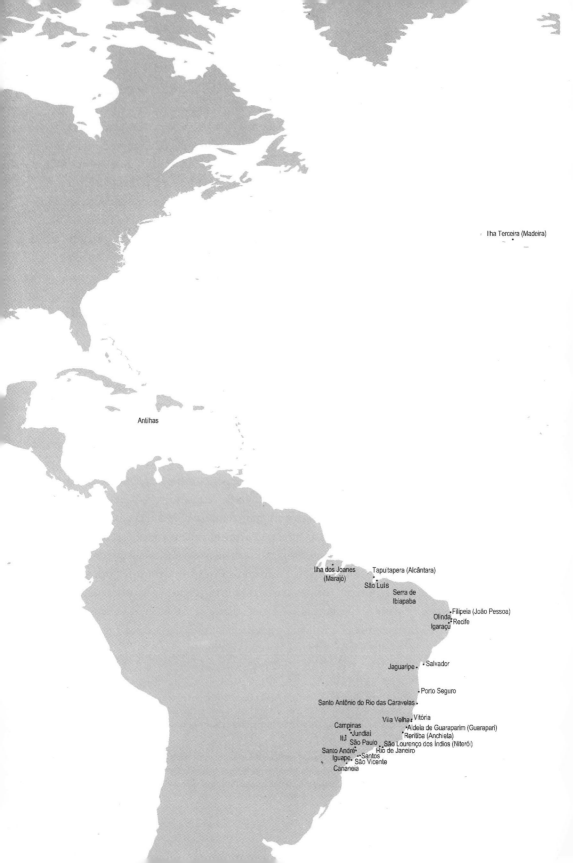

O reino de Cristo, território dos mártires

CAPÍTULO 1

Os martírios e o território da cristandade

Um dos eventos fundadores da religião cristã foi o episódio de paixão e morte de Jesus, infinitamente repetido como exemplo para os cristãos em todos os períodos de sua história. O martírio de Cristo significou um fator de identidade da religião cristã, e o próprio Novo Testamento deu ao sofrimento de Cristo um sentido exemplar e pedagógico: "por ter ele mesmo sofrido, ao ser posto à prova, pôde vir em auxílio daqueles que estão sendo postos à prova" (Hebreus 2:18). Após o martírio original, o exemplo de Cristo foi seguido pelos seus apóstolos e por muitos outros de seus seguidores cristãos dos primeiros séculos.

O relato em torno da paixão de Cristo tornou-se o paradigma de uma morte santa, reforçado pelos acontecimentos nos séculos posteriores, de recorrentes perseguições que produziram centenas de narrativas de sofrimento, torturas e mortes violentas em nome da fé, espalhadas por todo o território do Império Romano, na Europa, Ásia Menor e no norte da África. Repetindo a trajetória de Cristo, o sofrimento desses mártires teria servido de exemplo para as nascentes comunidades cristãs.[1]

Nos primeiros séculos, via de regra, os martírios aconteceram fora das muralhas das cidades, assim como acontecera com a crucificação de Cristo. "E depois de o lançarem fora da cidade, começaram a atirar pedras nele [...]", relata o Novo Testamento sobre o primeiro mártir, Santo Estêvão (Atos, 7:58). Orígenes relata que São Pedro "foi levado para fora de Roma, e foi pregado à cruz de cabeça para baixo (pois desejava sofrer dessa

---

[1] Peter Brown, *A ascensão do cristianismo no Ocidente*. Lisboa: Editorial Presença, 1999, p. 46.

forma)".[2] A narrativa cristã posterior deu alguns sentidos para os martírios ocorrerem fora das cidades: como eram eventos em que se expressava a vontade de Deus, talvez os algozes temessem a total destruição das cidades caso o martírio ocorresse dentro de suas muralhas. Após São Torpes destruir com sua fé o templo de Diana em Pisa, no ano de 64, Nero mandou que o levassem para fora da cidade, "parece que receando o fatal estrago de toda esta", e o martirizassem à beira do Rio Arno.[3]

Tanto romanos como judeus enterravam seus mortos fora das cidades, a própria legislação romana e o senso comum até o século IV obstruíam os sepultamentos intramuros. Dessa forma, também os mártires foram sepultados do lado de fora das muralhas, em geral nos cemitérios pré-existentes. As comunidades cristãs adotaram esses locais de sepultamento dos mártires como focos locais de culto, os lugares mais sagrados da sua geografia. Acreditava-se que o santo estava presente em sua tumba na terra, e ao mesmo tempo privando da companhia de Deus no paraíso celeste, lugar conquistado por sua trajetória de morte, para onde os bons cristãos iriam após o juízo final. Os túmulos do mártires eram assim os locais onde se fundiam céu e terra, passado, presente e futuro. Essa qualidade transformava os mártires em patronos ou protetores das comunidades.[4] O exemplo máximo desse modelo era a cidade de Roma, sede das primeiras grandes perseguições aos cristãos, que possuía "uma armada de mártires [...] como uma cerca protetora".[5]

A partir do século IV, quando a religião cristã já havia se espalhado e a Igreja dispunha de riquezas que podia – e precisava – empenhar, os bispos começaram a edificar templos monumentais nos túmulos dos mártires, as basílicas. Segundo São Jerônimo, com o culto aos túmulos dos mártires "a cidade mudou de lugar" (*movetur urbs sedibus suis*), voltando suas costas aos templos antigos e monumentos cívicos do interior dos muros, para honrar os mártires em seu exterior.[6] A basílica edificada do lado de fora das muralhas permitia que a população da cidade, em momentos de procissão, pudesse ver a si mesma sem sua casca edificada, borrando assim diferenças de classe e gênero tão presentes no cotidiano, permitindo que, ao menos nessas ocasiões, a Igreja católica produzisse uma

---

2   Citado por Antonio Gallonio, *Tortures and torments of the christian martyrs*. Los Angeles: Feral House, 2004 [1591], p. 3.

3   Estevão de Lis, *Exemplar da constância dos mártires em a vida do glorioso S. Torpes*. Lisboa: Officina de Miguel Manescal da Costa, 1746, p. 57.

4   "Os mártires e santos locais, cujas sepulturas eram visitadas regularmente e cujos aniversários de morte eram celebrados por festivais oficiais, eram, de fato, 'concidadãos'. Com efeito, os santos tinham em tempos rezado na igreja local pelo povo cristão da cidade. Considerava-se que continuavam a fazê-lo[...]". Brown, *op. cit. A ascensão do cristianismo no Ocidente*, p. 80. "O mártir era um concidadão dos cristãos locais em sua cidade, tanto quanto era cidadão daquela localidade na cidade celeste". Robert Markus, *The end of ancient christianity*. Cambridge: University Press, 1990, p. 143.

5   *Ibidem*, p. 145.

6   *Ibidem*, p. 145.

imagem de que abrangia a totalidade da população das cidades.[7] Segundo Peter Brown, o culto aos mártires envolveu muito mais do que a lembrança de trajetórias notáveis: significou a cristianização do tempo e do espaço em todas as partes do Império Romano, em um modelo pronto para expandir-se para fora de suas fronteiras.[8]

O território da cristandade não se constituiu simplesmente da justaposição de focos locais de fé. Cada comunidade cristã, reunida em torno de seus locais sagrados de culto na periferia das cidades, era ao mesmo tempo constituinte e reflexo de uma esfera maior: a grande comunidade que era o conjunto da cristandade, com suas próprias centralidades, projeção espacial da sua história sagrada. Os pequenos percursos espirituais que ligavam as cidades e os túmulos sagrados de seus mártires, no exterior dos muros, rebatiam-se em rotas maiores de peregrinações que conectavam todas as partes da cristandade, tendo Roma e Jerusalém como seus centros principais. Essa nova geografia sagrada era composta pela projeção terrestre dos eventos bíblicos, agregada dos pontos consagrados pelo sangue dos mártires.[9]

É interessante notarmos que esse sistema de locais sagrados, articulado pelos locais de martírio e pontos de sepultamento dos mártires, consolidou-se quando as perseguições aos cristãos já eram coisa do passado, quando a Igreja católica iniciava sua longa hegemonia sobre as cidades medievais da Europa. E era justamente essa a função dos locais sagrados: tomar para a Igreja e para a cristandade medieval o domínio sobre a história de perseguições e martírios da cristandade antiga, sobre a memória das perseguições e seus territórios consagrados, garantindo a continuidade entre dois momentos históricos tão distintos. Parte fundamental da memória coletiva das comunidades cristãs construiu-se sobre esses elementos.[10]

Essa memória coletiva revelou-se altamente duradoura, atravessando toda a Idade Média, adaptando-se, atualizando-se e respondendo de forma notável aos sucessivos desafios que o mundo impôs à cristandade por mais de um milênio. Veremos a seguir alguns exemplos que mostram a articulação entre a memória dos martírios e a construção do território para os cristãos do início da Idade Moderna.

---

7   Peter Brown, *The cult of the saints*: its rise and function in Latin Christianity. Chicago: University Press, 1981, p. 40-42.

8   "O impacto do culto aos santos na topografia da cidade romana foi indiscutível: ele deu grande proeminência a áreas que haviam sido anteriormente tratadas como antíteses da vida pública da cidade dos vivos [as necrópoles]". Brown, *The cult of the saints*, p. 4. Ver também Michael Roberts, *Poetry and the cult of the martyrs*: the Líber Peristephanon of Prudentius. Michigan: University Press, 1993, p. 1-8.

9   Markus, *The end of ancient christianity*. Cambridge: University Press, 1990, p. 137-152.

10 Elisabeth Castelli, *Martyrdom and memory*: early christian culture making. New York: Columbia University Press, 2004.

Mártires e cidades no início da Idade Moderna

Uma pessoa que visitasse as cidades católicas do início da Idade Moderna em busca dos tão fundamentais mártires encontraria um mundo ambíguo. Por um lado, os martírios não estavam na ordem do dia, as mortes pela fé já não eram registradas no continente havia alguns séculos. Por outro lado, as narrativas de martírios de várias épocas, principalmente das grandes perseguições dos primeiros séculos, estavam mais vivas do que nunca, e suas representações cada vez mais realistas.

As notícias menos antigas vinham de fora da Europa, envolvendo martírios de alguns missionários no norte da África e Oriente Médio, principalmente nas mãos dos muçulmanos. Para compensar – ou complementar – a falta de martírios, já desde o final da antiguidade desenvolvia-se a ideia de que a morte violenta em nome da fé não era a única forma de atingir o martírio. O martírio literal era tratado como a forma mais extrema de enfrentar as provações com a virtude da paciência, mas isso era algo que todos os cristãos deviam fazer, mesmo sem inimigos externos. Assim, doenças prolongadas, opressão e provações de todas as espécies sofridas pelos santos passaram a contar como martírios.

O martírio de Cristo e seus seguidores como exemplo de paciência a ser seguido por todos circulava nas mais de 120 edições em sete línguas do livro *Imitação de Cristo* que foram feitas entre 1470 e 1520. Atribuído a Thomas Kempis, é um dos textos mais influentes do início da Idade Moderna, e dialogava com a espiritualidade de cada fiel, evocando o martírio de cada um ao passar por esta vida.[11] Circulavam também amplamente em mais de 70 edições feitas de 1470 a 1500 os dois textos conhecidos como *Ars Moriendi*, ou "Artes de morrer", representando a batalha de cada um às portas da morte, passando por tentações e tendo que exibir virtudes para combatê-las. Uma das gravuras mostra a necessária virtude da paciência, na qual o moribundo é retratado em seu leito de morte na companhia de Cristo e alguns mártires, que sofreram pacientemente suas torturas (figuras 1 e 2).

A flexibilização da ideia de martírio aproximou os mártires dos demais santos, que não haviam sido martirizados. Além das especificidades de suas narrativas de morte, poucas eram as diferenças funcionais entre os santos martirizados e aqueles não martirizados. Ambos privavam da companhia de Deus e Cristo no paraíso. Ambos eram intercessores pelos vivos, mediante missas, rezas e devoções. Os restos de ambos eram tidos como artefatos milagrosos, como veremos no próximo capítulo.[12]

A falta de martírios recentes e a convergência entre os mártires e os demais santos não diminuíram a importância da narrativa do martírio para a cristandade. Pelo contrário, quando menos presente era o fato do martírio na Europa, mais a cristandade esforçava-se para monu-

---

11   "Assim como o líder da vida, com todos os seus mártires, passou pelo caminho dos trabalhos e da cruz, aquele que quiser chegar ao Céu sem os trabalhos e a cruz se desviará do caminho correto, pois o caminho desta vida mortal é cheio de misérias, cruzes e trabalhos". Thomas Kempis, *Imitação de Cristo*, apud Gregory, op. cit. p. 52.

12   *Ibidem*, p. 30.

mentalizar a sua memória. Era necessário transformar a narrativa histórica em verdade, e isso foi sendo feito de forma cada vez mais intensa conforme a Idade Média chegava ao fim. O discurso de um passado de martírio agia vigorosamente sobre a memória coletiva, identificando as partes da comunidade cristã com o seu todo, seu passado com seu presente.

As imagens de Cristo haviam deixado de ser representações gloriosas, e ganhavam cada vez mais presença nas igrejas as diversas modalidades de seu martírio, que assumiam agora contornos mais teatralizados e realistas, oferecendo todos os detalhes do episódio, o corpo sangrento de Cristo exibindo todas as marcas de seu sofrimento.[13] O martírio de Cristo regulava o calendário e as festas religiosas, que anualmente reconstruíam seu nascimento, sua paixão, crucificação e ressurreição.[14] A partir do final do século XIV. a paixão de Cristo passou a ser encenada anualmente na Sexta-Feira Santa pelas ruas das cidades (figuras 59 e 60).[15]

Um dos livros que mais circulava – cerca de 200 edições entre o final do século XV e o início do XVI – era o *Flos Sanctorum*, também conhecido como *Legenda áurea*, de Jacopo de Varazze, escrita no século XIII, que relatava as vidas e mortes dos principais santos cristãos. Dos 153 santos cujas histórias encontravam-se relatadas, 91 haviam sido martirizados das mais variadas formas. Ao ler a *Legenda áurea*, o fiel aprendia que os precisos locais onde seus santos haviam sido martirizados eram especiais para as comunidades cristãs: no local do martírio de Santa Luzia, em Siracusa, havia sido edificada uma igreja em sua homenagem, que protegia a cidade;[16] a terra impregnada do sangue de Pedro Mártir e o local de seu martírio, no caminho entre Como e Milão, tinham propriedades curativas;[17] os cristãos haviam edificado uma igreja a São João, no preciso local

---

[13] Jean Delumeau, *Nascimento e afirmação da Reforma*. São Paulo: Pioneira, 1989, p. 64.

[14] Gregory, *op. cit.* p. 56.

[15] Mitchell B. Merback, *The thief, the cross and the wheel:* pain and the spectacle of punishment in Medieval and Renaissance Europe. London: Reaktion Books, 1999, p. 41.

[16] No ano 310, perseguida por ser cristã pelo cônsul romano Pascásio, Lúcia afirmou: " 'Os que vivem em castidade são templos do Espírito Santo' " - [grifo meu]. Ao que Pascásio respondeu: " 'Então vou mandar que levem você a um lupanar [prostíbulo], para que seja violada e perca o Espírito Santo' [...] quando quiseram levá-la, o Espírito Santo a fez ficar imóvel e tão pesada que não conseguiram forçá-la a se mover. Pascásio mandou chamar mil homens e amarrar seus pés e suas mãos, mas eles não foram capazes de movê-la de modo algum. Aos mil homens ele acrescentou mil parelhas de bois, mas a virgem do Senhor permaneceu imóvel. Então convocou feiticeiros para movê-la com seus sortilégios, mas eles nada conseguiram [...]." Em uma trégua em seu martírio, Lúcia exclamou: " 'Da mesma forma que minha irmã [de fé, Santa] Ágata foi eleita protetora da cidade de Catânia, assim também fui eleita guardiã de Siracusa' [...] Lúcia não foi tirada do lugar em que sofrera e só rendeu o espírito depois que alguns sacerdotes lhe deram o corpo do Senhor. Ela foi sepultada naquele mesmo lugar, onde foi construída uma igreja". Jacopo de Varazze, *Legenda áurea*. São Paulo: Companhia das Letras, 2003 [1293], p. 79-80.

[17] "Uma mulher hidrópica foi levada pelo marido ao lugar em que o santo [Pedro Mártir] fora morto, fez ali sua prece e foi totalmente curada [...]. Um menino que levara um tombo muito grave e parecia morto, sem movimento e sensibilidade, levantou-se sadio quando colocaram sobre seu peito um pouco de terra impregnada do precioso sangue do mártir. Uma mulher que tinha a carne corroída por um câncer foi curada após esfregar suas feridas com aquela terra". *Ibidem*, p. 392-393.

onde o mártir havia sido cozido em óleo fervendo, diante da Porta Latina, em Roma, para celebrar a sua sobrevivência milagrosa ao castigo.[18] Aprendiam também as propriedades maravilhosas dos túmulos dos mártires: que do túmulo de Santo André em Patras havia jorrado um óleo cuja quantidade informava se a colheita daquele ano seria escassa ou abundante;[19] o sepulcro de Santa Ágata havia protegido a comunidade de Catânia da erupção de um vulcão;[20] o sepulcro de São Pancrácio na Via Aureliana, em Roma, tinha a capacidade de revelar quem jurasse em falso;[21] que o túmulo dos santos gêmeos Gervásio e Protásio em Milão curou um cego;[22] peregrinações ao túmulo de São Tiago, cujo corpo fora milagrosamente levado de Jerusalém a Compostela na Galícia, originavam inúmeros milagres (figuras 3 a 15).[23]

Do ponto de vista histórico, a *Legenda áurea* não construía uma cronologia rígida dos fatos, retirava os relatos de um passado distante e lançava-os em um presente atemporal.[24] Por outro lado, demarcava com bastante precisão os dias do ano em que os martírios dos santos haviam ocorrido, que eram em geral os dias em que estes eram celebrados pelos cristãos, com prioridades específicas em cada cidade, complementando a estruturação básica do calendário que revivia a trajetória de nascimento, martírio, morte e ressurreição de Cristo. Além da trajetória de vida, martírio, morte e ressurreição de Cristo, os dias de comemoração dos santos e mártires eram um segundo elemento de estruturação do calendário, e ambos estavam presentes na *Legenda áurea*. Ainda que representasse claramente um discurso medieval sobre as histórias dos santos, as constantes reedições e atualizações do texto comprovam que não se tratava de forma alguma de matéria superada. Em 1513, a

---

18 "Por ordem de Domiciano [São João] foi levado a Roma, onde – diante da porta da cidade a que chamam Latina – rasparam todo o seu cabelo para ridicularizá-lo e jogaram-no num caldeirão de óleo fervendo, do qual saiu ileso, sem ter sentido dor alguma. Por isso os cristãos ergueram uma igreja nesse lugar, e esse dia [27 de dezembro] é celebrado como o de seu martírio". *Ibidem*, p. 423.

19 "Dizem que do túmulo de Santo André jorra um maná parecido com farinha e também um óleo odorífero. Os habitantes da região tiram dele um presságio para a colheita: se jorra em pequena quantidade, a colheita será pouca, se jorra muito, será abundante". Mas Jacopo de Varazze relativiza esse dado: "Provavelmente foi assim no passado, mas não hoje, pois seu corpo foi trasladado para Constantinopla". *Ibidem*, p. 65.

20 "Um ano depois [da morte de Santa Ágata], perto do aniversário da morte de Ágata, uma montanha altíssima que fica perto da cidade [Catânia] entrou em erupção e vomitou fogo, que descia como uma torrente, fundia os rochedos e a terra, e vinha com ímpeto sobre a cidade. Uma multidão de pagãos desceu da montanha, correu para o sepulcro da santa, pegou o véu que o cobria e colocou-o diante do fogo. Nesse dia, aniversário do martírio da virgem, a corrente de lava subitamente parou e não avançou mais". Jacopo de Varazze, *Ibidem*, p. 259-260

21 "Diz Gregório de Tours que se alguém presta falso juramento diante de seu sepulcro [de São Pancrácio], logo é possuído pelo demônio ou enlouquece ou cai no chão, morto". *Ibidem*, p. 457.

22 "Tocando o túmulo, um cego recobrou a vista, e muitas pessoas foram curadas pelos méritos daqueles corpos". *Ibidem*, p. 482.

23 *Ibidem*, p. 561-570.

24 Hilário Franco Júnior, "Apresentação à Legenda áurea". In: Jacopo de Varazze, *Legenda áurea*, p. 16.

Legenda áurea foi publicada em língua portuguesa, acrescida dos santos portugueses, prática comum nas reedições locais do livro, destinadas a incluir os mais importantes santos e mártires locais no conjunto dos seus semelhantes cristãos (figuras 16 a 21).[25]

Circulavam também panfletos mais simples, a maior parte deles impressos na Europa central, relatando os martírios dos santos, alguns deles evocando locais específicos onde os mártires haviam sofrido ou sido sepultados. Outros desses folhetos traziam o conjunto dos quatorze santos chamados "auxiliares", quase todos mártires, que eram de especial serventia para acalmar aflições específicas, muitas delas vinculadas às torturas que estes haviam sofrido (figura 22).[26] Em paralelo à circulação de impressos, foi muito relevante a permanência em Portugal de livros manuscritos até o século XVII, principalmente nas camadas aristocráticas da população, como os martirológios iluminados do final da Idade Média, que ilustravam ricamente os martírios sofridos por Cristo e seus companheiros (figuras 61 a 70).

Para a grande maioria analfabeta da população, ou para aqueles que não tinham condições de comprar livros, as fontes de informação eram essencialmente orais ou visuais.[27] Uma das temáticas mais recorrentes na pintura portuguesa do século XVI são justamente os martírios, imagens que evocam a paixão de Cristo e uma enorme quantidade e diversidade dos episódios de tortura e morte dos primeiros santos cristãos. Eram peças quase obrigatórias nos retábulos e nas capelas das igrejas portuguesas, utilizadas pelos pregadores para lembrar o público dos sermões sobre as lições ensinadas pelo exemplo daqueles primeiros sofredores, complementando as leituras dos episódios de martírio que eram feitas nos aniversários das mortes dos mártires, reforçando assim a veracidade e a continuidade de sua presença entre os mortais, mesmo muitos séculos após seus sacrifícios (figuras 71 e 72).[28]

Ao retratar o momento do martírio, essas pinturas sinalizavam também paisagens específicas das cidades onde eles haviam ocorrido, evocando a ocorrência desses episódios no exterior das cidades, e levando a atenção a lugares de alto significado para a cristandade,

---

25   Segundo o prefácio do livro, a tradução fora feita "a fim de que os que a língua latina não entendem não sejam privados de tão excelentes e maravilhosas vidas e exemplos. E para que cada um, estando em sua casa, despenda o tempo em ler tão excelentes e santas vidas e exemplos, [mais do] que outras histórias vãs ou livros de pouco fruto". O prólogo do texto esclarece ainda mais: "em exaltamento da santa fé católica, [para] que ela seja acrescentada e aumentada nos últimos sítios e reinos de Portugal". Ressaltava-se então uma tripla finalidade: para consumo privado, para os não eruditos e para consumo nas periferias do reino português, devemos entender naquele momento principalmente a Índia. Conforme Maria Clara de Almeida Lucas, *Ho Flos Sanctorum em Lingoage:* os santos extravagantes. Lisboa: Instituto Nacional de Investigação Científica, 1988, p. 7-8.

26   Delumeau, *op. cit.* p. 65.

27   Sobre a circulação dos livros em Portugal, ver Ana Isabel Buescu, "Cultura impressa e cultura manuscrita em Portugal na Época Moderna. Uma sondagem". In: *Memória e poder:* ensaios de história cultural *(séculos XV-XVIII)*, p. 29-48.

28   José Alberto Seabra Carvalho e Maria João Vilhena Carvalho, *A espada e o deserto.* Lisboa: Museu Nacional de Arte Antiga, 2002, catálogo de exposição, p. 6.

onde haviam sido sepultados os mártires ou onde posteriormente haviam sido edificados importantes templos cristãos. Muitas pinturas dos martírios fundiam também elementos arquitetônicos do passado e do presente, como era recorrente na pintura renascentista. De uma forma geral, as cidades representadas apresentavam elementos ou aparência de cidades contemporâneas às pinturas.

Um conjunto de quatro pinturas executadas para o Mosteiro de Santos-o-Novo de Lisboa, da primeira metade do século XVI, mostra de forma particularmente intensa essa comunhão entre passado e presente desempenhada pelas representações urbanas de martírios. O conjunto é dedicado a São Veríssimo, Santa Máxima e Santa Júlia, que eram considerados os mártires patronos da cidade, martirizados no final do século III ou início do IV.[29] Seu culto e suas relíquias estavam depositados na igreja que havia sido construída no local onde se acreditava que os santos haviam sido martirizados, a Igreja dos Santos Mártires, que dava nome a toda aquela região da cidade, até hoje chamada de Santos.

Até o final do século XV, o local era ocupado por um convento cujas freiras receberam em 1490 um local mais amplo também às margens do Tejo, mas no outro extremo da cidade, o chamado Mosteiro de Santos-o-Novo. Na mudança, levaram seu mais precioso tesouro, as relíquias dos santos mártires, depositadas no altar-mor da nova igreja. Alguns anos depois, esse conjunto de pinturas foi feito em celebração ao novo local de repouso dos mártires.

Lisboa acabava de passar por importantes transformações urbanísticas, promovidas por D. Manuel no início do século XVI, que superaram uma situação defensiva e recolhida em relação ao rio Tejo, abrindo uma série de espaços de interface entre o espaço urbano e o rio.[30] As pinturas mostram alguns dos principais dentre os novos referenciais da cidade, como o Paço da Ribeira.[31] Também as roupas mostram essa dupla temporalidade: os santos vestem-se no estilo da corte portuguesa da primeira metade do século XVI, com as roupas coloridas que se importava de Flandres e da Itália na época (figuras 74 a 77).

Ou seja, temos aqui uma sobreposição de celebrações: o martírio ocorrido havia mais de 1.000 anos, as transformações da cidade abrindo-se para o rio e o próprio traslado das relíquias. Não podemos nos esquecer de que em meados do século XVI, era impensável para os portugueses, assim como de uma forma geral para os europeus, a ideia de transformações puramente laicas do território. Elas pressupunham uma contrapartida religiosa, e parece que essas imagens trazem à visibilidade aquilo que era invisível: os mártires dos primeiros séculos do Cristianismo estavam a abençoar e proteger o território da Lisboa renovada, incluindo o novo local de reposição de seus corpos, com a mesma intensidade do

---

[29] Mário Martins, "A legenda dos santos mártires Veríssimo, Máxima e Júlia, do cód. CV/1-23 da Biblioteca de Évora". *Revista Portuguesa de História* 6, 1961, p. 155-166

[30] Helder Carita, *Lisboa manuelina e a formação de modelos urbanísticos da época moderna: 1495-1521*. Lisboa: Livros Horizonte, 1999.

[31] Nuno Senos, *O Paço da Ribeira*. Lisboa: Editorial Notícias, 2002, p. 69-106.

momento de seu martírio. Tanto quanto representar o martírio, o objetivo desse conjunto de pinturas é evidenciar o nexo entre o martírio e a consagração do território da cidade. De certa forma, os mártires *são* a cidade.

Uma das especificidades da história da Península Ibérica, a reconquista da região ocupada pelos mouros, havia também produzido uma rica memória de martírios e seus lugares, que deixara consequências no território das cidades. Do ponto de vista da narrativa espiritual, o próprio sentido da perda da península para os árabes promoveu o território aos olhos de Deus, pois deu-lhe a oportunidade de regá-lo com o sangue de mártires.[32]

A reconquista de Lisboa aos mouros deu-se sob a liderança do primeiro rei de Portugal, D. Afonso Henriques, ajudado por uma frota vinda da Inglaterra, da Alemanha e de Flandres, um exército de estrangeiros que se dirigia a Jerusalém na segunda cruzada. As vítimas que tombaram na batalha foram consideradas mártires, e sepultadas em dois locais fora das portas da cidade. Os dois lugares tornaram-se pontos estratégicos para Lisboa após a conquista: no local de sepultamento dos mártires portugueses, foi posteriormente edificado o mosteiro de São Vicente de Fora (ele mesmo edificado em honra ao mártir patrono do reino de Portugal, de quem falaremos no próximo capítulo); no local onde foram sepultados os mártires estrangeiros, foi edificada a chmada Basílica dos Mártires, na atual rua Garret. Em 1505, Duarte Galvão escreveu a *Crônica de D. Afonso Henriques*, primeiro rei de Portugal, em que exalta os laços históricos da Monarquia portuguesa, com foco especialmente forte no processo de reconquista do território de Portugal promovido sob a liderança do monarca. Um exemplar ricamente ilustrado da *Crônica*, atualmente no acervo do Museu dos Condes de Castro Guimarães, em Cascais, traz uma iluminura desse episódio fundamental para a história de Portugal e mostra a convivência entre os dois tempos de Lisboa: a reconquista do século XII e a cidade de inícios do século XVI, relacionando os locais de acampamento dos reconquistadores e de edificação dos templos (figura 80).

Outros pontos da Península Ibérica também exibiam locais e episódios de martírios, cuidadosamente trabalhados na memória coletiva. No Mosteiro de Santa Cruz de Coimbra, toda uma capela havia sido construída com ossos dos mártires da Batalha de Ourique (1139), marco da reconquista de Portugal aos mouros.[33] A capela foi também local de

---

32   "Com a entrada dos Mouros na Espanha, ela perdeu suas terras e sua reputação para com os homens, mas ganhou para com Deus os honrados títulos, que agora possui, comprados com o sangue, que muitos de seus filhos derramaram na defesa da Fé e da Religião Cristã". Martin de Roa, *Flos Sanctorum fiestas, i santos naturales de la ciudad de Cordova, algunos de Sevilla, Toledo. Granada, Xerez, Ecija, Guadix, i otras ciudades, i lugares de Andaluzia, Castilla, i Portugal.* Sevilla, 1615, fl 1.

33   "Saindo pois desta fonte [do Jardim da Manga] para a rua que corre contra o norte e tornando a entrar na Claustra, está de fronte um arco de pedra com uma grade de ferro, o qual arco é de uma capela de abóbada toda fabricada [...] abóbada, paredes e altar, de ossos de cavaleiros que morreram pela fé de nosso senhor Jesus Cristo. Alguns dizem que foram estes aqui trasladados do campo de Ourique por mando do Rei Dom Afonso Henriques, por morrerem na batalha que deu neste lugar aos cinco reis mouros [...]. A vista desta capela, e a contemplação de tantos ossos de defuntos, trazem assim à memória dos que vêm da fonte as coisas derradeiras, que de necessidade se desfaz". D. Francisco de Mendanha, "Descripçam e debuxo do mosteyro

1 *2*

Após séculos de ausência de martírios na Europa, no final da Idade Média a cristandade havia encontrado novas formas de evocar o sofrimento e a morte pela fé. Na segunda metade do século XV e na primeira metade do XVI, circularam amplamente os livros Ars Moriendi, *ou "artes de morrer". Tratava-se de um guia para ensinar os cristãos a passarem seus últimos momentos em virtude, sem cair nas tentações do demônio. As imagens mostram o séquito do Diabo apresentando tentações ao moribundo em seu leito de morte. Por outro lado, a corte celeste procura apresentar suas virtudes, para que ele passe em paz para o outro mundo. O juízo final da Alta Idade Média havia sido antecipado para o momento da morte de cada um, e de certa forma o indivíduo é o árbitro de sua própria salvação. A corte celeste está presente mais para testemunhar a resistência do indivíduo às tentações do que para julgar seus pecados.*

Uma das tentações do Diabo era a impaciência (figura 1), que era vencida com o apoio dos mártires que haviam sofrido grandes tormentos com paciência e fé inquebrantável. A figura 2 mostra o moribundo acompanhado dos mártires, representados carregando os instrumentos de seu martírio: Santa Catarina com a roda onde havia sido torturada, Santo Estêvão com as pedras, São Lourenço com a grelha onde foi assado, Santa Bárbara com a torre onde havia sido encarcerada. As imagens mostram que no início da Idade Moderna a narrativa do martírio havia sido expandida, e a morte de cada um era vista como provação.

O reino de Cristo, território dos mártires

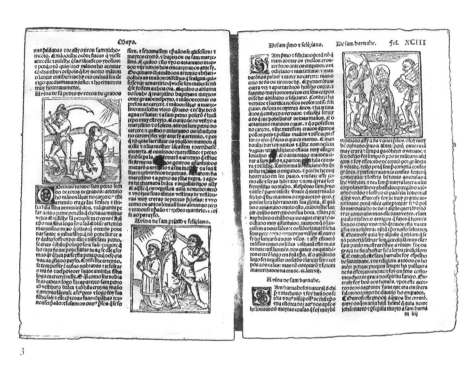

3

Um dos livros que mais circulou no final do século XV e início do XVI na Europa foi a Legenda áurea, ou Flos Sanctorum, compilação de vidas de santos de Jacopo de Varazze originada no século XIII. A maior parte dos santos constantes da legenda áurea havia sido martirizada, e seus relatos de vida e morte eram tidos como exemplos de fé a serem seguidos por todos os cristãos. As narrativas tinham um sentido atemporal, trazendo para o presente relatos de martírios ocorridos havia muitos séculos.

SANGUE, OSSOS E TERRAS

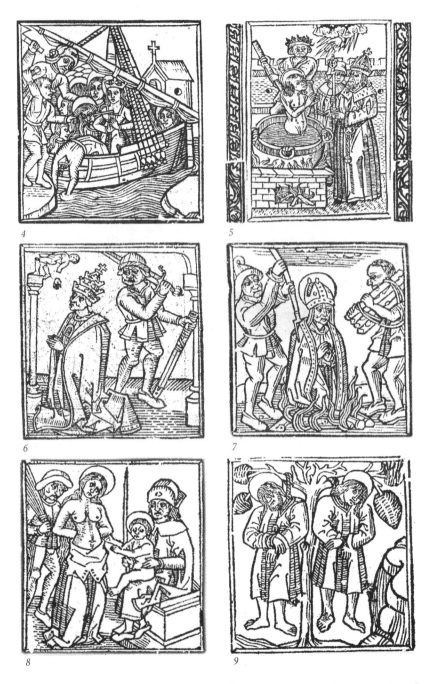

Ilustrações da Legenda áurea: os martírios das 11.000 virgens (fig. 4), São João na tina (fig. 5), Santo Apolinário (fig. 6), São Cornélio (fig. 7), Santos Quirce e Julita (fig. 8), Santos Vito e Modesto (fig. 9).

O reino de Cristo, território dos mártires

Ilustrações da Legenda áurea: *os martírios de Santa Anastácia (fig. 10), Santa Cristina (fig. 11), São Pedro Exorcista (fig. 12), Santa Luzia (fig. 13), Santos Primo e Feliciano (fig. 14), São Sebastião (fig. 15).*

A Legenda áurea *foi traduzida e adaptada no decorrer dos séculos para incluir santos cujo culto era de caráter local. Em 1513, foi publicada em português, acrescida dos principais santos cultuados em Portugal, muitos dos quais também martirizados. Note-se que as gravuras eram muitas vezes reaproveitadas. Martírios dos santos Quitéria (fig. 16), Pantaleão (fig. 17), Atilano (fig. 18), Victores (fig. 19), Vicente, Sabina e Cristeta (fig. 20), Veríssimo, Máxima e Júlia (fig. 21).*

O reino de Cristo, território dos mártires

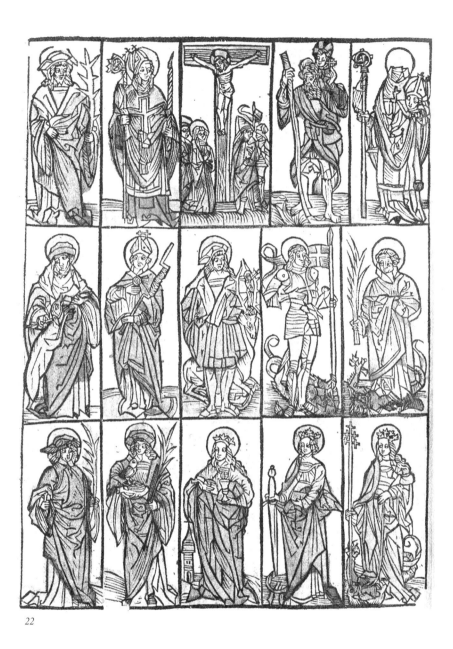

22

Os "quatorze santos auxiliares", cujo culto floresceu na Europa nos séculos XV e XVI. De cima para baixo, da esquerda para a direita, vê-se: Acácio, Brás, Cristo, Cristóvão, Denis, Giles, Erasmo, Eustáquio, Jorge, Ciríaco, Pantaleão, Vito, Bárbara, Catarina e Margarida. Com a exceção de São Giles, todos os demais foram martirizados. Os santos eram invocados para auxílios específicos, algumas vezes relacionados à forma como haviam sido martirizados – por exemplo, São Brás (decapitado) contra problemas na garganta, Santo Erasmo (destripado) contra males do intestino. Santa Bárbara protegia contra o fogo, São Sebastião contra a peste, Santa Margarida assistia os recém nascidos, São Cristóvão os viajantes e assim por diante.

ocorrência de um milagre: os ossos dos cristãos estavam misturados aos dois infiéis que morreram nessa mesma Batalha de Ourique, mas numa manhã apareceram empilhados separadamente, e os dos cristãos estavam indicados por velas acesas. Assim, foi possível construir a capela com os ossos dos mártires cristãos da batalha e descartar a matéria impura.[34]

Na recém-conquistada cidade de Granada, na Andaluzia, o território exibia os sinais mais frescos de martírios. Imagens do século XVI mostram o local das masmorras – covas abertas na pedra onde os mouros castigaram os cristãos durante muito tempo antes da reconquista do território pelos reis católicos em 1492 – que posteriormente ficou conhecido como "cerro dos mártires". Na reconquista de Granada, foi levantada a mando dos reis católicos uma ermida dedicada aos mártires, no local onde já havia um retábulo em que estavam representados os antigos mártires da Igreja católica, "em reverência a estes modernos". No final do século XVI, foi construído nesse local o Convento dos Santos Mártires.[35]

Lembremos que a península Ibérica era uma exceção pelos seus martírios tardios, e mesmo lá há alguns séculos não ocorriam mortes de cristãos pela fé. Os martírios sobreviviam principalmente como narrativa, embora cada vez mais monumentalizada. Mas na segunda década do século XVI, essa realidade de escassez de martírios transformou-se radicalmente.

O século XVI: mártires católicos e protestantes na disputa pelo território na Europa

O século XVI trouxe novos elementos para a cartografia do martírio na Europa. Em 1517, o frei agostiniano alemão Martinho Lutero divulgou suas 95 teses criticando o que considerava corrupto e decadente na fé católica, questionando os inúmeros instrumentos de mediação construídos entre os fiéis e Deus pela Igreja. No lugar das liturgias, confissões, sacramentos, indulgências, peregrinações e imagens, Lutero pregava o diálogo direto entre Deus e o crente: a salvação de cada um viria pela fé, e não era necessário lançar mão da complicada parafernália inventada através dos séculos pela Igreja para isso. O apoio básico passava a ser a mais revolucionária das invenções recentes, a imprensa, que democratizou enormemente a Bíblia e os livros de piedade. Popularizados com a tradução para várias línguas, circularam em escala inédita,

---

de Sancta Cruz de Coimbra", separata do *Boletim da Biblioteca da Universidade de Coimbra*. Coimbra: Universidade de Coimbra, 1957, edição fac-símile do único exemplar conhecido, de 1541, vol. XXIII, p. 12. Sobre a construção da memória coletiva da nação portuguesa em torno da Batalha de Ourique, ver Ana Isabel Buescu, "A memória das origens. Ourique e a fundação do Reino". In: *Memória e poder*, p. 11-28.

34   Carlos Veloso, *As capelas de ossos em Portugal: "speculum mortis" no espetáculo barroco*. Coimbra: Livraria Minerva, 1993, p. 16.

35   *Historia Eclesiástica, princípios y progressos de la ciudad y religion católica de Granada, Corona de su poderoso Reyno, y excelências de su corona*, por Don Francisco Bermúdez de Pedraza, Canónico, y Tesorero de la Santa Iglesia Apostólica Metropolitana de Granada. Granada: Andrés de Santiago, 1638, p.114, 119 e 262.

viabilizando uma vivência espiritual mais reflexiva e silenciosa, menos dependente da mediação clerical. A missa não mais deveria ser pregada em latim, mas em língua compreensível para cada comunidade.[36]

Não se tratava de um discurso rebelde como vários outros que já haviam surgido no ambiente católico, mas uma poderosa crítica, que dava resposta a um individualismo nascente no Ocidente. A interlocução menos mediada com a religião dava possibilidades de reação à sensação de solidão perante Deus compartilhada por muitos. Nos anos seguintes, a divergência transformou-se em dissidência, e foram agregando-se a Lutero uma série de vozes dissonantes que, sem constituir um grupo homogêneo (pelo contrário, muitas foram as diferenças e disputas) levantaram-se por todo o século XVI contra a Igreja Católica Romana.[37] O discurso protestante articulado no decorrer da primeira metade do século XVI afirmava que a Igreja católica havia se distanciado de suas origens, e o papa era naquele momento instrumento de desvio da cristandade do caminho da verdade. Além de Lutero, outras lideranças protestantes surgiram no século XVI, principalmente no norte e centro da Europa: Calvino, Zwinglio, Bullinger, entre outros. Na Inglaterra, moldou-se a peculiar Igreja anglicana, profundamente vinculada à Coroa.

As dissidências cristãs incidiram sobre uma Europa integralmente estruturada sobre pressupostos religiosos, na qual a narrativa bíblica estabelece os parâmetros de religiosidade, incluindo o relato da história da humanidade e a previsão de seu futuro. Divergências de apropriação da palavra de Deus – evito aqui usar o termo "interpretação", que já inclui uma subjetividade alheia ao homem do século XVI – eram vistas como versões antagônicas da verdade, heresias a serem corrigidas a qualquer custo. Naquele momento, não estava disponível qualquer solução que passasse pela aceitação dessas divergências, e a luta entre as correntes da cristandade assumiu contornos literalmente excludentes.[38] Pela sua própria versão dos contornos da cristandade, católicos e protestantes dispuseram-se, em casos extremos, a matar e a morrer – e, principalmente, a dar a denominação de martírios aos episódios em que ocorreram mortes de cunho religioso, sistematizando e fazendo circular a memória dessas mortes no contexto das disputas religiosas.

Os mártires voltavam ao primeiro plano da história cristã, não mais como monumentos, mas como eventos contemporâneos. As inúmeras passagens bíblicas em que os cristãos eram exortados a sacrificar-se pela verdadeira fé estavam sendo utilizadas no final da Idade Média para dar respostas às dificuldades da vida cotidiana e aos impasses relacionados ao

---

36 Delumeau, *op. cit.* p. 76-78.

37 *Ibidem*, p. 59-155.

38 "Se todos os que morrem por sua religião fossem mártires, tanto as heresias que contradizem umas às outras quanto aquelas que são repugnantes à evidente doutrina de Cristo seriam verdadeiras, o que é impossível". Robert Southwell, *An epistle of comfort* (1587-1588), *apud* Brad S. Gregory, *Salvation at stake*, p. 315.

sofrimento e à morte.[39] No século XVI, essas passagens adquiriram uma aplicabilidade bem mais literal e dramática às experiências de vida dos cristãos. [40]

Os primeiros a matar foram os católicos, que acionaram processos por heresia, condenando dissidentes à morte em casos de persistência pública na interpretação divergente da palavra de Deus. Os hereges eram considerados "assassinos de almas", à medida que obstruíam os caminhos para a salvação de suas próprias e outras almas, que não mais ressuscitariam no juízo final para privar da companhia de Cristo e dos justos. Eliminar a heresia era mais do que uma questão de justiça, era um dever a ser cumprido, que seria cobrado de cada um no momento de prestação de contas com Cristo na morte e no juízo final.[41]

Em 1523, dois monges agostinianos simpatizantes das ideias de Lutero foram mortos em Bruxelas, e imediatamente considerados mártires pelos seus companheiros de crenças (figura 23). Nas décadas seguintes, centenas de homens e mulheres foram sacrificados em condições similares, principalmente na França, Inglaterra e nos Países Baixos.[42] Filipe II presidiu pessoalmente, entre 1559 e 1591, cinco grandes autos-de-fé nas cidades em que reinava, incluindo o de Lisboa em 1582, em que se pretendia erradicar os focos de protestantismo de seus reinos ibéricos, entre outros desvios religiosos e sociais.[43]

Desde a década de 1520 circulavam impressos documentando os martírios de protestantes, e em meados do século foram redigidos quatro importantes martirológios, sistematizando os registros das perseguições recentes e colocando-os em situação de continuidade em relação aos martírios da antiguidade cristã.[44] Os relatos de martírios tinham a finalidade

---

39   "Preciosa aos olhos de Jeová é a morte dos que lhe são leais" (Salmos, 116:15); "Felizes os que têm sido perseguidos por causa da justiça, porque a eles pertence o reino dos céus" (Mateus, 5:10); "E não fiqueis temerosos dos que matam o corpo, mas não podem matar a alma; antes, temei aquele que pode destruir no inferno tanto a alma quanto o corpo" (Mateus, 10:28); "Se o mundo vos odeia, sabeis que me odiou antes de odiar a vós" (João, 15:18).

40   Gregory, *op. cit.* p. 108-109.

41   Em fevereiro de 1526, em um sermão antiluteranista em Londres, o pregador afirmou: "Heresia é uma perigosa erva daninha, é a semente do diabo, a inspiração dos maus espíritos, a corrupção de nossos corações, a cegueira de nossa visão, o apagar de nossa fé, a destruição dos bons frutos, e finalmente o assassinato de nossas almas [...] se ficarmos quietos e deixarmos as ingratas heresias serem semeadas por todos os lugares, destruindo por onde passam as almas conquistadas com o precioso sangue de nosso salvador Jesus Cristo, seremos cobrados por Ele de forma terrível, quando prestarmos nossas contas sobre isso". John Fisher, *A sermon had at Paulis by the commandment of the most father in god my lord legate*. London: Thomas Berthelet, 1526, apud Brad S. Gregory, *Salvation at stake*, p. 85.

42   Gregory, *op. cit.* p. 139.

43   Geoffrey Parker, *Filipe II*. Madrid: Alianza Editorial, 2003 [1979], p. 125-126.

44   Ludwig Rabus, *Historien der Heyligen Außerwölten Gottes Zeugen, Bekkennern und Martyren*. Strasbourg: Samuel Emmel, 1552-1558; Jean Crespin, *Recueil de plusieurs personnes qui ont constamment enduré la mort pour le nom de Nostre Seigneur Iesus Christ*. Geneva: Jean Crespin, 1554; Adriaen Cornelis van Haemstede, *De Gheschiedenisse ende den doodt der vromer Martelaren*. Emden: Gilles ven der Erve, 1559; John Foxe, *Actes and Monuments of these latter and perilous dayes, touching matters of the Church*. London: John Daye, 1563.

pedagógica de aumentar a fé dos protestantes em suas crenças, e o sangue derramado atestava um futuro florescente da nova religiosidade: "com esse sangue [de um mártir protestante do século XVI] Deus fertilizou a terra [...] de forma que gerasse muitos cristãos"; "a boa semente que Deus nosso Senhor semeou em alguns corações humanos por meio da grande paciência e martírio deste homem e das injustas ações dos papistas vai sem dúvida [...] germinar e frutificar"; "de suas cinzas, outros da mesma opinião se levantarão".[45] Com algumas exceções, não era dada grande importância aos locais específicos de martírios ou a atributos sobrenaturais dos restos dos mártires. A Igreja de que os protestantes falavam não tinha materialidade, prescindia do auxílio e intercessão dos santos, era essencialmente o corpo invisível de Cristo. Calvino, receoso que seu túmulo se tornasse local de peregrinação, foi sepultado sem que nenhum sinal marcasse o local onde estava o seu corpo.[46]

As dissidências protestantes foram altamente bem-sucedidas. Em 1570, grandes territórios no centro, leste e norte da Europa haviam aderido às Igrejas luterana, calvinista, anglicana. Nesses lugares de maioria protestante, a partir da década de 1530, centenas de católicos foram martirizados. Em 1535, Thomas More e o bispo de Rochester, John Fisher, foram decapitados na Inglaterra.[47] Em Wittenberg (futura Alemanha) em 1552, Provença (França) em 1560, e nos Países Baixos em 1566 ocorreram grandes fúrias reformadoras envolvendo assassinatos.[48]

Diferentemente dos protestantes, os católicos não iniciaram o culto aos novos mártires imediatamente após a ocorrência das mortes, perplexos com o pipocar das heresias na Europa. Foi necessária uma resposta institucional da Igreja católica a essa situação de crise, convocando as autoridades máximas para o Concílio de Trento, destinado a rediscutir as bases da religião para dar respostas aos novos desafios: a extirpação das heresias protestantes e a reforma dos costumes católicos.[49] As sessões do Concílio duraram 18 anos em três períodos (1545-48, 1551-2, 1562-3), ao cabo dos quais as Igrejas católica e protestante estavam irreversivelmente separadas.

Além de estabelecer uma série de práticas destinadas a moralizar o clero e os procedimentos eclesiásticos, o Concílio de Trento significou o reconhecimento, pela Igreja Católica, de que a cristandade estava em guerra. Isso pressupunha estratégias, trincheiras, soldados tanto no campo visível como no invisível. O Concílio reiterou o culto à materialidade dos mártires, cujos corpos foram tratados como "templos do Espírito Santo",

---

45 Trechos citados por Gregory, *op. cit.* p. 150-163.
46 Delumeau, *op. cit.* p. 123.
47 *Ibidem*, p. 138.
48 R. Po Chia Hsia. *The world of catholic renewal 1540-1770*. Cambridge/ New York: Cambrige University Press, 1998, p. 82.
49 *Ibidem*, p. 10-11.

diferenciando-se assim do culto protestante aos seus novos mártires, que não era baseado na veneração aos seus corpos ou aos locais de martírio, mas em uma narrativa desmaterializada de seu exemplo de persistência na fé.[50] A estratégia da Igreja católica passava pela reconquista de territórios perdidos no leste, no centro e no norte do continente europeu e na Inglaterra, plano levado adiante em grande parte por missionários, o que gerou conflitos e mortes, celebrados como martírios.

Em 1572, nos Países Baixos, monges católicos foram enterrados com vida, mas suas cabeças foram deixadas de fora para servirem como balizas de um jogo de bola. Em Vivarais, católicos foram trancados em campanários e deixados para morrer de fome, e crianças foram colocadas em espetos e assadas na frente dos pais. Na Inglaterra da rainha Elizabeth, vísceras e corações eram arrancados dos católicos ainda vivos.[51] Personagens célebres como o missionário e humanista Edmund Campion e o poeta jesuíta Robert Southwell também foram martirizados nesse período.[52] Entre 1567 e 1591, cerca de 130 religiosos foram mortos nos Países Baixos, os mais famosos dos quais foram os 19 monges massacrados pelos calvinistas em Briel, conhecidos como os mártires de Gorcum.[53]

A narrativa desses martírios circulou por toda a Europa católica em cartas, poemas e finalmente livros. Nessa documentação, explicitavam-se alguns pressupostos específicos da Igreja católica Romana. Diferente da protestante, a Igreja católica reconhecia-se como a porção visível do corpo de Cristo, fazendo uma série de vínculos entre a cristandade espiritual e sua materialidade. Eram também mais recorrentes menções aos restos dos corpos dos mártires e seus atributos milagrosos, assim como eram mais recorrentes entre os católicos as imagens dos martírios. Diferente dos mártires protestantes, seus equivalentes católicos tinham atributos de santos e, mesmo antes de serem canonizados, tinham poderes de intercessão sobre os vivos. O local onde foram sepultados os mártires de Gorcum era onde seus companheiros católicos pediam por seus favores e graças.[54]

A partir de 1550, e principalmente após 1580, vários livros foram produzidos documentando as perseguições e os martírios dos católicos pelos protestantes, principalmente na Inglaterra, mas também nos Países Baixos e na França (figuras 24 a 27).[55] Dentre esses livros, um

---

50 "[Os fiéis] devem venerar os corpos santos dos santos Mártires, e dos outros que viveram com Cristo, *tendo sido templos do Espírito*, por quem haverão de ser ressuscitados para a vida eterna para serem glorificados e através dos quais Deus concede muitos benefícios aos homens" [grifo meu]. *El sacrosanto y Ecumênico Concilio de Trento, traducido al idioma castellano por Don Ignácio López de Ayala*. Madri: Imprenta Real, 1785, Session XXV, p. 474-480.

51 Delumeau, *op. cit.* p. 163.

52 Hsia. *Op. cit.* p. 82.

53 Gregory, *op. cit.* p. 274.

54 Hessels van Est, *Martyrs of Gorcum*, p. 388, *apud* Brad S. Gregory, *Salvation at stake*, p. 302.

55 Sobre os martírios na Inglaterra, dentre as mais de 200 edições de mais de 50 títulos lançados entre 1580 e 1640 em várias línguas nos principais centros editoriais católicos (Paris, Antuérpia, Colônia, Ingolstadt,

dos mais abrangentes e que circulou na Península Ibérica é de autoria de Diego de Yepes, que relatava os recentes martírios ocorridos na Inglaterra, principal local de martírios de católicos. Os martírios relacionavam-se com a disputa pelo território. Ao ver John Felton ser morto, seu peito aberto, seu coração e suas entranhas retirados, sua cabeça cortada e seu corpo esquartejado, "com esse espetáculo [...] se compungiram e se enterneceram tanto os ânimos dos presentes, que nenhuma outra coisa poderia assentar mais neles a fé católica, nem causar tão grande prejuízo à pretensão da Rainha [Elizabeth I da Inglaterra]".[56]

O livro associa também os cárceres onde os católicos foram aprisionados a templos e púlpitos, fazendo um paralelo com os relatos de antigos martírios e metaforizando seu papel enquanto lugares de culto e pregação.[57] Um clérigo inglês escreve em 1581:

> Cada zombaria ou escárnio amaldiçoado do povo [...] cada maldade e sacrilégio feitos ao seu sacerdócio, cada uma de suas chagas, dores e suspiros, cada uma de suas carências e necessidades, são mais fortes na intercessão pela nossa terra e igreja aflita, do que todas as rezas do mundo. Esta é a forma pela qual esperamos recuperar nossa nação novamente para Deus.[58]

Alguns livros focavam os mártires de ordens religiosas específicas, como os franciscanos e os jesuítas, estes muitas vezes desconsiderando as fronteiras dos reinos.[59] Em algumas cidades, foram instituídas pelos jesuítas verdadeiras "fábricas" de mártires, como o colégio inglês de Roma, fundado em 1576 com o propósito de formar missionários para a Inglaterra, cujo destino provável era o martírio. Seminários similares funcionaram em Douai (fundado em 1568, transferido em 1578 para Reims, e de volta para Douai em 1593), em Valladolid (1589)

Roma, Madri, Sevilha), ver por exemplo: Giovanni Batista Cavalieri, *Ecclesiae Anglicanae trophea siue Sanctorum martyrum qui pro Christo catholicaeque fidei veritate asserenda antiquo recentiorique persecutionum tempore mortem in Anglia subierunt, passiones Romae in collegio Anglico per Nicolaum Circinianum depictae.* Roma: Bartolomaei Grassi, 1584, com gravuras dos martírios na Inglaterra; Nicolas Sander, *Rise and growth of the anglican schism.* Rockford: TAN Books & Publishers, 1988 [1585]); Frei Diego de Yepes, *Historia particular de la persecucion de Inglaterra y de los martirios mas insignes que en ella ha avido, desde el anno del Señor 1570.* Madrid: por Luis Sanchez, 1599. Sobre os martírios nos Países Baixos, ver por exemplo: Richard Verstegan, *Le théatre des cruautés.* Paris: Éditions Chandeigne, 1995 [1587].

56 Frei Diego de Yepes, *Historia particular de la persecucion de Inglaterra y de los martirios mas insignes que en ella ha avido, desde el anno del Señor 1570*, p. 291.

57 Ver, por exemplo: "Os cárceres [...] servem de templos na Inglaterra, e os lugares de justiça, onde martirizam aos sacerdotes, são os púlpitos, e o sangue derramado em testemunho de nossa santa Fé dá vozes, que se ouvem por todo o reino, e assim onde tanto [sangue] foi derramado, não há que nos espantarmos que com tais sermões tantos tenham se convertido". Yepes, *op. cit.* p. 44.

58 William Allen, *Apology of the English Colleges*, fl. 107, *apud* Brad S.Gregory, *Salvation at stake*, p. 283-284.

59 Sobre os franciscanos, ver por exemplo *Historia Ecclesiastica de Martyrio Fratrum Ordinis Divi Francisci, Dictorum de Observantia.* Paris: Jean Poupy, 1582. Sobre os jesuítas, ver por exemplo Mathias Tanner, *Societas Jesu usque ad sanguinis et vitae profusionem Militans....*Prague: Typis Universitatis Carolo-Ferdinandeae, 1675.

e em Sevilha (1592). A Igreja de San Tommaso di Cantorbery no Colégio Inglês de Roma ostentava, a partir de 1582, uma série de pinturas de autoria do pintor Circignani represento os martírios na Inglaterra, sobre as quais baseou-se Giovanni Batista Cavalieri, para compor as gravuras de seu livro Ecclesiae Anglicanae *trophea* de 1584 (figuras 28 a 31).[60]

A sala de recreação do noviciado de San Andrea al Quirinale em Roma também exibia imagens de martírios do século XVI, incluindo os 40 mártires do Brasil, mencionados adiante. Sobre essas imagens, o jesuíta Padre Richeome escreve: "estas, meus caros, são imagens de seus irmãos, abatidos entre 1549 e 1606, alinhadas nesta sala não apenas em honra a suas memórias, mas para servi-los de exemplo".[61]

Os novos martírios reforçaram ainda mais a circulação de referências aos martírios antigos, que agora tinham que ser disputados com os protestantes. Em 1584, foi publicado o *Martirológio romano*, um novo martirológio para uso litúrgico, de acordo com os postulados do Concílio de Trento e destinado a substituir os martirológios da Baixa Idade Média (como a *Legenda áurea*), que haviam sido construídos e modificados através dos séculos a partir da memória coletiva e de narrativas locais, o que não se adequava à nova estratégia de centralização e moralização do culto aos mártires. O martirológio romano foi amplamente traduzido em todas as línguas europeias, e dispunha em seu frontispício: "ninguém pode ser um mártir se não estiver na Igreja", mensagem de deslegitimação dos martirológios protestantes que circulavam na época.[62] Em 1591, o Padre Antonio Gallonio publicou em Roma o *Tratatto degli instrumenti di martírio e delle varie maniere di martirizare*, descrevendo e ilustrando as inúmeras formas documentadas de suplício dos antigos mártires cristãos, apresentando notável similaridade com a literatura que circulava disseminando os novos martírios.[63] A profusão de imagens referentes a eventos novos e antigos misturava-se, complementava os relatos de martírios e também permitia àqueles que não sabiam ler o acesso às histórias (figuras 32 a 49).[64]

A veneração aos novos mártires não concorreu com o culto aos mártires antigos; pelo contrário, seu culto foi mantido e acentuado, e os locais onde repousavam seus corpos passaram nos séculos XVI e XVII por uma onda de monumentalização.[65] O exemplo

---

60 Giovanni Batista Cavalieri, *Ecclesiae Anglicanae trophea siue Sanctorum martyrum qui pro Christo catholicaeque fidei veritate asserenda antiquo recentiorique persecutionum tempore mortem in Anglia subierunt, passiones Romae in collegio Anglico per Nicolaum Circinianum depictae.*

61 Émile Mâle, "Religious art after the Council of Trent". In *Religious art from the twelfth to the eighteenth century.* New York: Pantheon Books, 1949, p. 175-176.

62 Gregory, *op. cit.* p. 316-317.

63 Gallonio, *op. cit.*

64 Segundo o autor Peter Frarin, as imagens de martírios que ilustravam seu livro serviam "aos olhos e vista do leitor católico, a também àquele que não sabe ler". Peter Frarin (1566), *apud* Gregory, *op. cit.*, p. 295.

65 "Se os instrumentos dos maus pecadores que ofenderam Cristo e os santos mártires são guardados com veneração, assim como a cruz, a lança e os pregos, entende-se bem que os corpos dos santos, ou mesmo seus órgãos, devem ser sepultados de forma espetacular: porque o artesão sábio quer que suas ferramentas

23

Em 1523, dois monges agostinianos simpatizantes das ideias de Lutero foram mortos em Bruxelas, e imediatamente considerados mártires pelos seus companheiros de crenças. Logo começou a circular na Europa uma vasta literatura martirológica reformista.

24

25

26

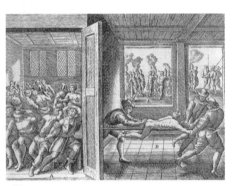
27

Nos locais onde as reformas protestantes se estabeleceram com mais força ocorreu, a partir de 1530, uma onda de intolerância religiosa: centenas de católicos foram martirizados na Inglaterra, Holanda e França, entre outras regiões. Os católicos trataram as vítimas da intolerância religiosa como novos mártires, e deram-lhes um estatuto de santidade. A partir das últimas décadas do século XVI, foi publicada uma extensa literatura martirológica católica, como o Thêatre des cruautés *(teatro das crueldades), de Richard Verstegan, de 1587, que ilustrava os sofrimentos dos católicos nas regiões reformadas e a guerra que tomara conta das cidades europeias.*

28

29

30

31

Os novos martírios logo transformaram-se em motivos artísticos nos edifícios religiosos. A Igreja de San Tommaso di Cantorbery no Colégio Inglês de Roma ostentava, a partir de 1582, uma série de pinturas de autoria do pintor Circignani dos martírios na Inglaterra, sobre as quais baseou-se Giovanni Batista Cavalieri para compor as gravuras de seu livro Ecclesiae Anglicanae trophea de 1584, que documentava, entre outros, os martírios de John Fisher, Thomas More e Margareth Pole (fig. 28) e Edmund Campion, Ralph Shervin e Alexander Briant (figs. 29 a 31).

32 a 40

O reino de Cristo, território dos mártires

41 a 49

Em 1591, o Padre Antonio Gallonio publicou em Roma o Tratatto degli instrumenti di martírio e delle varie maniere di martirizare, *descrevendo e ilustrando as inúmeras formas documentadas de suplício dos antigos mártires cristãos, apresentando notável similaridade com a literatura que circulava disseminando os novos martírios. A profusão de imagens referentes a eventos novos e antigos complementava os relatos de martírios e também permitia o acesso às histórias para aqueles que não sabiam ler (figs. 32 a 49).*

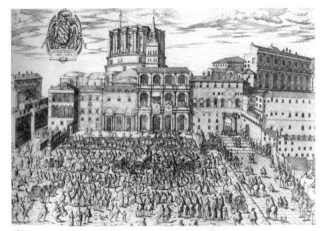

50

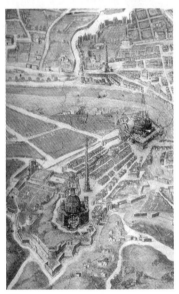

51

Uma das principais transformações urbanísticas de Roma na segunda metade do século XVI foi a monumentalização e a abertura de um grande espaço aberto em torno do túmulo do martir São Pedro, sobre o qual havia sido edificada a sua basílica. Na figura 50, a reforma do edifício, por trás do casario que posteriormente havia sido demolido, em 1567. A figura 51 mostra uma vista aérea da Roma de Sixto V (pontificado 1585-1590), já com uma grande praça aberta em torno da basílica. Após a construção do domo de São Pedro, em 1586, Sixto V promoveu a façanha do transporte do imenso obelisco romano para a praça de São Pedro. O obelisco era uma grande relíquia por supostamente ter sido o local onde os mártires eram sacrificados nos tempos de Nero. A esfera dourada que encimava o obelisco, e onde estariam as cinzas de Júlio César, foi trocada por uma cruz em bronze onde se inseriu um pedaço do Santo Lenho. Dentro da cruz que coroa o novo domo da basílica foi colocada uma caixa de chumbo com outros pedaços do santo lenho, relíquias de santos e papas e pó proveniente dos ossos de mártires.

O reino de Cristo, território dos mártires

52

A figura 52 mostra a praça de São Pedro após a construção da colunata projetada por Bernini, em meados do século XVII. O conjunto externo à basílica foi remodelado a partir da complexa instalação do obelisco egípcio na praça. A figura 53 mostra o interior da nova basílica, com o baldaquino projetado por Bernini sob o domo e sobre o túmulo de São Pedro, inaugurado em 1633. No detalhe, a inscrição bíblica que havia sido literalmente interpretada: "Tu és Pedro, e sobre esta pedra edificarei a minha igreja" (Mateus, 16:18).

53

mais importante disso são as transformações urbanísticas promovidas pelos papas em Roma, a cidade "cercada de mártires": dezenas de igrejas foram reformadas e assumiram caráter mais monumental, os túmulos dos antigos mártires enaltecidos, antigos lugares de martírios ressignificados, eixos viários foram traçados conectando os diversos locais de sepulcro de mártires (figuras 50 a 53, 83 a 86).

A Basílica de São Pedro, local onde se encontrava o túmulo do mártir, que entrou em obras desde 1506 por iniciativa do Papa Nicolau V, só foi finalizada por Sixto V (pontificado 1585-1590)[66] no final do século XVI, quando este assumiu o desafio de transformar Roma na vitrine da Contra-Reforma, promovendo a reforma urbanística mais impactante do período na Europa, toda baseada em um reposicionamento e monumentalização dos locais de descanso dos mártires cristãos.

Além da finalização do domo da Basílica de São Pedro, Sixto V promoveu o transporte do imenso obelisco egípcio das imediações da Capela de Santo André para a praça em frente à Basílica. O obelisco era ele próprio local de martírio, acreditava-se ter sido o local onde os cristãos eram sacrificados nos dias de Nero, e muitos julgavam impossível a realização do traslado do obelisco de 500 toneladas, semi-enterrado por efeito do próprio peso, por uma região densamente povoada. Em 1586, com a ajuda de 140 cavalos, o obelisco foi transportado e reposicionado conforme planejado, na presença de uma enorme multidão que a tudo assistia no mais absoluto silêncio – pois o Papa havia ordenado que aquele que emitisse o menor ruído que colocasse a operação em risco seria sumariamente executado, mandando instalar uma forca no local para reforçar essa ideia. A esfera dourada que encimava o obelisco, onde supostamente estavam as cinzas de Júlio César, foi substituída por uma cruz de bronze, onde foi colocado um pedaço do Santo Lenho.

Quatro anos depois, o domo da Basílica de São Pedro foi terminado, e foi coroado por outra cruz, no interior da qual foram colocados outros pedaços do Santo Lenho, além de restos dos apóstolos Santo André e São Tiago, e dos Papas Clemente I, Calixto I e Sixto III. A basílica ficaria ainda em obras durante anos. Em 1633, Bernini finalizaria o impactante baldaquino sobre o túmulo de São Pedro (figuras 50 a 53).[67]

Outras cidades também promoveram a monumentalização dos túmulos de seus mártires a partir da segunda metade do século XVI. Em Córdoba, que havia sido a mais importante cidade moura na Espanha, o Campillo, ou Campo del Rei, havia sido lugar de muitos martírios na época da dominação árabe, entre eles o de São Eulógio em meados do século IX. Nesse local, foi erigido na segunda metade do século XVI um monumento aos mártires, uma coluna de pedra, encimada por uma cruz dourada adornada pelos instrumentos dos

---

estejam em bom lugar". Fray Juan Raulin, *Libro de la muerte temporal y eterna*. Madrid: en casa de P. Madrigal, 1596, traduzido em língua castelhana por Francisco Callero, p. 190.

66   Christopher Hibbert, *Rome: the biography of a city*. London: Penguin Books, 1985, p.140.

67   *Ibidem*, p. 174-189.

martírios, como adagas e grilhões.⁶⁸ Em Granada, foi edificada no início do século XVII a Abadia do Sacromonte, no local onde se descobriu que haviam sido martirizados São Cecílio e seus companheiros no século I, consagrando também todo o caminho entre as muralhas da cidade e o Sacromonte.⁶⁹ Em Lisboa, o Mosteiro de São Vicente de Fora – que conforme mencionado acima foi edificado no local onde haviam sido enterrados os mártires da reconquista da cidade aos mouros – passou a acolher os túmulos dos reis da Dinastia dos Bragança após a restauração da autonomia da Coroa portuguesa em 1640 (fig. 81).

Vimos que os martírios estavam na ordem do dia na Europa em guerra religiosa no século XVI, e que a Igreja católica respondeu à crise reafirmando o poder dos primeiros mártires, monumentalizando seus túmulos e celebrando os novos martírios como provas de um triunfo da Igreja. Veremos a seguir que o surgimento de novos territórios a serem incorporados pela cristandade significava uma gigantesca demanda por novos martírios como condição para uma eficaz colonização do. A gigantesca redefinição de fronteiras operada pelos reinos ibéricos com as grandes navegações e descobertas na África, Ásia e Europa também precisou de seus mártires.

O martírio no mar

Portugal e Espanha quase não tinham passado pela experiência das grandes dissidências protestantes no interior de seus territórios, de forma que os martírios que ocorreram no século XVI e início do XVII no centro e norte da Europa e na Inglaterra só atingiram a Península Ibérica como narrativa, de certa forma mesclando-se com as narrativas pré-existentes dos martírios antigos. Por outro lado, a construção de seus impérios em outros continentes significava simultaneamente a necessidade e a oportunidade de celebrar os novos territórios com os martírios.

Isso aconteceu em grande medida a partir de personagens específicos da sociedade da época. Incidentalmente, navegadores das naus que percorreram os oceanos tiveram suas trajetórias associadas aos martírios. Intencionalmente, missionários portugueses, espanhóis e de outras proveniências marcaram as novas fronteiras da cristandade com seu sangue, semeando os novos territórios para que neles se firmasse o edifício da cristandade. Em 1670, o Padre Antônio Vieira prega o *Sermão de Santo Antônio*, em que afirma a vocação portuguesa de morrer em terras estrangeiras:

> Nascer pequeno e morrer grande, é chegar a ser homem. Por isso nos deu Deus tão pouca terra para o nascimento, e tantas para a sepultura. Para nascer, pouca terra; para

---

68 "[No Campillo del Rey] consagrou-se a memória dos que ali se foram, em um suntuoso troféu de rico mármore, formosa e grande coluna de jaspe negro. Encimando-a, em vez de capitel, uma grande pedra branca quadrada, com uma cruz dourada no meio. E a seus pés os despojos, alfanjes cruzados, e de suas pontas grilhões pendentes: instrumentos dos triunfos, que ali alcançaram os santos". Roa, *op. cit.* fl. 39.

69 *Historia Eclesiástica...*

morrer, toda a terra: para nascer, Portugal: para morrer, o mundo. Perguntai a nossos avós quantos saíram e quão poucos tornaram? Mas estes são os ossos de que mais se deve prezar vosso sangue.[70]

Esses "ossos de que mais se deve prezar vosso sangue" seriam os ossos dos portugueses mortos no estrangeiro, como o próprio Santo Antônio, morto em Pádua. No *Sermão*, Vieira associa várias vezes o caráter sagrado da expansão territorial portuguesa, e os próprios portugueses como instrumentos da consagração dos novos territórios, à maneira dos mártires:

> É verdade que Portugal era um cantinho ou um canteirinho da Europa [...] nesse cantinho quis o Céu depositar a Fé, que dali se havia de derivar a todas essas vastíssimas terras, introduzida com tanto valor, cultivada com tanto trabalho, *regada com tanto sangue*, recolhida com tantos suores, e metida, finalmente, nos celeiros da Igreja, debaixo das chaves de Pedro, com tanta glória [grifo meu].[71]

O próprio veículo de navegação, as naus, exibiam também os sinais do martírio: "nas bandeiras as Chagas de Cristo, nas antenas a Cruz".[72] Muitas das embarcações eram batizadas com nomes de mártires, tendo em vista a sua proteção: São João, São Paulo, Santiago, Santa Bárbara, São Simão e assim por diante – ainda que outros santos não martirizados tenham batizado muitas outras. Uma imagem de um tratado de embarcações da segunda década do século XVII mostra um "galeão de 500 toneladas", coroado com a cabeça decapitada de um mártir, ainda sangrando (figura 82).

A relação do mártir com o navio não era apenas casual, e sim permeada de deveres, direitos e reciprocidades: o santo protegia o navio, mas sua população devia-lhe tributos. Na nau Santa Bárbara, foi representado em 1577 o martírio da santa de mesmo nome, representação que agradou tanto que "todos afirmavam poder representar-se em qualquer cidade".[73] A representação do martírio da santa reiterava seu papel de protetora do navio, sacralizava seu espaço, assim como eventos semelhantes delimitavam a dimensão sacra do espaço urbano. Além dessa representação, temos notícia da encenação do martírio de São João Batista na nau São Francisco, a qual havia chegado a Goa em 1583.[74]

Os mártires eram também a maior parte dos santos de devoção dos marinheiros. São Clemente, mártir e náufrago, é o que tem a história mais emblemática, inteiramente

---

70   Antônio Vieira, "Sermão de Santo Antônio". In: Alcir Pécora. *Sermões*. São Paulo: Hedra (org.), 2001, V. I, p. 285.

71   *Ibidem*, p. 286.

72   *Ibidem*, p. 288.

73   Mário Martins, *Teatro quinhentista nas naus da Índia*. Lisboa: Edições Brotéria, 1973, p. 18-19.

74   *Ibidem*, p. 41.

RELAÇAÕ
DA
VIAGEM, E NAUFRAGIO
DA
NAO S. PAULO

Que foy para a India no anno de 1560.
De que era Capitaõ
RUY DE MELLO DA CAMERA,
Meftre João Luis, e Piloto Antonio Dias.

ESCRITA
POR HENRIQUE DIAS,
Criado do S. D. Antonio Prior do Crato.

54

55

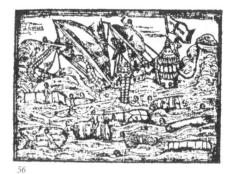

56

57

58

As navegações trouxeram novas perspectivas, e também novos temores para os portugueses. Desde meados do século XVI, circulavam folhetos impressos relatando detalhadamente narrativas de partidas, viagens e naufrágios de navios portugueses, que passavam pelas piores provações, em geral originadas dos pecados de seus passageiros. Os relatos de naufrágios são representantes da literatura da culpa, assim como as Ars Moriendi, e como tal evocam a virtude da paciência tão cara aos mártires, mas a ser também exercida pelos demais cristãos, principalmente face à morte. As imagens de naufrágios exibiam as cruzes que caracterizavam as velas das naus portuguesas, em uma associação entre o sofrimento de Cristo e o da embarcação e sua tripulação.

ligada a tragédias e milagres marítimos.[75] Sua história também supera o maior terror dos marinheiros, morrer no fundo do mar sem sepultura, pois no local onde o mártir morreu Deus edificou um templo no fundo do mar, que todos os anos recuava no dia de seu aniversário deixando a sepultura à mostra.[76] Outros mártires venerados pelos marinheiros eram São Pedro, São Juliano, São Cristóvão.[77]

As relações dos navios com os martírios podem ser vistas para além da encenação de peças de teatro. Circulavam desde meados do século XVI folhetos impressos relatando detalhadamente narrativas de partidas, viagens e naufrágios de navios portugueses, que passavam pelas piores provações, em geral originadas dos pecados de seus passageiros. Os relatos de naufrágios são representantes da literatura da culpa, assim como as *Ars Moriendi*, e como tal, evocam a virtude da paciência tão cara aos mártires, mas a ser também exercida pelos demais cristãos, principalmente face à morte (figuras 54 a 58).[78]

Uma nau, com o sugestivo nome de *Chagas*, foi abordada em 1593 nos Açores pelos ingleses e teve quase todos os ocupantes católicos mortos. A descrição do episódio não deixa nada a dever à dos martírios que aconteciam no continente, eficazmente associado às chagas de Cristo:

> E finalmente aquela valerosa gente portuguesa pereceu nadando pelo mar e passando dentro na água pelas armas daqueles cruéis luteranos, contra todas as leis da guerra, que não tiram vida a gente rendida e posta em tal estado [...] mas cegou-os Deus [aos ingleses] por quão injusta guerra fizeram a esta nau, que vinha seguindo sua quieta viagem; de maneira que, abrasada a nossa nau em chamas vivas, cercada de sangue católico, e perto de 500 corpos de católicos chagados, estavam eles e ela [a nau] em tal forma que, com razão, lhe pertencia bem o nome da nau das chagas.[79]

---

75 Clemente havia perdido seus irmãos e sua mãe em um naufrágio, e o pai embarcou à procura da mulher e filhos e também não retornou, deixando Clemente privado de toda a família por vinte anos. Clemente tornou-se um importante filósofo e converteu-se ao Cristianismo, e viajou à Judeia para encontrar São Pedro, que o levou em suas pregações. Em uma delas, reencontrou sua mãe e seus irmãos em uma ilha; eles haviam sobrevivido separados ao naufrágio, e juntos reencontraram também o pai. De volta a Roma, Clemente foi nomeado bispo por São Pedro. Perseguido pelos romanos, Clemente foi exilado no além-mar, onde pregou por mais três anos. No início do século II, o Imperador Trajano mandou jogar Clemente ao mar com uma âncora amarrada ao pescoço. Ver Jacopo de Varazze, *Legenda áurea*, p. 948-958.

76 "A multidão ficou no local, e Cornélio e Febo, discípulos do santo, mandaram todos os cristãos rezar a fim de que o Senhor mostrasse a eles o corpo de seu mártir. Imediatamente o mar recuou três milhas, todos entraram nessa parte seca e encontraram um templo de mármore, no qual Deus colocara em uma arca o corpo de São Clemente com a âncora ao lado. Foi revelado a seus discípulos que não retirassem o corpo, e todos os anos, na data de seu martírio, durante sete dias o mar recua três milhas e oferece um caminho seco destinado a alcançar a sepultura". *Ibidem*, p. 957.

77 Angélica Madeira, *Livro dos naufrágios*: ensaio sobre a história trágico-marítima. Brasília: Editora UnB, 2005, p. 91.

78 *Ibidem*, p. 95.

79 "Tratado das batalhas e sucessos do galeão Santiago e da nau Chagas". In: Bernardo Gomes de Brito (org.),

O papel emblemático do capitão da embarcação, cujo exemplo excede o dos demais personagens do naufrágio, é elemento recorrente nos relatos de naufrágios, descolando seu destino daquele das demais vítimas.[80] Na introdução ao relato do naufrágio do galeão São João, o autor explicita esse efeito pedagógico:

> E por me parecer história que daria aviso e bom exemplo a todos, escrevi os trabalhos e morte deste fidalgo e de toda a sua companhia, para que os homens que andam pelo mar se encomendem continamente a Deus e a Nossa Senhora, que rogue por todos. Amém.[81]

Um dos maiores exemplos de provações sofridas por uma personalidade emblemática é o relato do naufrágio da nau Santo Antonio que relata em detalhes a bravura com a qual seu capitão, Jorge de Albuquerque Coelho, passou por todas as provações.[82] O relato do naufrágio faz parte da consagração da figura de Albuquerque Coelho, nascido em Olinda na família donatária da Capitania de Pernambuco, que sobreviveu a uma guerra com os índios em Pernambuco, ao naufrágio, ao aprisionamento pelos franceses e à campanha portuguesa na África. A ele foi atribuída uma inquebrantável piedade e até milagres.[83]

Mas os martírios em alto mar não eram evento programado, e a consagração da tripulação como mártir era sempre dada *a posteriori*. Alguns dos personagens da colonização utilizaram de forma bem mais intencional o mecanismo do martírio como instrumento de expansão do território cristão, como veremos a seguir.

Jesuítas, pedras da Igreja na América

Em 1539, Inácio de Loyola e seis companheiros fundaram a Companhia de Jesus, uma nova ordem religiosa oficialmente reconhecida pelo Papa Paulo III no ano seguinte. Tratava-

---

História trágico-marítima. Rio de Janeiro: Lacerda/ Contraponto, 1998 [1735], p. 535.

80   Isso se repete, por exemplo, no relato da morte do capitão do galeão São Bento: "Essa foi a morte de Fernão D'Álvares Cabral, e este é o fim de seus trabalhos. E verdadeiramente, que passando bem os corporais e espirituais que vinha suportando e a paciência com que os tomava e graças que contudo dava a Nosso Senhor, que sabemos ser misericordioso, se pode crer que *foi servido levá-lo naquele estado e martírio*, para que, ainda que seu corpo fosse lançado naquela pobre sepultura, a sua alma esteja com ele rica de glória e bem-aventurança, que não deve de ser pequena consolação aos que cá bem lhe quiseram" [grifo meu]. "Relação sumária que se fez da viagem de Fernão d´Álvares, desde que partiu deste reino por capitão-mor da armada que foi no ano de 1553, às partes da Índia até que se perdeu no cabo de Boa Esperança no ano de 1554. Escrita por Manuel de Mesquita Perestrelo que se achou no dito naufrágio". *Ibidem*, p. 57.

81   "Relação da muy notavel perda do galeão grande S. João em que se contão os grandes trabalhos, e lastimosas cousas que acontecerão ao Capitão Manoel de Sousa Sepúlveda e o lamentavel fim, que elle e sua mulher, e filhos, e toda a mais gente houverão na terra do Natal [atual África do Sul], onde se perderão a 24 de junho de 1552". *Ibidem*, p. 5.

82   "Naufrágio que passou Jorge Albuquerque Coelho vindo do Brasil para este reino no ano de 1565, escrito por Bento Teixeira Pinto, que se achou no dito naufrágio", in Bernardo Gomes de Brito (org.). *Ibidem*, p. 261-292.

83   Madeira, *op. cit.* p. 134.

se de uma associação construída sob os moldes da Contra-Reforma, que pressupunha que o clero fosse um exemplo de moral e bons costumes para o restante da sociedade. Aqueles que se juntassem à Companhia deveriam apresentar virtude espiritual suficiente para "que possam acabar a construção desta torre [a Igreja Universal]" no âmbito da ordem.[84] Além de engendrar em profundidade a transformação individual de seus integrantes, a Companhia diferenciou-se de outras ordens por não pregar o afastamento do religioso em relação ao mundo – pelo contrário, a orientação era a de integração.

A confiabilidade moral, a aliança entre espiritualidade interna e apostólica, a mobilidade, o caráter pedagógico e alianças estratégicas com reis e o Vaticano fizeram da Companhia de Jesus um grupo altamente bem-sucedido em tempos de reforma e expansão do universo católico nos séculos XVI e XVII. Logo a Companhia de Jesus se tornaria uma das mais importantes forças naquele período de embate. Em 1540, a Companhia tinha dez membros, dezesseis anos depois, estes eram 1000 e em 1626, eram 15.000 distribuídos em mais de 500 colégios, seminários e escolas.[85]

A Companhia tinha vocação apostólica, pregando nas ruas, nos hospitais, prisões e em terras estrangeiras. Em 1540, Francisco Xavier embarcou em um navio português para a Índia, sendo o primeiro em uma longa lista de jesuítas missionários enviados ao mundo não europeu.[86] O caráter missionário e apostólico da Companhia explicita-se desde a sua fundação, conforme fórmula reproduzida na bula papal que autorizava a instituição da ordem:

> [...] nos tenhamos por obrigados a cumprir, sem delongas, e na medida de nossas forças, quanto nos ordenar o atual Romano Pontífice e os que pelo tempo adiante lhes sucederem, para proveito das almas e propagação da fé, sejam quais forem as províncias a que nos enviar, quer nos mande para os turcos, quer para as terras de outros infiéis, ainda para as partes que chamam da Índia, como também para os países de hereges ou cismáticos ou quaisquer nações de fiéis [...].[87]

A Companhia era sediada em Roma, mas desde o início propôs-se a espalhar geograficamente suas unidades administrativas, já nas primeiras décadas divididas em províncias, algumas delas surgidas de subdivisões das primeiras: Portugal (1546); Espanha (1547); Goa (1549); Itália (1551); França (1552); Brasil (1553); Sicília (1553); Alemanha Superior e Alemanha Inferior (1556). Castela, Aragão e Andaluzia foram fundadas em

---

84 "Fórmula da Companhia de Jesus, bula *Regimini Militantis Ecclesiae*, de 27 de setembro de 1540", apud Serafim Leite, *História da Companhia de Jesus no Brasil*. Lisboa/ Rio de Janeiro: Livraria Portugália/ Civilização Brasileira, 1938, v. I, p. 5-7.

85 Hsia, *op. cit.* p. 27.

86 *Ibidem*, p. 31.

87 "Fórmula da Companhia de Jesus, bula *Regimini Militantis Ecclesiae*, de 27 de setembro de 1540", apud Leite, *História ...*, vol. I, p. 7.

1554 como subdivisão da Província da Espanha. Cada grupo de províncias, agregradas segundo critérios geográficos ou linguísticos, constituía uma Assistência. A Assistência de Portugal compreendia, além da metrópole, as Províncias da Índia, do Japão, do Brasil.

Desde antes mesmo da constituição oficial da Companhia, o rei D. João interessou-se pelo trabalho apostólico, pela correção moral e pelo baixo custo dos jesuítas, trabalhando para que a Companhia se instalasse nas colônias portuguesas. Em 1549, a ordem chega ao Brasil, ansiosa por converter o gentio da terra.[88]

Os primeiros seis jesuítas chegaram à Bahia, em 29 de março de 1549, na mesma esquadra de Tomé de Souza que trouxe a atribuição de fundar a cidade de Salvador, primeira capital do Brasil. Vinham sob a liderança de Manoel da Nóbrega, com o objetivo de conversão do gentio e de atender com o serviço religioso os portugueses que já estavam na colônia.[89] Em 1550, chegaram mais quatro padres, com sete meninos órfãos. Em 1553, a terceira expedição, com três padres e quatro irmãos.[90]

Da mesma forma que eram candidatos ao martírio nas partes reformadas da Europa, os jesuítas ansiavam imensamente a morte pela Igreja em todas as partes do mundo, tratando seus próprios martírios como instrumento de conversão das almas e de fundação da Igreja nas novas terras, em uma estratégia global que era documentada, sistematizada, ilustrada. Os jesuítas faziam circular imensamente os registros dos martírios de seus irmãos por todo o mundo, em uma verdadeira cartografia espiritual, complementar à cartografia técnica que naquele momento se fazia de todo o mundo (figuras 87 a 94, 104 a 124). A Companhia de Jesus desenvolveu o seu próprio martirológio, em que quase todos os dias do ano estavam benzidos com o sangue de seus mártires ao redor do mundo. Uma passagem bíblica do *Evangelho de Mateus* (24:9) – "Então vos entregarão à tribulação e vos matarão, e sereis pessoas odiadas por todas as nações, por causa do meu nome" – ganhava interpretação literal. O martirológio da Companhia de Jesus, compilado em 1675, listava 304 jesuítas mortos por sua fé em todo o mundo.[91]

A campanha no Japão foi particularmente violenta, a intolerância religiosa dos imperadores produziu inúmeros mártires, que foram objeto de livros em várias línguas.[92]

---

88 "Carta de D. João III Rei de Portugal a D. Pedro Mascarenhas, Lisboa, 4 de agosto de 1539". In: *Idem, Cartas dos primeiros jesuítas no Brasil*. São Paulo: Comissão do Quarto Centenário da Cidade de São Paulo, 1956, v. I, p. 101.

89 "Carta do Pe. Manuel da Nóbrega ao Pe. Simão Rodrigues, Bahia, 9 de agosto de 1549". In: *Op. cit.* v. I, p. 108-115.

90 Leite, *História ..., op. Cit.* v. I, p. 34.

91 Mathias Tanner, *Societas Jesu usque ad sanguinis et vitae profusionem Militans....* Prague: Typis Universitatis Carolo-Ferdinandeae, 1675.

92 Luis Cerqueira e François Passio, *La glorieuse mort de neuf Chrestiens Iapponois martyrizez pour la foy catholique aux royaumes de Fingo, Sassuma et Firando envoyée du Iapon l'an 1609 et 1610*. Douai: Pierre Auroy, 1612; Francesco Figueroa e Antonius de Balinghem, *Histoire de l'estat de la Chrestienté au Japón, et du glorieux mar-*

Em Nagasaki, em 1626, o padre espanhol Baltasar de Torres foi jogado ao mar, que foi considerado assim "sepulcro de cristal de onde a Divina Providência terá conservadas suas almas, para ressuscitar seus corpos a elas unidos [...] com dores de glória no dia da ressurreição geral" (figuras 116 a 123).[93] O primeiro mártir do sul da África, Gonçalo da Silveira, mereceu dois versos em *Os Lusíadas* de Camões (figura 114).[94]

A morte dos jesuítas era motivo de honrarias em Lisboa. O martírio do jesuíta Antonio Criminal, ocorrido na Índia em 1549, foi celebrado na Capela Real em Lisboa, a pedido do rei D. João III, "para que se dessem devidas graças a Deus, que nos seus santos obra tamanhas maravilhas".[95] Na ocasião da canonização de Inácio de Loyola e Francisco Xavier em 1622, fizeram-se grandes festas em Lisboa, ocasião em que os martírios de jesuítas mortos no mar ao redor do mundo foram celebrados. Após dois carros representando a América e a África, e antes da Ásia e Europa,

> [...] aparecia uma formosa nau da Índia, tão perfeita, & bem acabada, que podia servir de modelo para as que se fazem na Ribeira. Não vinha carregada de drogas, mas de mártires da Companhia de Jesus, que levados do zelo da fé, navegaram por todas as partes do mundo, e nelas deram suas vidas por Cristo. Ia embandeirada com muitos galhardetes e flâmulas de tafetá vermelho, nas velas pintadas palmas e coroas: pelas bombardeiras assomavam muitas peças de artilharia de bronze, que a lugares disparavam, navegava em um mar de ondas contrafeitas, e por entre elas apareciam cabeças, e braços dos santos mártires que foram lançados ao mar, que por toda a parte mostrava veias e escumas de sangue.[96]

Anchieta, antes mesmo de pisar no Brasil, ansiava pelo martírio já na travessia do Atlântico, conforme narra Simão de Vasconcellos: "sem ser compelido, sem soldo, sem interesse, propõe de ajudar-vos livremente, até morrer com vossa mesma cruz".[97] O martírio era

---

tyre de plusiers chestiens en la grande presecution de l'an 1612, 1613 et 1614 le tout tiré des lettres envoyees à Rome par les Pères de la Compagnie de Iesus au Japon. Douai: Balthasar Beller, 1618; Pe. Antonio Francisco Cardim, *Elogios, e ramalhete de flores borrifado com o sangue dos religiosos da Companhia de Jesus: a quem os tyrannos do Imperio de Jappão tirarão as vidas. Catálogo de todos os religiosos, & seculares, que forão mortos naquelle Imperio, até o anno de 1640*. Lisboa: por Manoel da Sylva, 1650.

93   *Historia Eclesiástica ...*, p. 295.

94   "Vê do Benomotapa [Monomotapa] o grande império / De selvática gente, negra e nua / Onde Gonçalo morte e vitupério / Padecerá pela Fé santa sua" Luís de Camões: *Os Lusíadas*. São Paulo: Abril Cultural, 1979 [1572]. Canto X, 93.

95   Francisco de Andrada, *Crônica de D. João III*. Porto: Lello e Irmão Editores, 1976 [1613], introdução e revisão por M. Lopes de Almeida, p. 1048.

96   *Relação das festas que se fizeram em Lisboa quando da canonização de São Francisco Xavier e Santo Inácio de Loyola* (Lisboa, 1622), p.23.

97   Simão de Vasconcellos, *Vida do venerável Padre José de Anchieta*. Rio de Janeiro: Imprensa Nacional, 1943 [1672].

parte da argumentação dos jesuítas que já encontravam-se no Brasil, clamando por novos companheiros, como mostra a carta do Irmão Vicente Rodrigues:

> Venham nos ajudar, que a terra é grande, os demônios muitos [...] venham [...] imitando o Senhor com [...] a cruz e o sangue [...] na qual ardamos de maneira que mereçamos derramar quanto sangue temos em troca de quanto nosso Senhor Jesus Cristo derramou com tanta caridade e amor.[98]

A própria partida rumo às colônias era por vezes literalmente tratada como martírio. Em 1550, a Companhia enviou sete órfãos do Colégio de Órfãos de Lisboa para o Brasil. Os órfãos, "dizendo que tudo era [...] servir a Deus e morrer pela fé católica" não tinham medo de serem comidos pelos índios: "diziam-lhes outros que no Brasil morrem os homens e comem carne humana. Respondiam eles que também em Lisboa morrem e que depois os comem a terra e os bichos".[99] A partida dos órfãos lembra um fervoroso relato de paixão. Partiram do Colégio na véspera de Dia de Reis, portando uma cruz e carregaram-na pela cidade de Lisboa até o Mosteiro dos Jerônimos em Belém, onde embarcariam. Por todo o percurso os moradores de Lisboa os acompanharam das ruas e janelas:

> Era tanto fogo por onde eles passavam que [nos] acendia o rosto [...] uns choravam, outros levantavam as mãos aos céus dando louvores ao Senhor, outros os benziam, outros saíam com esmolas pelas ruas [...] outros corriam para os ver chamando-os bem-aventurados.[100]

Chegando a Belém, o navio os esperava para embarcarem. Em meio aos choros e despedidas "um deles [...] saltou no batel [...] tomou a cruz na mão e começou a cantar [...] andava tão fervente que parecia daqueles que vão a receber martírio".[101]

Embora hoje possamos duvidar que a ânsia pelo martírio fosse verdadeira, a imensa quantidade de documentos que mostram que inúmeras vezes os jesuítas efetivamente ofereceram-se ao martírio indica o contrário, que a busca pelo martírio não se tratava de pura retórica. Conforme afirma Manuela Carneiro da Cunha, para que Deus vencesse nas novas terras, para que o Santo Lenho da cruz pudesse enraizar-se e tomar vida, acreditava-se que era necessário regar a cruz de Cristo e a melhor rega para isso era o

---

98 "Carta do Irmão Vicente Rodrigues aos Padres e Irmãos de Coimbra, Bahia, 17 de maio de 1552". In: Leite, *Cartas*..., v. I, p. 314.

99 "Carta do P. Pero Domenech aos Padres e irmãos de Coimbra, Lisboa, 27 de janeiro de 1550". In: *Ibidem*, v. I, p. 171.

100 *Ibidem*, p. 172.

101 *Ibidem*, p. 172.

sangue dos mártires. E não poucas vezes os mártires foram considerados rega, sementes ou pedras da Igreja na América.[102]

Os primeiros jesuítas oficialmente reconhecidos pela Igreja católica como mártires "brasileiros", na verdade, o foram antes mesmo de pisar na América. Os chamados "40 mártires do Brasil", liderados pelo padre Inácio de Azevedo, foram martirizados pelos corsários franceses nas Ilhas Canárias em 1570 a caminho da América (figura 115). O martírio já era celebrado dali a poucos anos.[103] O padre Fernão Cardim comenta sobre as honras que se fazia ao padre Inácio Azevedo e seus 40 companheiros mártires no Colégio de Olinda, em 1582:

> Ao dia seguinte [15 de março], se festejou dentro de casa [do colégio] como cá é costume, o martírio do Padre Ignácio de Azevedo e seus companheiros com uma oração em verso no refeitório, outra em língua d'Angola, que fez um irmão de 14 anos com tanta graça que a todos nos alegrou, e tornando-a em português com tanta devoção que não havia quem se tivesse com lágrimas.[104]

Outro mártir que perdeu a vida no mar foi Pero Dias, chefe de um grupo de doze jesuítas mortos a caminho do Brasil em 1571 e consagrados como mártires. Depois de ter avistado o Brasil, o navio de Pero Dias foi arrastado por correntes marítimas até as Antilhas. Retomando a rota rumo ao Brasil, foi atacado por corsários, sendo os doze jesuítas assassinados (figura 124).[105] Um auto foi composto por Anchieta para celebrar o martírio, o *Diálogo do P. Pero Dias Mártir*. Na ausência dos restos mortais dos mártires, especula-se se o auto foi composto em louvor ao recebimento de uma imagem do mártir, substituto – e não simples alegoria – ao seu corpo. O terceiro ato do *Diálogo* é cantado durante a introdução de uma imagem na igreja.[106] No auto, escrito em forma de diálogo entre Cristo e o Mártir, o martírio apresenta similaridade com a referência bíblica ao apóstolo Pedro (*Mateus 16:18*). Anchieta atribui ao mártir qualidades construtivas, sobre as quais se edifica a Igreja católica. No diálogo, Cristo afirma:

---

102 Manuela Carneiro da Cunha, "Da guerra das relíquias ao Quinto Império", *Novos Estudos Cebrap:* São Paulo: março 1996, v. 44, p. 73-87. Ver também Renato Cymbalista, "Territórios de cidade, territórios de morte: urbanização e atitudes fúnebres na América Portuguesa". In: Marcos Fleury e Marcos Calia, *Reflexões sobre a morte no Brasil*. São Paulo: Paulus, 2005.

103 *Ibidem*, p. 76.

104 Fernão Cardim, *Tratados da terra e gente do Brasil*. Belo Horizonte/ São Paulo: Itatiaia/ Edusp, 1980 [Londres, 1625], p. 161.

105 José de Anchieta, "Diálogo do P. Pero Dias Mártir". In: Cardoso, Armando. (Ed.)*Teatro de Anchieta*. São Paulo: Loyola, 1977, p. 193-194

106 *Ibidem*, p. 194 e 200.

O reino de Cristo, território dos mártires

59

A ausência de martírios recentes significava a permanente necessidade de evocação dos martírios antigos, principalmente o martírio original, o de Cristo. No final da Idade Média e início da Idade Moderna essas imagens ganhavam cada vez mais presença nas igrejas, assumindo contornos teatralizados e realistas, oferecendo todos os detalhes do episódio. Em 1486, iniciou-se a construção de um Sacro Monte na cidade italiana de Varallo, destinado a permitir àqueles que não tivessem condições de peregrinar à terra santa a oportunidade de vivenciar os passos do martírio de Cristo. O conjunto de Varallo foi aberto para peregrinos em 1491, e foi o primeiro de uma série de outros Sacro Montes construídos em vários lugares.

60

Uma pintura dada na segunda década do século XVI pelo Imperador Maximiamo I a sua irmã, a Rainha Dona Leonor, viúva de D. João II recolhida na Igreja da Madre de Deus em Lisboa, evidencia que as representações do martírio de Cristo eram bem mais do que um relato pertencente à esfera da história. A "Paixão de Cristo em Panorama de Jerusalém" todos os passos da paixão ocupando simultaneamente as diferentes partes da cidade. Estudos laboratoriais revelaram que a pintura saiu da oficina com um espaço reservado para que, chegando a Portugal, o quadro fosse completado com a figura da própria D. Leonor, em posição de oração, assistindo contemplativa à cena do martírio.

61

Até o século XVII, foi muito relevante a permanência da circulação em Portugal de livros manuscritos, principalmente nas camadas aristocráticas da população. Os martirológios iluminados do final da Idade Média, ilustravam ricamente os martírios sofridos por Cristo e seus companheiros e tinham a função de um calendário, cada dia do ano evocando o martírio de um dos santos católicos ou outros eventos dignos de lembrança. Aqui, um martirológio iluminado de cerca de 1400, atualmente no acervo do Museu de Arte de Girona.

62 63 64
65 66 67
68 69 70

Iluminuras do Martirológio de Girona: Santos Simplício, Fausto e Beatriz (figura 62), Teodora (figura 63), Adriano (figura 64), Hipólito (figura 65), Hermágoras e Fortunato (figura 66), Feliu (figura 67), Filemon e Apolônio (figura 68), Félix (figura 69), Lúcia e Geminiano (figura 70).

O corpo do reino

71

Martírio de Santo André, pintura portuguesa, c. 1530. Santo André teve uma o papel de evangelizar imensas regiões a norte dos mares Negro e Cáspio, a Etiópia, a Ásia Menor e a Grécia. Foi martirizado no século I na região do Peloponeso, atado à cruz onde agonizou por dois dias. Ao fundo, vemos a representação de cidade: trata-se de Patras, local de ocorrência do martírio. A imagem evoca, assim, a ordem territorial fundada pelos primeiros mártires, e assinala o local em torno do qual teria se organizado o culto cristão naquele local: fora das muralhas da cidade, mas a uma distância razoável, que aos poucos poderia transformar-se em uma nova centralidade, um novo referencial territorial.

72

73

Martírio de Santa Catarina, pintura portuguesa, 1540-50. Santa Catarina foi uma princesa da região de Alexandria convertida ao cristianismo no início do século IV, decapitada do lado de fora das portas de Alexandria. Em um sinal de sua pureza, do corpo decapitado verteu leite em vez de sangue, o que teria deixado estupefatos seus algozes. Após sua morte, os anjos pegaram o seu corpo e o levaram até o Monte Sinai, onde o sepultaram honrosamente. No local de seu túmulo, foi edificado o monastério de Santa Catarina, um dos dois mais antigos da cristandade (figura 73).

73

74

75

76

77

Estas imagens da primeira metado do século XVI relatam o martírio dos santos Veríssimo, Máxima e Júlia, patronos de Lisboa. Apesar de os martírios terem ocorrido no século IV, as pinturas mostram detalhes da Lisboa do século XVI, em algumas de suas partes mais modernas, e foram instaladas no mosteiro de Santos-o-Novo, para onde as relíquias dos santos foram levadas no final do século XV. Os santos vestem-se no estilo da corte portuguesa da primeira metade do século XVI, com as roupas coloridas que se importava de Flandres e da Itália na época. O primeiro painel da série representa a anunciação do martírio, que segundo a lenda ocorreu em Roma, representada ao fundo segundo imgem da Weltchronik de Schaedel. O segundo painel mostra a chegada dos mártires no Terreiro do Paço, local onde se efetuavam os desembarques da época. Ao fundo, o recém construído Paço da Ribeira, novo palácio real mandado fazer pelo Rei D. Manuel, que procurou com a mudança voltar a introvertida cidade de Lisboa para o Rio Tejo, constituindo a fachada de uma cidade moderna. No segundo piso do Paço encontrava-se a varanda de onde o Rei assistia ao movimento na praça, que era o local onde se celebravam as festas da cidade. O terceiro painel mostra a flagelação dos mártires, sob a arcada da torre do Paço da Ribeira, de onde a corte portuguesa do século XVI assistia à cena que se passara havia mais de um milênio. O quarto painel mostra o arrastamento dos santos pelas ruas, tendo ao fundo o casario da Lisboa do século XVI. Ao mesmo tempo que o conjunto relata o martírio ocorrido na antiguidade, celebra as transformações urbanísticas promovidas por D. Manuel, como se as incorporasse no conjunto sagrado da cidade, trazendo à visibilidade o poder de consagração do território obtido por meio dos martírios da antiguidade.

78

Aparência atual do mosteiro de Santos-o-Velho, repositório por vários séculos dos corpos dos mártires Júlia, Máxima e Veríssimo, patronos de Lisboa.

79

80

81

A figura 80 mostra imagem da Crônica de D. Afonso Henriques, do início do século XVI. Além de relatar o episódio da reconquista, a ilustração é tida com uma das mais importantes representações da Lisboa da primeira metade do século XVI, ou seja, estão aqui sobrepostas duas épocas distintas, separadas por mais de três séculos. No local específico onde os portugueses fizeram seu acampamento, foi posteriormente edificado o Mosteiro de São Vicente de Fora, identificado no canto superior direito da imagem (ver detalhe). O Mosteiro de São Vicente de Fora foi construído no lugar da ermida que havia sido edificada durante a luta pela reconquista, na qual os portugueses sepultaram seus guerreiros mortos, tidos como mártires, o que transformou aquele local em um dos pontos mais sagrados de Lisboa. A aparência atual do edifício data de 1627 (figura 81). No século XVII, São Vicente de Fora foi escolhido como o local de sepultamento dos reis portugueses da Dinastia dos Bragança, que de certa forma "reconquistaram" Portugal em 1640, após mais de meio século sob a Coroa espanhola.

O corpo do reino

82

Os navios eram artefatos da expansão das fronteiras da cristandade, e por esse motivo deviam ser consagrados. Muitas embarcações eram batizadas com nomes de mártires, tendo em vista a sua proteção, que exigia reciprocidade: realizavam-se procissões, encenavam-se peças de teatro em honra aos mártires protetores. Esta imagem de um tratado de embarcações da segunda década do século XVII mostra um "galeão de quinhentas toneladas", coroado com a cabeça decapitada de um mártir, ainda sangrando.

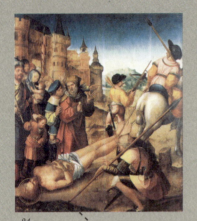

Santo Hipólito foi o responsável pelo sepultamento do corpo de São Lourenço, que o havia convertido ao cristianismo. Na imagem portuguesa de cerca de 1530, Hipólito, aparece arrastado por um cavalo no exterior da Porta Tiburtina, em Roma, na presença de seus familiares, que aparecem também na imagem. O local assinala as proximidades da Basílica de São Lourenço, local onde jaz o corpo de São Lourenço, ao lado de quem Santo Hipólito foi sepultado. Mais tarde a Porta Tiburtina foi renomeada "Porta de São Lourenço". Note-se que a muralha da cidade é representada na imagem com sua aparência medieval, revelando a sobreposição de temporalidades que é recorrente nas representações de martírios.

84

A cidade de Roma transformou-se na segunda metade do século XVI na vitrine da contra-reforma, tendo como um de seus pilares o culto aos mártires. Igrejas situadas sobre os sepulcros dos mártires foram monumentalizadas, eixos viários foram propostos unindo locais de culto, afrescos com os novos martírios foram pintados como os de San Tommaso de Cantorbery, San Stefano Rotondo e San Andrea al Quirinale. Não é exagero afirmar que os corpos dos mártires desempenharam um papel relevante na reconstrução barroca da cidade. Nesta imagem, destacam-se sete das principais igrejas da cidade, das quais quatro foram edificadas sobre túmulos de mártires: São Pedro, São Paulo, São Sebastião e São Lourenço.

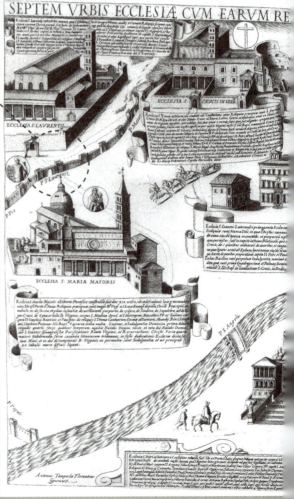

83

O corpo do reino

85

São João Apostolo e Evangelista fundou muitas igrejas na Ásia, até que o imperador Domiciano mandou trazerem-no a Roma. Domiciano jogou-o numa cuba de óleo fervendo, nas imediações da Porta Latina, mas São João saiu dela são e salvo, conforme mostra a pintura portuguesa do final do século XVI (figura 85). A igreja de São João na Porta Latina foi construída no mesmo local onde o santo teria sido martirizado.

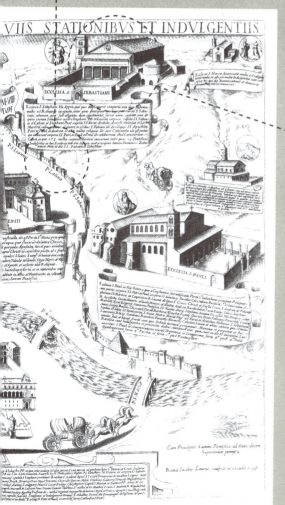

86

São Sebastião era um soldado romano que converteu-se ao cristianismo e foi flechado a mando do imperador Diocleciano no ano de 187, e foi dado como morto. Mas Deus devolveu-lhe a vida, e Sebastião voltou a criticar o imperador nas escadarias de seu palácio. Esta pintura portuguesa de meados do século XVI é uma das raras representações do real episódio da morte de Sebastião, que após ter sobrevivido às flechas foi morto com um golpe nas imediações de Roma. Logo o local se transformou em lugar de culto cristão, onde posteriormente foi erigida a Basílica de São Sebastião. No detalhe do mapa, a Basílica tem a mesma relação de externalidade em relação à muralha de Roma evocada pela pintura.

87 88

89 90

No final do século XVII, o teto da sacristia da Igreja da Companhia de Jesus em Salvador recebeu tratamento semelhante ao de outras igrejas importantes da ordem: foi pintado com imagens dos mártires da Companhia no Brasil, como João de Souza (figura 92) e Pedro Correa (figura 93), e em outros locais, como Paulo Miki (figura 87) e João de Goto (figura 88), martirizados no Japão no final do século XVI; e Bento de Castro (figura 90), martirizado juntamente com Inácio de Azevedo nas Ilhas Canárias em 1570. O conjunto consagrava o corpo místico da Companhia, relacionando suas partes entre si e com o coração da Companhia, as imagens dos santos Inácio de Loyola e Francisco Xavier, também representados no conjunto.

O corpo do reino

91

92

93

94

95

Os "Cinco Mártires de Marrocos", os franciscanos Frei Abelardo, Frei Pedro, Frei Ajuto, Frei Acúrsio e Frei Octonem, enviados por são Francisco de Assis a Marrocos com a missão de converterem o Rei Miramolim, mortos em 1220. Seus corpos foram depositados no mosteiro de Santa Cruz de Coimbra, onde estavam sepultados os dois primeiros reis de Portugal, D. Afonso Henriques e D. S. Sancho I, fortalecendo assim o culto português dos mártires franciscanos.

O corpo do reino

96

97

A igreja dos santos mártires Cosme e Damião na Vila de Igaraçu foi edificada na primeira metade do século XVI para retribuir o apoio dos santos na conquista do território aos índios. Imagens da igreja na primeira metade do século XVII, nas representações de Frans Post (figura 96) e Gaspar Barléus (figura 97).

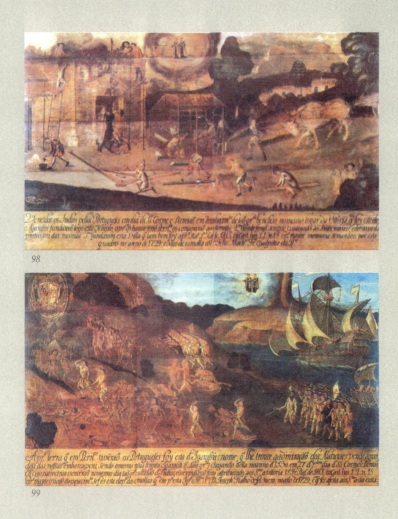

98

99

A série de pinturas votivas da Igreja de Igaraçu em Pernambuco, de 1729, celebram as relações de reciprocidade entre a cidade e seus santos patronos. Os mártires Cosme e Damião ajudaram os portugueses a expulsar os índios que se opuseram à sua ocupação em 1530, ocorrendo a batalha no dia protegido pelos santos (figura 98). "Em reconhecimento de tão grande benefício, no mesmo lugar da vitória, que foi este Igaraçu, fundaram logo este templo, o primeiro que houve em Pernambuco" (figura 99). Os mártires Cosme e Damião também participaram das disputas religiosas no Brasil: "depois dos holandeses terem saqueado esta vila de Igaraçu [...] a buscar a telha de algumas casas e igrejas para as fábricas que faziam, indo a destelhar também esta Igreja matriz de SS. Cosme e Damião, o

100

101

não puderam conseguir porque dos que subiram uns ficaram cegos, outros mortos". Assim como na Europa, os santos defendiam seus territórios, e chegavam a punir com a morte quem os ameaçasse (figura 100). Uma das especialidades de Cosme e Damião eram seus poderes curativos, como a proteção de Igaraçu contra uma epidemia de peste que assolou as demais cidades pernambucanas no século XVII: "Um dos especiais favores, que tem recebido esta freguezia de Igaraçu dos seus Padroeiros Santo Cosme e Damião, foi defenderem-na da peste, a que chamaram males e infestaram a todo o Pernambuco, começando no fim do ano de 1685, continuaram pelo seguinte, e ainda que passaram a Goyanna e outras freguesias adiante, deixaram intacta a toda esta de Igaraçu[...]" (figura 101).

102

103

Fachada e altar da Igreja de São Lourenço, aldeia jesuítica e primeira ocupação cristã da região de Niterói. Em uma peça de teatro de Anchieta, São Lourenço expressa sua posição de fiador da aldeia, e ao mesmo tempo guardião dos costumes cristãos: "Eles em mim confiaram, Construindo esta capela; velhos vícios extirparam, por patrono me tomaram".

> Pedro Dias pedra é,
> membro da Pedra viva,
> donde o edifício deriva
> de toda divina fé,
> que os sentidos nos cativa.
> Não seja tua alma esquiva
> contra a dolorosa cruz,
> abraçada por Jesus,
> pedra-mármore e luz viva,
> se queres firmeza e luz.
>
> Se foi Pedro por ser pedra,
> foi dia por resplendor,
> com tal graça do Senhor
> que nele não teve medra
> o trevoso tentador.[107]

Nesses versos, Anchieta explicita a funcionalidade dos mártires para a colonização: não só "Pedro Dias pedra é [...] donde o edifício deriva", como esse atributo de ser o mártir material construtivo de onde se faz a Igreja tem uma relação de causa e efeito com sua morte: "se foi Pedro *por ser* pedra".

O padre Leonardo Nunes foi vítima em São Vicente de uma emboscada de um homem que há tempos procurava desviar do mau caminho, quase consumando-se um martírio, com a adesão do padre:

> Esperou o Padre no meio de uma rua este perdido homem, e tirou de um pau, que levava, para espancá-lo: sem dúvida o fizera porque o servo de Deus estava tão fora de fugir, que antes posto de joelhos, esperava o golpe, como da parte da Justiça divina por suas faltas.[108]

Mas o martírio não foi levado a cabo. O padre foi salvo por um dos filhos do homem "frustrando assim a intenção do pai, mas não o merecimento do padre".[109] Quando o martírio efetivamente ocorria, a reação por parte dos jesuítas era de redenção: o martírio seria a confirmação divina da viabilidade da presença da Igreja católica na América.

---

[107] Ibidem, p. 194.

[108] Simão de Vasconcellos, *Chronica da Companhia de Jesus no Estado do Brasil e do que obraram seus filhos nesta parte do Novo Mundo*. Lisboa: A. J. Fernandes Lopes. 1865 [1663]), Livro I, p. 46.

[109] Ibidem, p. 46.

104

105

106

107

A busca pelos martírios em escala global era parte integrante da estratégia de catequização do mundo operada pela Companhia de Jesus, centenas de jesuítas foram mortos por opositores de sua fé em todos os continentes nos séculos XVI e XVII, martírios que eram desejados, festejados, documentados e disseminados pelo mundo. Aqui, veem-se gravuras de Melchior Küsel impressas no martirológio da Companhia,

P. Franciscus Macciadus et P. Bernardus Pereira Lusitani Soc. IESV Capite plexi à Mahumetanis in Æthyopia Ausciaqurella A. 1625 in Septembri.

108

P. Antonius Sociro Lusitanus Soc. IESV pro Fide Christi ab Idololatris Indis occisus in Celano A. 1637 ætatis 61.

109

P. Apollinaris de Almeida Episcopus Nicenus Soc. IESV. P. Hyacinthus Franciscus Luerit P. Franciscus Rodericius Italus odio Romanæ Ecclesiæ suppressi et lapidati a Schismaticis in Æthyopia Oinadegæ mense Iunio A. 1638.

110

P. Franciscus de Mendoza, ex illustrissimo Sanguine Lusit. Soc. IESV odio Fidei Christianæ necatus ab Idololatris in Philippinarum Insula Mindanao 7 Maÿ A. 1642.

111

escrito por Mathias Tanner e publicado em Praga em 1675, ilustrando relatos de martírios ocorridos nas ilhas Molucas, 1558 (fig. 104); Java, 1580 (fig. 105); Ceilão, 1616 (fig. 106); África, 1620 (fig. 107); Etiópia, 1625 (figura 108); Ceilão, 1637 (fig. 109); Etiópia, 1638 (fig. 110); Filipinas, 1642 (fig. 111).

SANGUE, OSSOS E TERRAS

112

Muitos jesuítas foram martirizados no mar atacados por protestantes, como Afonso Fernandes e seus companheiros, em 1571(fig. 112) na Ilha Terceira; e Amaro Moreira, na costa de Goa, em 1639 (fig. 113).

113

O reino de Cristo, território dos mártires

O padre Gonçalo da Silveira, primeiro jesuíta a ser martirizado no sul da África, estrangulado em 1561 a mando do chefe Monomotapa, foi homenageado com dois versos nos lusíadas de Camões: "Vê do Benomotapa [Monomotapa] o grande império / De selvática gente, negra e nua / Onde Gonçalo morte e vitupério / Padecerá pela Fé santa sua" (Canto X, 93).

114

115

Os primeiros jesuítas oficialmente reconhecidos pela Igreja católica como mártires "brasileiros", na verdade, o foram antes mesmo de pisar na América. Os chamados "40 mártires do Brasil", liderados pelo padre Inácio de Azevedo, representados em gravura do livro Le théâtre des cruautés, de Richard Verstegan (Paris, 1587), foram martirizados pelos corsários franceses nas Ilhas Canárias em 1570 a caminho da América. Foram beatificados quatro anos após sua morte, quando se inicia a celebração de festas em sua homenagem no Brasil.

SANGUE, OSSOS E TERRAS

No século XVII, circularam publicações com textos e imagens ilustrando os martírios de jesuítas ocorridos em locais específicos. As missões da Companhia no Japão foram particularmente ricas em mártires, reproduzidos nas figuras 116 a 123, que mostram gravuras do livro Elogios e Ramalhete de flores borrifado com o sangue dos religiosos da Companhia de Jesus (Lisboa, 1650).

O reino de Cristo, território dos mártires

120

121

122

123

P.Petrus Diaz Lusit:S.I.cum 4 Socijs in itinere Brasilo pro Fide Christi ab Hæreticis in mari demersus. A.1571. 13.Septembris.
C.Screta del.   Melch. Küsell f.

124

Depois de ter avistado o Brasil, o navio de Pero Dias foi arrastado por correntes marítimas até as Antilhas. Retomando a rota rumo ao Brasil, foi atacado pelo corsário João Capdeville, sendo os doze jesuítas assassinados. Um auto foi composto por Anchieta para celebrar o martírio, o "Diálogo do P. Pero Dias Mártir", em que Anchieta atribui ao mártir qualidades construtivas, sobre as quais se edificaria a Igreja católica.

O episódio da morte de Pedro Correia e de seu companheiro João de Souza (figuras 92 e 93), "triste e juntamente alegre", deu se quando estavam em uma missão para pôr fim à guerra entre os índios Tupis e Carijós (tribo Guarani). Em 24 de agosto de 1554, Pedro Correia despediu-se de seus colegas de Piratininga com lágrimas de alegria "que parece adivinhava-lhe o coração a boa ventura que por aquelas matas lhe tinha guardado o céu". Chegando a uma aldeia Tupi em Cananeia, logrou libertar alguns prisioneiros, já prestes a serem sacrificados, entre eles um castelhano. De lá, rumou à terra dos Carijós, onde foi bem recebido e obteve a promessa de paz e até mesmo conversão à fé cristã. Mas entrou em cena o Demônio, "invejoso de tão grandes princípios": sob a liderança do espanhol que o padre havia libertado dos Tupis, os Carijós amotinaram-se contra os jesuítas, terminando por matá-los, flechados "qual outro mártir, São Sebastião".[110]

> Sofreram a morte estes bem-aventurados Irmãos pela santa obediência, pela pregação do Evangelho, pela paz, e pelo amor e caridade dos seus próximos, a quem foram prestar auxílio [...]. Não foi pequena a consolação que recebemos de morte tão gloriosa, desejando todos ardentemente e pedindo a Deus com orações contínuas morrer desse modo. *Agora sim acreditamos que o Senhor há-de estabelecer aqui a Igreja, tendo já lançado nos alicerces duas pedras banhadas em sangue tão glorioso. Oxalá Deus me lançasse a mim como terceira, como teria lançado se não se opusessem meus pecados* [grifos meus].[111]

O trecho destacado – *"Agora sim acreditamos que o Senhor há-de estabelecer aqui a Igreja, tendo já lançado nos alicerces duas pedras banhadas em sangue tão glorioso"* – revela o peso especial dado a esses mortos. Anchieta faz nesse trecho uma relação direta entre a morte martirizada dos jesuítas e a irreversibilidade da empreitada catequizadora. É interessante notarmos novamente o conteúdo arquitetônico dessa fala: os jesuítas mortos equivaleriam a duas pedras inaugurais e sagradas, constituindo os alicerces sobre os quais se construiria simbolicamente o edifício da Igreja católica.

A escala de sacralidade que orienta a visão de mundo dos jesuítas fica ainda mais evidente na última frase em destaque: informa ainda que o próprio Anchieta, pelos seus pecados ainda não purgados, não seria ainda digno de morte semelhante, que o transformaria assim também em "alicerce da Igreja" nas terras novas. Sobre os mesmos martírios de Pero Correia e João de Souza comenta Simão de Vasconcellos:

> Oh almas ditosas! Oh mártires felizes! Primícias do Brasil, espelho de missionários, lustre de confessores, esmalte dos que pregam, honra dos Irmãos, glória da Companhia: com

---

110 Vasconcellos, *Vida* ..., v. I, p. 42-45.
111 "Carta do Ir. José de Anchieta ao Pe. Inácio de Loyola. São Vicente, fim de março de 1555". In: Leite, *Cartas* ..., v. II, p. 202-203.

vosso sangue fertilizastes aquelas matas, com vosso exemplo ficam apetecíveis; e virá dia, em que este sangue brote em grandes colheitas d'esta gentilidade.[112]

O sangue dos mártires sacralizando o território surge também em um depoimento do padre Antônio Vieira, sobre a Ilha dos Joanes (Marajó), em 1654, onde haviam sido martirizados treze padres da Companhia de Jesus:

> Dista esta ilha da cidade do Pará só duas marés de jornada, e ainda lá não chegou a luz do evangelho, havendo 39 anos que aqui vivem os portugueses[...]. Conto tudo o que vou descobrindo do padre Luís Figueira e seus companheiros, porque, além de ser de edificação para todos, é de grande consolação para os que os conheceram, e o pode ser também para os que quiserem imitar. *Eu vi de longe a ilha, e confio em Nosso Senhor que cedo se há-de colher nela o fruto, que de terra regada com tanto sangue e tão santo se pode esperar* [grifo meu].[113]

Assim como acontecia na Europa, também no Brasil a ideia de martírio adquiriu um significado mais expandido entre os jesuítas, designando as mortes sofridas após trabalhos, provações ou doenças, hierarquicamente inferiores ao martírio literal. Antônio Vieira, sobre a morte do Bispo de Salvador, D. Marcos Teixeira, relata como martírio o período final da vida do religioso, em 1626, sofrida com paciência em meio à invasão holandesa da Bahia:

> Caiu o bom pastor D. Marcos Teixeira em cama, mais de cansaço e trabalho que de doença. Nela esteve oito dias, e em breve foi gozar da coroa, que em menos de seis meses mereceu fosse tão acabada e perfeita como o são as dos outros grandes no céu. Deixou todos os seus súditos tão saudosos que se não sabiam falar nem lembrar senão de suas virtudes, de suas palavras tão santas, e lágrimas tão contínuas, e de sua vida em tudo tão exemplar, trazendo à memória o muito que padeceu; e enternecendo-se agora mais do que quando o viam pelos matos sem comer, nem beber, vestido de burel, com a barba crescida e com as armas às costas, diziam, levados do grande sentimento, que mais os castigara Deus com a morte de seu prelado que com a tomada da cidade. E com muita razão, pois esta se restauraria, como restaurou, e aquela não poderia jamais ter remédio.[114]

Também em 1626, Vieira registra um mártir da reconquista do Colégio da Companhia de Jesus de Salvador que estava sob poder dos holandeses, revelando que as impurezas deixadas pelos protestantes faziam mal aos padres:

---

112 Vasconcellos, *Chronica* ...., Livro I, p. 101.

113 Antônio Vieira, "Carta ao Padre Provincial do Brasil, 1654". In: *Cartas do Brasil* (Organização e introdução João Adolfo Hansen). São Paulo: Hedra, 2003, p. 173-174.

114 Antônio Vieira, "Carta ânua ao Geral da Companhia de Jesus, 30 de setembro de 1626". In: *Cartas* ..., p. 94.

[A fadiga] foi muito maior depois de entrados [os jesuítas de volta] no Colégio, porque, como estava infeccionada dos hereges, adoeceram os padres e irmãos quase todos, e, com as enfermidades e falta de bons comeres, padeciam tanto que aos sãos cortavam as entranhas; até de quem os servisse havia falta, e de puro cansaço em os servir e lhes acudir adoeceu o enfermeiro [padre Antonio de Sousa] e morreu, como fica dito.[115]

Outro mártir pela paciência foi o Irmão Antonio Fróis, morto em 1625, "que em toda a sua vida foi mui edificativo e resignado na obediência, e já pode ser que, por obedecer, lhe viesse esta morte, causada das chuvas, passagem de rios e outros muitos trabalhos, que naquela residência, onde pelos superiores fora posto, continuamente padecia".[116]

Na segunda metade do século XVII, o teto da sacristia da igreja da Companhia de Jesus em Salvador recebeu tratamento semelhante ao de outras igrejas importantes da ordem: foi pintado com imagens dos mártires da Companhia no Brasil e em outros locais, consagrando o corpo místico da ordem, relacionando suas partes entre si e com o coração da Companhia, as imagens dos santos Inácio de Loyola e Francisco Xavier (figuras 87 a 94).

Mas os jesuítas não foram os únicos missionários martirizados na América Portuguesa. Veremos a seguir que outra ordem religiosa fez também do martírio um instrumento de legitimação de sua presença nessas terras.

A "Primazia seráfica na América"

Desde o século XIII, a Ordem de São Francisco havia tomado para si a tarefa de realizar a cruzada espiritual por todo o mundo.[117] Não eram raros os sacrifícios de missionários franciscanos, constituindo a ordem a principal fonte de martírios no fim da Idade Média. É o caso de Frei Abelardo, Frei Pedro, Frei Ajuto, Frei Acúrsio e Frei Octonem, enviados por são Francisco de Assis ao Marrocos com a missão de converterem o rei Miramolim, e finalmente martirizados sob a espada do monarca em 1220 (figura 95). A história dos cinco mártires de Marrocos teve especial significado para Portugal, pois no mesmo ano de sua morte o Infante D. Pedro levou os corpos dos mártires para o Mosteiro de Santa Cruz de Coimbra. Outros sete mártires italianos tiveram a mesma sorte no Marrocos em 1227, em um relato menos difundido.[118]

Os franciscanos estiveram presentes desde a primeira viagem portuguesa ao Brasil, e o desejo de martírio também os animava a desbravar os territórios brasileiros. Era o caso do padre Ambrósio de Amiens, um dos quatro franciscanos do ramo dos capuchinhos

---

115 *Ibidem*, p. 102.
116 *Ibidem*, p. 109.
117 Maria Alice Fernandes, *Livro dos milagres dos santos mártires*. Dissertação de Mestrado, Faculdade de Letras da Universidade de Lisboa, 1988, p. 10.
118 Carvalho e Carvalho, *op. cit.* p. 32-33.

que acompanharam a ocupação francesa do Maranhão no início do século XVII. "Aninhava em seu coração o santo desejo de sofrer algum martírio em prol da sua fé, porém nunca se lhe ofereceu ocasião, até que aprovou a Deus agregá-lo à empresa do Maranhão".[119] Mas o padre Ambrósio não morreu martirizado, o que lamentou até às vésperas de sua morte, que ocorreu por causas naturais, dizendo que "do mundo apenas levava o pesar de não morrer mártir, como desejava".[120]

Diferente foi o destino de outros religiosos franciscanos, que efetivamente atingiram o martírio no Brasil, mas inicialmente os franciscanos preocuparam-se menos que os jesuítas em sistematizar e escrever sobre esses martírios. A partir do século XVIII, essa preocupação aumenta, provavelmente ligada ao fortalecimento da presença da ordem no Brasil. Em 1733, Frei Apolinário da Conceição publica o livro *Primazia seráfica na regiam da América*, em que constrói retrospectivamente o argumento de que cabia à ordem dos franciscanos o primeiro lugar entre as ordens religiosas da América, entre outros motivos por causa dos inúmeros e antigos martírios que religiosos franciscanos haviam sofrido no continente.

Frei Apolinário enumera cerca de uma centena de franciscanos que sofreram martírio na América até meados do século XVIII.[121] Esse conjunto de "primitivos mártires franciscanos" acabou por inspirar a Deus, "para que jamais faltassem neste Estado [do Brasil] Obreiros Seráficos [...] que fundássemos nele Conventos, para que sempre acudissem com a doutrina a seus naturais, e levassem seu santo nome aos gentios, e terras, aonde ainda não havia chegado".[122] Devido ao exemplo dos franciscanos, a América teria se mantido livre das heresias que haviam "infeccionado" outras regiões do mundo, "livre pela misericórdia Divina, tem produzido valerosíssimos Mártires, que à imitação de seus seráficos guias, de boa vontade deram as vidas pela confissão da verdadeira Fé".[123] Frei

---

119 Claude D'Abbeville, *História da missão dos padres capuchinhos na Ilha do Maranhão e suas circunvizinhanças*. São Paulo: Siciliano, 2002 [1614], p. 143.

120 *Ibidem*, p.143.

121 Frei Apolinário da Conceição, *Primazia seráfica na regiam da América, novo descobrimento de santos, e veneráveis religiosos da ordem Seráfica, que ennobrecem o Novo Mundo com suas virtudes, e acçoens*. Lisboa Ocidental: na Oficina de Antonio de Souza da Silva, 1733, p. 96-151.

122 *Ibidem* , p. 117.

123 "Depois que os filhos de Francisco aqui promulgaram as notícias do Santo Evangelho, tem permanecido tão constante esta região [América], que não tem saído dela heresiarca algum, que a infeccionasse, assim como infecionou Arrio a quase todo o Orbe com sua heresia, Mafoma com seus delírios a Ásia, e África, e Lutero grande parte da Europa com seus erros; mas sempre a América, livre pela misericórdia Divina, e favorecida da mesma, tem produzido valerosíssimos Mártires, que à imitação de seus seráficos guias, de boa vontade deram as vidas pela confissão da verdadeira Fé, que deles receberam; e assim devia suceder, porque as Histórias dos Mártires são exortações, e vozes vivas, que nos provocam ao Martírio (como dizem os esclarecidos Padres da Igreja Santo Agostinho e São Gregório) como não incitaria aos discípulos de tantos mártires, a constância, que experimentavam nos filhos de Francisco em se exporem aos martírios, querendo-os também imitar, para que também fossem a ser participantes das palmas, e coroas de glória, prometidas a quem oferece por Cristo a vida?", *Ibidem*, p. 152.

Apolinário celebra intensamente essa conversão territorial feita pelo sangue dos mártires. "Se no céu se faz grande festa pela conversão de um pecador, que festa se fará a tantas conversões de Reinos, e Províncias?". [124]

Os primeiros martírios de que se tem notícia no Brasil foram os de dois frades franciscanos portugueses em Porto Seguro, em 1505, conforme relata Frei Apolinário da Conceição. O relato encadeia os fatos: os franciscanos "plantaram logo a primeira fortaleza da Igreja por [meio de] uma, que edificaram, denominada São Francisco", na cidade de Porto Seguro. Começaram seu trabalho de evangelização, retirando almas das garras do demônio, a quem evidentemente enfureceram. O demônio, que estava "perdendo um dos maiores fortes de seu presídio", incitou os nativos a matarem os franciscanos, matando antes disso a portugueses e índios cristianizados. [125]

Frei Apolinário também celebra intensamente esse dia, que insere o Brasil no calendário martirológico, como um marco de fecundação, relacionando-os com os primeiros mártires cristãos: "naquela primitiva igreja do Brasil, edificada pelos dois mártires, e reedificada [pelos] seus sucessores".[126]

> Foi seu glorioso triunfo no ano de mil e quinhentos e cinco, aos dezenove de junho, dia venturoso para toda a América; porque depois de regada com o sangue destas primeiras vítimas, se mostrou tão fecunda, que tem produzido para Deus inumeráveis almas, observantes de sua lei.[127]

No livro *Novo Orbe Serafico Brasilico*, ou *Crônica dos frades menores da Província do Brasil*, publicado em Lisboa em 1761, Frei Antônio Jaboatão também coloca a anterioridade dos franciscanos em relação ao martírio:

> Por serem eles [os franciscanos] os que no seu primeiro descobrimento se acharam [...] mas também os que a santificaram, primeiro que todos, como o tremendo sacrifício do

---

124 "Se no céu, segundo o dito de Cristo, se faz grande festa pela conversão de um pecador, que festa se fará a tantas conversões de Reinos, e Províncias, nas quais antes que os nossos religiosos fossem a eles pregar, quantos homens nasciam, todos eram presa do demônio, e agora são povoadores das cadeiras do mesmo Empíreo, que desocupadas dos que não quiseram reconhecer a Deus como senhor supremo seu, foram delas, e dos esmos céus lançados. Nelas tem achado lugar tantos Mártires, Confessores, Virgens, e outras virtuosas mulheres, como tem florescido nesta Região; e os Religiosos, que em tão santa empresa têm sacrificado suas vidas, com que glória iriam triunfando deste Mundo, e que honras lhes seriam feitas de todos os cortesãos do Céu, pois vemos, que o mesmo Senhor dos Céus, e terra se tem mostrado (falando ao nosso modo) com obrigado aos tais obséquios, recompensando na mesma América a esta sua Ordem com vários favores, com que mais a ilustra?". *Ibidem*. p. 165-166.

125 *Ibidem*, p. 99-100.

126 *Ibidem*, p.102.

127 *Ibidem*, p. 100-101.

Altar [em que rezaram a primeira missa]; eles os primeiros, que semearam nela, e plantaram a semente da pregação evangélica, os primeiros, que a regaram com o seu sangue [...].[128]

Jorge Cardoso, no *Agiológio lusitano*, sistematização do martirológio dos santos de Portugal, confirma essa anterioridade, atribuindo à morte por afogamento de um dos primeiros franciscanos que veio ao Brasil o próprio nome do rio São Francisco:

> No ano 1503 foram [ao Brasil] dois religiosos da própria Ordem [de São Francisco] por ordem do Rei D. Manuel, que depois de ganharem muitas almas para Cristo, um conseguiu martírio, e o outro se afogou no Rio de São Francisco, ao qual com sua morte deu nome.[129]

Outros três franciscanos espanhóis naufragaram nas costas de São Paulo, e subiram a serra, instalando-se nas imediações de São Paulo, na ermida de Nossa Senhora da Luz. Frei Diogo de Guiso, um desses três religiosos, costumava ir à povoação de São Paulo a pedir esmolas para si e seus companheiros. Em uma de suas incursões, foi ameaçado de morte por um soldado, "que mais parecia seguir a seita de Lutero que a Lei de Cristo, porque jurando e blasfemando seu santo nome, se empregava em difamar a tudo o que era eclesiástico". O soldado preparou uma emboscada para o franciscano, que retornava à sua casa com o resultado das esmolas:

> Saindo-lhe ao encontro [...] lhe disse muitas injúrias. [O Frei] recebeu-as com alegre semblante, e com os joelhos em terra, e as mãos levantadas ao céu, lhe pedia perdão; porém o Ministro de Satanás, arrancando de um punhal, e dando-lhe repetidas punhaladas, lhe acabou em tão santa forma a vida terrena, e se foi sua bendita alma (ao que parece) receber a coroa do martírio das mãos do mesmo Senhor, por quem em defesa de sua honra entregara a vida.[130]

Na ausência de um convento franciscano, o cadáver de Frei Diogo foi levado com grande pompa ao Colégio da Companhia de Jesus, onde foi sepultado com todas as honrarias. Dentro em pouco, a fama de mártir começou a surtir seus efeitos. Uma mulher na mesma Vila de São Paulo, "vendo-se sem remédio humano na enfermidade de um fluxo de sangue", curou-se ao sentar-se sobre a sepultura de

---

128 Frei Antônio de Santa Maria Jaboatão, *Novo Orbe Seráfico Brasílico, ou crônica dos frades menores da Província do Brasil*. Rio de Janeiro: Instituto Histórico e Geográfico Brasileiro, 1858 [1761], vol. I, p. 8.

129 Jorge Cardoso, *Agiológio lusitano dos santos e varoes illustres em virtude do reino de Portugal e suas conquistas*. Lisboa: na Officina Crasbeekiana, 1652, t. I, p. 36.

130 Conceição, *op. cit.* p. 114.

Frei Diogo.[131] Na década de 1620, Frei Vicente do Salvador argumenta que a presença de Frei Diogo na Vila de São Paulo, "religioso de santa vida, e confirmou-o Deus depois de seu martírio com um milagre", era motivo para que a Ordem de São Francisco, ainda sem mosteiro na Vila, lá se estabelecesse.[132] Frei Jaboatão faz considerações similares em relação à ausência de um mosteiro franciscano na Vila de Santo Antônio do Rio das Caravelas, na Capitania de Porto Seguro.[133] Essas duas passagens indicam que, de alguma forma, os religiosos mortos podiam preceder os vivos nas suas estratégias de ocupação, e revelam o grau de compromisso com os correligionários já mortos que os vivos carregavam naqueles séculos.

Pertenciam também ao martirológio franciscano na América frades que haviam passado pelo Brasil, mas perdido a vida em outro lugar, como os quatro irmãos franciscanos, que voltando do Brasil a Portugal, foram presos pelos mouros em Marrocos. O rei inicialmente tentou persuadi-los a adotar a fé muçulmana, mas, vendo-os irredutíveis, impingiu a eles sucessivos martírios, aos quais sobreviviam milagrosamente. Foram açoitados, deixados a morrer de fome, amarrados pelo pescoço e arrastados, novamente açoitados, forçados a carregar pesos, espancados com paus e ferros. Quanto mais os meninos resistiam, mais aumentava a fúria dos algozes. Ao menor dos meninos, penduraram no alto de um muro e ameaçaram jogá-lo, ao que ele respondeu: "que não seria outra coisa aquilo, que chamavam precipício, senão um voo para a Glória; e que não só não amedrontava o susto, senão que lhes agradecia a felicidade". Não conseguindo matá-los, o rei se cansou dos maus tratos e mandou entregá-los ao Convento de São Francisco no Marrocos, onde finalmente morreram "com muita alegria de todos os cristãos".[134]

Mesmo não explícita, está insinuada uma disputa entre as ordens religiosas pela "primazia na América" passando pela memória dos martírios que ocorreram no Brasil. Não me parece acaso que esses esforços de reconstituição da memória dos martírios francis-

---

131 *Ibidem.*

132 "Pelo Sertão nove léguas do rio de São Vicente está a Vila de São Paulo, em a qual há um mosteiro da Companhia de Jesus, outro do Carmo, e nos têm sinalado sítio para outro de nossa Seráfica Ordem, que nos pedem queiramos edificar há muitos anos com muita instância e promessas. E sem isso, era incitamento bastante termos ali sepultado na igreja dos padres da Companhia um frade leigo da nossa ordem, castelhano, a qual matou outro castelhano secular, porque o repreendia que não jurasse. Foi religioso de santa vida, e confirmou-o Deus depois de seu martírio com um milagre e foi que, assentando-se uma mulher enferma de fluxo de sangue sobre a sua sepultura, ficou sã". Frei Vicente do Salvador, *História do Brasil: 1500-1627*. Belo Horizonte/ São Paulo: Itatiaia/ Edusp, 1982 [1627], p. 105.

133 "Aqui tem casa, ou residência, os Padres Jesuítas, a que deram princípio no ano de 1553. Também os nossos Padres foram com muita instância, e repetidas vezes buscados pelos moradores de Porto Seguro para fundarem ali Convento, alegando para isso algumas, e graves razões; pois fora aquela a primeira parte do Brasil, que haviam os nossos pisado com os seus pés, alumiado com a luz do Evangelho, santificado com os Sacramentos da Igreja, e regado com o seu sangue. Mas como as coisas desde mundo sem ordenação da primeira causa não se movem, sempre ocorrerão embaraços, e se moverão dificuldades, com que se não pode satisfazer a piedade, e devoção daquele Povo" [grifo meu]. Jaboatão, *op. cit.*, vol. I, p. 84.

134 Conceição, *op. cit.* p. 163-165.

canos tenham se intensificado no século XVIII, momento de crise da relação dos jesuítas com o Estado português e do crescimento de outras ordens religiosas menos interessadas em dominar porções maiores do território. Desaparecem os aldeamentos e missões que procuravam controlar grandes extensões territoriais e que expressavam um projeto de mundo de caráter religioso; crescem os mosteiros e conventos que aceitam a separação entre a esfera política e a espiritual e contentam-se com fragmentos menores do território urbano ou rural.

Afora os martírios de missionários, são eventuais os relatos de martírios de outros religiosos. A vegetação nunca mais cresceu no local onde morreu assassinado e devorado D. Pedro Fernandes Sardinha, o primeiro bispo do Brasil, às margens do rio Cururuípe na Bahia em 1556: enquanto toda a terra ao redor estava coberta de mato, seu sangue, "chamando a Deus", efetivamente promoveu uma vingança contra os índios assassinos anos depois.[135] Mas deixemos de lado temporariamente os missionários e veremos que também os mártires antigos deram as caras na América Portuguesa.

O mártir protege a cidade

A documentação explorada acima, eminentemente de caráter religioso, pode deixar a suspeita de que os mártires eram personagens caros apenas aos grupos de religiosos, como os missionários. Mas isso é falso: os demais colonizadores, ainda que não se dispusessem ao martírio da mesma forma que alguns religiosos, também fiavam-se no poder dos mártires.

Assim como protegiam as cidades e as embarcações, os antigos mártires também protegiam os territórios e as cidades na América. Os relatos de navegações mostram que os portugueses acreditavam estar sob a proteção específica dos santos nos dias do aniversário destes, normalmente comemorados no dia de suas mortes. Essa proteção era transferida aos territórios descobertos nos dias dos santos, ou aos assentamentos fundados nesses dias. Nem todos os santos foram mártires, mas os portugueses tiveram bastante apreço por fundar povoações e enfrentar seus inimigos nos dias protegidos por eles. Possivelmente a coragem, a disposição de morrer por Cristo, o caráter guerreiro de vários deles tenham feito dos mártires melhores soldados na linha de frente da expansão católica na América do que os santos não martirizados.

A esquadra que chegou em 1526 pela primeira vez em São Vicente batizou com o nome do mártir toda a capitania, "por aportar aqui sem dúvida a vinte e dois de Janeiro, dia especial deste invicto Mártir, tão venerado dos Portugueses".[136] Seis anos depois, o mártir e

---

[135] "Somente direi o que ouvi a pessoas que caminham desta baía para Pernambuco e passam junto ao lugar onde o bispo foi morto (porque ali é o caminho) que nunca mais se cobriu de erva, estando todo o mais campo coberto dela e de mato, como que está o seu sangue chamando a Deus da terra contra quem o derramou. E assim o ouviu Deus, que depois se foi desta Bahia dar guerra àquele gentio e se tomou dele vingança [...]". Salvador, *op. cit.* p. 148.

[136] Jaboatão, *op. cit.* vol. I, p. 59.

padroeiro de Portugal também dá o nome à primeira vila fundada na América Portuguesa, em um movimento de identificação do novo continente com o corpo principal do império.

O mártir São Sebastião foi responsável, em 1565, pela própria retomada pelos portugueses da região do Rio de Janeiro dominada pelos franceses, com a consequente fundação da vila com seu nome. A investida dos portugueses iniciou-se no dia 20 de janeiro de 1565, "dia dedicado a São Sebastião, que por bom prognóstico tomaram por patrão da empresa, por ser tão grande mártir e por ser nome de seu rei D. Sebastião". Em retribuição, São Sebastião ajudou os portugueses, curando suas feridas com rapidez.[137] Em outra batalha contra os Tamoios, o mártir interviria em pessoa, causando perplexidade nos índios, que se perguntavam "quem era aquele soldado armado, muito gentil homem" que tanto ajudava os portugueses.[138]

Dois anos depois de iniciada a guerra pelo Rio de Janeiro, novamente a intercessão de São Sebastião. Na antevéspera do dia do santo em 1567, a frota de Mem de Sá chega da Bahia para ajudar seu sobrinho Estácio, quando decidem atacar o Rio no dia 20 de janeiro, no que foram bem-sucedidos. Em agradecimento, dedicaram a cidade que nascia ao mártir.[139] O Padre Fernão Cardim, ao visitar o Rio de Janeiro em 1582, fez uma pregação na qual falou "dos milagres e mercês, que tinham recebido deste glorioso mártir na tomada deste rio".[140]

A Vila de Igaraçu em Pernambuco era também chamada de Vila "dos Santos Cosmos", pois os portugueses haviam chegado ao local em 1530 no dia dos mártires gêmeos Cosme e Damião, famosos pelos seus poderes curativos. Cosme e Damião ajudaram os portugueses a vencer os índios hostis, e em retribuição os cristãos edificaram a Igreja Matriz de Igaraçu dedicada aos santos gêmeos, que se tornaram defensores da cidade

---

137 "As feridas que alguns recebiam, ainda que mortais, com tal facilidade saravam, que era força atribuir-se a cura ao favor divino [...] uns atribuíam [os milagres] ao favor da Virgem Senhora Nossa [...] outros ao mártir insigne São Sebastião, cujo favor por padroeiro invocavam". Vasconcellos, *Vida* ..., vol. I, p. 115.

138 "A mão de Deus andou ali e mostrou nesta ocasião sua misericórdia e providência; foi medo que o Senhor pôs aos índios à vista daquele incêndio, e particular favor do mártir S. Sebastião glorioso, que no conflito foi visto dos tamoios, que perguntavam depois quem era um soldado que andava armado, muito gentil homem, saltando de canoa em canoa e os espantara e fizera fugir?" *Ibidem*, v. I, p. 123.

139 "Fizeram os portugueses ação de graças públicas ao invicto mártir S. Sebastião, seu padroeiro e tão empenhado em seus favores. Tomaram posse daquelas formosas enseadas, moradas que foram de inimigo ata cansado e pertinaz. Arrasaram as forças contrárias e começaram a atracar fortificações poderosas de pedra e cal, com que por uma vez segurassem a terra e pudessem edificar a cidade ata desejada". *Ibidem*, v. I, p. 125; "Entrando pela mesma barra o Governador Mem de Sá com nova armada de socorro, e acometendo logo aos inimigos no terceiro dia que ali chegou, que foi o do glorioso, e invicto Mártir São Sebastião, a quem tinham renovado o voto de Advogado, e Patrão da nova Cidade, que se havia de levantar [...] concluídas estas vitórias [sobre os franceses] em que o bom sucesso delas foi atribuído, depois do Senhor dos Exércitos, ao Invicto Mártir S. Sebastião, deu logo princípio o governador Mem de Sá a fundação de uma Cidade, com o nome do mesmo Santo, em reconhecimento seu, como padroeiro, e em obséquio do novo Monarca D. Sebastião". Jaboatão, *op. cit.* v. I, p. 69.

140 Cardim, *op. cit.* p. 169.

e operaram muitos milagres a partir dela.[141] Durante a ocupação holandesa da Vila, os holandeses tentaram destelhar a Igreja de São Cosme e Damião para reaproveitar as telhas, mas os santos os castigaram, "dos que subiram uns ficaram cegos, outros mortos". Em uma epidemia de peste que assolou todas as vilas vizinhas em 1685, foram os santos Cosme e Damião que protegeram Igaraçu da doença, como ficou consolidado na memória da população local, expressa em quatro painéis da Igreja de São Cosme e Damião, pintados em 1729 (figuras 98 a 101). O mártir tebano São Maurício defendia Vitória, também chamada de Vila de São Maurício, das secas e epidemias.[142]

Os mártires recorriam também à ajuda de seus colegas para proteger suas cidades. Em 10 de agosto de 1587, foi encenada uma *Festa de São Lourenço* no porto e no adro da igreja da aldeia jesuítica de São Lourenço dos Índios, primeiro núcleo do que depois seria a cidade de Niterói (figuras 102 e 103). Grande parte da população do Rio de Janeiro veio em canoas e navios do outro lado da Baía de Guanabara para assistir à peça, dividida em cinco atos, em que São Lourenço recebe a ajuda de São Sebastião, patrono do Rio de Janeiro, para defender São Lourenço dos Índios do ataque de três diabos que querem destruir a aldeia com pecados e prendê-los.[143] A peça inicia-se com o martírio de São Lourenço e encerra-se com uma solene procissão de sepultamento do santo, no quinto ato, em que "o corpo de São Lourenço [é] amortalhado e posto na tumba, [e os personagens] acompanham o Santo para a sepultura".[144] A proteção de São Lourenço à aldeia evidencia-se em várias passagens, como a que o santo dirige-se aos diabos que procuram destruir a igreja e afirma que a protegerá, em reciprocidade à devoção de seus moradores:

Com vosso ódio, sei
Que procurai condená-los [os moradores de São Lourenço dos Índios].
Deles não me afastarei
Para sempre auxiliá-los.

Eles em mim confiaram,
Construindo esta capela;

---

141 "Dali deu Duarte Coelho ordem a se fazer Vila de Igaraçu uma légua pelo rio dentro, do qual tomou o nome, e também se chama aVila de São Cosme e Damião, pela igreja matriz que tem deste título e orago, a qual é mui frequentada dos moradores da vila de Olinda que dista dela quatro léguas, e de outras partes mais distantes, pelos muitos milagres que o Senhor faz pelos merecimentos e intercessão dos santos". Salvador, *op. cit.*, p. 115.

142 Armando Cardoso, "Vida de José de Anchieta com relação ao teatro". In: *Teatro de Anchieta*, p. 22.

143 Anchieta, "Na festa de São Lourenço". In: Armando Cardoso. *Teatro de Anchieta*, p. 141-189.

144 *Ibidem*, p. 179.

Velhos vícios extirparam,
Por patrono me tomaram
Que em firmá-los se desvela.[145]

Os mártires de uma localidade protegiam também os moradores que partiam para o sertão.[146] O poder protetor dos antigos mártires, que no velho continente remetia a uma temporalidade imemorial, instalava-se na América por meio de ações bastante concretas. Era transferido do tempo (dia do santo mártir, em que o povoado era descoberto ou fundado) para o espaço, instalava-se no nome do lugar, no edifício (igreja ou capela) e na fé de sua população. O mártir estabelece uma relação de compromissos e reciprocidades com seus protegidos: ao mesmo tempo que oferecia proteção contra índios e invasores de outras nações, exigia fé permanente que, caso abalada, podia colocar todo aquele recém-construído edifício de fé, pedra e cal em risco.

O martírio como diálogo

Para a cristandade, o martírio era instrumento de reconhecimento, ocupação e proteção dos novos territórios, que deveriam ser igualmente "regados com o sangue dos mártires" para que a Igreja pudesse nascer por toda a parte. Esse sangue não estava sendo derramado em terra despovoada, mas ocupada por pessoas portadoras de uma cultura que não poderia ser mais distinta da dos católicos. A menos que acreditemos na hipótese de que a cultura e a religiosidade ameríndias eram a "folha em branco", esperando pela evangelização à qual alguns missionários do século XVI se referiram, é necessário avançar um pouco na compreensão dos significados que os índios atribuíram a esse procedimento de inauguração territorial. Para ser efetiva, a fundação do território através do martírio precisava ser também reconhecida pelos habitantes nativos do Brasil.

O contato revelou que o martírio era um procedimento de bastante apelo junto aos índios, principalmente os Tupi que ocupavam quase toda a costa brasileira. Um interessante diálogo do franciscano Yves D'Evreux com o grande chefe Pacamão no início do século XVII mostra a busca de traduções recíprocas para o fenômeno do martírio fundador do território:

> [Pacamão] Quis saber o que significava o crucifixo, dizendo-me: "Quem é este morto tão bem feito e tão bem estendido neste pau encruzado?" Expliquei-lhe que isto representava o Filho de Deus, feito homem no ventre da Virgem, pregado por seus inimigos sobre esse madeiro, a fim de ir ter com seu Pai, felicidade que alcançariam também os que fossem

---

145 *Ibidem*, p. 158-159.

146 "Mártires mui esforçados / pois sois nossa defensão / defendei com vossa mão / nossos filhos e soldados / que são idos ao sertão". Anchieta, "Na vila de Vitória". In: Armando Cardoso. *Teatro de Anchieta*, p. 288-289.

lavados com o sangue que ele via correr de suas mãos, pés e lado.

Conservou-se admirado por algum tempo, olhando com muita atenção a imagem do crucificado: exalou depois um suspiro, e soltou estas palavras: *Omano Tupã?* "Que! Será possível que Deus morresse?"

Repliquei-lhe não ser necessário que ele pensasse que Deus tivesse morrido, porque sempre viveu desde a eternidade, dando vida aos homens e aos animais; o que faleceu foi o corpo somente [...].

Mostrou-se contente, e perguntou: "O corpo de Tupã está ainda em França sobre a cruz, como este que tu me mostras, e tu o viste?"

"Não – respondi – porém ressuscitou pouco depois de sua morte, levando seu corpo lá para o céu [...] com a proteção deste corpo, os nossos, depois de mortos, ressuscitarão e irão para o céu levados pelos anjos, isto é, nós que somos lavados com o sangue derramado de suas chagas. Vossos corpos e os de vossos pais irão ter com o Jeropari [diabo] arder em fogos eternos, se não fordes lavados com este sangue".

"É necessário – disse ele – correr muito sangue de seu corpo, e que vós o guardeis como todo o cuidado para lavar tanta gente".

Respondi: "És ainda muito obtuso para compreenderes estes mistérios. Basta ter sido espalhado uma única vez este sangue sobre a terra, e que em memória e respeito a ele lavemos espiritualmente as almas com água elementar, que derramamos sobre vossos corpos. Não vês correr sempre uma fonte, ainda que cavada uma só vez pela mão de Deus?"[147]

Pacamão revelou-se neste diálogo um excelente inquisidor, obrigando o missionário a posicionar-se em relação a algumas das questões mais problemáticas do Cristianismo: se Cristo é Deus, como pôde morrer? Na pergunta sobre seu sangue, revela-se bastante próximo de uma interpretação laica, perplexo pela quantidade necessária para lavar tanta gente. A resposta do missionário, "és ainda muito obtuso para compreender estes mistérios", mostra que sua própria capacidade de argumentação encontrava-se desafiada: para compreender, era necessário antes de tudo querer acreditar.

Frei Vicente do Salvador relata que, em meio a uma grande dificuldade de conversão dos índios, havia um grande interesse despertado pelas flagelações:

Só acodem todos com muita vontade nas festas em que há alguma cerimônia, porque são mui amigos de novidades, como o dia de São João Batista, por causa das fogueiras e capelas; dia da comemoração geral dos defuntos para ofertarem por eles; dia de cinza e de ramos e principalmente pelas endoenças, *para se disciplinarem, porque o têm por valentia*. E tanto é isto assim que um principal chamado Iniaoba, e depois de cristão Jorge de Al-

---

[147] Yves D'Evreux, *Viagem ao Norte do Brasil, feita nos anos 1613 a 1614*. São Paulo: Siciliano, 2002 [1615], p. 337-338.

buquerque, estando ausente na semana santa, chegando à aldeia nas oitavas da páscoa, e dizendo-lhe os outros que se haviam disciplinado, grandes e pequenos, se foi ter comigo, que então ali presidia, dizendo: como podia ser que se disciplinassem até os meninos, e ele sendo tão grande valente (como de feito era) ficasse com o seu sangue no corpo sem o derramar? Respondi-lhe eu que todas as coisas tinham seu tempo e que nas endoenças se haviam disciplinado em memória dos açoites que Cristo senhor nosso por nós havia padecido, mas que já agora se festejava sua gloriosa ressurreição com alegria. E nem com isso se aquietou, antes me pôs tantas instâncias, dizendo que ficaria desonrado e tido por fraco, que foi necessário dizer-lhe que fizesse o que quisesse. Com o que logo se foi açoitar rijamente por toda a aldeia derramando tanto sangue das suas costas[...] [grifo meu].[148]

Para os missionários o martírio era o exemplo que gostariam de ver copiado pelos índios (figura 125). Frei Apolinário lembra os "muitos naturais da terra, que imitando a tão singulares Mestres, deram também por Cristo suas vidas".[149] Aos índios-recém convertidos que se dispunham a sacrificar-se, os jesuítas identificavam também conteúdos de martírio. No *Diálogo sobre a conversão do gentio*, Nóbrega relata sobre o cacique Caiuby, relacionando sua trajetória de sacrifícios e a consolidação da Vila de São Paulo no século XVI: "Que direi eu da fé do grão velho Sayobi que deixou sua aldeia e suas roças e veio morrer de fome em Piratininga por amor de nós, cuja vida, costumes e obediência mostram bem a fome do coração?!"[150]

Em 1554, em meio a ataques dos mamelucos de João Ramalho vindos de Santo André, que procuravam arrebanhar os índios de São Paulo de Piratininga para sua causa, "não permitiu contudo o Céu, que estes homens enganadores rendessem os de Piratininga, que prometiam morrer com os Padres", por mais combates que isso implicasse.[151] Um relato da Vila de São Vicente mostra a disposição de uma índia ao martírio e a prontidão dos jesuítas em reconhecer esse ato:

Na vila de São Vicente, estando uma índia cristã e casada, fazendo (com outra irmã sua das mesmas qualidades) certa obra de cera (ofício em que ganhava sua vida) fez, entre outras, duas velas da mesma cera para si, e sendo perguntada da irmã para que as fazia, respondeu: Faço-as para o Padre José, *para que diga por mim uma missa quando eu for santa. Queria dizer mártir*; e com efeito levou as velas ao padre, e lhe comunicou o fim de seu intento. O que mais passaram, ou que conhecimento tivesse desta resolução, não nos consta; constou,

---

148 Salvador, *op. cit*. p. 286-287.
149 Conceição, *op. cit*. p. 151.
150 Manuel da Nóbrega, "Diálogo sobre a conversão do gentio". In: *Cartas do Brasil*. Belo Horizonte/São Paulo: Itatiaia/Edusp, 1988, p. 243.
151 Vasconcellos, *Chronica ...*, Livro I, p. 94.

porém, que, dando assalto em São Vicente os tamoios do Cabo Frio, que ficaram rebeldes, entre outras presas que fizeram, levaram esta índia, a qual pretendeu o capitão da empresa violar; resistiu valorosamente, dizendo em língua brasílica: Eu sou cristã, não hei de fazer traição a Deus e a meu marido; bem podes matar-me a fazer de mim o que quiserdes. Deu-se por afrontado o bárbaro, *e em vingança lhe acabou a vida com grande crueldade, fazendo-a santa, ou mártir, como ela dissera.* Estava José de Anchieta em São Vicente, distante daquele lugar trinta léguas, e contudo naquele mesmo dia, ilustrado do céu, acendeu as duas velas que ela lhe dera, e com elas disse missa de mártir, com as orações e lições que costuma dizer a Igreja, e com o nome da mesma índia, nos lugares onde ordena o cerimonial na missa de uma santa mártir [grifos meus].[152]

Muitos Tupinambás aparentavam acreditar no poder do sangue de Cristo, como mostram os relatos de D'Evreux das visitas de chefes e feiticeiros à capela dos capuchinhos franciscanos. O chefe da aldeia de Orobutim no Maranhão declara:

Peço-te que venhas tu ou um dos padres à minha aldeia edificar uma casa para Deus, instruir a mim e a meus semelhantes, e declarar-nos o que Tupã deseja de nós para sermos lavados [com o sangue de Cristo], como têm sido os outros.[153]

Vieira relata também a história da morte de um índio no contexto da tomada de Salvador pelos holandeses em 1624 num trecho em que podemos perceber novas questões do diálogo intercultural que se travava através dos martírios:

Depois da cidade tomada, ao quarto dia, vieram doze ou treze índios parentes de alguns que na bateria do forte foram mortos, deliberados a tomar vingança de suas mortes nas vidas dos holandeses; e assim o fizeram nalguns, que andavam desgarrados por fora. Porém um destes, *em cujo peito vivia a memória do pai morto, e o amor do mesmo o obrigava a mais, vai-se com seu arco e flechas à porta da cidade [...] para vingar o pai morto*, comete a cidade, desafiando a todos, e, depois de ter bem vendida a sua vida e melhor vingada a morte do pai, o acompanhou com a sua, traspassado de uma bala [grifo meu].[154]

A morte do índio Antonio Caraibpocu, que acompanhava o jesuíta Francisco Pinto, ambos mortos nas mãos dos "Tapuia", mostra aderências entre as crenças:

---

152 Vasconcellos, *Vida ...*, vol. II, p. 128-129.

153 D'Evreux, *op. cit.* p. 355.

154 Antônio Vieira, "Carta ânua ao Geral da Companhia de Jesus, 30 de setembro de 1626". In: *Cartas do Brasil*, p. 88.

[...] bradavam os nossos aos tapuias que estivessem quietos que aquele [Francisco Pinto] era o padre abaré que os queria apaziguar e ensinar a boa vida, e responderam eles que não tinham a ver com isso, que o haviam de matar, finalmente se espalharam dois ou três nossos que ali iam ficando só junto do padre um esforçado índio e benfeitor dos padres chamado Antonio Caraibpocu, o qual o defendeu enquanto pôde até morrer por ele e com ele, ainda ficou com vida mas sem sentido nem fala e durou poucas horas [...].[155]

O momento do martírio do padre Francisco Pinto pelos "Tapuia", no início do século XVII, conforme relatado por seu colega o padre Luiz Figueira (ele também posteriormente martirizado), apresenta elementos do sacrifício ritual Tupi:

Chegaram então ao padre e tendo-lhe uns [índios] mãos nos braços estirando-lhes para ambas as partes ficando ele em figura de cruz, outros lhe deram tantas pancadas com um pau na cabeça que lha fizeram pedaços, quebrando-lhe os queixos e amassando-lhe as cachaças e olhos [...] despiram-lhe a roupeta somente e o cobriram com terra e pau em cima.[156]

Os dois padres franciscanos mencionados há pouco, martirizados em Porto Seguro em 1505, tiveram também morte similar às dos guerreiros nos rituais antropofágicos Tupis:

[Os índios] correram a procurar os dois Padres na Igreja, e achando-os em oração postos de joelhos, nesta santa forma lhe tiraram as vidas, quebrando-lhe as cabeças com maças de pau; e seus benditos cadáveres, depois de assados, os comeram, celebrando os bárbaros [...] as suas próprias desgraças com grandes festejos.[157]

Nos trechos acima, convivem os dois motivos que fizeram do martírio um campo de interlocução entre missionários e índios na América Portuguesa. A leitura ocidental afirmava o martírio como prova de amor e abnegação. Já para os Tupi, o martírio era prova de coragem, inserida em um sistema cultural em que a vingança era o ponto chave (ponto a ser desenvolvido com maior propriedade no capítulo 5). No caso de Francisco Pinto, embora o padre tenha sido martirizado pelos "Tapuias", a demonstração de coragem guerreira de seu companheiro é tipicamente Tupi.

A coragem ante o sofrimento e a morte, da qual o mártir era o exemplo máximo, era algo valorizado pelos índios. A figura do mártir foi possivelmente vista como a de um guerreiro excepcionalmente valente, e algo similar pode ter acontecido com os mis-

---

155 Figueira, *Relação do Maranhão*, *Revista Trimestral do Instituto do Ceará*, ano XVII, 1903 p. 123.
156 *Ibidem*, p. 123.
157 Conceição, *op. cit.* p. 100.

sionários que se ofereciam ao martírio. Também as memórias e imagens dos mártires e martírios devem ter tido algum grau de impacto, abrindo canais de tradução e conversão. Certamente foi mais fácil para os missionários fazerem os índios venerarem os valentes mártires do que os santos que morreram pacificamente – a morte dos covardes. Para facilitar o diálogo, o próprio martirológio podia ser adaptado até certo ponto. Na *Festa de São Lourenço*, encenada em espanhol e Tupi para atingir melhor a todos os espectadores presentes, identifica-se uma dessas acomodações do martírio às convicções dos índios. São Lourenço, após assado na grelha, vinga-se na mesma moeda de seus algozes, os imperadores romanos Décio e Valeriano:

> Ó Décio, cruel tirano,
> Já pagas e pagará
> Contigo Valeriano,
> Porque Lourenço, sem dano
> Assado, nos assará.[158]

Aqui, Anchieta possivelmente vale-se da narrativa da *Legenda áurea*, de que após martirizarem São Lourenço e Santo Hipólito, Décio e Valeriano são tomados pelo demônio e começam a gritar que Lourenço os torturava e finalmente morrem.[159] Anchieta usa com maestria esses elementos para assemelhá-los aos rituais de vingança dos Tupi, que terminavam em grandes assados (figuras 126 e 127). Transformando o conteúdo do martírio em vingança, e explorando as aderências da forma como São Lourenço tinha morrido com os rituais antropofágicos, Anchieta fez uma estratégica operação: ao assemelhar São Lourenço Mártir aos grandes guerreiros índios, viabilizava a transferência dos atributos de coragem do guerreiro ao santo. Se para os índios o fascínio pelo martírio significava demonstração de coragem guerreira, para os jesuítas foi instrumento eficaz de interlocução e de introdução de seus próprios termos de colonização do imaginário dos novos povos, de viabilização de uma dominação cristã na América. A conversão das almas passou por caminhos como este, que pressupunham adaptações e negociações de ambos os lados, e recorrer aos mártires não foi algo incidental. Era o personagem adequado para começar o diálogo: santo, mas também guerreiro, exemplo máximo de valentia e pronto para perder a vida em prol de sua coragem quantas vezes fosse necessário.

---

[158] Anchieta, "Na festa de São Lourenço". In: *Teatro de Anchieta*, p. 171.

[159] "Tomado pelo demônio, Décio gritava: 'Ó Hipólito, você prende com duras correntes'. Valeriano gritava de forma parecida - 'Ó Lourenço, você me arrasta amarrado com cadeias de fogo' - e na mesma hora expirou. Décio voltou para casa, onde atormentado pelo demônio durante três dias, exclamou: 'Suplico, Lourenço, que pare um pouco estes tormentos!', e assim morreu miseravelmente." Varazze, *op. cit.*, p. 654-655.

A documentação referente aos martírios no início da Idade Moderna parece interminável, perpassando todas as camadas da população, incidindo sobre nobreza, clero e povo, ambientes cultos e ambientes populares, desdobrando-se em representações gráficas, literárias e cênicas. Na Europa, católicos e protestantes evocavam os antigos mártires e ansiavam por novos martírios por razões similares, procurando cada um à sua maneira regar as terras com o seu sangue, participando dessa forma das disputas religiosas pelo território. Em um contexto de expansão das terras da cristandade, o martírio foi elemento fundamental para converter os imensos novos territórios para a cristandade, batizando as novas terras com sangue e expandindo o alcance do corpo de Cristo.

Na América Portuguesa, o sangue dos mártires foi capaz de articular diálogos e traduções entre as culturas católica e ameríndia, procedimento que significou a necessidade de adaptações e negociações. Isso indica que, mesmo com a ajuda dos mártires, em um primeiro momento o território não se constituiu como simples transplante ou expansão do velho continente, mas como algo novo e composto, nem índio, nem europeu. Acredito que, se a documentação permitisse, encontraríamos elementos de um culto luso-americano aos mártires como uma "formação cultural híbrida" nos termos que Ronaldo Vainfas define para compreender as santidades do século XVI, fruto do encontro das culturas. Se é certo que o martírio constituiu o território católico na América, também podemos afirmar que, em muitos casos, não se tratava do mesmo martírio que a cristandade da Europa conhecia há 1500 anos, e sim parte de uma configuração cultural moldada no novo continente.[160] A documentação da colonização deixa à mostra essas misturas apenas incidentalmente, pois esse tipo de concessão evidentemente não fazia parte do projeto econômico, religioso ou escatológico dos cristãos, esforçados em disseminar a expansão impoluta das fronteiras da cristandade.

Por outro lado, nunca podemos ignorar as desigualdades envolvendo a chegada dos mártires à América. Pelo menos para os Tupi da costa, cada vez menos lhes foram dadas possibilidades de negociar os termos de sua inserção na nova sociedade que se formava.

---

160 Ronaldo Vainfas, *A heresia dos índios:* catolicismo e rebeldia no Brasil colonial. São Paulo: Companhia das Letras, 1995.

125

Padre utilizando as imagens pintadas na igreja para a sua pregação aos índios. Pinturas da paixão de Cristo, assim como de inúmeros outros martírios, recheavam as paredes e os retábulos das igrejas, e eram utilizadas pelos pregadores para lembrar o público dos sermões sobre as lições ensinadas pelo exemplo daqueles primeiros sofredores.

O reino de Cristo, território dos mártires

126

127

O fascínio pela coragem do mártir parece ter sido uma das portas de entrada para interlocuções entre as culturas europeia e ameríndia, abrindo espaços para a posterior cristianização dos índios. Em uma peça de teatro, Anchieta associa o mártir a um grande guerreiro Tupi, chegando a imputar ao mártir São Lourenço o ímpeto de vingar-se de seus algozes pelas próprias mãos, estranho aos relatos de martírios europeus. A figura 126 é uma xilogravura do martírio de São Lourenço, assado na grelha que simboliza o santo. A figura 127 mostra o ritual antropofágico dos Tupi.

Relíquias sagradas e a construção do território cristão na Idade Moderna

CAPÍTULO 2

A veneração às relíquias

Ainda que a geografia da ocorrência dos martírios e de sepultamento dos mártires e santos tivesse sido fundamental para os cristãos, consagrando muitos dos locais mais importantes para o cristianismo, ela não foi a única forma de enaltecimento de territórios específicos no contexto da escala sagrada cristã. A perspectiva de expansão universal de sua fé foi estruturante para o Cristianismo em todos os tempos, e isso desafia uma hierarquia territorial unicamente dada pelos locais de ocorrência de martírios ou de sepultamento dos santos.

Mas como articular os túmulos dos santos com a questão da consagração do território, à medida que já nos primeiros séculos o Cristianismo expandia-se rumo a locais onde não houve perseguições e martírios, à medida que se ampliava o número de locais de culto, e que pequenas comunidades eram fundadas por toda a Europa, norte da África, Ásia Menor, locais desejosos de mártires para integrar-se efetivamente ao universo cristão? De alguma forma era necessário o atributo da mobilidade dos corpos sagrados.[1]

Para dar conta desse desafio, a religião cristã produziu uma engenhosa resposta que permitia a expansão territorial do culto cristão e, ao mesmo tempo, não abria mão do culto aos restos de seus mártires. Não jazia unicamente no território o caráter divino, que aproximava céu e terra no local de sepultamento dos santos e mártires, mas também no próprio corpo do santo, já que era ele o artefato que consagrava o território como porta divina. E uma das formas de consagrar novos territórios para a fé cristã podia

---

1   Brown, *The cult ...*, p. 11-12.

justamente acontecer por meio da extração dos restos dos santos – ou, alternativamente, dos instrumentos de seu martírio – de seus locais de sepultamento e seu transporte a novos locais de culto.

A possibilidade de transporte do corpo do mártir dava respostas também de caráter intra-urbano. A maior parte das sepulturas dos mártires do início da era cristã situava-se no exterior das muralhas das cidades, ou na periferia destas. A partir do fim da Antiguidade, seus corpos começaram a ser instalados no interior das cidades, reforçando assim, onde necessário, o poder dos bispos instalados nas catedrais que, em geral, situavam-se no centro geográfico das cidades.[2]

Além de dar uma resposta aos desafios da expansão do culto cristão e dos arranjos da geografia intraurbana do poder, a possibilidade de manejo dos restos de santos também permitia soluções a situações críticas, em que os cristãos eram expulsos de seus territórios por infiéis, o que durante os séculos ocorreu largamente no norte da África, Ásia Menor, leste da Europa e Península Ibérica: os fiéis podiam levar seus santos consigo, ou escondê-los até que alguém o fizesse. Dessa forma, a cristandade pôde desenvolver novos e importantes centros de fé e poder, distantes dos locais onde os martírios dos santos haviam acontecido.[3]

Como a integralidade dos santos estava presente em suas partes, mesmo nas menores, seus corpos podiam ser fragmentados e distribuídos por onde a presença dessas relíquias era demandada. A capacidade de multiplicar-se e fazer-se presente em todos os lugares para onde suas relíquias fossem levadas era, aliás, uma das grandes provas dos poderes dos santos.[4] Estavam inventadas as relíquias sagradas: corpos dos mártires e santos, normalmente seus ossos, mas também cabelos, unhas, sangue, lágrimas, ou os objetos por meio dos quais foram martirizados - cruzes, pregos, lanças, setas, correntes. Até alguns poucos séculos atrás, não havia dúvidas de que o santo em si estava presente na relíquia, por menor que fosse.[5]

O culto às relíquias atravessou toda a Idade Média como elemento estruturador do território das cidades cristãs. Durante todo esse período, foi impensável a existência de uma cidade, igreja ou até mesmo altar sem uma relíquia. As relíquias mais importantes eram os restos físicos dos santos, seus ossos, cabelos, lágrimas ou sangue, e destas as mais antigas

---

2   Markus, *op. cit.*, p. 139-155.

3   Sobre o culto às relíquias, ver: Brown, *The cult ...*, Patrick J. Geary, *Furta sacra: thefts of relics in the central middle ages*. Princeton: University Press, 1978; Arnold Angenendt, *Heilige und reliquien: die geschichte ihres Kultes vom fruhen Christantum bis zum Gegenwart*. München: Verlag C.H. Beck, 1997.

4   Ainda no século XVII, a fragmentação dos santos era festejada: "E se antes predicavam os santos com suas línguas, agora predicavam com suas mãos e pés, que divididos dos corpos, e postos em diferentes lugares, davam maiores vozes, e persuadiam com maior eficácia que quando estavam unidos". *Historia Eclesiástica* ..., p. 106.

5   Patrick J. Geary, *Living with the dead in the Middle Ages*. Ithaca/ London: Cornell University Press, 1994, p. 194.

eram, em geral, mais preciosas. Eram também consideradas relíquias os instrumentos de martírio dos santos, a começar pelo próprio Santo Lenho – fragmentos da cruz de Cristo – além de espinhos, correntes, flechas, setas. Serviam também as chamadas relíquias de contato, artefatos que tiveram contato com os santos: pedaços de roupas, terra de sepulturas, lenços que estiveram em contato com as relíquias orgânicas.

Mas o poder das relíquias não se resumia a uma expectativa de futuro, pois durante toda a Idade Média estiveram cercadas de acontecimentos maravilhosos: tinham poderes de proteção e cura que justificavam romarias e peregrinações, emitiam perfumes, luzes e óleos milagrosos, ressuscitavam mortos, protegiam cidades inteiras. Em meados do século XV, após uma frustrada tentativa de acionar uma cruzada contra os turcos que, em 1453, haviam tomado Constantinopla e avançavam sobre os territórios cristãos, o Papa Pio II distribuiu pedaços do crânio de Santo André à multidão de Roma, para proteger o mundo cristão de seus inimigos.[6] As relíquias eram também símbolo de riqueza, de prosperidade e de nobreza, e acompanharam através dos séculos os detentores das maiores fortunas e prestígio no Ocidente.

Alguns dos corpos de santos permaneciam por séculos em estado incorrupto. Era o caso de várias relíquias: de Santa Ágata, mantidas em vários relicários em Catânia; de São Romualdo, exumado em 1460 em Ancona; de Santa Rosa de Viterbo, cujo corpo havia sobrevivido incólume a um incêndio que destruiu a igreja onde estava sepultada em 1357, na cidade de Pódio; do corpo de Santa Esperandia, exposto no altar-mor da igreja do convento beneditino de Cingoli.[7]

Foram muitos os casos de relíquias que percorreram grandes distâncias, dos locais onde os santos haviam morrido até suas novas comunidades adotivas, o que era tratado como expressão da vontade do próprio santo. Já no século I o corpo de São Tiago aportou milagrosamente nas costas da Galícia em um barco sem leme, e depois disso, orientou dois touros tidos como indomáveis a levá-lo em um carro até o local onde foi construída uma igreja em sua homenagem, em Compostela.[8] O corpo de São Marcos foi levado por mercadores de Alexandria a Veneza em 468, e como prova de que estava indo de bom grado para sua nova moradia, danificou o navio onde viajava um incrédulo que duvidara ser aquele o corpo do santo. Evidentemente, se o santo não desejasse ser transportado, jamais teria permitido aos homens movê-lo de seu sepulcro original.[9] O corpo de Santo Agostinho teve

---

6   Hibbert, *Op. ci.*, p. 124.

7   Joan Carroll Cruz, *The incorruptibles*. Rockburg, Illinois: TAN Books and Publishers, 1977, p. 47-86.

8   Varazze, *op. cit.*, p. 561-564.

9   "Em alto-mar, os mercadores comunicaram aos outros navios da frota que estavam transportando o corpo de São Marcos, ao que alguém disse: 'talvez tenham dado a vocês o corpo de um egípcio qualquer, e não o de São Marcos'. Imediatamente o navio que transportava o corpo de São Marcos fez sozinho uma manobra com maravilhosa velocidade, e abalroou, rompendo-lhe o casco, o navio no qual se encontrava o homem

que deixar a Sardenha, que estava "despovoada pelos sarracenos", rumo a Pavia. Encontrando-se em Gênova, Santo Agostinho recusou-se a partir até que obteve do rei a promessa de que, caso o santo se deixasse levar, construiria naquele lugar uma igreja em seu nome. O mesmo aconteceria no dia seguinte na cidade vizinha de Casal. Como o rei viu que esse procedimento agradava ao santo, ordenou que em todos os locais onde o santo pernoitasse se construísse uma igreja da mesma invocação.[10]

As curas, as emanações maravilhosas, os traslados milagrosos, a incorruptubilidade eram as provas de que os santos estavam privando da companhia de Cristo, de que suas relíquias eram artefatos divinos que rompiam as barreiras do tempo e do espaço. Justamente por serem investidas de enormes poderes, as relíquias sagradas estiveram no centro das disputas religiosas na Europa no início da Idade Moderna.

O século XVI: repúdio e renovação do culto às relíquias na Europa

No início século XVI, as relíquias continuavam protegendo edifícios e cidades, promovendo curas milagrosas, sendo levadas em solenes procissões pelas ruas, sacralizando altares de igrejas por toda a Europa, em uma notável continuidade em relação ao papel que desempenhavam havia mais de 1000 anos no continente. Mas em meados daquele século essa situação tinha se transformado. O culto às relíquias foi fortemente repudiado pelos reformadores protestantes, que pregavam uma igreja invisível, rejeitando os objetos de mediação da relação entre os fiéis e Deus, indignados com a veneração de restos humanos. Trataram o culto como idolatria mais ligado à magia e à superstição do que à fé cristã, e procederam destruições em grande escala de relíquias e imagens.

Lutero escandalizou-se com a gigantesca coleção de mais de 17.000 relíquias do castelo de Frederico, o Sábio, em Wittenberg, príncipe posteriormente convertido ao luteranismo.[11] Em 1527, um exército antipapista comandado por Carlos V saqueou Roma, profanou túmulos e despojou cadáveres de suas joias e vestimentas. Enquanto 500 homens eram massacrados sobre o túmulo de São Pedro, relíquias eram queimadas ou destruídas. Os invasores ridicularizaram as relíquias: a cabeça de Santo André foi atirada no chão, a cabeça de São João chutada nas ruas como bola de futebol, um alemão desfilou pelas ruas portando a lança sagrada que flechou o torso de Cristo, o lenço sagrado de Santa Verônica foi posto à venda em uma estalagem.[12] Em 1562, os huguenotes franceses destruíram, em Tours, o corpo de São Martinho e, em Poitiers, o de Santo Hilário, entre outros santos,

---

que acabara de falar. E não se afastou enquanto todos os que iam naquele navio não declararam acreditar que era o corpo do bem-aventurado Marcos que ali estava". *Ibidem.* p. 374.

10   *Ibidem*, p. 719-720.

11   Delumeau, *op. cit.*, p. 89.

12   Hibbert, *op. cit.*, p. 158. Sobre o lenço sagrado de Santa Verônica com a face de Cristo impressa, que diziam curar aqueles que olhavam para a imagem, ver Varazze, *op. cit.*, p. 330.

"espalhando pelos campos as relíquias de uns e queimando as de outros".[13] O mesmo destino teve o corpo de São Francisco de Paula.[14] O reinado de Henrique VIII na Inglaterra (1509-1547), de ruptura com Roma, significou a destruição de inúmeros corpos de santos (figuras 128 a 131).[15]

Os católicos também praticavam a destruição de relíquias de outras religiões. No século XVI, o Arcebispo de Goa reduziu a pó em um ato público um dente de Buda, pilando-o em um almofariz.[16] Mas evidentemente a destruição sistemática de relíquias dos santos católicos era sinal de uma crise, ainda mais praticada por outros cristãos. A Igreja católica reagiu às dissidências protestantes potencializando suas próprias reformas, com o intuito de retomar o controle sobre as partes da cristandade e adaptar a estrutura da Igreja aos desafios colocados pela nova situação política e espiritual por que passava o mundo cristão. A resposta mais sistematizada veio pelo Concílio de Trento que, em relação às relíquias, emitiu uma sinalização dupla: por um lado, reforçou o poder milagroso dos corpos dos santos, reafirmando a sua presença física e integral mesmo nos menores fragmentos, e condenando aqueles que desafiavam esse poder. Agregava-se aos significados já anteriormente atribuídos às relíquias uma nova intensidade de militância. As regiões que tinham permanecido na fé católica continuavam venerando as relíquias em continuidade às antigas tradições, mas também como parte do efeito de demonstração da fé católica como a *verdadeira* portadora da tradição de Cristo e seus apóstolos, em contraponto às heresias protestantes.

Por outro lado, o culto às relíquias não ficou imune à moralização dos costumes e à centralização do poder promovidos pelo Concílio de Trento em tantos aspectos da fé católica. Dali em diante, os bispos e outras autoridades tornaram-se os responsáveis pela certificação das relíquias e por promover o decoro no seu culto, representando uma centralização de poderes e aumento de suas responsabilidades pedagógicas. O movimento centralizador foi além disso: a própria autonomia dos bispos era circunscrita, pois o Concílio estabelece também que "nada de novo, e até o presente nunca usado se decrete, sem se consultar o Santíssimo Romano Pontífice".[17]

Com a reiteração do poder das relíquias pelo Concílio de Trento, os católicos mostraram-se mais fervorosos do que nunca no seu culto. Inúmeros corpos encontrados em 1578

---

13 Maria de Fátima Castro, "De Braga a Roma – relíquias no caminho de D. Frei Bartolomeu dos mártires", *Via Spiritus - Revista de história da espiritualidade e do sentimento religioso*, 8. Universidade do Porto, 2001, p. 49.

14 Joan Carroll Cruz, *Relics* (Indiana, Our Sunday Visitor, 1983), p. 249.

15 Joan Carroll Cruz, *The incorruptibles* (Rockford-Illinois, Tan Books and Publishers, 1977).

16 Charles R. Boxer, *O império marítimo português, 1415-1825*. São Paulo: Companhia das Letras, 2002 [1969], p. 89.

17 *O sacrosanto e ecumenico Concilio de Trento em latim e portuguez: dedica e consagra aos excell., e rev. Senhores Arcebispos, e Bispos da Igreja Lusitana*. Lisboa: na Officina Patriarcal de Francisco Luiz Ameno, 1781, t. II, Sessão XXV, p. 345-357.

128

As reformas protestantes significaram a destruição em massa de imagens e relíquias em inúmeras igrejas em várias regiões da Europa. A figura 128 mostra a destruição de imagens na Alemanha, na primeira metade do século XVI. Na figura 129, a destruição do corpo de Jean d'Angoulême, venerado e tido como milagroso, nas guerras religiosas na França na década de 1560.

129

130

131

Da igreja dos santos à igreja dos pastores. A figura 130 mostra a retirada das imagens das igrejas em Zurique em 1524, em cena típica do espetáculo urbano que foi a destruição das imagens nas cidades que adotaram a fé reformista no século XVI. Na figura 131, a igreja reformada: as pedras e restos das imagens e seus suportes foram utilizados como material de construção do novo coro da igreja.

em uma catacumba na Via Salaria em Roma foram convenientemente tratados pelo Papa como santos, o que exponenciou a disponibilidade de relíquias a serem distribuídas a partir de Roma segundo seus critérios.[18] Foi a primeira de mais de 30 catacumbas descobertas posteriormente na cidade.[19] Na verdade, a descoberta dessas "minas de relíquias", veio bem a calhar para um Vaticano que, com a reforma de Trento, reiterava o poder das relíquias, mas ao mesmo tempo centralizava sua gestão, o que nem sempre foi bem recebido pelas partes do Império cristã.[20]

Em 1599, foi aberto o caixão de madeira onde o Papa Pascoal I havia encerrado os restos de Santa Cecília, para que fossem transportados do cemitério de Calixtus à basílica erigida em sua memória em Trastevere. Para assombro dos presentes, o corpo estava intacto, como se a santa estivesse dormindo desde o dia de sua morte, repousando sobre o seu lado direito, com os joelhos levemente dobrados. O Papa foi chamado para contemplar o milagre do corpo incorrupto, e ordenou que a santa permanecesse intocada. O escultor Stefano Maderna foi comissionado para perpetuar a imagem em uma conhecida escultura (figura 140).[21]

Nesse contexto de reiteração militante do poder das relíquias e de centralização da sua gestão encontrava-se a Europa católica na segunda metade do século XVI, quando se intensificaram as iniciativas de ocupação do território da América pelos portugueses. Veremos a seguir que naquele período, as relíquias foram elemento estratégico para o redimensionamento do corpo da cristandade, abrangendo a nova escala territorial e assim viabilizando a inserção das regiões recém-descobertas na narrativa cristã. Isso será feito a partir de três chaves de leitura: as *descobertas* de relíquias, elementos de conexão dos tempos modernos com o início da era cristã; os *traslados* de relíquias, procedimentos de transplante da memória sagrada; e a *produção* de novas relíquias, que revela a capacidade de criação permanente da sacralidade. É importante percebermos que esses três procedimentos não eram exclusivos da América, estavam acontecendo naquele período também na Europa, reforçando a ideia de que o esforço de ocupação territorial do início da Idade Moderna foi um movimento marcado pela busca do reconhecimento daquilo que já era conhecido pelos cristãos.

---

18 Angenendt, *Heilige* ..., p. 250.

19 Hsia, *op. cit.*, p. 130.

20 "Enganam-se os que julgam que nas catacumbas todos os ossos são de mártires, e muito mais os que, persuadidos dessa opinião, as pegam e colocam nas igrejas como relíquias. A verdade é que hoje reina em muitos um incrível apetite em achar novas relíquias, o que costuma ofuscar a razão". *Memorial a Filipe II, do Padre Juan de Mariana*, apud Jacobo Sanz Hermida, "Un coleccionista de relíquias: don Sancho D'Ávila y el estudio Salmantino", *Via Spiritus 8*. Universidade do Porto: 2001, p. 69.

21 Émile Male, "Religious art after the Council of Trent". In: *Religious art* ..., p.177.

Descobertas de relíquias na reconquista da Península Ibérica

> Ainda que Hespanha fosse destruída pela entrada dos Godos, e depois assolada pela invasão dos mouros, sempre as relíquias, que ficaram de alguns cristãos, conservaram a imemorial tradição de vir o corpo do nosso santo a este reino, e nele ser sepultado no seu famoso templo.[22]

O trecho acima faz parte de um tipo de obra bastante recorrente na Península Ibérica nos séculos XVI e XVII: os relatos das vidas de santos patronos de uma cidade específica, em iniciativas locais de exaltação do papel de seu próprio território no corpo da cristandade. Evidentemente, os santos eram seres muito especiais, e suas biografias não se encerravam com a morte, pelo contrário, a passagem iniciava uma nova etapa em sua trajetória: a documentação dos milagres operados por suas relíquias, eventuais traslados de seus corpos, sempre acompanhados de sinais milagrosos, provas enfim de sua condição de santos. O contexto específico da Península Ibérica trouxe muitas vezes um período de latência das relíquias de santos durante a ocupação árabe, quando estiveram escondidas ou desaparecidas. A descoberta milagrosa de suas relíquias acontecia durante ou após a reconquista cristã do território, em uma clara construção simbólica que reconectava as terras recém-reconquistadas ao corpo total da cristandade.

Em Portugal, eram permanentemente reatualizadas as narrativas de descoberta de corpos sagrados após a reconquista do reino aos mouros no século XII. Episódio espetacular foi o de São Vicente, encontrado no chamado "Promontório Sacro" (depois Cabo de São Vicente), o ponto mais ocidental do reino, pelo primeiro rei de Portugal, D. Afonso Henriques em 1173, e levado a Lisboa. A memória coletiva construída em torno dessa descoberta evocava o próprio nascimento do reino português, centralizado em sua capital: o corpo de São Vicente já havia sido procurado por D. Afonso Henriques assim que se autoproclamara rei de Portugal mais de 30 anos antes, sem sucesso. A crença generalizada atribuiu esse fracasso ao fato de a cidade de Lisboa, predestinada a ser a morada definitiva do santo, encontrar-se ainda corrompida pelo domínio dos árabes. São Vicente assumiu então a dupla função de patrono de Portugal e da cidade de Lisboa, que progressivamente assumiria suas funções de capitalidade no reino (figuras 141 a 144).[23]

Os livros reatualizavam também a descoberta de corpos de outros santos, como

---

22   Lis, *op. cit.* p. 151-152.

23   "El Rey D. Afonso [...] fez buscar com grande diligência o corpo, e nunca o pôde achar por N. Senhor ter ordenado, que o jazigo deste glorioso Mártir fosse na cidade de Lisboa onde agora jaz, a qual ainda então era de mouros". Duarte Galvão, *Chronica Delrey D. Affonso Henriques primeiro rey de Portugal*. Lisboa: na Officina Ferreyriana, 1726), p. 27-28 e 59.

Santa Iria, padroeira de Santarém, cujo corpo havia ficado escondido sob as águas do Tejo durante a ocupação moura, para depois da libertação reaparecer milagrosamente, incorrupto e ainda vertendo sangue, em uma baixa das águas do rio. O clero de Santarém tentou sem sucesso remover o corpo para a terra firme, e o rio voltou a cobrir para sempre o corpo da santa, permitindo ser visto apenas uma vez por outra santa, a rainha Santa Isabel, no século XIV.[24]

Além das narrativas reiteradoras da memória coletiva, no final do século XVI e início do XVII, aconteceram vários episódios de descoberta de relíquias na Península Ibérica, principalmente no sul da Espanha, território mais recentemente reconquistado dos árabes. A presença de relíquias sagradas provocava peregrinações e esmolas, enriquecia as igrejas e as cidades, construía centralidades e focos de poder. Por isso mesmo, essas descobertas revelam vários aspectos das tensões e negociações entre o poder central do Vaticano e a busca pela afirmação dos poderes locais a partir dos bispos e arcebispos, e da nova hierarquia estabelecida pelo Concílio de Trento.

Em 1575, foram encontradas durante obras na igreja de São Pedro em Córdoba muitas relíquias que os cristãos haviam escondido dos árabes havia cinco séculos, acompanhadas de uma lápide com os nomes dos santos ali presentes. O Bispo de Córdoba declarou autênticas as relíquias em 1577, mas advertiu "que não se reverenciem, nem adorem por relíquias de santos, até que sua Santidade dê licença para isso". Os autos do processo de qualificação das relíquias foram enviados a Roma, e o Papa Gregório XIII legitimou as relíquias por um breve (uma das modalidades de comunicado oficial do Papa) publicada em 1581, que até mesmo concedia perdão aos pecados daqueles que visitassem as relíquias nos aniversários da descoberta. O breve colocou ainda a conveniência de se realizar a qualificação das relíquias no nível regional, convocando-se um Concílio Provincial, instrumento também previsto no Concílio de Trento. Ao remeter a definitiva qualificação das relíquias para o nível provincial, o Papa estava na verdade eximindo-se de tomar partido em uma disputa em torno das relíquias de um dos santos. No ano seguinte, o debate foi levado a uma reunião do Concílio da Província de Toledo, onde se inseria o Bispado de Córdoba, na presença das maiores autoridades eclesiásticas da região.[25] Naquele momento, eclodiu a disputa: os clérigos de um convento que sustentava possuir o corpo de São Asciclo, um dos mártires cujos nomes estavam escritos na lápide encontrada na igreja, não queriam abrir mão de seu tesouro.[26]

---

24 Frei Isidoro de Berreira, *História da vida e martírio da gloriosa virgem Santa Eria*. Lisboa: Antonio Alvarez, 1618).

25 Roa, *Flos Sanctorum* ...

26 *Relacion de lo que resulta en un processo presentado en la congregación deste Santo Concílio Provincial de Toledo por parte del Convento de los Santos Mártires Asciclo y Victoria de la Ciudad de Córdoba. En que pretenden que la declaracion que piden los clérigos de la Iglesia de Sn. Pedro de la dicha Ciudad se haga que los huessos que se han hallado en la dicha Iglesia son de Santos, no se diga que entre elles esta el cuerpo de San Acisclo por que esta en su monastério*.Biblioteca Nacional da Espanha, Manuscrito Mss/13044, fl. 110-114.

Em outros episódios de descoberta de relíquias, Roma interferiu bem mais nos assuntos locais. O Papa Sixto V praticamente induziu o achado das relíquias de São Torpes na cidade portuguesa de Sines no final do século XVI, emitindo uma bula ao Arcebispo de Évora para que "se mandassem fazer as possíveis diligências por descobrir os ossos do glorioso Mártir".[27] O "cheque em branco" dado pelo Papa, para que se encontrassem os ossos de São Torpes, foi uma prova do poder do Arcebispado local, e talvez nunca venhamos a descobrir as razões políticas dessa operação.[28]

Nem sempre o Papa estimulou o achado de relíquias, o que mostra que não via necessariamente com bons olhos o surgimento de novas centralidades de devoção. Em 1628, foram encontradas relíquias sagradas no povoado de Arjona, no Bispado de Jaén, e em seguida o bispo enviou um memorial dos acontecidos ao Papa, solicitando a autorização do culto aos mártires encontrados. Roma respondeu com um longo silêncio até que, em 1639, o bispo encomendou a um teólogo um memorial para encaminhar a questão no nível local. Na ausência de uma resposta vinda de cima, este memorial buscava na história, nas hagiografias e martirológios tradicionais, a fundamentação para o culto às relíquias encontradas em Arjona, em um interessante artifício para contornar o silêncio papal.[29]

Um dos episódios mais conflitivos de descoberta de relíquias teve lugar em Granada. Em 1588, foi encontrada em uma torre que estava sendo demolida para a construção da catedral da cidade uma caixa de chumbo recoberta de betume, que em seu interior continha um osso de Santo Estêvão, um dos primeiros mártires, morto em Jerusalém, cujas relíquias logo teriam sido transferidas à Espanha,[30] além de outras relíquias sagradas. Alguns anos depois, foi encontrada grande quantidade de relíquias em grutas no chamado Sacro Monte, nas imediações da cidade, entre as quais os restos de São Cecílio, primeiro bispo da cidade, e São Hiscio, primeiro bispo de Tarifa. Tratava-se de um grande tesouro, pois quanto mais antigas, mais valiosas eram as relíquias, e essas datavam do século I. As relíquias dos mártires de Granada foram autenticadas, mas alguns livros feitos de folhas de chumbo encontrados

---

27 "Presidia na Cadeira de São Pedro a santidade de Sixto V de gloriosa recordação [...]. Este grande Pontífice ou por especial revelação que tivesse do céu, ou movido da grande devoção, que tinha ao Santo [Torpes], desprezando as notícias, que os Franceses publicavam de existir o corpo do mesmo Santo na Provença, expediu uma Bula ao Arcebispo de Évora D. Theotonio de Bragança, para que na Villa de Sines, do seu Arcebispado, mandasse fazer as possíveis diligencias por descobrir os ossos do glorioso Mártir, dando-lhe o mesmo Santo Padre comissão para os aprovar, e reconhecer por verdadeiros". Lis, *op. cit.*, p.153-155.

28 *Ibidem*, p. 173-180.

29 "Que católico, sabendo que em um lugar estão sepultados mártires gloriosos, ainda que não saiba seus nomes, não lhes venerará, e beijará prostrado na terra, aquela [terra] que, ditosa, recebeu seu sangue inocentíssimo, e seus ossos sagrados, despedaçados a tormentos?". Bernardino Villegas, *Memorial sobre la califización de las relíquias de los Santos Martyres de Arjona*. Baeça: por Iuan de la Cuesta, 1639, p. 3.

30 Sancho D'Ávila, *De la veneracion que se deve a los cuerpos de los Sanctos y a sus relíquias y de la singular con que se a de adorar el cuerpo de Iesu Christo nso señor en el sanctissimo Sacramento*. Madrid: por Luis Sanches, 1611, p. 286.

132

Em 1588, foi encontrada durante a demolição de uma antiga torre em Granada uma caixa contendo relíquias de mártires cristãos do século I, discípulos de São Tiago. Alguns anos depois, o encontro de novas relíquias colocava Granada em uma situação de proeminência na geografia sagrada da Europa. Iniciava-se um longo processo de disputas e negociações, envolvendo o Vaticano e o rei da Espanha.

133

Em 1595, caçadores de tesouros deixados pelos árabes encontraram nos arredores de Granada uma caverna que estava tampada há muito tempo e, escavando-a, encontraram uma placa de chumbo com a seguinte inscrição em árabe: "corpo queimado de San Mesifiton Mártir, padeceu debaixo do poder do Emperador Nero". Levaram a placa ao Arcebispo de Granada, que ordenou que se fizessem todas as diligências necessárias para se achar o corpo, ao qual a prancha se referia, e que os trabalhos dali por diante correriam sob responsabilidade da Igreja.

134

A descoberta nos arredores de Granada foi intensamente festejada: "parecia que se achara ali uma mina de santos" Nos dias seguintes, ao se revolver a terra do monte de Valparaíso, foram achadas cinzas resultantes da calcinação de seres humanos. Tratava-se das relíquias de São Cecílio, primeiro bispo da cidade, e de seus companheiros martirizados no século I. Em pouco tempo, os santos começaram a exercer seu poder, e pessoas de muitos lugares começaram a ir ao monte santo, e a força milagrosa que emanava do lugar curava os doentes. Após receber o túmulo dos Reis Católicos Fernando e Isabel, que desejaram ser enterrados no local onde os cristãos haviam expulso o último reduto muçulmano na Europa, Granada estava em vias de se tornar um local de peregrinação.

As relíquias foram passadas ao Arcebispo de Granada, que foi mais precavido que a população da região e esperou antes de oficializar o culto ao monte santo de Granada. O Concílio de Trento, que procurava disciplinar o culto dos santos, estabelecia severas normas para a averiguação de relíquias sagradas. Em abril de 1600, o Arcebispo de Granada obteve a autorização para convocar um sínodo com autoridades religiosas de todo o reino, para ajudá-lo a encaminhar o processo. O sínodo decidiu por unanimidade que as relíquias encontradas na velha torre e no monte sagrado eram legítimas.

135

A descoberta das relíquias foi parte da reconfiguração do espaço da cidade de Granada após a conquista aos árabes. A antiga torre onde as primeiras relíquias haviam sido encontradas transformou-se em torre de uma igreja da cidade. No entanto, os livros de chumbo também encontrados no monte santo começaram a incomodar o rei Filipe III e também o Papa. Em 1642, o Vaticano conseguiu que os livros fossem enviados a Roma para averiguações, onde foram declarados profanos, e retidos por mais de três séculos até que, em 2000, Granada consegue reavê-los.

136

no mesmo Sacro Monte, também considerados como relíquias pelos locais, não tiveram o mesmo destino: foram solicitados por Roma para averiguações, declarados heréticos e, a despeito de constantes pedidos, não foram mais devolvidos a Granada. A cidade produziu extensa literatura procurando fundamentar a legitimidade das relíquias até o século XVIII, em um embate com o poder centralizador de Roma (figuras 132 a 136; 145 a 154).[31]

A descoberta de relíquias em um determinado local significava um grande aumento no número de peregrinos, esmolas e aumentava a importância e a autonomia de um bispo ou arcebispo. Percebemos assim porque Roma exercia tão seletivamente o poder de legitimação das relíquias que lhe fora dado pelo Concílio de Trento, revelando aspectos das tensões entre o Vaticano e os bispos. Entendemos também as razões dos lamentos e expectativas das cidades que não eram agraciadas com a descoberta de relíquias.[32]

Embora os embates institucionais sejam evidentes nesses episódios, é um erro tratarmos a descoberta de relíquias do início da Idade Moderna como simples tema de política que envolvia bispos, arcebispos, papas e reis. Tais descobertas apoiavam-se sobre uma profunda crença no poder das relíquias, compartilhada por todos os grupos da sociedade. A descoberta das relíquias acontecia, via de regra, em locais já tidos anteriormente como sagrados.[33] Os sinais divinos, principalmente luzes, intensificavam-se no período imediatamente anterior e posterior às descobertas.[34]

---

[31] *Información para la historia del Sacro Monte chamado de Valparaíso y antiguamente Illiputiano junto à Granada donde parecieron las cenizas de S. Cecílio, S. Thesiphon, y S. Hiscio, discípulos del apostol unico patron de las Españas Santiago y otros santos discipulos dellos y sus libros escritos en laminas de plomo*. Granada: por Bartolome de Lorençana, 1632; Gregório Lopez, *Discursos de la certidumbre de las reliquias descubiertas en Granada desde el ano de 1588, hasta el de 1598*. Granada: por Sebastian de Mena, 1601; *Relación breve de las reliquias que se hallaron en la ciudad de Granada en una torre antiquissima, y en las cavernas del Monte Illiputiano de Valparayso cerca de la ciudad*. Leon de Francia, 1706.

[32] Sobre o corpo do mártir São Crispim na cidade de Ecija, na Andaluzia, escreve o Pe. Martin de Roa, da Companhia de Jesus, em 1629, em parte lamentando, em parte esperançoso, a respeito de jamais ter sido encontrado o corpo de São Crispim, martirizado na cidade no século IV e documentado em vários martirológios: "E não duvido que os cristãos [...] esconderam suas santas relíquias na perda da Espanha, que até aquele tempo haviam sido ali [Ecija] grandemente reverenciadas. Algum dia será o Senhor servido de consolar esta Cidade e a toda a sua Igreja, dando-lhe a conhecer onde repousa seu santo, para maior glória sua, e veneração dos que ele honra em seu reino". Martin de Roa, *Ecija, sus santos, su antiguedad eclesiástica*. Sevilla: por Manuel de Sande, 1629, p. 74.

[33] Em Córdoba, as relíquias foram encontradas em uma antiga igreja onde há muito se acreditava estarem enterrados santos; em Granada, os dois lugares de achado de relíquias eram marcados pelo sagrado: a torre onde foram encontradas as primeiras relíquias era vizinha à catedral da cidade, onde se encontra o sepulcro dos reis católicos Fernando e Isabel, e a água que emanava de uma fonte no Sacro Monte era muito procurada por curar doenças.

[34] Em Córdoba, "pessoas sérias e de crédito [...] viram sobre o lugar [...] luzes e resplandores do Céu, com que se fazia sinais do tesouro que ali estava encoberto". Roa, *Flos ...*, p.164v. No Sacro Monte de Granada, muitas pessoas viram, em diferentes épocas, luzes brilhando no local onde foram descobertas as relíquias. Ver *Información para la historia del Sacro Monte ...*, p. 50-58. Em Arjona "Mostraram-se muitas luzes, e com grande frequência, não a um ou a dois, mas a todos os que queriam ir vê-las, com o que a gente se acendia em maior devoção, e desejo de achar o tesouro escondido: e ao passo que crescia o fervor e a frequência dos jejuns, confissões e comunhões, crescia também a frequência das luzes em manifestar-se".

As relíquias continuavam efetivando inúmeros milagres, como o de curar pessoas das mais diversas enfermidades.[35] Curavam e protegiam também as cidades: um braço de São Sebastião protegeu Lisboa da epidemia de peste de 1569.[36] Algumas delas, levadas em procissão pela cidade de Córdoba, no início do século XVII encerraram uma epidemia de peste que já durava dois anos.[37]

Portugueses e espanhóis não foram apenas os agentes da recomposição do corpo da cristandade europeia após a expulsão dos mouros da península. Ao mesmo tempo que reencontravam relíquias de mártires em suas próprias terras, eles protagonizavam também um movimento muito mais desafiador (pelo menos do ponto de vista teológico): o da incorporação de imensos novos territórios, em todos os continentes, na espacialidade e na temporalidade cristã. Veremos a seguir que se procurou colocar em curso o procedimento de reencontro com o passado e expansão do território cristão por meio da descoberta das relíquias de um apóstolo específico: São Tomé.

Os rastros de São Tomé e a expansão colonial

Em um mundo católico estruturado pela religiosidade, a reconquista da Península Ibérica era parte de um contexto maior de reconquista de toda a terra por parte do Cristianismo. Acreditava-se que todas as partes da terra haviam sido tocadas pela palavra de Cristo por meio de seus apóstolos, e que o Diabo e seus servidores haviam desviado grande parte da humanidade desse caminho.[38]

Era praticamente consensual que o apóstolo que teria vindo ao Brasil foi São Tomé, cujos passos eram perseguidos pelos cristãos havia séculos na Índia, onde havia registros da presença do santo e de uma comunidade cristã há muito separada do corpo principal da cristandade.[39] A busca pelo túmulo de São Tomé esteve por trás da própria armada que des-

---

Ver Villegas, *op. cit.*, p. 3. Em Málaga, "há uma tradição nesta cidade, de haver-se visto em diversas épocas, e por diversas pessoas, milagrosas luzes neste rio [Guadalmedina]. Sinais que muitas vezes deu o Céu de lugares onde semelhantes tesouros encobertos foram encontrados". Ver Martin de Roa, *Málaga, su fundacion, su antiguedad eclesiástica, i seglar*. Málaga: por Ivan Rene, 1622, p. 65v. Em Sines, na Sexta-feira Santa saía do local onde estavam os ossos de São Torpes um enxame de borboletas de asas prateadas que acompanhava a procissão do corpo de Cristo. Lis, *op. cit.*, p. 160-161.

35 Roa, *Flos ...*, p. 177.

36 "[...] do glorioso e triunfal cavaleiro e mártir de IESU CHRISTO S. SEBASTIÃO [...] das altíssimas mercês [que] por meio do seu braço e relíquia N. SENHOR é feito a Lisboa depois que a ela veio [o braço]: guardando-a 40 anos da peste e depois de agora ferida e castigada restituindo-lhe tão milagrosamente a primeira saúde". Francisco de Holanda, *Da fabrica que fallece a cidade de Lisboa*. Lisboa: Biblioteca da Ajuda, 1571, Manuscrito, 43a-V-12, p. 26 [grifos do autor].

37 Roa, *Flos Op. cit.*, p. 176v.

38 Um bom exemplo dessa visão é a "Carta de D. Manuel ao Samorim de Calicut, de 11 de março de 1500". In: Janaína Amado e Luiz Carlos Figueiredo (orgs.), *Brasil 1500: quarenta documentos*. Brasília: Imprensa Oficial do Estado de São Paulo/ Ed. UnB, 2001, p. 63-72.

39 Sérgio Buarque de Holanda, *Visão do Paraíso*: os motivos edênicos no descobrimento e colonização do

cobriu o Brasil capitaneada por Pedro Álvares Cabral, que rumava às Índias. Efetivamente, ao chegar à Índia após partir do Brasil, os portugueses tiveram notícias de uma comunidade cristã e da localização do túmulo de São Tomé em Meliapor, e receberam dos governantes locais relíquias do santo.[40] Na mesma carta em que comunicou aos reis da Espanha, Isabel e Fernando, a descoberta do Brasil, o rei de Portugal, D. Manuel, discorreu com muito mais detalhe sobre a localização do túmulo de São Tomé, mencionando que todos "vão à sua casa em Romaria, pelos grandes milagres que faz".[41]

Como inicialmente acreditava-se que o Brasil nada mais era que a costa oriental da Índia, a conclusão foi a de que São Tomé teria pregado também por estas terras. Mas a crença provou-se altamente duradoura, sobrevivendo em muito à descoberta de que o Brasil na verdade fazia parte de um continente isolado e distante da Índia; documentos de missionários dos séculos XVI a XVIII referem-se à presença de São Tomé no Brasil e ao seu registro na memória dos índios.[42]

O mais importante para nós é a memória que São Tomé teria deixado no território da América. Se o apóstolo presenteou a Índia com o seu corpo, efetivamente descoberto em Meliapor na primeira metade do século XVI, não descuidou de deixar relíquias no Brasil. Foram as chamadas "relíquias de contato", objetos consagrados pelo contato com o corpo do santo. Em 1549, Nóbrega já faz referência a algumas pegadas que São Tomé deixara marcadas no solo brasileiro, dizendo que os índios "têm notícia de São Tomé e de um seu companheiro, e nesta Baía [de Todos-os-Santos] estão umas pegadas em uma rocha que têm por suas, e outras em São Vicente [...]".[43]

Esse tipo de marca no território era já conhecido na Península Ibérica. O corpo de São Tiago, ao desembarcar na Galícia, vindo de Jerusalém no ano de 45 moldou a pedra em que foi depositado.[44] Santa Orósia, filha dos reis da Boêmia martirizada pelos mouros a caminho do casamento com o rei de Aragão no século IX, deixou marcas de seus joelhos em oração,

---

Brasil. São Paulo: Publifolha, 2000 [1959], p. 133-160; Luiz Filipe Thomaz, "A lenda de S. Tomé apóstolo e a expansão portuguesa", *Lusitania Sacra*. Lisboa: Universidade Católica de Lisboa, 1991, 2ª série, t. III, p. 349-418.

40   Episódio relatado nas cartas de João Matteo Crético, Bartolomeu Manchionni e Domingos Pisani, de 1501. In: Amado e Figueiredo (orgs.), *op. cit.*, p. 179, 187 e 204, respectivamente.

41   "Carta de D. Manuel aos reis católicos, 29 de julho de 1501". In: *Ibidem*, p. 219-236. O túmulo de São Tomé foi efetivamente encontrado alguns anos depois, como é relatado, por exemplo, em Francisco de Andrada, *Crônica de D. João III*, p. 72-77.

42   Holanda, *Visão* ..., p. 133-160.

43   "Carta do Pe. Manuel da Nóbrega ao Pe. Simão Rodrigues, Bahia, 9 de agosto de 1549". In: Leite, *Cartas* ..., vol. I, p. 138.

44   "e puseram o sagrado corpo sobre uma penha, que como se fosse de cera, deu aposento ao hóspede, abrindo o espaço que era necessário para o corpo santo. [...]". *Historia Eclesiástica* ..., p. 46v.

no Monte de Yebra.[45] Na Freguesia de Cobide, região de Geyra, nos arredores de Braga, próximo a uma capelinha dedicada a Santa Eufêmia, martirizada no tempo das perseguições romanas, encontrava-se uma pedra onde se viam sinais dos joelhos da santa.[46] Mas na América as marcas de São Tomé tinham também aderência com as crenças dos nativos:

> Dizem eles que S. Tomé, a quem eles chamam Zomé, passou por aqui, e isto lhes ficou por dito de seus passados e que suas pisadas estão sinaladas junto de um rio; as quais eu fui ver por mais certeza da verdade e vi com os próprios olhos, quatro pisadas mui signaladas com seus dedos, as quais algumas vezes cobre o rio e passara por meio dele a outra parte sem se molhar, e dali foi para a Índia. Assim mesmo contam que, quando o queriam flechar os índios, as flechas se tornavam para eles, e os matos lhe faziam caminho por onde passasse. [...] Dizem também que lhes prometeu que havia de tornar outra vez a vê-los. Ele os veja do Céu e seja intercessor por eles a Deus.[47]

Os meninos órfãos que foram de Lisboa ao Brasil pela Companhia de Jesus em 1550 escrevem sobre uma "romaria das pegadas" que teriam feito em companhia dos índios, indicando que as provas materiais da presença do santo no Brasil adquiriam significados especiais, já eram marcos no território e engendravam edificações mais permanentes:

> A pedra deu lugar a seus pés como se fosse barro [...] estando nós lá por um espaço dando louvores a nosso Senhor por aquele mistério, porque nosso Senhor não permite nada em vão, senão para aviso e exemplo [...], logo dali [os índios] foram a cortar dois paus largos e fizeram uma cruz grande [...] achamos os negros [índios] tão bons que teve que ficar ali um Irmão com dois meninos para ensiná-los e fazer uma casa nas pegadas onde se recolham meninos e aprendam.[48]

Em meados do século XVII, o jesuíta Simão de Vasconcellos teria visto cinco dessas pegadas, em lugares diversos do Brasil, da Paraíba a São Vicente.[49] No século XVIII, o franciscano Frei Jaboatão refere-se a um pé esquerdo,

---

45 *España Restaurada em Aragon por el valor de las mujeres de Iaca, y sangre de Santa Orosia, por el Padre Fr. Martin de la Cruz*. Çaragoça: por Pedro Cabarte, 1627, p. 133.

46 "[No local viam-se sinais] na forma de joelhos e pés, que bem mostram serem de uma menina de menos de quinze anos". A tradição constava que era aquele o local onde a santa fazia suas contínuas orações antes de padecer o martírio, "permitindo Deus que ficassem ali impressos aqueles sinais, para que o tempo não escurecesse a memória do lugar e sítio do martírio de tão grande santa". José de Mattos Ferreira, *Thesouro de Braga descuberto no campo do Gerez*. Braga: Câmara Municipal de Terras do Bouro, 1982 [1728], p.55.

47 Manuel da Nóbrega, *Cartas do Brasil*. Belo Horizonte/ São Paulo: Itatiaia/ Edusp, 1988, p. 101-102.

48 "Carta dos meninos órfãos ao Pe. Pero Domenech, Bahia, 5 de agosto de 1552". In: Leite, *Cartas ...*, vol. I, p. 385-389.

49 Vasconcellos, *Chronica ...*, Livro I.

[...] tão admiravelmente impresso, que à maneira de sinete em líquida cera, entrando com violência pela pedra, fez avultar as fímbrias da pegada, arregoar a pedra e dividir os dedos, ficando todo o circuito do pé a modo que se levanta mais alto que a dita pedra sobre que está impressa a pegada.[50]

Nascida na colônia, a crença nas pegadas de São Tomé foi também legitimada na metrópole. Jorge Cardoso, que sistematizou o panorama histórico dos santos portugueses no século XVII na extensa obra denominada *Agiológio lusitano*, confirma:

A dilatada Província do Brasil [...] na qual há tradição [que] pregou o Apóstolo S. Tomé, por se venerarem em várias partes dela suas pegadas, e dizerem seus naturais, que ele plantou a mandioca, raiz de que se faz a farinha de pão, sustento universal desta Província.[51]

No início do século XVII, o grande chefe Tupinambá Pacamã, do Maranhão, declara a Yves D'Evreux também conhecer esses sinais:

Soube também que Maria era Mãe de Tupã [Deus], sendo Virgem, porém Deus mesmo fez o corpo para si no ventre dela, e quando cresceu mandou maratás, apóstolos, para toda a parte, nossos pais viram um, cujos vestígios ainda existe.[52]

Na terceira década do século XVII, Frei Vicente do Salvador menciona uma pegada de São Tomé na Bahia, relacionada à vinda do santo que teria ensinado a verdadeira fé aos índios, onde foi feita uma ermida em invocação ao santo:

Também é tradição antiga entre eles [os índios] que veio o bem-aventurado apóstolo São Tomé a esta Bahia, e lhes deu a planta da mandioca e das bananas de São Tomé [...] e eles, em paga deste benefício e de lhes ensinar que adorassem e servissem a Deus e não ao Demônio, que não tivessem mais de uma mulher nem comessem carne humana, o quiseram matar e comer, seguindo-o com efeito a uma praia de onde o santo se passou de uma passada à ilha de Maré, distância de meia légua, e daí não sabem por onde [foi]. Devia de ser indo para a Índia, que quem tais passadas dava bem podia correr todas essas terras, e quem as havia de correr também convinha que desse tais passadas.
Mas, como esses gentios não usem de escrituras, não há disto mais outra prova ou indícios que achar-se uma pegada impressa em uma pedra em aquela praia, que diziam ficara

---

50   Jaboatão, *op. cit.*, t. II, p. 29.
51   Cardoso. *Op. cit.*, t.1, p. 35.
52   Segundo Yves D'Evreux, esses sinais seriam de São Bartolomeu, e não de São Tomé, revelando que existiam diferenças a respeito da trajetória dos apóstolos segundo a compreensão portuguesa e francesa. Ver D'Evreux, *op. cit.*, p. 333-340.

do santo quando se passou à ilha, onde em memória fizeram os portugueses no alto uma ermida do título e invocação de São Tomé.[53]

As rochas de São Tomé eram raspadas e carregadas como relíquias, sendo esse costume apontado como um dos fatores de desaparecimento das marcas. Frei Gaspar da Madre de Deus relata que, no século XVIII, pedras com as pegadas na praia de Embaré, entre Santos e São Vicente foram quebradas e removidas para serem utilizadas na reconstrução da matriz de São Vicente.[54] Em Embaré, assim como na Bahia, existem notícias de fontes que brotavam nas imediações das pegadas, dentre outras maravilhas operadas por elas e pela presença de São Tomé em terras tão distintas como o Brasil, o Paraguai, o Camboja, o Peru e o Ceilão.[55]

Vários dos trechos acima deixam bastante evidente que, no Brasil, ocorreu a aderência à narrativa de São Tomé com um mito ameríndio total ou parcialmente pré-existente, o mito de Zumé ou Sumé. Essa interlocução foi possível devido à presença dessas "relíquias de contato", marcas físicas sobre as quais foi possível estabelecer um campo de significados e traduções. Voltaremos a esse ponto com exemplos similares.

A transformação das marcas na pedra em relíquias de São Tomé desempenhou, para os portugueses, uma dupla função de inserção da América no Cristianismo: por um lado no espaço, oferecendo marcas físicas suficientes para integrar as novas terras no corpo místico da Igreja, compartilhando marcas semelhantes que o Cristianismo apresentava por todo o mundo; por outro lado no tempo, recompondo a trajetória de evangelização dos apóstolos, incorporando assim as novas terras na memória, na história e em um futuro cristão. Estabeleceu-se também um notável aspecto de continuidade entre a reconquista da Península Ibérica dos mouros e a reocupação cristã do mundo, permitindo aos cristãos uma moldura histórica bastante confortável para uma situação tão desafiadora como o projeto de ocupação das terras recém-descobertas.

Traslado de relíquias

A descoberta de relíquias evidenciava o pertencimento de determinado local à história cristã, mas não era a única forma de acesso a essa história. Desde o seu surgimento, o atributo mais evidente das relíquias sagradas era justamente o fato de serem móveis, transportáveis e, desta forma, agentes privilegiados para adaptar o corpo da cristandade às permanentes mudanças de suas fronteiras. Para a comunidade receptora, a chegada de uma relíquia era uma grande honra: o santo havia escolhido uma nova "pátria adotiva", do

---

53   Salvador, *op. cit.*, p. 112.

54   Frei Gaspar Madre de Deus, *Memórias para a história da Capitania de São Vicente*. São Paulo: Edusp/Itatiaia, 1975 [1797], p. 234-235.

55   *Ibidem*, p. 234-235; Holanda, *Visão ...*, p. 133-159.

contrário jamais consentiria em ser transportado.⁵⁶

Muitas das relíquias mais importantes de Portugal haviam sido trasladadas de outros locais. O próprio corpo do patrono São Vicente, como já mencionado, chegara de Valência ao Promontório Sacro em um barco, vigiado por dois corvos, que depois se transformaram no brasão da cidade de Lisboa. O corpo de Santa Iria foi trazido pelas águas do Tejo, que também trouxe milagrosamente à cidade de Belver um cofre repleto de relíquias, que foi colocado na capela de São Brás.⁵⁷ No Porto, haviam aportado no século XV as relíquias de São Pantaleão, supostamente trazidas por imigrantes armênios cristãos fugidos após a queda de Constantinopla em 1453 (figuras 155 a 158).⁵⁸ Foi também pela via aquática que aportaram em Lisboa, em 1517, as relíquias de Santa Auta, uma das 11.000 virgens martirizadas pelos hunos em Colônia no século III, tesouro depositado no Convento da Madre de Deus em Lisboa. Diferente de outros relatos, a chegada dessas relíquias não foi iniciativa divina, mas do imperador Maximiliano, que as ofereceu à sua irmã, a rainha D. Leonor de Portugal, revelando que no século XVI a política dos reis adquiriu maior proeminência em relação aos assuntos do sagrado (figuras 159 a 161).⁵⁹

Em 1505, em meio a sucessivas epidemias de peste, a pedido do rei D. Manuel, a cidade de Veneza doa a Lisboa uma relíquia de São Roque, santo conhecido por sua capacidade de enfrentar a peste. Recebida em Lisboa, a relíquia foi levada em cortejo para fora das muralhas da cidade, ao local onde havia um cemitério onde jaziam as vítimas da epidemia.⁶⁰ Nesse preciso local, foi edificada a ermida de São Roque, conforme relata o padre Baltazar Telles, cronista da Companhia de Jesus, que dali a algumas décadas se apropriaria da ermida para ali construir sua monumental Igreja de São Roque. "Assim como os capitães mais valerosos e de maior confiança se põem nas instâncias mais perigosas e nos lugares mais arriscados, assim se entregou a este forçado capitão [São Roque, ou seus ossos] esta praça temerosa do campo dos mortos, para dali cobrarem saúde dos vivos" (figura 162).⁶¹

---

56 Conforme já apontado, a hagiografia está repleta de evidências de relíquias que "escolheram" serem levadas ou ficarem em determinados lugares, a despeito de tentativas humanas em outro sentido. Em Varazze, *op. cit.*, a vontade de vários santos, entre eles São Jorge, São Marcos e Santo Agostinho, interferiu nas trajetórias de suas relíquias.

57 Berreira, *op. cit.*

58 João Soalheiro, "São Pantaleão, entre o mundo antigo e os novos mundos". In: Ana Paula Machado (coord.), *Esta é a cabeça de São Pantaleão*. Porto: Ministério da Cultura/Museu Nacional de Soares dos Reis, 2003.

59 José Antonio Falcão, "Santa Úrsula". In: *Entre o céu e a terra: arte sacra da diocese de Beja*. Beja: Diocese de Beja, 2000, p. 216-218. A história das virgens mártires de Colônia teve várias versões no decorrer dos séculos, o número de mártires foi crescendo até a incrível cifra de 11.000, e a versão mais corrente no século XVI encontra-se relatada em Varazze, *op. cit.*, p. 882-885.

60 Teresa Freitas Morna, "A ermida de S. Roque: testemunhos históricos e artísticos". In: *A ermida manuelina de São Roque*. Lisboa: Santa Casa de Misericórdia/ Museu de São Roque, 1999, p. 9.

61 Baltazar Telles, *Chronica da Companhia de Jesus na Provincia de Portugal*. Lisboa: Paulo Craesbeeck, 1647.

O século XVI trouxe uma escala inédita no reposicionamento das relíquias sagradas no mundo. Uma das razões disso foi a já mencionada descoberta das catacumbas romanas, que aumentou imensamente a oferta de relíquias. Vieram das catacumbas relíquias como aquelas dos santos Urbano, Aniceto, Fabião, Bonifácio, Patrício, Marnilino, Júlio, Brás, Sérgio, Teodoro e outros, que o Frei Damião Vaz obteve para o Convento de Aviz em 1601, mas que só chegaram dezesseis anos mais tarde.[62]

Outro elemento de aumento da oferta e mobilidade foi o repúdio dos protestantes às relíquias, que significou que muitas delas tiveram que ser urgentemente removidas, sob os ciumentos olhos de seus guardiões.[63] Esse desprezo foi também uma gigantesca oportunidade para comerciantes e colecionadores, que aproveitaram a disposição de inúmeras igrejas de se desfazerem de seus mais preciosos tesouros, para reposicionarem sua localização. O roubo de relíquias, atividade tradicional, também encontrou grandes oportunidades no século XVI.[64] Desta forma, na segunda metade do século, grandes colecionadores de relíquias como João de Borja e Sancho D'Ávila enriqueceram suas coleções com as milhares de relíquias que estavam sendo desalojadas na Europa central e do norte. Foi também nessa época que o rei espanhol Filipe II consolidou a coleção de que falaremos no próximo capítulo.

A chegada das relíquias vindas das regiões onde estavam ameaçadas possuía funções militantes: as cidades católicas ofereciam asilo aos santos exilados de suas pátrias originais. Conforme o século XVI caminhava para o fim, os recebimentos de relíquias foram transformando-se em festas urbanas cada vez mais ostentatórias, como a entrada das relíquias doadas por João de Borja à Igreja de São Roque de Lisboa, em 1588 (figuras 163 a 168); o recebimento de relíquias dos santos Fulgêncio e Florentina em Murcia, em 1594, cujo relicário exigiu cinco grandes carros; ou as festas referentes ao recebimento de relíquias provenientes de Roma e Madri rumo ao Mosteiro de Santa Cruz de Coimbra, em 1595.[65] Um dos mais monumentais traslados de relíquias foi o que chegou à cidade de Colônia ao Escorial de Filipe II, em 1598, após um imenso percurso por vários reinos europeus.[66]

A terceira razão do aumento nos fluxos de relíquias no início da Idade Moderna foram os descobrimentos. As novas terras a serem incorporadas à cristandade pressupunham uma ocupação pelos corpos dos santos. Como um dos instrumentos básicos de consagração do

---

62 José Adriano de Freitas Carvalho, "Os recebimentos de relíquias em S. Roque (Lisboa, 1588) e em Santa Cruz (Coimbra, 1595): relíquias e espiritualidade. E alguma ideologia", *Via Spiritus 8*, Universidade do Porto: 2001, p.103.

63 Em 1561, por ordem do Papa, os restos de São Bernardo foram retirados da Abadia de Claraval, onde estavam ameaçados pelos ataques dos hereges, e levados a Avignon, onde estariam em segurança. Ver Castro, "De Braga a Roma ...", *Via Spiritus 8*, p. 49.

64 Sobre o roubo de relíquias ver também Patrick J. Geary, *Furta sacra* ....

65 Carvalho, "Os recebimentos ..., *Via Spiritus 8*, p. 95-155.

66 Juan Manuel del Estal, "Curioso memorial del mayor traslado de relíquias de Alemanha a el Escorial, 1597-1598". In: *Monasterio de San Lorenzo El Real El Escorial: IV Centenário de la fundacion, 1563-1963*. San Lorenzo d'El Escorial: Biblioteca "La Ciudad de Dios", 1964, p. 403-449.

território, o traslado das relíquias sagradas desempenhou também papel importante nos processos de ocupação da América. Por meio das relíquias, era possível revelar o velho mundo no novo, inseri-lo na temporalidade e territorialidade cristãs, preparando o solo para o momento da ressurreição, que alguns pensavam viria em pouco tempo. Conforme aponta Manuela Carneiro da Cunha, as relíquias eram "veículos de transporte de lugares". Nada mais adequado para cumprir o desafio da ocupação cristã do território, que não estava abençoado pelas pegadas de São Tomé ou onde não haviam ocorrido martírios fundadores do território como visto no capítulo 1.[67]

Pelos registros, as últimas décadas do século XVI foram o período de início do traslado de relíquias de Portugal ao Brasil, vinculado às iniciativas de povoamento mais definitivo da colônia. A ocupação permanente significava não só a inauguração de uma institucionalidade portuguesa na América – câmaras municipais, padroado, justiça – mas também de sua contrapartida espiritual, que era obtida tanto a partir de uma assistência religiosa e de seus edifícios, quanto da transferência de provas materiais da verdade e do passado cristão, entre as quais as relíquias estiveram dentre as mais cobiçadas.

Algumas relíquias perdiam-se ainda na travessia. Quando o mar se mostrava revolto, era atirando relíquias que se garantia que a retomada do controle de Deus, como a tempestade pela qual a nau Santiago passou em 1585: "Mas quis nosso senhor que amainou logo o vento pela virtude dos *agnus dei* e relíquias que deitaram no mar".[68] Uma cruz de ouro "em que trazia uma partícula do Santo Lenho da Vera Cruz e outras muitas relíquias" salvou a nau Santo Antônio de uma tormenta em 1565.[69] Uma cruz que continha um pedaço do Santo Lenho também salvou as vítimas do naufrágio da nau Santiago em uma jangada.[70] O relato do martírio da nau São Paulo, em 1560, na Índia, menciona uma "Bandeira das Relíquias" protegendo os viajantes em todo o percurso.[71]

---

67 Cunha, "Da guerra ...", *Novos Estudos Cebrap* 44, p. 81.

68 "Relação do naufrágio da nau *Santiago* no ano de 1585, e itinerário da gente que dele se salvou, escrita por Manuel Godinho Cardoso e agora novamente acrescentada com mais algumas notícias". In: Bernardo Gomes de Brito (org.), *História trágico-marítima*, p. 296.

69 "O dia em que nos deu a tormenta mandou Jorge de Albuquerque, por conselho de alguns companheiros, lançar no mar uma Cruz de ouro em que trazia uma partícula do Santo Lenho da Vera Cruz e outras muitas relíquias, amarrando a dita Cruz com um cordão de retrós verde a uma corda muito forte, com um prego grande por chumbada; e o cabo e ponta desta corda ataram à popa da nau". "Naufrágio que passou Jorge Albuquerque Coelho vindo do Brasil para este reino no ano de 1565, escrito por Bento Teixeira Pinto, que se achou no dito naufrágio". In: *Ibidem*, p. 279.

70 "uma Cruz que no vão tinha o Lenho Sagrado, que em tal ocasião foi para eles mais certa guia que o astrolábio ou agulha de marear, porque como todos afirmavam, por virtude desta Sagrada Relíquia foram a salvamento, metidos em quatro tábuas, atravessando nelas tantas distâncias de golfão". "Relação do naufrágio da nau Santiago no ano de 1585, e itinerário da gente que dele se salvou, escrita por Manuel Godinho Cardoso e agora acrescentada com mais algumas notícias". In: *Ibidem*, p. 326.

71 "Pusemos na popa a Bandeira das Relíquias, que a Rainha Nossa Senhora dá a estas naus para recorrerem a elas os míseros navegantes em suas fortunas e extremas necessidades"; "Saiu toda a gente a terra, com as

Outras vezes, as relíquias eram vítimas das guerras religiosas, que também se travavam no mar. Em 1570, o padre Inácio de Azevedo levava muitas relíquias para o Brasil quando foi aprisionado e morto pelos franceses no oceano juntamente com seus 40 colegas de martírio. As relíquias foram "despedaçadas, jogadas pelo convés da nau", dentre elas um pedaço do Santo Lenho e uma cabeça das 11.000 virgens que tiraram de seu relicário, "a quebraram e fizeram em pedaços e a lançaram pelo chão". Salvaram-se as relíquias levadas pelos padres Diogo Mendes e Francisco Lopes, aprisionados na mesma ocasião, que vieram ao Brasil algum tempo depois.[72]

Quando os navios passavam por grandes provações no mar, eram eles mesmos tratados como relíquias. Em 1565, após um naufrágio, uma batalha contra luteranos franceses e uma incrível travessia, a nau Santo António, comandada por Jorge de Albuquerque Coelho, donatário da Capitania de Pernambuco, conseguiu salvar-se e foi rebocada até Lisboa, onde o cardeal Infante D. Henrique mandou atracá-la em frente à Igreja de São Paulo, onde ficou exposta como uma grande relíquia.[73] Em 1514, D. Manuel mandou que os restos da nau em que Américo Vespúcio havia navegado pela última vez fossem pendurados como troféus nas abóbadas da Sé de Lisboa.[74] Veremos no próximo capítulo que também o rei espanhol Filipe II demonstrou grande apreço pelos restos de um naufrágio.

Esses casos foram excepcionais pela intensidade, mas de uma forma geral, as naus portuguesas, artefatos que viabilizaram a expansão da cristandade, eram investidas de sacralidade. Antônio Vieira chama-as de "cidades nadantes" e "carroças da salvação", evidenciando simultaneamente atributos de urbano e de sagrado.[75]

Quando aportavam no Brasil, as relíquias eram recebidas com grandes honras. Em 1575, a cidade de Salvador ganhou duas cabeças das 11.000 virgens. Foram as primeiras relíquias importantes que chegaram à colônia, razão pela qual o Bispo de Salvador declarou-as padroeiras do Brasil, e recomendou que lhes fizessem festas anuais nas cidades onde houvesse alguma cabeça das virgens, em um movimento de ordenamento do calendário das cida-

---

armas que cada um podia, acudindo todos à Bandeira das Relíquias, que já eu tinha [...] arvorada [...] e ao redor dela, todos juntos em um corpo, nos agasalhamos esta noite". "Relação do Naufrágio da nau São Paulo". In: *Ibidem*, p. 229-233.

72 Carvalho, "Os recebimentos de relíquias em S. Roque ...", *Via Spiritus 8*, p. 101.

73 "Naufrágio que passou Jorge Albuquerque Coelho vindo do Brasil para este reino no ano de 1565, escrito por Bento Teixeira Pinto, que se achou no dito naufrágio". In: Brito (org.), *op. cit.*, p. 291.

74 Julio de Castilho, *A ribeira da Lisboa*. Lisboa: Publicações da Câmara Municipal de Lisboa, 1948, 3ª ed., revista e ampliada pelo autor, vol. I, p. 81.

75 "E as carroças da salvação, quais eram? Eram aquelas Cidades nadantes aqueles poderosíssimos vasos da primeira navegação do Oriente [...]. E chama-lhe o Profeta carroças de salvação [...] porque da quilha ao tope é isso que levavam. Levavam por lastro os padrões da Igreja, e talvez as mesmas igrejas em peças, para lá se fabricarem. Levavam nas bandeiras as Chagas de Cristo, nas antenas a Cruz, na agulha a Fé, nas âncoras a Esperança, no leme a Caridade, no farol a luz do Evangelho, e em tudo a salvação". Vieira, "Sermão de Santo Antônio (1670)". In: *Sermões*, t. I, p. 288.

Relíquias sagradas e a construção do território cristão na Idade Moderna

137

O culto às relíquias atravessou toda a Idade Média como elemento estruturador do território cristão. Durante todo esse período, foi impensável a existência de uma cidade, igreja ou até mesmo altar sem uma relíquia. Durante toda a Idade Média, elas estiveram cercadas de acontecimentos maravilhosos: tinham poderes de proteção e cura que justificavam romarias e peregrinações, emitiam perfumes, luzes e óleos milagrosos, ressuscitavam mortos, protegiam cidades inteiras. Na figura 137, peregrinos veneram relíquias em uma urna elevada, século XV. A figura 138 mostra a cabeça-relicário de São Fabião, de finais do século XIII ou início do XIV, da igreja Paroquial de São João Batista de Casével, Portugal.

138

A resposta católica à rejeição aos santos e às relíquias, a partir da segunda metade do século XVI, foi um fortalecimento militante ao seu culto, agora sob um controle maior do Papa e dos bispos. Nesse processo de mudanças, foi produzida uma extensa literatura referente ao culto às relíquias e à sua autenticidade. Capa do livro "De la veneración que se deve a los cuerpos de los sanctos y a sus relíquias", de Dom Sancho D'Avila, Bispo de Jaen, publicado em 1611. No detalhe, relíquias sagradas no interior de um altar.

139

140

Em 1599 foi aberto o caixão de madeira onde encontrava-se o corpo de Santa Cecília na igreja de seu nome em Roma. Para assombro dos presentes, o corpo estava intacto, como se a santa estivesse dormindo desde o dia de sua morte, repousando sobre o seu lado direito, com os joelhos levemente dobrados. Stefano Maderna foi comissionado para perpetuar a imagem da santa incorrupta em uma escultura, antes que o caixão fosse novamente fechado.

Relíquias sagradas e a construção do território cristão na Idade Moderna

141

142

A descoberta das relíquias de São Vicente no século XII no chamado Promontório Sacro ou Cabo de São Vicente foi um dos episódios fundadores do reino de Portugal, enaltecendo a figura de seu primeiro rei D. Afonso Henriques. A descoberta reconectava Portugal recém reconquistado aos mouros ao espaço e tempo da cristandade. A figura 141 mostra uma imagem que é a um só tempo a narrativa da milagrosa chegada das relíquias de São Vicente a Lisboa e o brasão da cidade: o barco ladeado pelos dois corvos que acompanharam a chegada do corpo do santo a Portugal. São Vicente é o padroeiro de Lisboa e também santo protetor dos navegantes. A imagem ilustra um livro com informações da administração da Câmara de Lisboa, e constitui uma das mais detalhadas representações de uma nau portuguesa do início do século XVI. Na figura 142, o primeiro rei de Portugal, D. Afonso Henriques, curvando-se ante o baú com as relíquias de São Vicente quando da trasladação dos ossos de São Vicente para a Sé de Lisboa (1173).

143

144

O barco onde viajaram as relíquias de São Vicente ficou permanentemente associado às representações do santo. Assim como as relíquias de São Vicente chegaram às costas portuguesas, os portugueses também chegaram de barco às costas da América, e a primeira vila cristã na América recebeu o nome do padroeiro de Portugal e de Lisboa.

Relíquias sagradas e a construção do território cristão na Idade Moderna

Um dos mais significativos exemplos da pintura portuguesa do século XV são os Painéis de São Vicente, iniciados em 1478 pelo pintor régio Nuno Gonçalves. Os painéis mostram um conjunto de personagens que simboliza a própria sociedade portuguesa, tendo como figura central São Vicente, que aparece nos dois painéis centrais. No painel da direita, conhecido como o painel da relíquia, um religioso mostra um pedaço do crânio de São Vicente.

145

Pouco tempo após a descoberta de relíquias de mártires antigos no Sacro Monte de Granada, o local começou a ser assinalado por cruzes trazidas pelos mais diversos grupos da sociedade. Tornou-se um dos pontos mais sagrados da cidade, onde aconteciam milagres, aparições e luminescências. Algumas dessas cruzes sobrevivem até os dias de hoje.

146

147

148

Relíquias sagradas e a construção do território cristão na Idade Moderna

149

150

O lugar onde foram encontradas as relíquias logo foi apropriado, e nele foi edificada a abadia beneditina do Sacromonte, importante centro de educação e imprensa no século XVII em Granada.

151

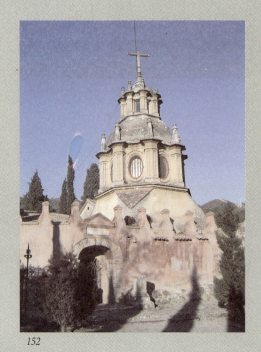

152

153

154

Na figura, o edifício que assinala o ponto sob o qual foram encontradas as relíquias em Granada. As covas onde foram encontradas as relíquias do Sacromonte foram transformadas em capelas de culto aos santos (figuras 153 e 154).

Relíquias sagradas e a construção do território cristão na Idade Moderna

155

156

157

158

No século XV, as relíquias de São Pantaleão chegaram à região do Porto supostamente trazidas por imigrantes armênios fugidos após a queda de Constantinopla, originando um importante culto na região. Inicialmente as relíquias eram veneradas na periférica igreja de Miragaia, mas o crescente culto ao santo fez com que o Bispo D. Diogo de Souza ordenasse a transferência das relíquias para a Sé do Porto. O bispo conseguiu também autorização para trocar o santo patrono da cidade, que antes era São Vicente, para São Pantaleão. Parte das relíquias foi instalada em uma urna do altar mor da Sé Catedral do Porto (figura 155), mas D. Diogo de Souza deixou em Miragaia um dos braços do santo em relicário próprio, para contentar os moradores do local, que se veriam privados de seu mais precioso tesouro (figura 156). A figura 157 mostra a arca que fica no interior da urna da Sé do Porto, que foi encomendada pelo rei D. João II em seu testamento e construída pelo seu sucessor D. Manuel, narrando o martírio do santo em Nicomédia no século IV e seu traslado por via marítima para Portugal. No início do século XVI, a Sé do Porto recebeu um novo tesouro: um relicário com a cabeça de São Pantaleão, como doação de Gonçalo Anes da Cunha, em troca de sufrágios e perpetuação da memória do doador (figura 158).

149

SANGUE, OSSOS E TERRAS

159

160

161

Um conhecido relato da hagiografia medieval é o do martírio de Santa Úrsula e suas companheiras virgens. Filha de um rei cristão da Bretanha, Santa Úrsula foi prometida a um rei pagão, mas antes disso pediu licença para peregrinar a Roma acompanhada por dez donzelas nobres, cada uma com um séquito de mil virgens. Aportando em Colônia pelo Reno, as onze mil virgens foram martirizadas pelos hunos. A descoberta de um cemitério romano em Colônia no século XII foi compreendida como a revelação do local de martírio das onze mil virgens, dando início ao culto das relíquias das onze mil virgens, principalmente seus crânios (figura 161).

As entradas de relíquias nas cidades eram grandes celebrações, comemorava-se a própria chegada de um santo protetor. Na figura 160, Santa Auta, uma das onze mil virgens martirizadas em Colônia no século III, preside a cerimônia da chegada de um baú com suas próprias relíquias ao Convento da Madre de Deus em Lisboa em 1517, doadas pelo Imperador Maximiliano da Áustria a sua irmã, a rainha D. Leonor. À esquerda, um palanque de onde as damas da nobreza portuguesa observavam a cerimônia.

Em um contexto de um mundo católico em expansão, a grande quantidade de relíquias das onze mil virgens revelou-se muito adequada, só no Brasil, aportaram pelo menos seis dessas cabeças.

Relíquias sagradas e a construção do território cristão na Idade Moderna

162

163

164

Em 1505, em meio a sucessivas epidemias de peste, a pedido do Rei D. Manuel, a cidade de Veneza doa a Lisboa uma relíquia de São Roque, Santo conhecido por sua capacidade de enfrentar a peste. Recebida em Lisboa, a relíquia foi levada em cortejo para fora das muralhas da cidade, no local onda havia um cemitério onde jaziam as vítimas da epidemia. Nesse preciso local, foi edificada a ermida de São Roque, conforme relata o Padre Baltazar Telles, cronista da Companhia de Jesus, que dali a algumas décadas se apropriaria da ermida para ali construir sua monumental Igreja de São Roque. "como os capitães mais valorosos e de maior confiança se põem nas instâncias mais perigosas e nos lugares mais arriscados, assim se entregou a este forçado capitão [São Roque, ou seus ossos] esta praça temerosa do campo dos mortos, para dali cobrarem saúde dos vivos".

Além de ter sido edificada sobre uma relíquia, a Igreja de São Roque foi um local de grande acúmulo delas. Em 1588, João de Borja, Conde de Ficalho e filho de São Francisco de Borja, doou sua imensa coleção de relíquias à igreja. "Depois de Dom Afonso Henriques primeiro rei de Portugal em cujo tempo Lisboa viu, e recebeu o corpo do insigne mártir São Vicente seu padroeiro, nunca [a cidade] gozou de tão solene memória de semelhantes penhores do céu". Como gratidão, a Companhia de Jesus deu a João de Borja o direito de fazer da capela-mor de São Roque o seu panteão familiar –algo certamente já previamente negociado (figura 163). As relíquias foram dispostas em dois grandes altares ladeando o altar mor da igreja, um para os santos mártires (figuras 165 e 166) e outro para as santas virgens (figuras 167 e 168).

151

SANGUE, OSSOS E TERRAS

165

166

167

168

169   170

A igreja da Companhia de Jesus em Salvador (fig. 169 e 170) possuía uma grande coleção de relíquias, organizada da mesma forma que a de São Roque em Lisboa: um altar para os santos mártires e outro para as santas virgens (fig. 165 a 168). As imagens mostram o altar das santas virgens, fechado e aberto. Possivelmente trata-se dos altares inaugurados ainda no final do século XVI, mencionados por Fernão Cardim, que foram posteriormente removidos para a nova igreja.

171

172

A capital do império português era local para onde convergiam relíquias dos novos mártires de vários lugares. A figura 171 mostra uma arca com relíquias dos "40 mártires" depositada no Convento da Madre de Deus em Lisboa, possível evocação aos mártires do Brasil, mortos com o jesuíta Inácio de Azevedo. A figura 172 mostra uma arca similar, com as relíquias de sete mártires franciscanos mortos no Marrocos no final do século XVI.

Relíquias sagradas e a construção do território cristão na Idade Moderna

173

Andor com relíquia de São Francisco Xavier que, levada pelas ruas de Salvador, encerrou uma epidemia na cidade em 1686. Salvador adotou então o santo como patrono da cidade.

174

175

176

Já no século XVII, produziam-se relicários no Brasil. Relicários de Frei Agostinho da Piedade, cerâmica, cerca de 1630. Santa Bárbara (figura 174), São Gregório Magno (figura 175), Santa Catarina de Alexandria (figura 176), Santa Agueda (figura 177).

177

178

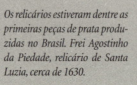

Os relicários estiveram dentre as primeiras peças de prata produzidas no Brasil. Frei Agostinho da Piedade, relicário de Santa Luzia, cerca de 1630.

179

Relicário-perna de Santo Amaro, do Mosteiro de São Bento do Rio de Janeiro, segunda metade do século XVII.

des brasileiras de acordo com seus santos padroeiros.[76] Em 1584, Fernão Cardim refere-se à celebração dessa trasladação em Olinda.[77]

A adoção das 11.000 virgens como padroeiras das cidades brasileiras não parece casual. Na segunda metade do século XVI, os portugueses já sabiam da imensidão do território a ser controlado na América Portuguesa, e a construção de uma continuidade territorial era um desafio muito diferente do enfrentado pela ocupação na Índia, baseada em núcleos descontínuos com o caráter de entrepostos comerciais. Do ponto de vista do regime religioso, a adoção de um patrono único seria elemento de reforço dessa unidade, e as 11.000 virgens eram as patronas perfeitas nesse caso: poderiam vir da Europa tantas cabeças quantas fossem necessárias, cumprindo ao mesmo tempo o papel da consagração do território por meio do corpo físico do santo, e da homogeneização de um calendário festivo nos locais onde houvesse cabeças das virgens. Além de constituir parte do corpo da cristandade e do império, as cidades da América Portuguesa constituíam em si um corpo de identidade própria, cuja coesão era dada pelas cabeças das 11.000 virgens.

Esse projeto de unidade territorial era encampado também pelos jesuítas. Anchieta foi nomeado Provincial dos jesuítas em 1577, e ficou no cargo até 1588, período em que visitou continuamente as casas da Companhia no Brasil a bordo de um pequeno navio, com o sugestivo nome de Santa Úrsula, a líder das 11.000 virgens cujo martírio ocorreu também a bordo de um navio.[78] É possível que Santa Úrsula (o navio) levasse a bordo as 11.000 virgens (por meio de suas relíquias) em suas visitas, promovendo assim a comunhão entre as distantes casas da Companhia no Brasil. Em 1652, Vieira refere-se ao significado especial do dia das 11.000 virgens (21 de outubro), atribuindo especial importância ao fato de nesse dia o rei de Portugal ter escrito a ele uma carta, dando-lhe a atribuição da conversão do gentio do Maranhão.[79] Mas já no início do século XVII, ocorreram disputas em torno desse calendário que punha em comunhão as várias cidades da colônia no dia das 11.000 virgens, talvez um aspecto da disputa entre jesuítas e o clero secular.[80]

---

76 "As Sagradas Cabeças das 11.000 Virgens (que foram mandadas pelo nosso A. P. geral Francisco de Borja) vieram de Lisboa no Galeão S. Lucas a esta Bahia em Maio de 1575, Sendo Provincial desta Província o Pe. Ignacio de Toloza: foram recebidas nesta cidade com muita festa em uma 5ª feira dia de Corpus Christi a 2 de Junho. E no ano seguinte de 1576 veio por Bispo do Brasil o P. D. Antonio Barreiros, o qual alegrando-se muito com tal socorro do céu para o seu bispado, as tomou por Padroeiras em todo este, e *mandou, que o seu dia fosse de guardado nas cidades, aonde houvesse alguma cabeça sua*" [grifo meu]. *Certidão do Reitor do Colégio de Jesus da Baía*. Biblioteca da Ajuda, Manuscrito.

77 "No fim de julho se celebra no Colégio a trasladação de uma cabeça de Onze Mil Virgens, que os padres ali têm mui bem concertada em uma torre de prata. Houve missa solene, preguei-lhes das Virgens com grande concurso de toda a terra". Cardim, *op. cit.*, p. 162.

78 Cardoso, "Vida de José de Anchieta com relação ao teatro". In: *Teatro de Anchieta*, p. 18.

79 Antônio Vieira, "Carta ao Padre Provincial do Brasil, 14 de novembro de 1652". In: *Cartas do Brasil*, p. 124.

80 "Vindo depois por Bispo o Sr. D. Constantino Barradas [bispado 1602-1618], e tirando alguns dias santos, que achou postos, por bons respeitos, que teve para isto, tirava também o das 11.000 virgens; mas

Outras cabeças das 11.000 virgens aportaram no Brasil após as duas que chegaram a Salvador. Em 1577, uma dessas cabeças chegou a São Vicente, o que colocou toda a capitania em festa.[81] Fernão Cardim narra que na visita de Cristóvão de Gouveia, padre visitador da Companhia de Jesus, ao Brasil em 1582, e ele trouxe muitas relíquias, que foram distribuídas fartamente aos colégios da Companhia. A maior parte dos relatos em torno da chegada de relíquias empossa o navio como artefato que traz o elemento sagrado, reforçando seu papel como elemento privilegiado de transplante do passado cristão, do velho para o novo mundo. Uma das mais preciosas relíquias que o padre visitador trouxe a Salvador foi mais uma cabeça das virgens, recebida com uma peça de teatro em que um dos personagens era a Sé da cidade, regozijando-se com o tesouro.[82]

No dia 3 de maio de 1582, celebrou-se a inauguração do imponente novo relicário para o colégio dos jesuítas na Bahia, pois antes "estavam mal acomodados". Esse novo relicário foi construído em uma nova capela na igreja, e, nesse dia, fez-se a solene trasladação das relíquias à sua nova casa. Não se tratava de uma cerimônia importante apenas para a Companhia de Jesus. O evento foi altamente concorrido pela população da Bahia, que chegou a causar um grande tumulto e invadir o recinto isolado dos padres. Na ocasião, a população fez muitas doações à nova capela.[83]

O visitador trouxe consigo no navio que aportou no Rio de Janeiro "uma relíquia do glorioso Sebastião engastada em um braço de prata", que foi muito festejada pelos moradores e estudantes do Rio de Janeiro, "por ser esta cidade do seu nome, e ser ele o padroeiro e protetor". Em homenagem à entrada da relíquia na cidade foi feita uma procissão, que começou no mar e prosseguiu em terra, até a Igreja da Misericórdia, onde a relíquia foi depositada e onde foi encenado um auto.[84]

Essa representação deve ser o *Auto de São Sebastião*, composto por José de Anchieta, no qual um anjo canta a associação entre o santo, o dia de sua festa, a proteção à cidade, a

---

sabendo-se isto no Colégio, foram lá os Padres Domingos Coelho, e Manoel do Couto a propor a S. Ila., presente o L. do Balthezar Ferraz, como seu antecessor as tinha tomado por Padroeiras do Brasil, por serem as primeiras Relíquias de Santos, que entraram nesta Província, e tínhamos experimentado muitas mercês de Deus por sua intercessão: o que vendo o dito Senhor Bispo, o houve por bem, e disse, botando sua benção, que ele assim o confirmava in nomine Domini, e assim se fez, e guardou sempre". *Certidão do Reitor do Colégio de Jesus da Baía*.

81 Cardoso, "Vida de ....". In: *Teatro de Anchieta*, p. 18.

82 "Trouxe o padre uma cabeça das 11.000 Virgens, com outras relíquias engastadas em um meio corpo de prata, peça rica e bem acabada. A cidade e os estudantes fizeram um grave e alegre recebimento: trouxeram as santas relíquias da Sé ao Colégio em procissão solene, com flautas, boa música de vozes e danças. A Sé, que era um estudante ricamente vestido, lhe fez uma fala do contentamento que tivera com sua vinda; a Cidade lhe entregou as chaves; as outras duas virgens, cujas cabeças já cá tinham, a receberam à porta de nossa igreja; alguns anjos as acompanharam, porque tudo foi motivo de diálogo. Toda a festa causou grande alegria no povo, que concorreu quase todo". Cardim, *op. cit.* p. 143.

83 *Ibidem*, p. 160.

84 *Ibidem*, p. 169.

alegria de seus habitantes e a consagração do edifício da igreja:

> Chamas-te Sebastião:
> Jesus te santificou.
> Muita flecha te crivou
> Para tua exaltação
>
> Os habitantes da aldeia
> Festejam a tua glória,
> Visitando a igreja cheia:
> Dia que assim os recreia,
> Sagrou-o tua vitória
>
> Oh, vem sempre d'ora em diante
> Visitar a nossa igreja:
> Do mal teu amor proteja
> A todo seu habitante
> [...]
>
> Faze com que os homens todos
> Observem as leis divinas:
> Mulheres, velhas, meninas
> Afastem do mal os lodos
> Destas plagas peregrinas.[85]

A chegada da relíquia promovia a igreja e a cidade, e a terceira estrofe é bastante importante: ao pedir que o santo visite a igreja dali em diante, evidencia-se aquele dia como marco inaugural de um novo período. Além disso, essa estrofe faz uma equivalência entre os habitantes da igreja e os habitantes da cidade, construindo uma imagem de que toda a cidade é igreja. A quarta estrofe relaciona a chegada da relíquia à correta observação dos costumes cristãos, semelhante ao que se passara quando da descoberta das relíquias em Arjona, evidenciando a nova conexão entre o poder das relíquias e a pauta estabelecida pelo Concílio de Trento. Após o teatro, o padre Fernão Cardim fez uma pregação em torno das graças de São Sebastião, e acabada a missa, "deu o padre visitador a beijar a relíquia a todo o povo". Depois disso, a relíquia foi colocada no sacrário do colégio, "para consolação dos moradores, que assim o pediram". No sacrário,

---

[85] José de Anchieta, "Excerpto do auto de S. Sebastião". In: *Teatro de Anchieta*, p. 192.

São Sebastião encontrou como companheira uma outra cabeça das 11.000 virgens.[86]

A chegada do visitador a São Paulo foi planejada para acontecer no dia 25 de janeiro de 1585, dia da conversão do mártir São Paulo, padroeiro da cidade. Os principais homens da cidade foram receber Cristóvão de Gouveia a três léguas da cidade, e a recepção se deu a cavalo. O visitador trazia consigo algumas relíquias, entre elas uma do Santo Lenho e outra dos Santos Tebanos da legião de São Maurício, que foram devidamente veneradas.[87]

A população da Vila do Espírito Santo, particularmente devota, em meio a uma epidemia de peste, reforçou sua devoção às relíquias que tinham em sua igreja, dando uma coluna de prata para uma relíquia das 11.000 virgens, que fazia companhia à relíquia de São Maurício que ornava a mesma igreja. Em 1585 ou 1595, Anchieta compôs um auto em que dois meninos saúdam a chegada dessa relíquia no porto da cidade, vinda de barco, antes de ser acompanhada em procissão até ser depositada na Igreja de São Tiago. A relíquia com a cabeça da virgem é festejada por dar uma nova luz aos habitantes da Vila:

Cordeirinha linda
Como folga o povo!
Porque vossa vinda
Lhe dá lume novo.
Nossa culpa escura
Fugirá depressa,
Pois vossa cabeça
Vem com luz tão pura.
Vossa formosura
Honra é do povo,
Porque vossa vinda
Lhe dá lume novo.

Virginal cabeça
Pela fé cortada,

---

86   Cardim, *op. cit.*, p. 170.

87   "Todo o caminho foram escaramuçando e correndo seus ginetes, que os têm bons, e os campos são formosíssimos, e assim, acompanhados com alguns vinte de cavalo, e nós também a cavalo, chegamos a uma cruz, que está situada sobre a vila, aonde estava prestes um altar, debaixo de uma fresca ramada, e todo o mais caminho feito um jardim de ramos. Dali levou o P. Visitador uma cruz de prata dourada com o Santo Lenho e outras relíquias, que o Padre deu àquela casa. E eu levava uma grande relíquia dos Santos Tebanos. Fomos em procissão até a igreja com uma dança de homens de espadas, e outra de meninos da escola. Todos iam dizendo seus ditos às santas relíquias. Chegando à igreja, demos a beijar as relíquias ao povo. Ao dia seguinte, disse o Padre Visitador missa, com diácono e subdiácono, oficiado em canto de órgão pelos mancebos da terra. Houve jubileu plenário, confessou-se e comungou muita gente. Preguei-lhes da conversão do Apóstolo [São Paulo]". *Ibidem*, p. 172-173.

Com vossa chegada
Já ninguém pereça.
Vinde mui depressa
Ajudar o povo;
Pois com vossa vinda
Lhe dais lume novo.[88]

Em 1595, Anchieta escreveu um outro auto, a pedido da Confraria de São Maurício, em Vitória (que é também chamada Vila de São Maurício), para celebrar o dia de seu protetor, de quem a Confraria tinha uma relíquia, que era venerada como protetora contra a epidemia e a seca. Trata-se do auto de Anchieta que trata de forma mais explícita a presença de relíquias em uma cidade como causa e efeito das virtudes de seus moradores, e seu papel de proteção do local, mas reivindicando devoção permanente em troco. A fé do povo de Vitória em seu santo é posta à prova contra vários inimigos: os protestantes, um castelhano que quer levar a relíquia para o rio da Prata,[89] além de dois demônios, Satanás e Lúcifer e, talvez a principal delas, a falta de fé do povo de Vitória. A Vila, que também é um personagem da peça, está de início bastante desesperançada.[90]

O auto representa a chegada da cabeça de São Maurício e de outras relíquias de barco ao porto da Vila, onde são saudadas por dez meninos, que cantam o caráter voluntário da presença do santo e o papel de proteção desempenhado pela relíquia sobre a cidade contra os franceses e ingleses:

Com tais mortes merecestes
triunfos mui gloriosos
e que vossos fortes ossos
que defender não quisestes,
sejam defensores nossos [...]

O pecado nos dá guerra,
em todo tempo e lugar;
e pois quisestes morar

---

88   Anchieta, "Na Vila de Vitória". In: *Teatro de Anchieta*, p. 278-279.

89   "Se em minha terra estivesse / este tão rico tesouro, / como estaria parece? / Honrado com muita prece / E bordado em prata e ouro!... / Quão gentis, quão cortesãos / Em solenes procissões / Saír[i]am nossos cristãos, / Com suas gorras nas mãos. / Para ganhar mil perdões!" Anchieta, "Na Vila de Vitória". In: *Teatro de Anchieta*, p. 316.

90   "Não sabe ao que doer-se entristecido / meu coração choroso e angustiado / Vendo todo perder-se em pecado, / Meu povo, de muitos vícios já vencido." *Ibidem*, p. 303.

nesta nossa pobre terra,
ajudai-a sem cessar;
porque, cessando o pecar,
cessarão muitos reveses,
com que os hereges franceses
nos poderão apertar
e luteranos ingleses. [grifos meus] [91]

Os protestantes estão também presentes como ameaça em outra passagem da peça, o *Monólogo da ingratidão*, em que Anchieta simula o discurso de um reformista na América, desdenhando do culto católico aos mártires, "criados de Deus".[92] Ao final a Vila de Vitória, apoiada por outros dois personagens, o Amor de Deus e o Temor de Deus, acaba por merecer a relíquia, com a qual espanta todas as ameaças.[93] A peça encerra-se com quatro meninos levando a cabeça de São Maurício à sepultura em um esquife ("tumba"), permanecendo assim na Vila.

Criação de relíquias

Já vimos que a descoberta de relíquias e o traslado de relíquias eram dois procedimentos de consagração do território, presentes tanto na Europa quanto na expansão do corpo da cristantade no início da Idade Moderna. Ainda um terceiro procedimento merece ser investigado: a produção de novas relíquias, que acompanhava a produção de novos mártires.

Excetuando-se as relíquias de menor valor que se obtinha colocando tecidos ou outros objetos em contato com as relíquias já existentes, ou matéria como terra extraída dos sepulcros dos santos, a única forma de novas relíquias serem produzidas era a partir dos restos de novos santos. Isso não era algo fácil, pois as reformas católicas do século XVI significaram uma centralização nas mãos do Vaticano dos processos de beatificação e canonização, em contraponto aos costumes da Idade Média, quando proliferavam devoções difusas de inúmeros santos, muitos deles restritos a um culto local. A santificação foi uniformizada, critérios exigentes de averiguação de milagres foram estabelecidos e cultos locais não reconhecidos pelo Papa foram proibidos.[94]

---

91   *Ibidem*, p. 288.

92   "Eles vêm-me cá trazer / ossos de martirizados: / sim, esses são meus cuidados! / Eu farei quanto puder / Que não sejam estimados. / Porque sou mãe de pecados / e não quero agradecer / quanto bem pode fazer / Deus com todos seus criados. / E deixo tudo esquecer." *Ibidem*, p. 314. O *Monólogo da ingratidão* é também presente de forma autônoma em Anchieta, *Lírica portuguesa e Tupi*. São Paulo: Martins Fontes, 1997, organização Eduardo de A. Navarro, p. 70-71.

93   "Guardemos este tesouro / que o sumo Deus me enviou, / mais refinado que o ouro, / com o qual, eu certa estou, / me livrarei de desdouro". *Ibidem*, p. 339.

94   Hsia, *op. cit.*, p. 126.

Relíquias sagradas e a construção do território cristão na Idade Moderna

180

181

Os restos dos mártires vitimados pelas guerras religiosas do século XVI eram disputados pelos católicos como relíquias. Imagens do Théâtre des cruautés *de Richard Verstegan (1587).*

Mas a centralização dos processos de santificação não impediu a veneração aos restos de mártires e outros mortos considerados santos. Pelo contrário, como a partir da segunda metade do século XVI eram necessárias provas de santidade para se abrir processos no Vaticano, os fiéis e, principalmente, as ordens religiosas, ocuparam-se em sistematizar, documentar e circular as informações sobre eventuais candidatos a santos e suas relíquias. Ainda que fosse necessária a autorização papal para o início ao culto de um beato ou santo – autorização nem sempre obtida – mesmo antes disso já se dava atributos sagrados às relíquias daqueles que eram considerados santos.

Havia um sentimento comum de que o martírio conferia santidade automática à vítima, e os restos dos corpos dos novos mártires católicos eram cobiçados como verdadeiras relíquias. Partes do corpo e das roupas dos mártires católicos na Holanda e na Inglaterra eram avidamente disputados pelos seus correligionários. Relíquias de Edmund Campion foram enviadas ao Colégio Inglês em Roma, onde os jesuítas se preparavam para o martírio na Inglaterra. As relíquias dos mártires de Gorcum eram veneradas em Bruxelas, colocadas em duas ricas arcas que passeavam pela cidade em procissões, ainda que não tivessem sido reconhecidos pelo Papa (figuras 180 e 181).[95]

Um corpo incorrupto, perfumado e flexível esteve no centro de uma grande disputa no final do século XVI na Espanha, no período em que Portugal estava sendo regida pelo espanhol Filipe II. O Convento das Carmelitas de Alba de Tormes, nas proximidades de Salamanca, na Espanha, ganha em 1582 o maior tesouro imaginável: o corpo de Teresa de Ávila, espanhola de família aristocrática fundadora da Ordem das Carmelitas Descalças e que ainda em vida tinha fama de santa. Quando, Teresa já doente, estava a caminho de seu Convento de São José em Ávila, após fundar um novo convento em Burgos, recebeu de seu superior, o provincial Frei Antonio de Jesus, a ordem de ir ao Convento de Alba, onde a condessa de Alba requisitava a sua presença. Contrariada, obedeceu às ordens de seu superior, e prosseguiu até Alba, onde sua saúde piorava a cada dia. Após oito dias, recebeu de Deus o aviso de que se aproximava a hora de seu descanso.

As monjas também começaram a receber sinais disso, algumas delas viram luzes e resplandescências brilharem sobre a igreja onde estava Santa Teresa. Nos últimos momentos, o próprio rosto da santa era tão brilhante que não se podia olhá-lo.[96] Pouco antes de sua morte com todos os sinais de santidade, Frei Antonio de Jesus perguntou a Teresa se ela desejava ser sepultada em Alba ou em Ávila, ao que ela respondeu, em prova de sublime humildade: "Tenho eu que ter coisa própria? Aqui não me dariam um pouco de terra?". No momento de sua morte, uma freira viu que passavam pelo claustro da igreja muitas pesso-

---

95   Gregory, *op. cit.*, p. 298-303.

96   Frei Diego de Yepes, *Vida, virtudes y milagros de la B. Virgen Teresa de Jesus, madre fundadora de la nueva reformacion de la orden de los descalços y descalças de n. Señora del Carmen*. Madrid: por Luis Sanchez, 1615, p. 221-222.

as resplandecentes, todas vestidas de branco, que entraram no quarto onde a santa estava com grandes demonstrações de alegria. Outra freira viu sair da boca de Teresa uma pomba branca, assim como várias outras freiras tiveram visões semelhantes.[97]

O corpo de Santa Teresa assumiu uma beleza sublime após sua morte. O rosto, "branco como o alabastro, sem ruga nenhuma, ainda que antes tinha muitas por ser velha, as mãos e os pés com a mesma brancura [...] e tão tratáveis, tão suaves ao tato, como se estivesse viva". A fragrância que emanava de seu corpo no momento em que a vestiam e adereçavam para seu sepultamento era tão forte que se espalhava por todo o edifício, e nada na terra se parecia com aquele perfume, "porque era verdadeiramente um perfume celeste". O perfume impregnou toda a enfermaria, cama e roupas de Santa Teresa, assim como todas as coisas que ela tocou quando doente – perfume, aliás, que já saía de sua boca em vida. Mais de vinte anos após sua morte, suas relíquias ainda exalavam esse perfume.[98]

Logo as religiosas do Monastério de Alba começaram a venerar como relíquias não só o corpo da Santa, mas também tudo aquilo que ela havia tocado, "como aos instrumentos nos quais esperavam que Deus haveria de mostrar sua virtude". E assim, começaram a distribuir suas roupas pelos monastérios de frades e monjas carmelitas e também a outras pessoas importantes; essas relíquias logo começaram a produzir milagres.[99] Antes mesmo de ser enterrado, o corpo de Santa Teresa começou a operar milagres entre as monjas de Alba. Estas enterraram rapidamente o corpo de forma a dificultar a sua exumação, sob grandes quantidades de pedra, tijolo, terra, cal e água, bem compactados. Era evidente o temor de que as freiras de Ávila reivindicassem o cadáver de Teresa.

Mas, nove meses depois disso, arrependeram-se por não dar à santa uma posição de maior visibilidade, e exumaram o cadáver, sob o atento controle do duque de Alba, que já considerava o corpo de Teresa "a maior joia de suas terras". Encontraram o cadáver incorrupto, continuando exalar um perfume maravilhoso, que aderia a tudo o que tocava o corpo da santa. A despeito dos temores do duque e das freiras de Alba, iniciou-se naquele momento um processo de fragmentação e distribuição dos pedaços do corpo da santa. Tamanha graça não podia ficar restrita a um só local, ainda mais um convento tão longínquo e isolado como o de Alba, e deveria correr o mundo para proteger outros locais.

Logo nessa primeira exumação, o padre provincial Jerônimo Gracian cortou a mão esquerda e um dedo da direita. Ficou com o dedo para si, que carregou pelo resto de sua vida, e enviou a mão esquerda para o convento de São José de Ávila, cujas freiras reclamavam o retorno do corpo. Às freiras de Alba, esta pareceu uma atitude conciliadora, mas na verdade a doação da mão – que mais tarde seria doada ao Convento das Carmelitas de Lisboa, onde

---

97 *Ibidem*, p. 224-225.

98 *Ibidem*, p. 227.

99 *Ibidem*, p. 228.

provocou inúmeros milagres – foi uma manobra de dissimulação: a real intenção do padre Gracián era levar todo o corpo de Teresa para Ávila.

A alegria das freiras de Alba com a presença da relíquia durou pouco. Por trás do *lobby* para levar o corpo para Ávila, estava o poderoso Bispo de Palencia, D. Álvaro de Mendoza, que tinha feito anos antes um acordo com as carmelitas de Ávila, e doado uma soma considerável de dinheiro para que a capela do Mosteiro de São José de Ávila fosse reconstruída, atribuindo centralidade a dois jazigos: o de Teresa e o seu próprio. Em 1585, o corpo é novamente exumado, examinado e verificado incorrupto. Para desapontamento das freiras de Alba, os padres ordenaram que o corpo fosse transportado para Ávila, mas o convento de Alba foi indenizado com o braço e ombro direitos da santa.

As freiras de Ávila e o bispo Álvaro de Mendoza ficaram exultantes com a volta de sua patrona ao convento, mas o caso não estava encerrado. O poderoso duque de Alba, que vinha de uma das mais influentes famílias da Espanha, processou o Convento de Ávila pelo roubo. Alegava, entre outras coisas, que segundo a norma canônica, a trasladação de um santo não poderia ser feita às escuras, mas cercada de pompa e rituais. Até mesmo o Papa Sixto V foi acionado, e ordenou a imediata restituição do corpo de Teresa a Alba, o que foi feito. A despeito de protestos em Ávila, o corpo nunca mais saiu de Alba – a não ser por inúmeros fragmentos de sua pele, carne e ossos retirados e espalhados pelo mundo, exemplificando a proximidade entre o artefato sagrado que eram os corpos dos santos e as relações de domínio e reciprocidade.[100]

São Francisco Xavier morreu em 1552, na Ilha de Sanchoão, na Província de Cantão na China, e no ano seguinte, quando o corpo foi trasladado para ficar junto aos cristãos, estava também em estado incorrupto.[101] O corpo foi levado para Malaca, onde ficou exposto à visitação de inúmeros fiéis, e já começou a operar milagres antes de ser novamente enterrado. Mas este não foi o último repouso do santo: alguns meses depois, foi desenterrado para ser levado a Goa, quando foi mais uma vez constatado seu estado de incorruptibilidade e o perfume paradisíaco que emanava do corpo. Em março de 1554, o corpo chegou a Goa, onde foi recebido com grandes festas e sepultado na Igreja do Colégio de São Paulo dos Jesuítas. Também lá, logo o corpo de Francisco Xavier começou a promover milagres: exalou sangue fresco de uma chaga

---

100 Carlos M. N. Eire, *From Madrid to purgatory:* the art & craft of dying in sixteenth century Spain. Cambridge: University Press, 1995, p. 423-441.

101 "Abrem a cova e a arca, afastam a cal, acham o precioso tesouro sem nenhuma mudança: a mesma cor e boa sombra do rosto, as mesmas mostras mais de vida que de morte [...] apalpam-no todo e não somente está inteiro, mas sólido e cheio de sumo e sangue e com as entranhas sãs, lançando e expirando de si um cheiro suavíssimo em prova de quanto a alma lhe levara da vida tanto que lhe deixara da santidade". João de Lucena, *História da vida do Padre Francisco de Xavier*. Lisboa: Publicações Alfa, 1989 [1600], vol. IV, p. 200.

próxima a seu coração, curou várias pessoas, devolveu a visão a um homem.[102] Uma relíquia de São Francisco Xavier aportou em Salvador e, levada em procissão em um andor em meio a uma epidemia em 1686, devolveu a saúde à cidade, que adotou então o santo como seu padroeiro (figura 173).

A América Portuguesa foi também território onde se produziram relíquias. Está em jogo aqui a defesa da capacidade local de produzir o sagrado, de certa forma libertando-se da sua importação. Os exemplos disso são vários. Ao relatar o martírio de Pedro Correia e de João de Souza em São Vicente em 1554, Anchieta anuncia:

> Já brilham coroados e revestidos com uma estola de glória, mas esperam outra de que serão vestidos os seus corpos, agora entregues como alimento aos animais da terra e às aves do céu. Não houve quem os sepultasse, mas nem sequer lhes perecerá um cabelo da cabeça. Trabalharemos quanto pudermos para recolher alguns ossos.[103]

Os ossos deveriam ser recolhidos, porque não era decente deixar os restos humanos sem sepultamento no sertão, abandonados "aos animais da terra e às aves do céu", mas é também evidente o esforço de construção de relíquias sagradas, pontes entre céu e terra, pois estão aqui presentes atributos dos santos, como o brilho e a incorruptibilidade de seus corpos.

As relíquias mais consagradas foram provavelmente as do próprio José de Anchieta, que morreu em Reritiba, no Espírito Santo, em 9 de junho de 1597, e ficou sepultado em Vitória até 1609, quando seus ossos foram trasladados para Salvador. Posteriormente, seu culto foi autorizado por um breve do Papa Urbano VIII (papado de 1623 a 1644), e seus ossos foram distribuídos como relíquias, e logo começaram a fazer milagres.[104]

Em uma carta de 1626 à Companhia de Jesus, Antônio Vieira relata um prodígio operado pelo recém-falecido irmão Antônio Fernandes:

> Outra vez acaso encontrara um dos nossos padres, que mostrava andar enfadado; e sabida a causa, era por ter perdido um dente do santo José Anchieta, que muito estimava. Consolou-o ele dizendo que o encomendaria a Deus e, detendo-se um pouco sem se mover do lugar, o levantou [o dente de Anchieta] do chão, em parte onde se tinha buscado com muita diligência.[105]

---

102 *Ibidem*, vol. IV, p. 201-209.

103 "Carta do Ir. José de Anchieta ao Inácio de Loyola. São Vicente, fim de março de 1555". In: Leite, *Cartas ...*, vol. II, p. 202-203.

104 José de Anchieta, *Poesias*. Belo Horizonte: Itatiaia, 1989, p. 779.

105 Vieira, "Carta ânua ...". In: *Cartas do Brasil*, p. 81.

O movimento aqui é de sobreposição: reforçar tanto o poder sagrado da relíquia de Anchieta quanto o do padre Antônio Fernandes que a fez levitar do chão. Na narrativa, Vieira aponta outros aspectos sagrados da morte do padre: ele morrera no dia de Santo Antônio, a quem emprestava o nome, e sabia da proximidade de sua morte, para a qual se preparou. Vieira relata também que uma relíquia de Anchieta foi colocada na popa de uma nau que saiu de Pernambuco para socorrer a Bahia, que havia sido invadida pelos holandeses, e protegeu aquela parte do navio, enquanto outras foram severamente atingidas.

> Tudo se atribuiu, com muita razão, aos merecimentos do santo padre José Anchieta. Sua canonização se espera e deseja com grande alvoroço de toda esta província [do Brasil da Companhia de Jesus], assim dos de casa [os jesuítas] como dos de fora, e não duvidamos de haver de ser um grande meio para uns se emendarem e outros se melhorarem.[106]

Os corpos de franciscanos também constituíam relíquias. Os restos de Frei Palácios, morto em Vila Velha em 1570, foram trasladados para o Convento Franciscano de Vitória em 1609, a contragosto do povo de Vila Velha, e durante o traslado se curaram vários doentes.[107] No século XVIII, temos notícia de que se conservavam "em honorífico lugar as que escaparam de piedosos roubos".[108] Os padres José de Santa Maria e Martinho da Conceição foram cruelmente martirizados pelos índios em 1701, "cujos veneráveis cadáveres, depois de passados seis meses, estando expostos ao rigor das feras, se acharam tão incorruptos, e de bom semblante, que causavam gozo, e consolação nos que os viam".[109]

Excepcionalmente, os corpos de não religiosos podiam ter atributos de relíquias. Estácio de Sá, o capitão-mor da armada que reconquistou o Rio de Janeiro dos franceses, foi ferido em combate e morreu logo depois, "com sinais de virtude".[110] Foi considerado um mártir, "por cujo sangue [a cidade] goza a liberdade em que hoje [século XVII] se vê".[111] Testemunhas relataram que, quando seus ossos foram trasladados, "saía dele um cheiro suave, como sinal que gozava sua alma da felicidade da glória".[112] A santificação das relíquias de Estácio de Sá pode estar relacionada ao movimento de representação do reino português como reino divino, cuja maior personificação é o corpo de seu próprio rei, a ser detalhado no próximo capítulo.

---

106 *Ibidem*, p. 117.

107 Frei Venâncio Willeke, "Frei Pedro Palácios e a Penha do Espírito Santo", separata do *Boletim Cultural da Câmara Municipal do Porto*. Porto, 1972, vol. XXXIII (3-4), p. 14.

108 Conceição, *op. cit.*, p. 112.

109 *Ibidem*, p. 128-129.

110 Simão de Vasconcellos, *Vida do venerável Padre José de Anchieta*, vol. I, p. 127.

111 *Idem*, p. 126.

112 *Idem*, p. 127.

Assim como no velho mundo, na América os instrumentos de martírio eram também considerados relíquias. O tacape de madeira com o qual o padre Francisco Pinto foi martirizado pelos índios no início do século XVII foi levado para o colégio dos jesuítas na Bahia, onde era tido com grande veneração.[113] Em 1654, Vieira refere-se a "um terreiro grande, com um pau fincado no meio, o qual ainda conservava os sinais do sangue [de jesuítas martirizados pelos índios]", possivelmente na expectativa de recolher o pau como relíquia, ou de consagrar tal terreiro para uma igreja.[114]

Já identificamos as questões relacionadas às iniciativas portuguesas (principalmente missionárias) de descobertas, traslado e criação de relíquias. Vamos agora investigar a recepção das relíquias pelos habitantes originais da América.

O outro lado

Assim como mostramos no capítulo anterior que o martírio americano do século XVI não foi idêntico ao seu similar europeu, é necessário avançar um pouco na compreensão dos significados que os índios atribuíram a esses ossos tão especiais. Assim como os mártires e martírios foram elementos de interlocução entre o mundo católico e o ameríndio, as relíquias também desempenharam um papel relevante nesse contato. Parece válida a hipótese de que as relíquias sagradas foram um dos elementos por meio dos quais índios e portugueses puderam estabelecer códigos de comunicação, ou traduções, segundo a terminologia de Cristina Pompa.[115]

Enquanto a doutrina católica rejeitava as idolatrias, xamanismos e animismos, aceitava o uso das relíquias sagradas em processos de cura.[116] Enquanto a cultura católica de uma forma geral separava irremediavelmente pessoas e coisas em grupos distintos e incomunicáveis, as relíquias estavam entre os poucos artefatos que podiam pertencer simultaneamente às duas categorias.[117]

A separação entre pessoas, coisas e animais era bem menos clara para os índios, que acreditavam na propriedade da metamorfose. Hans Staden condenou o chefe Cunhambebe por comer carne humana, dizendo que "mesmo um animal irracional raramente devora seus semelhantes, por que então um homem iria devorar os outros?". Ao que Cunhambebe respondeu entre uma mordida e outra: "Sou um tigre,

---

113 Cunha, *op. cit.*, p. 75.

114 Vieira, "Carta ao Padre Provincial do Brasil, 1654". In: *Cartas do Brasil*, p. 173.

115 Cristina Pompa, *Religião como tradução:* missionários, Tupi e Tapuia no Brasil Colonial. Bauru: EDUSC, 2003.

116 Fernando Cervantes, "Epilogue". In: Nicholas Griffiths & Fernando Cervantes, *Spiritual encounters:* interactions between Christianity and native religions in colonial América. Birmingham: University Press, 1999, p. 278.

117 "Assim como os escravos, as relíquias pertencem a uma categoria, pouco usual na sociedade ocidental, de objetos que são tanto pessoas quanto coisas". Geary, *Living* ..., p. 194.

isso está gostoso".[118] Alguns nomes de chefes Tupis do século XVII exemplificam isso: Sauçuacã (cabeça de corça), Metarapua (pedra branca), Auati (milho negro), Tamano (pedra morta), Tatu-açu (fogo grande), Tecuaré-Ubuí (maré de sangue), Itapucusã (ferro com que se prendem os pés), Mutim (Miçanga Branca), Quatiare-Uçu (carta ou letra grande), Uirapapeup (arco chato), Canuaaçu (tintura), Tocaiaçu (galinheiro grande), Itaongua (pilão de pedra), Uitin (farinha branca). O filho mais velho do feiticeiro de Tapuitapera, no Maranhão (hoje Alcântara), chamava-se Chenambi, ou "minha orelha".[119]

Esse atributo de ser tanto pessoa quanto coisa tinha também os *maracás*, as cabaças mágicas que os Tupinambás mantinham, traspassadas por varetas e recheadas com pedrinhas, constituindo chocalhos que usavam em suas danças, aos quais os pajés davam vida em suas visitas às aldeias uma vez por ano; voltaremos a nos referir a eles no capítulo 5 (figura 184).[120]

Os ossos dos grandes guerreiros também tinham significados especiais para os Tupinambás. Hans Staden afirma que em algumas tribos era costume espetar as cabeças dos inimigos comidos em estacas na entrada da aldeia (figura 182).[121] Os chefes Tupinambás eram enterrados com suas *cangoeiras*, flautas feitas com os ossos de seus inimigos.[122] Jean de Léry aponta a conservação de caveiras, de ossos das coxas, braços, e de dentes dos inimigos.[123]

---

118 Hans Staden, *A verdadeira história dos selvagens, nus e ferozes devoradores de homens, encontrados no novo mundo, a América, e desconhecidos antes e depois do nascimento de Cristo na terra de Hessen, até os últimos dois anos passados, quando o próprio Hans Staden de Homberg, em Hessen, os conheceu, e agora os traz ao conhecimento do público por meio da impressão deste livro*. Rio de Janeiro: Livraria e Editora Dantes, 1998 [1548], p. 106.

119 Nomes trazidos por Yves D' Evreux, na *Viagem ao Norte do Brasil feita nos anos 1613 a 1614*. Para uma análise mais sistematizada dos universos cuja leitura só é possível se abrirmos mão de uma fronteira absoluta e ocidental separando o que é e o que não é humano, ver Eduardo Viveiros de Castro, "Perspectivismo e multinaturalismo na América indígena", In: *A inconstância da alma selvagem*. São Paulo: Cosac & Naify, 2002.

120 "[...] o adivinho pega a *maracá* de cada um em particular e incensa na fumaça de uma erva a que dão o nome de pitim. Depois ele a segura bem perto da boca e diz: '*Ne cora* – Agora fale e se faça ouvir, se está aí. [...] Depois que o *pajé* transforma todos os chocalhos em divindades, cada homem retoma o seu e passa a chamá-lo de "filho querido", chegando mesmo a fazer uma cabaninha onde o chocalho fica, com sua comida em frente. É para os *maracás* que pedem tudo de que têm necessidade, do mesmo modo como nós suplicamos ao verdadeiro Deus. Portanto, são esses os deuses deles" [grifos do autor]. Staden, *op. cit.*, p. 158.

121 *Ibidem*, p. 72 e 136.

122 Gabriel Soares de Souza, *Notícia do Brasil*. São Paulo: Livraria Martins Editora, s.d [1587], Biblioteca Histórica Brasileira, XVI, Dir. Rubens Borba de Moraes, t. II, p. 285.

123 "As caveiras conservam-nas os nossos tupinambás em tulhas nas aldeias, como conservamos nos cemitérios os restos dos finados. E a primeira coisa que fazem quando os franceses os vão visitar é contar-lhes as suas proezas e mostrar-lhes esses troféus descarnados, dizendo que o mesmo farão a todos os seus inimigos. Guardam muito cuidadosamente os ossos das coxas e dos braços para fazer flautas e pífanos, e os dentes para seus colares". Jean de Léry, *Viagem à terra do Brasil*. São Paulo/ Belo Horizonte: Edusp/ Itatiaia, 1980 [1578], p. 200.

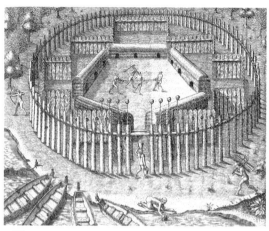

182

Os ossos dos grandes guerreiros também tinham significados especiais para os Tupinambás. Hans Staden afirma que em algumas tribos era costume espetar as cabeças dos inimigos comidos em estacas na entrada da aldeia.

183

Índios assistem ao assentamento de uma cruz por padres capuchinhos franceses. Nem sempre o marco de cristianização permanente do território foi bem compreendido pelos índios, que queriam levar a cruz consigo em suas migrações. Com as relíquias, móveis por natureza, a operação era bem mais simples.

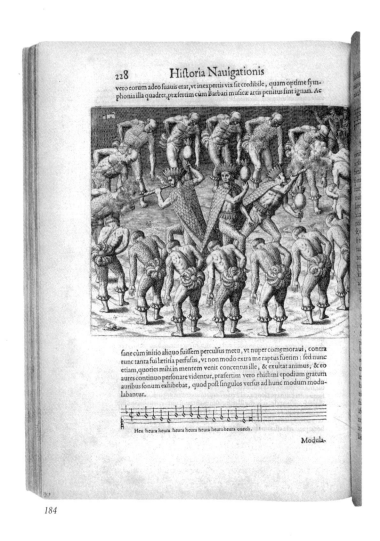

184

As relíquias sagradas foram um dos elementos por meio dos quais índios e portugueses puderam estabelecer códigos de comunicação. Enquanto a doutrina católica rejeitava as idolatrias, xamanismos e animismos, aceitava o uso das relíquias sagradas em processos de cura. As relíquias eram um dos poucos artefatos que podiam ser simultaneamente pessoas e coisas, algo bastante caro à cultura Tupi. Também esse atributo de ser tanto pessoas quanto coisas tinham os maracás, as cabaças mágicas que os Tupinambás mantinham, traspassadas por varetas e recheadas com pedrinhas, constituindo chocalhos que usavam em suas danças, aos quais os pajés davam vida em suas visitas às aldeias.

185

Martírio do padre Francisco Pinto pelos "Tapuias" no Ceará, em 1608. Seus ossos eram tidos como sagrados pelos índios, que a eles creditavam o dom de regular o tempo, trazendo chuva e sol nos momentos certos. Os jesuítas, por outro lado, consideraram-no mártir e procuraram recolher o corpo do padre como relíquia. A disputa pelo corpo do religioso quase provocou uma guerra entre índios e jesuítas, reforçando a ideia de que as relíquias foram um canal de interlocução entre religiosos e índios no início da colonização da América Portuguesa.

Gabriel Soares de Souza inclusive usa o termo "relíquia" para designar os restos dos inimigos mortos, revelando, aliás, boa sensibilidade etnográfica, pois de fato os Tupi comiam aquilo que lhes era sagrado:

> E há alguns destes bárbaros tão carniceiros que cortam aos vencidos, depois de mortos, suas naturas, assim aos machos como às fêmeas, as quais levam para darem às suas mulheres, que as guardam depois de mirradas no fogo, para darem a comer aos maridos por relíquias.[124]

Sobretudo a propriedade das relíquias de transportar o que é sagrado deve ter tido um grande apelo entre os Tupi e outras tribos, cuja cultura baseava-se sobre um regime de migrações constantes. O franciscano Claude D'Abbeville relata a dificuldade de compreensão do significado da consagração do território e da consolidação de assentamentos permanentes por parte dos índios Tupinambás, ao mesmo tempo fascinados com a ereção de uma cruz na aldeia maranhense de Juniparã e resistentes a abandonar as transferências no local das aldeias (figura 183). Os colchetes são meus, os parênteses são do autor:

> Nessa ocasião [de levantamento da cruz], disse Japiaçu [o chefe] que o único pesar que ele e os seus sentiam era o de terem de abandonar Juniparã e irem residir por cinco ou seis luas num lugar longe daí um quarto ou meia légua (porque costumavam mudar de lugar e de casa de cinco em cinco, ou de seis em seis anos) lamentando todos o deixar a cruz agora erguida.
> "Contudo (ele dizia) prometo que, quando sairmos daqui, levaremos a cruz para onde formos no firme propósito de fixarmos residência, e não andarmos como até aqui".
> Nós lhes respondemos que não tirassem a Cruz, e que era melhor aí deixá-la como eterna lembrança, e, para consolá-los, que bem podiam fazer outra, que seria benzida pelo padre que com eles viesse morar, e depois levantada, como praticaram com esta.[125]

Esse tipo de mal-entendido não acontecia com as relíquias, móveis por natureza. O episódio que mais evidencia a apropriação das relíquias pelos índios foi um conflito em torno das relíquias do padre Francisco Pinto no Ceará. O padre havia sido martirizado pelos "Tapuia" no início do século XVII, e seus ossos eram tidos como sagrados pelos índios, que a eles creditavam o dom de regular o tempo, trazendo chuva e sol nos momentos certos, donde recebeu o nome de *Amanaira*, ou senhor da chuva (figura 185).[126] Um outro

---

124 Souza, *Notícia* ..., t. II, p. 276.

125 D'Abbeville, *op. cit.*, p. 130.

126 Charlotte de Castelnau-L'Estoile, *Les ouvriers d'une vigne sterile*: les jesuites et la conversion des indiens au Brésil. Lisboa/Paris: Centre Culturel Calouste Gulbenkian/ Comissão Nacional para as Comemorações dos Descobrimentos Portugueses, 2000, p. 443.

jesuíta, o padre Manuel Gomes, foi incumbido de procurar as relíquias do padre Francisco Pinto para levá-las ao Colégio de Pernambuco em 1615, mas ao receberem a demanda os índios avisaram que defenderiam com armas os ossos do padre:

> Se consentissem tirar-lhes um só osso do seu S., a quem eles tinham por pai, e que nos tempos passados faltando-lhe a chuva, às vezes ano inteiro, e por essa causa os mantimentos e frutos depois, que tiveram ao S. corpo em sua companhia parece [que] mudava o céu, o clima [...] não lhe faltando a chuva e sol a seu tempo, e quando ameaçava esta faltar se iam ao S. falando com ele, diziam Pai Pinto dai-nos água, ou dai-nos sol conforme sua necessidade, como se fora ele o Senhor dos tempos [...] e Deus Nosso Senhor para honrar seu servo lhe concede tudo à medida de seu desejo, porque dele se valem em suas enfermidades, e ainda que me fora fácil com duas companhias de arcabuzeiros tirá-lo à força tive por melhor deixá-los gozar daquele tesouro, com que Deus os enriquecia, dando-lhes saúde e vida, que ouro nem prata pode conceder.

Embora afirmasse que deixaria os índios "gozar daquele tesouro" o jesuíta não desistiu de procurar o corpo santo, e pediu a um vigário que de noite fosse à ermida onde estava o corpo e pegasse alguns ossos e os levasse ao Colégio de Pernambuco, "porque lhe não poderia levar pedras de mais estima". O vigário, cavando o local, não achou o caixão, pois os índios o haviam mudado de lugar, temerosos que o corpo lhes fosse roubado. Em seu caminho de volta, os índios cercaram o vigário e o fizeram abrir todas as suas trouxas para verificar que ele não levava as relíquias do padre.[127]

Ao que se sabe, o conflito pelas relíquias do padre Francisco Pinto não foi adiante. Os jesuítas conformaram-se em não levar os ossos, encontrando até mesmo aspectos positivos no episódio: "Assim honra Deus a seus servos, que quando parece, que hão de ficar sepultados no esquecimento, os faz reverenciar e estimar da própria gentilidade".[128] Para nós, o episódio importa por revelar consensos e tensões em torno de significados: além de discordarem em torno da posse das relíquias, índios e jesuítas discordavam em torno da localização adequada para elas. Os jesuítas buscavam urbanizar as relíquias, levando-as para o Colégio de Pernambuco. Os índios, por outro lado, buscavam manter as relíquias consigo, até mesmo mudando-as de lugar. Enquanto para jesuítas a igreja era o local por excelência de depósito das relíquias, essa relação não parece ser tão importante para os índios, que já as haviam desenterrado da ermida onde estavam. Também discordavam quanto à distribuição dos ossos: enquanto para os jesuítas a fragmentação do corpo era

---

127 Manuel Gomes, *Relação de uma expedição no Norte do Brasil* (1615). Biblioteca Nacional de Lisboa, Manuscrito. Cristina Pompa, em *Religião como tradução*, traz a interessante hipótese de aspectos do comportamento do padre Francisco Pinto terem semelhanças com os dos pajés dos índios.

128 *Ibidem*.

algo razoável e até mesmo desejado, para os índios era fundamental a integridade do esqueleto, que tratavam como o de um grande xamã, e como tal, investido de capacidade de ressuscitar a si mesmo.[129] Por outro lado, índios e jesuítas concordavam que as relíquias eram especiais, o que em um jargão ocidental podemos traduzir por sagradas e milagrosas, o que é suficiente para sustentar a posição de que foram matéria de interlocução entre católicos e ameríndios.

*

A busca pela descoberta, o traslado e a produção de relíquias mostra que a ocupação do território da América Portuguesa pressupunha a incorporação dessas novas terras no espaço e no tempo cristão, e as relíquias desempenhavam nas cidades da colônia papéis similares aos que tinham do outro lado do Atlântico: regulação do tempo e do espaço, enobrecimento das cidades receptoras, proteção, cura, apoio nas batalhas contra o Demônio e os hereges protestantes.

De uma forma geral, as relíquias trasladadas habitavam os espaços urbanos-, não há nenhuma notícia de traslado de relíquias para territórios rurais. Mesmo as relíquias de São Tomé, encontradas em lugares desocupados, por vezes estimularam a ocupação permanente do local onde foram encontradas ou, em um momento semelhante, foram deslocadas rumo aos espaços urbanos.

Isso tudo vai no sentido da existência um "projeto urbanizador" já desde o século XVI, em termos bastante diversos das iniciativas de urbanização centralizadas pela Coroa, essas baseadas em cidades fortificadas, situadas em locais estratégicos para a defesa do território.[130] Trata-se de uma "urbanização espiritual", conversão de um território selvagem em parte do corpo da cristandade, que teve como centralidades suas capelas e igrejas ao redor das quais foi se alojando a ocupação permanente, promovida principalmente pelas ordens religiosas. O modelo dessa urbanização não deve ser buscado em Lisboa ou na expansão portuguesa, mas na Roma dos mártires, das relíquias e das peregrinações.

Ainda que sejam dois processos identificáveis e distintos, a urbanização religiosa e a urbanização administrativa não constituíram nos dois primeiros séculos procedimentos contraditórios, mas sobrepostos e em vários aspectos complementares, profundamente identificados entre si, conforme mostra o próximo capítulo. As diferenças, contradições e incompatibilidades vão se revelar mais adiante, principalmente na campanha urbanizadora portuguesa do século XVIII, que subjugou os aspectos religiosos à estratégia da Coroa

---

[129] Renato Sztutman, *O profeta e o principal*: a ação política ameríndia e seus personagens. Tese de Doutorado em Antropologia Social, FFLCH-USP, 2005, p. 336-344.

[130] Salvador e Rio de Janeiro são os dois exemplos mais importantes da urbanização promovida pela Coroa no século XVI. Sobre isso, ver: Paulo Santos, *Formação de cidades no Brasil Colonial*.Rio de Janeiro: Editora UFRJ, 2001, p. 87-101; Paulo César Garcez Marins, *Através da rótula: sociedade e arquitetura urbana no Brasil séculos XVII a XX*. São Paulo: Humanitas, 2001, p. 41-66; Mauricio de Almeida Abreu, "Reencontrando a antiga cidade de São Sebastião: mapas conjecturais do Rio de Janeiro do século XVI" Cidades, Vol. 2, nº4, Presidente Prudente, jul-dez 2005.

e combateu os projetos missionários territoriais como os dos jesuítas.[131]

Por outro lado, a própria capacidade de "transportar lugares", inerente às relíquias, que parece ter permitido a construção de campos de interlocução entre índios e missionários, fez delas objetos privilegiados a partir dos quais podemos investigar esse processo de cristianização e ocidentalização do território brasileiro, e os papéis que cristãos e índios assumiram neste processo. Para viabilizar mesmo as menores urbanizações, um consenso primordial teve que ser estabelecido: o de que os assentamentos eram algo permanente, destinados a sediar os elementos sagrados da sociedade, e não algo móvel, modelo ameríndio – o que por si só já destruía parte significativa da territorialidade dos índios, como veremos no capítulo 5. Episódios como a disputa pelas relíquias do padre Francisco Pinto e a iniciativa de Japiaçu de incorporação da cruz dos missionários na suas migrações mostram que o processo nem sempre foi consentido, ou seja, a sedentarização do sagrado no território foi um processo bem menos óbvio do que parece. Os próprios jesuítas parecem ter aventado a hipótese de aldeamentos semi-nômades.[132] Mas, onde e quando essa fixação efetivamente ocorreu, ela muitas vezes foi auxiliada por alguns ossos muito especiais.

---

131 Sobre o projeto urbanizador português do século XVIII, ver Roberta Marx Delson, *New towns for colonial Brazil:* spatial and social planning of the eighteenth century. Michigan: Syracuse University, 1979.

132 Um documento jesuítico do início do século XVII, denominado *Algumas advertências para a província do Brasil* revela essa estratégia: "Os índios conforme a seu costume, mudam as aldeias muitas vezes porque assim se conservam mais. Donde é bem que não façam os nossos edifícios tão grandes que seja depois dificultoso mudar a aldeia, como [ocorre] na aldeia do Espírito Santo na Bahia, que há anos deveria ter se mudado, se não fosse o casario que tem , e a aldeia vai sempre em diminuição". Cf. L'Estoile, *op. cit.*, p. 320.

O corpo do reino

CAPÍTULO 3

Um olhar sobre a Coroa

Os dois primeiros capítulos deste livro são principalmente baseados em fontes documentais de caráter religioso, que mostram que a ocorrência de martírios e as transações envolvendo relíquias foram procedimentos recorrentes para a inserção das novas terras no corpo da cristandade, protagonizadas em grande parte por missionários. Cabe a pergunta: até que ponto esses elementos foram também importantes para outros segmentos da sociedade? Embora me pareça impossível responder com exatidão a essa inquietação, é possível sustentar a posição de que também na América a crença no poder das relíquias e dos mártires no início da Idade Moderna ia muito além da devoção dos missionários.

A pregação jesuítica tinha grande ressonância nas posições da população branca ou mestiça da colônia. Entre as últimas décadas do século XVI e a metade do século XVII, os colégios jesuíticos foram as principais instituições de ensino católico no mundo, o que era ainda mais pronunciado na América, onde foram muito escassas outras modalidades de educação formal. A população acorria frequentemente às pregações, procissões e peças promovidas pelos jesuítas. Fernão Cardim relata o grande afluxo de pessoas que compareceu à procissão de inauguração da nova capela das relíquias do colégio da Companhia em Salvador, que chegou a arrombar as grades da sacristia, não aceitando que apenas os jesuítas assistissem à cerimônia.[1] Na festa de São Lourenço em Niterói, em 1587, grande parte da população do Rio de Janeiro havia cruzado a Baía da Guanabara de barco para assistir à encenação.[2] Já nos referimos à aderência entre as crenças ameríndias e o repertório católico dos martírios e das relíquias, o que abriu territórios de tradução e diálogo no plano reli-

---

1 Cardim, *op. cit.*, p. 160.
2 Anchieta, "Na festa ...", In: *Teatro de Anchieta*, p. 141-189.

gioso. Os missionários podem ser considerados os mais fervorosos defensores da conversão espiritual do território, mas nada indica que sua fé tinha diferenças qualitativas em relação à da média dos cristãos no que diz respeito ao poder dos martírios e corpos sagrados, pelo menos nos dois primeiros séculos de colonização.

Uma outra questão merece ser investigada: quais as relações da Coroa com esses procedimentos? Como grandes propulsores da colonização, os reis ibéricos apresentaram discursos concorrentes ou coadunados com a ocupação de caráter espiritual do território promovida pelos religiosos? Seria necessário quase um outro trabalho para encaminhar de forma qualificada esse problema, olhando outras fontes, outra bibliografia, fazendo a difícil articulação entre as fontes de caráter administrativo e religioso, e desde já abro mão disso. Por outro lado, deixar a questão inteiramente de lado traria uma grande vulnerabilidade às hipóteses deste trabalho.

Este capítulo traz os elementos que considero suficientes para sustentar a posição de que os reis de Portugal e Espanha do início da Idade Moderna, ao mesmo tempo em que construíram para si uma posição de centralidade nos seus reinos e impérios, engrossaram o fluxo de investimentos no poder dos martírios e das relíquias. Adiantando aspectos do capítulo 4, este capítulo mostra o grande investimento dos reis ibéricos no seu após-morte, percorrendo alguns aspectos da trajetória de vida e de morte dos reis que governaram o Brasil no século XVI: D. Manuel I (r. 1495-1521), D. João III (r. 1521-1557), D. Sebastião (r. 1557-1578) e Filipe II da Espanha, I de Portugal (r. 1580-1599); e mostrando que, naquele século, o universo funerário político utilizou-se intensamente do léxico religioso, mas já assumia autonomia em relação a ele.

D. Manuel e um sepulcro para os reis de Portugal

O século XVI encontraria o reino de Portugal envolvido em grandes transformações institucionais, parte delas relacionada à necessidade de dar respostas administrativas a um território que se expandia incrivelmente. D. João II (1481-1495) havia iniciado um processo de centralização do poder nas mãos do rei, e seu sucessor, D. Manuel I, prosseguiu com esse processo. D. Manuel elaborou novas leis que limitavam a autonomia dos municípios frente à Coroa, e todo um novo código jurídico, as "ordenações manuelinas", que pela primeira vez circulou de forma impressa por todo o reino; aumentou o número de funcionários a serem remunerados pelos cofres reais; regulou de forma mais centralizada o comércio ultramarino e finalmente decretou o monopólio da Coroa portuguesa sobre o comércio de especiarias; fomentou a assistência social de forma mais ligada à Coroa, com a fundação de hospitais e apoio às misericórdias, irmandades religiosas fortemente vinculadas ao poder real.[3]

---

3 Diogo Freitas do Amaral, *D. Manuel I e a construção do Estado Moderno em Portugal*. Coimbra: Edições Tenacitas, 2003.

O aumento do poder nas mãos do rei significou um aumento do aparato administrativo, incompatível com a mobilidade da corte portuguesa, antes dispersa e em permanente deslocamento. Em contraponto a isso, D. Manuel reforçou a ideia de que um reino importante pressupunha uma grande cidade capital, ou cabeça, e investiu intensamente na transformação de Lisboa.[4] Ao mesmo tempo, a mudança na escala da presença portuguesa no mundo a partir do século XV transformava Lisboa na capital administrativa, política e econômica de um gigantesco império. D. Manuel acrescentou aos títulos de seus antecessores, "Rei de Portugal, dos Algarves de aquém e além-mar", os novos títulos de "Senhor da Guiné, do Comércio e das Conquistas e Navegações da Arábia, Pérsia e Índia".[5] Na capital, novas ruas foram abertas, novos bairros foram arruados, superava-se progressivamente o labirinto de ruas que caracterizou a ocupação árabe. A cidade anteriormente defensiva, acocorada sobre os morros, abriu-se à orla do rio Tejo, exibindo-se aos cada vez mais numerosos visitantes que chegavam pela água. Os edifícios foram normatizados, novos chafarizes foram abertos, edifícios administrativos foram construídos.[6]

No mesmo ano em que Pedro Álvares Cabral atingiu as costas da América, D. Manuel assinava um decreto mandando que se cortassem todos os olivais dentro dos muros de Lisboa, buscando enfrentar a escassez de terrenos para habitação na cidade. A derrubada dos olivais deveria ser implementada independente da propriedade dos terrenos ser de "Igreja, Mosteiro, morgado ou quaisquer outras senhorias e qualidades que forem, porque não queremos por nenhum modo nem maneira isto se tolha".[7] Dentre outras, a medida expressa um poder real que cada vez mais sobrepõe-se às demais forças da sociedade, abrindo caminho para um Estado centralizado de molde absolutista.

Parte integrante dessa construção cujo foco é a figura do rei eram os sepulcros reais, e D. Manuel investiu intensamente na monumentalização dos túmulos dos reis de Portugal, dando maior legibilidade a um passado em que os sepulcros reais estavam ainda bastante periféricos nos edifícios religiosos. D. Manuel transferiu, em 1520, os túmulos dos primeiros reis de Portugal, D. Afonso Henriques (1109-1185) e de seu filho, D. Sancho I (1154-1211), de uma posição secundária na nave da igreja do Mosteiro de Santa Cruz de Coimbra, para um local mais nobre nas paredes laterais da capela-mor, em dois túmulos monumentais em cuja construção estiveram envolvidos profissionais de grande reconhecimento. (figuras 186 e 187)[8]

---

4   Carita, *op. cit.*
5   Pedro Dias, "A arte manuelina". In: *Manuelino: à descoberta da arte no tempo de D. Manuel* (Lisboa, Civilização Portugal, 2002), p. 22.
6   Carita, *op. cit.*
7   "Alvará real porque he determinado que todollos olivaes de muro e dentro se cortem", Lisboa, 26 de dezembro de 1500. In: Carita, *op. cit.*, p. 215.
8   Os túmulos foram encomendados a João de Castilho, o mesmo arquiteto que dirigia as obras do monumen-

Durante o reinado de D. Manuel, os restos de D. Afonso II (1186-1223) e D. Afonso III (1210-1279), respectivamente terceiro e quinto reis de Portugal, juntamente com as arcas tumulares de várias rainhas, infantes e infantas, foram transferidos da galilé (espaço no exterior da igreja, junto à porta de entrada) do Mosteiro cisterciense de Santa Maria de Alcobaça, um espaço de maior centralidade no interior do templo, no braço direito do transepto, onde já se encontravam as monumentais arcas do rei D. Pedro (1320-1367) e D. Inês de Castro, convertendo o local em um panteão régio (figuras 188 a 191).[9]

Em um esforço de concentração da memória régia de Portugal, D. Manuel trasladou o corpo de seu antecessor, D. João II, de Silves para o panteão que já existia no Mosteiro da Batalha, onde já repousavam os restos de D. João I (1357-1433) e sua esposa, a rainha D. Filipa de Lencastre (1359-1415), e de seus sucessores, incluindo o Infante D. Henrique e seu irmão D. Fernando, tido como mártir.[10] Outros reis, rainhas e príncipes, como D. Afonso V (r. 1438-1491), estavam sepultados nas capelas da Igreja da Batalha, constituindo a maior concentração de túmulos reais portugueses. D. Manuel assumiu a tarefa de prosseguir com a construção do grande panteão régio que D. Duarte (1391-1438) mandara iniciar na primeira metade do século XV no mesmo mosteiro, adicionando monumentalidade ao seu projeto. Talvez por problemas técnicos, a empreitada revelou-se por demais ambiciosa até mesmo para D. Manuel, que não consegue finalizar a obra. Em seu próprio testamento, expressa a sua ansiedade quanto à obra incompleta: "Rogo muito e encomendo que se mandem acabar as capelas da Batalha, naquela maneira que melhor parecer, que seja conforme a outra obra, e assim lhe deem entrada para a igreja do Mosteiro da melhor maneira que lhe parecer" (figuras 192 a 197).[11]

D. Manuel tentou também transferir do Convento de Santa Clara de Coimbra o túmulo da rainha Isabel, morta em 1336 e tida como santa. D. Manuel havia até mesmo obtido uma bula papal para o deslocamento do santo túmulo, sob o argumento de que o convento estava sob risco de destruição pelas águas do Mondego. Mas as freiras de Santa Clara, que

---

tal Mosteiro dos Jerônimos em Lisboa, em construção desde a segunda década do século XVI e ao qual me refiro adiante. As estátuas jacentes foram esculpidas pelo francês Nicolau Chanterene e o restante da estatuária ficou a cargo de outros artistas portugueses e espanhóis. Pedro Dias (coord.), *Manuelino: a descoberta da arte do tempo de D. Manuel*, p. 111.

[9] Inicialmente, nem os reis tinham a permissão de serem sepultados no interior de alguns dos conventos. O Mosteiro de Santa Maria de Alcobaça era o local de repouso de reis portugueses desde o século XIII, mas estes só podiam ser sepultados na *galilé*, espaço junto a porta de entrada do templo, no seu exterior. No século XIV, os reis portugueses começam a receber permissão dos monges cistercienses para serem sepultados no interior do templo. Os primeiros a receber essa honra foram D. Pedro e sua amante D. Inês de Castro que, coroada depois de morta no ano de 1360, teve sua mão já em decomposição beijada pela corte portuguesa em fila. No início do século XVI, a *galilé* de Alcobaça foi definitivamente desativada como local de sepultamento dos reis, sendo todas as arcas tumulares régias transferidas para o interior do templo. Ver José Custódio Vieira da Silva, *O Panteão Régio do Mosteiro de Alcobaça*. Lisboa: IPPAR, 2003, p. 15-32.

[10] Sérgio Guimarães de Andrade, *Santa Maria da Vitória, Batalha*. Lisboa/ Mafra: Edição Elo, 1998, p. 40-50.

[11] "Testamento de D. Manuel, 1517". In: Andrade, *op. cit.*, p. 83.

muitas vezes passavam fome no convento por estarem cercadas pela água, "fiadas nos milagres da Santa Rainha", resistiram à mudança do túmulo, que só ocorreria em meados do século XVII, após a construção de um novo convento em local seguro na mesma cidade.[12]

Ainda que esse movimento em direção ao aumento de visibilidade dos túmulos reais já estivesse em curso desde o século XIV (com a conquista do espaço interno do Mosteiro de Alcobaça pelos túmulos de D. Pedro I e D. Inês de Castro), durante o reinado de D. Manuel, o processo assume dimensões inéditas, podendo ser visto como um movimento de afirmação de uma identidade, de uma história e de uma memória comum ao reino mediada pelos corpos reais. A figura do rei morto vai adquirindo mais importância frente ao conjunto de seus súditos e de seu território, passando a fazer maior sentido no contexto da construção de uma identidade portuguesa.[13]

Nenhum edifício expressa melhor o esforço de associação entre os sepulcros reais e o império português do século XVI do que o Mosteiro dos Jerônimos, que foi se constituindo aos poucos em um novo panteão régio para D. Manuel e seus sucessores e, ao mesmo tempo em um monumental pórtico de entrada e saída de Lisboa. Frente à fachada de 200 metros do Mosteiro dos Jerônimos, beirando o rio Tejo, e visível a grande distância por todos os que chegavam a Lisboa, até mesmo os mosteiros de Alcobaça e Batalha se apequenam (figuras 198 a 209).

A escolha do local de edificação do Mosteiro dos Jerônimos não foi aleatória, e sim repleta de significados no contexto do novo império. Naquele local, encontrava-se anteriormente uma igreja, mandada fazer pelo Infante D. Henrique no século XV, por ser o local de onde as armadas partiam para as viagens marítimas.[14] D. Manuel tinha planos ambiciosos para aquele lugar, que foram se revelando aos poucos. Logo que subiu ao trono, em 1495, solicitou ao Papa autorização para edificar um mosteiro da Ordem dos Frades Jerônimos no local da capela de Belém, autorização concedida no ano seguinte.[15] Em 1498, D. Manuel

---

12 *Historia da vida, morte, milagres, canonisação, e trasladação de Sancta Isabel Sexta Rainha de Portugal. Dedicada ao Serenissimo Principe Dom Pedro, escrita por D. Fernando Corea de Lacerda Indigno Bispo do Porto.* Lisboa: Officina de João Galvão, 1680, livro V, p. 3.

13 Renata de Araújo, *A cidade e o espetáculo na época dos descobrimentos*. Lisboa: Livros Horizonte, 1990, p.8.

14 "O fundamento [...] dessa [igreja] de Belém era para que os sacerdotes que ali residissem ministrassem os sacramentos da confissão e comunhão aos mareantes que partiam para fora, e enquanto esperavam tempo (por ser assim quase uma légua da cidade) tivessem onde ouvir missa". João de Barros, *Ásia*. Lisboa: Germão Galharde, 1552, fl. 53v.

15 Bula *Eximiae Devotionis Affectus* do Papa Alexandre VI, de 23 de junho de 1496 "pela qual concede faculdade ao Sr. Rei D. Manoel para na Ermida e Eremitério antigo dos Freires da Ordem de Cristo fundar este Mosteiro Real de Belém com Igreja, Claustros, e todas as mais oficinas precisas e necessárias com a obrigação de uma Missa quotidiana pela Alma do Infante D. Henrique Primeiro Fundador deste lugar, e pela do Sr. Rei D. Manoel, e de seus sucessores, e concede mais que os monges que houverem de habitar neste Mosteiro possam administrar aos navegantes e peregrinos o sacramento da Penitência, e absolvê-los nos casos que não foram reservados à sede Apostólica, como também administrar-lhes o santíssimo sacramento da sagrada Eucaristia, não sendo com prejuízo do Pároco circunvizinho [...]". Cf. José da Felicidade Alves, *Mosteiro dos Jerônimos II – das origens à atualidade*. Lisboa: Horizonte, 1991, p. 20.

doou à Ordem de São Jerônimo o sítio onde estava a igreja, para a edificação do mosteiro. Então ocupava o local a Ordem de Cristo, que recebeu como compensação o direito de ocupar uma antiga sinagoga.[16]

D. Manuel era devoto de São Jerônimo, e a ordem religiosa, de caráter contemplativo, era tida como modelo de comportamento religioso, ligada à moralização dos costumes do clero no século XVI. Era então uma das ordens mais dinâmicas da Península Ibérica, sediada em Guadalupe na Espanha, e o caráter ibérico coincidia com as pretensões de D. Manuel de unificar as Coroas ibéricas sob Portugal, o que quase foi efetivado no início do século XVI.[17]

Não estava ainda explícita a vontade de D. Manuel de ser lá sepultado, mas o fato de a Ordem de São Jerônimo ser a fiadora dos sepulcros dos reis da Espanha pode ser um indicador de que isso passava pelos planos do rei. Já na carta de doação da capela à Ordem de São Jerônimo, a posse foi transferida com a condição de devoção perpétua as almas do Infante D. Henrique e do próprio D. Manuel.[18] Para a memória coletiva, já no século XVI consolidou-se a narrativa de que D. Manuel decidiu fundar um suntuoso templo no local quando Vasco da Gama retornou das Índias, em 1499.[19] Nos anos seguintes, D. Manuel foi dotando muitas rendas do comércio com as Índias para as obras e a futura manutenção do mosteiro, além da doação de bens e de ricos paramentos.[20] A construção do novo templo começou no início do século XVI, e os anos de edificação do Mosteiro

---

16   "E vendo nós como o assento e sítio de Santa Maria de Belém, que está uma légua a par desta nossa cidade de Lisboa, assim por ser na praia do mar e acerca da dita cidade, como por ser lugar a que vêm aportar e ancorar muitas naus e navios e gente assim de estrangeiros como naturais, é lugar apto e pertencente para nele se fazer um mosteiro e casa honesta em que possam estar religiosos, que devotamente ministrem e façam o ofício e culto divino e agasalhem os pobres estrangeiros, confessando-os e dando-lhes os outros sacramentos [...]" "Doação da casa de Belém aos religiosos de S. Jerônimo, e escambo com a Ordem de Cristo, pela Judiaria grande". In: Ibidem, p. 30.

17   Paulo Pereira, *Mosteiro dos Jerónimos*. London: Scala Publishers/IPPAR, 2002, p. 17-19; Alves, *op. cit.*, p. 28-29. Em relação à possível união ibérica, D. Manuel casou-se com Dona Isabel, filha mais velha dos reis católicos de Castela e Aragão, e com ela teve um filho, D. Miguel, herdeiro dos reinos de Portugal, Espanha, Castela, Aragão, Nápoles e Sicília, mas a criança morreu em julho de 1500, com 22 meses de idade. No mesmo ano, D. Manuel casou-se com a terceira filha dos reis católicos, Dona Maria, conforme Alves, *op. cit.*, p. 52-54.

18   "Que os religiosos que pelo tempo estiverem na dita Casa e Mosteiro sejam obrigados de em cada dia para todo o sempre dizerem uma missa na dita igreja pela alma do Infante Dom Henrique que Deus haja, fundador que foi do dito lugar [...] ao lavar das mãos, o sacerdote que a disser se volverá para a gente e dirá em voz alta: rogai a Deus pela alma do Infante Dom Henrique primeiro fundador desta Casa, e pela de Dom Manuel que a dotou à nossa ordem". "Doação da casa de Belém ...". In : *Ibidem*, p. 31.

19   "Assim que veio Vasco da Gama, em que se terminou a espera de tantos anos que era o descobrimento das Índias, quis como primícias desta mercê que recebia de Deus [...] fundar um suntuoso templo na sua ermida da vocação de Belém. E aceitou antes este que outro lugar, por ser o primeiro posto de onde partiriam todas as armadas a este descobrimento e conquista [...]". João de Barros, *Ásia*, fl. 53v.

20   Alves, *op. cit*, p. 67-80.

coincidem com a expansão do império português. Além da descoberta do Brasil em 1500, registraram-se no Oriente feitos bem mais relevantes para a época: a construção da Fortaleza de Cochim (1503); a conquista de Quiloa (1505), Onor (1506), Ormuz (1507) e Goa (1510); a fundação da Fortaleza de Malaca (1511).

À medida que crescia a importância de D. Manuel, ele explicitava novos planos para si e para o Mosteiro dos Jerônimos. A partir de 1513, o rei desinteressou-se em concluir a capela que D. Duarte iniciara no Mosteiro da Batalha, onde inicialmente expressara a intenção de ser sepultado. Em 1517, o Mosteiro de Belém foi declarado o principal da Ordem de São Jerônimo em Portugal. Nesse mesmo ano, D. Manuel demandava em seu testamento:

> Minha vontade é de minha sepultura ser no Mosteiro de Nossa Senhora de Belém, dentro da capela-mor, diante do altar-mor, abaixo dos degraus; e que se me não faça outra sepultura senão uma campa chã, de maneira que se possa andar por cima dela.[21]

Pode parecer um ato de humildade o fato de D. Manuel desejar ser sepultado no chão, "de forma que se possa andar por cima", mas em alguns aspectos o ato nada teve de singelo. Era extrema ousadia para um rei desejar ser sepultado na capela-mor de um mosteiro, ainda mais diante do altar-mor, local reservado às relíquias, onde os sacerdotes ajoelhavam-se ao rezar. Nos outros panteões reais, em Alcobaça e na Batalha, mesmo após as mudanças, os reis estavam sepultados em lugares bem mais periféricos.

Mas a história reservava outro destino para o corpo de D. Manuel. O rei não chegou a ver o mosteiro acabado, e faleceu em 1521. O corpo foi sepultado na Igreja Velha de Belém "por o corpo da igreja não estar ainda acabado", em uma campa rente ao chão, "por ele assim mandar".[22] Alguns dias depois, já empossado o rei D. João III, as exéquias de D. Manuel foram feitas no Mosteiro de Belém, que já comportava a cerimônia,[23] quando foi destacada a "humildade" de D. Manuel, por desejar ser sepultado em uma campa rasa (figura 201).[24]

---

21 "Testamento de D. Manuel". In: *Ibidem*, p.132.

22 "Até que o levaram ao mosteiro de Belém, que foi duas horas da manhã, o qual ele começou a edificar de novo para sua sepultura e da Rainha Dona Maria sua mulher, e de seus filhos como já fica apontado, e por o corpo da Igreja não estar ainda acabado o lançaram na Igreja velha em uma sepultura rasa, por ele assim mandar [...]". Damião de Góis, *Chronica do serenissimo Rei D. Emmanuel*. Lisboa: Officina de Miguel Menescal da Costa, 1749.

23 "O Arcebispo de Braga, e o conde de Vila Nova ordenaram logo, que o corpo del Rey fosse levado ao mosteiro de Nossa Senhora de Belém, e que aí se lhe fizessem as exéquias que lhe mandou fazer no mosteiro onde foi enterrado, e em todas as outras igrejas e conventos. E também em todas as coisas, que eram importantes ao bem de sua alma foi tão solícito e apressado, que todas fez dar a execução com toda a brevidade possível". Andrada, *op. cit.*, p. 14.

24 "E chegado o tempo em que se haviam de fazer as exéquias del Rey dom Manoel, fez el Rey ajuntar no mosteiro de Belém todos os prelados que então estavam na corte, e todos os religiosos de todas as ordens quantos havia na cidade, e o cabido da Sé, e todos os seus capelães, e ali se fez um solenissimo saimento com todo o aparato e majestade que se devia ao Rey defunto, porém nem houve nele eça, nem foram chamados

Após a morte de D. Manuel, seu filho D. João III assumiu as obras do mosteiro. O novo rei não demonstrou apreço especial por Belém, priorizando a renovação do Convento de Cristo em Tomar. Ainda assim, prosseguiu com a edificação. Em 1524, emitiu um alvará régio, proibindo que se edificassem casas em frente ao mosteiro, preservando sua imagem monumental às margens do Tejo.[25]

O corpo de D. Manuel teve que esperar mais 30 anos até que pudesse descansar no local que havia designado. Em 1551, finalmente, seu filho D. João III realizou uma monumental celebração para a trasladação dos ossos de D. Manuel, sua mulher D. Maria e outros seus familiares para a capela-mor do Mosteiro dos Jerônimos. Na cerimônia, o pregador do rei D. João III, Antônio Pinheiro, ressalta a especificidade da escolha do local de sepultamento de D. Manuel, relacionando-a com o próprio destino de Portugal.

Na cerimônia celebrativa do traslado dos ossos, não foram esquecidas as qualidades de D. Manuel como agente da expansão do mundo católico.[26] O sermão reforçou a polarização religiosa, tratando as conquistas católicas dos novos territórios no além-mar como compensação para a perda de outros na Europa.[27]

Acabado o sermão, o novo rei e o príncipe levaram em uma tumba os cofres que

---

os prelados ausentes como era costume fazer-se em semelhantes atos, porque [assim] o defendera el Rey dom Manuel em seu testamento, movido da mesma humildade que o fez mandar-se enterrar em sepultura rasa ao chão e que não tivesse degraus". *Ibidem*, p. 19.

25 "Eu el Rey faço saber aos que este meu alvará virem que o prior e padres do mosteiro de Nossa Senhora de Belém me enviaram dizer que muitas pessoas querem fazer casas em frente do dito mosteiro contra o mar, em maneira que tolheriam ao dito mosteiro a vista do dito mar, e assim tolheriam aos que fossem pelo dito mar a vista do dito mosteiro por ficar encoberto pelas ditas casas e me pediram nisso provesse e mandasse que as ditas casas não se fizessem pela dita obra, em que tanto se despende, para não ficar encoberta. E visto seu requerimento, assim pelas ditas causas desde onde estão as casas de Antonio Real e de João de Castilho para o dito mosteiro nem em frente do dito mosteiro contra o mar, e posto que já algumas pessoas tenham feito alicerces nas ditas casas, hei por bem que as não acabem [...]". "Alvará de D. João III, Évora, 15 de dezembro de 1424". In: Alves, *Ibidem*, p. 160. Esse alvará foi reiterado várias vezes por outros reis portugueses até o século XVIII.

26 "[...] o lugar de onde ele despediu a primeira armada que daqui mandou a este descobrimento [Belém], e a onde ela retornou, está dando testemunho de sua devoção, com um troféu dos triunfos do Oriente, e da ampliação grande da nossa santa fé católica [...]. Aqui [Manuel] escolheu sua sepultura, para daqui lançar a benção aos que prosseguiam o que ele começava, e de onde os orientais que nas naus viessem, soubessem que fora homem aquele de que se eles espantaram e temeram como se fosse Deus. [Que] Aqui se rogasse pela prosperidade dos que partissem, aqui se dessem graças pela saúde dos que retornassem, aqui se enterrassem os náufragos lançados à costa; aqui achassem remédio para os corpos, refrigério para as almas, daqui se provessem do espiritual, aqui achassem suprimento para o temporal". *Summario da pregaçam Funebre, que o doutor Antonio Pinheiro pregador del Rey N. S. fez por seu mandado: no dia da Trasladação dos ossos dos muitos altos & muito poderosos principes el Rey Dom Manuel seu pay, & a Rainha Dona Maria sua mãy de louvada memoria, dirigido aa muyto alta e muyto poderosa Rainha Dona Caterina*. Lisboa, em casa de Germão Galhard, Imprimidor del Rey, 1551, fl. XVII. [BNL, Res. 79-2 V].

27 "Antes viam estreitar-se mais a Lei de Cristo na Europa, quanto temeram a dilação pelo que antes viam no Ocidente tanto alvoroço acidental, receberam em verem a divulgação do Evangelho crescer no Oriente, converter-se tanto número, edificarem-se igrejas, e mosteiros [...]". *Summario* ..., fl. XX.

continham os ossos do rei e da rainha junto ao altar-mor, onde estavam abertas duas sepulturas. Frei Brás de Oliveira, provincial dos Jerônimos, tirou os dois cofres da tumba e colocou-os nas covas, que foram fechadas e recobertas com ricos tapetes, sobre os quais foram colocados estrados de madeira de um palmo de altura e uma composição de grades e tecidos. "Desta maneira, ficaram as sepulturas acabadas, e julgavam todos serem em extremo ricas e suntuosas. [...] E quanto mais olhavam, mais criam que as três pirâmides antigas [...] não podiam com estas igualar, ainda que fosse a maior delas".[28]

No dia seguinte, foram trazidos da Igreja Velha de Belém ao Mosteiro dos Jerônimos as tumbas com os restos de outros integrantes da família real. Foram colocadas em um estrado coberto com um pano de ouro, logo abaixo das sepulturas do rei e da rainha. Ainda que D. Manuel não tivesse disposto em seu testamento que desejava que seus sucessores fossem também sepultados em Belém, já se estabelecia ali o novo panteão régio.[29]

Aquela foi uma das mais impressionantes cerimônias que a cidade presenciou no século XVI, determinada pelo filho de D. Manuel, D. João III – apesar de D. Manuel, em seu testamento, ter desejado que essa trasladação se desse "sem a pompa e aparatos".[30] A pompa da trasladação, estratégica para a afirmação do poderio do novo rei, precisava ser justificada, e o pregador que proferiu o sermão fúnebre na ocasião da trasladação fez questão de associar o corpo de D. Manuel ao de um dos escolhidos, que já privava da companhia de Jesus no céu, não precisando passar pelos sofrimentos do purgatório.[31]

As sepulturas ricamente ornamentadas ao lado do altar-mor do Mosteiro de Belém não seriam o último descanso de D. Manuel e D. Maria. D. João III morreu em 1557, e contra a sua vontade – ele desejava ser sepultado na ermida de Nossa Senhora da Conceição, no Convento de Cristo de Tomar – seu corpo serviu para enaltecer ainda mais o panteão régio de Belém. Após a morte do rei, sua mulher D. Catarina assumiu às suas próprias custas uma reforma da capela-mor do mosteiro, para acomodar de forma ainda mais monumental os túmulos dos reis, resultando em uma das mais emblemáticas obras do maneirismo em Portugal, inaugurada em 1572. Os túmulos dos reis então construídos destacam-se do corpo da igreja, repousando sobre as costas de elefantes, e influenciaram por muito tempo a escultura

---

28 *De como passou a trasladaçam dos ossos del Rey Dom Manuel e da Rainha Dona Maria e do Cardeal Dom Afonso, Infante Dom Duarte e senhor Dom Duarte, filho del Rey nosso senhor*. Manuscrito, BNL, caixa 5, n. 36.

29 *De como passou a trasladaçam dos ossos del Rey Dom Manuel e da Rainha Dona Maria e do Cardeal Dom Afonso, Infante Dom Duarte e senhor Dom Duarte, filho del Rey nosso senhor; Trasladaçam dos ossos dos muyto altos e muyto poderosos el Rey Dom Manuel e a Rainha Dona Maria de Louvada memória, feita por o muyto alto e muyto poderoso Rey Dom Joam o III deste nome seu filho nosso senhor*. [BNL, Res. 2778p.]

30 *Trasladaçam dos ossos dos muyto altos e muyto poderosos el Rey Dom Manuel e a Rainha Dona Maria de Louvada memoria*, fl. II. Sobre a função dessa cerimônia para a afirmação da imagem de D. João III, ver Buescu, "Uma sepultura para o rei: morte e memória na trasladação de D. Manuel". In: *Op. cit*, p. 87-96.

31 "[...] vereis quanta razão havia em ordenar-se a pompa desta solene trasladação, como a corpo de alma glorificada, e não como a osso de alma ainda necessitada". *Summario*, fl. XIX.

tumulária portuguesa (figuras 203 a 205).[32]

O último dos reis portugueses a ser sepultado no Mosteiro dos Jerônimos foi D. Sebastião, cuja trajetória merece se recuperada desde o seu nascimento.

Sebastião, o mártir e o rei

No século XVI, São Sebastião era talvez o santo mais cultuado em Lisboa. Por seus atributos guerreiros, auxiliava os cristãos em muitas ocasiões de batalhas. Era adotado como santo padroeiro dos besteiros, e desde 1505 os artilheiros da guarnição de Lisboa constituíram uma irmandade em evocação ao santo, erigindo-lhe uma ermida chamada São Sebastião da Mouraria, hoje Nossa Senhora da Saúde.[33] Era também um poderoso auxiliar contra epidemias. Em 1551, além da já mencionada São Sebastião da Mouraria, existiam em Lisboa pelo menos dezessete confrarias de São Sebastião nas várias freguesias da cidade, capelas para o santo na Sé e na Igreja de Santa Justa, a Igreja de São Sebastião da Padaria, gerida pela Câmara da cidade, e a ermida de São Sebastião da Pedreira, fora dos muros.[34]

Por volta de 1530, D. João III ganhou de seu cunhado, o imperador do Sacro Império Romano Carlos V, uma preciosa relíquia, o antebraço direito de São Sebastião, levado de uma igreja por ocasião do saque de Roma de 1527. Em 1531, o Papa Clemente VII emitiu uma bula autenticando a relíquia e legitimando D. João III como o seu proprietário, e absolvendo-o de qualquer pecado por portar a relíquia, fruto de profanação da Igreja romana durante o saque de Roma alguns anos antes.[35]

Talvez celebrando a autorização papal para a veneração da relíquia, na década de 1530, D. João III encomendou a Gregório Lopes uma pintura do martírio de São Sebastião, para ser instalado na charola do Convento de Cristo em Tomar, claustro que D. João III priorizou durante seu reinado, que como vimos era o local onde desejou ser sepultado (figura 212).[36] Olhando com mais cuidado, percebemos que a representação portuguesa do martírio de São Sebastião evoca um terreno de várzea, levando à ideia de uma cidade ribeirinha, à semelhança da posição de Lisboa.[37] Um comentário sobre

---

[32] Teresa Leonor M. Vale, "A figuração do indivíduo na tumulária portuguesa maneirista e barroca (séculos XVI a XVIII)", *Artis – Revista do Instituto de História da Arte da Faculdade de Letras de Lisboa*, n.4 (2005), p. 278-279.

[33] Dora Iva Rita, *Martírio de S. Sebastião: aproximação à pintura do século XVI*. Dissertação de mestrado em História da Arte, Faculdade de Ciências Socias e Humanas, Universidade Nova de Lisboa, 1986, p. 23.

[34] Cristóvão Rodrigues de Oliveira, *Lisboa em 1551*: sumário em que brevemente se contêm algumas coisas assim eclesiásticas como seculares que há na cidade de Lisboa (Lisboa, Livros Horizonte, 1987).

[35] Breve "P. Devotionis", de Clemente VII, 17 de março de 1531. ANTT, Maço 2 de bulas n. 16.

[36] Rita, *op. cit.*, p. 13.

[37] A ideia é de Dora Iva Rita: "aqui este complexo urbano dá-se em fachada para um dos lados – este em que como observadores nos situamos – muito à maneira de cidade ribeirinha, até porque atrás de si já se

a mesma obra aponta que o casario no fundo do quadro tem características lisboetas, trazendo a hipótese de representar a vista da praça do Rossio.[38] Vai também nesse sentido uma outra inferência, a de que a cena na qual dois ou três mártires são também supliciados, no fundo à direita (inexistente na hagiologia de São Sebastião ou nas representações pictóricas do martírio de São Sebastião), teria o significado de uma ilustração da perseguição anti judaica, coeva à realização da pintura por Gregório Lopes.[39] Sabe-se que os autos-de-fé de Lisboa eram realizados no Terreiro do Paço.[40] A imagem é intrigante, pois possivelmente mostra o empenho do rei em produzir uma representação que unia as realidades de Lisboa do século XVI e Roma do século I através de uma representação de martírio, e que de certa forma prenuncia que a Coroa portuguesa em breve investiria na monumentalização da já forte devoção ao mártir São Sebastião.[41]

Em meados do século XVI, a Coroa portuguesa passou por um grande impasse sucessório. Em 1554, morreu o Príncipe D. João, filho e único herdeiro homem de D. João III, deixando sua mulher D. Joana grávida. O reino de Portugal esperou ansiosamente o nascimento de um varão, que evitaria uma crise sucessória em uma Coroa há muito assediada por Castela. No dia 20 de janeiro de 1554, D. Joana deu à luz um menino, no momento em que Lisboa comemorava a festa de São Sebastião, patrono daquele dia, quando passeava com o antebraço de São Sebastião pela cidade em procissão.

> [...] ao outro dia em que se celebrava a festa do glorioso mártir S. Sebastião às oito horas da manhã pouco mais ou menos, a tempo em que o seu braço vinha pela cidade em uma solene procissão, pariu a Princesa o desejado Príncipe, cujo nascimento deu grandíssimo alivio à dor e sobressaltos que todo o reino geralmente sentia, e enxugou grande parte das lágrimas que se derramavam pela morte do príncipe seu pai.[42]

---

avistam serranias, vindo topograficamente, a cidade e descer até ao terreiro na sua parte mais baixa, que em lugar de se fechar deixa que a ela se tenha acesso como ponto de chegada". *Op. cit.*, p. 89.

38   Vitor Serrão, "Lisboa maneirista: oito notas a propósito da imagem da cidade nos anos 1557-1668". In: Irisalva Moita (coord.), *O Livro de Lisboa*. Lisboa: Livros Horizonte, 1994, p. 195-199.

39   Vitor Serrão, "A pintura maneirista em Portugal". In: Paulo Pereira (dir.), *História da arte portuguesa*. Lisboa: Temas e Debates, 1995, vol. II, p. 432.

40   Carvalho, *Gregório Lopes. Pintura portuguesa do século XVI*. Lisboa: Edições Inapa, 1999, p. 61-62. Isabel Ponce de Leão Policarpo reitera a possibilidade ao referir-se a esse fundo da pintura: "[em] pormenores do segundo plano, nomeadamente na cena trágica do auto-de-fé inerente ao desenrolar da vida de uma cidade que poderá ser Lisboa, sobressai a sensibilidade diferente deste pintor, que se espelha também numa preocupação visível de construção de uma arquitetura, aqui invulgarmente concreta. Na representação da cidade ao lado esquerdo, mais do que uma arquitetura de cariz flamengo, são representados edifícios que podiam existir em qualquer cidade portuguesa da época". *Gregório Lopes e a "ut pictura architectura"*: os fundos arquitectónicos na pintura do Renascimento português. Dissertação de Mestrado em História da Arte, Instituto de História da Arte, Faculdade de Letras da Universidade de Coimbra, 1996, p.135.

41   Rita, *op. cit.*

42   Andrada, *op. cit.*, p. 1192.

Em retribuição ao santo que ajudou o reino de Portugal a obter seu príncipe herdeiro, o novo rei recebeu o nome de D. Sebastião. Alguns meses depois, sua mãe foi chamada de volta a Castela por seu irmão Filipe II, deixando o herdeiro aos cuidados de seus avós, D. Catarina e D. João III. Aos três anos, com a morte de D. João III, D. Sebastião foi aclamado rei, e enquanto não tinha idade para assumir a Coroa, D. Sebastião foi educado por jesuítas, o que teria exercido grande influência em suas escolhas posteriores.[43]

D. Sebastião permaneceu devoto de São Sebastião por toda a sua vida. Em 1569, em meio a uma epidemia na cidade, o rei enviou à Câmara de Lisboa um voto que exprimia seu desejo de edificar um templo ao santo, tido como guerreiro eficaz contra a peste, possivelmente destinado a acomodar a relíquia.

Inicialmente aventou-se edificar o templo no local onde já existia a Igreja de São Sebastião da Mouraria, mas o rei não se satisfez com esse sítio. O novo local escolhido foi o ponto de maior proeminência da cidade, o Terreiro do Paço, às margens do Tejo e ao lado do palácio real que D. Manuel havia construído, ao qual a igreja seria ligada por uma passagem.[44] Em 1571, foi colocada a primeira pedra da igreja. Em 1573, D. Sebastião recebeu um novo tesouro de Roma para o novo templo: uma das setas com as quais o santo foi martirizado, doada pelo Papa Gregório XIII.[45]

A figura 213 é talvez a única imagem existente da construção dessa igreja, datada de 1575. De costas para o rio e obstruindo o principal espaço livre da cidade no século XVI, a construção da Igreja de São Sebastião evidencia um tratamento da cidade de Lisboa como um campo de batalha espiritual que, se tem traços que podem ser chamados de "regressivos" ou "medievalizantes", também estava bastante coadunado com a pauta do recém-encerrado Concílio de Trento que declarava guerra às heresias, que reiterava o poder dos corpos dos santos e de suas relíquias, conforme já visto antes.

Mas a edificação da igreja não foi adiante. Aparentemente por falta de dinheiro, a obra da igreja de São Sebastião no Paço da Ribeira não teve seguimento. Já em 1575, D. Sebastião reclama da lentidão dos trabalhos.[46] Com a morte de D. Sebastião em 1578, mudou a sorte do templo. Filipe II da Espanha, que assume o trono de Portugal, ordenou a interrupção da construção, e a volta do culto de São Sebastião ao Mosteiro de São Vicente. Aquilo que já existia foi demolido, e não só foi deliberado que as relíquias ficariam em São Vicente, mas também que o próprio material de construção do templo acompanharia seu patrono,

---

43 Jacqueline Hermann, *No reino do desejado:* a construção do Sebastianismo em Portugal. São Paulo: Companhia das Letras, 1998, p. 76-80.

44 Senos, *Op. ci.*, p. 109-110.

45 Breve "Per Magnum Est", de Gregório XIII, 8 de novembro de 1573. ANTT, Maço 36 de bulas nº 44.

46 Carta régia de D. Sebastião à Câmara de Lisboa, de 16 de abril de 1575: "E ao que dizeis sobre a obra da igreja do mártir S. Sebastião e que não trabalham nela mais que seis oficiais por não [...] serem pagos [para a obra] mais de quinhentos mil réis [...]" *Documentos do Arquivo Histórico da Câmara Municipal de Lisboa - Livros de Reis*. Lisboa, Câmara Municipal, 1964, vol. VIII, p. 111.

reutilizado nas obras filipinas do Mosteiro de São Vicente.[47] Em 1598, o padre João Aranha refere-se a um "suntuoso templo, que [...] se vai edificando em Lisboa [...], para ser da invocação do mártir S. Sebastião defensor da saúde deste Reino", e pode estar se referindo às ruínas do templo no Paço da Ribeira, mas também às obras do novo Mosteiro de São Vicente, que recebe a dupla evocação de São Vicente e São Sebastião.[48]

A relação de D. Sebastião com São Sebastião foi além da fervorosa devoção. D. Sebastião parecia disposto a tomar os mártires como exemplo, ao levar adiante pessoalmente a bandeira da luta pela expansão da cristandade na África.[49] É conhecida a trajetória de seu desaparecimento em guerra, na batalha de Alcaacer-Quiber, no Marrocos, em defesa da ocupação cristã no norte da África. Pinturas do final do século XVI no Palácio Nacional de Sintra mostram passos do martírio de São Sebastião, em que D. Sebastião personifica o santo (figuras 214 e 215). Muitos não acreditaram na morte de D. Sebastião e esperavam pela sua volta, em um movimento conhecido como Sebastianismo, que nos primeiros anos teve como símbolo um escudo em que se fundem os emblemas do reino de Portugal e os instrumentos de martírio: cravos, chicote, lança, machado (figura 216).

A sobreposição de elementos sagrados e reais está na gênese da afirmação do poder das monarquias europeias, como mostram os trabalhos de Marc Bloch e Ernst Kantorowicz.[50] Isso se verifica também na monarquia portuguesa. O corpo da Rainha Santa Isabel realizava inúmeros milagres, e protegeu por anos o Convento das freiras de Santa Clara de Coimbra de uma iminente inundação pelo Rio Mondego.[51] Na ocasião da abertura do

---

[47] Rita, *op. cit.*, p. 24.

[48] "Oração, que o P. F. João Aranha professor da sagrada theologia, da Ordem dos Pregadores, teve nas exéquias, que a muy nobre villa de Sanctaré sumptuosamente fez em nossa Senhora de Marvilla a el Rey nosso senhor Dom Philipe o I de Portugal, a que se acharão as ordens todas, e cleresia, toda a nobreza, e povo da terra: em 19 de outubro de 1598". In: *Relação das exéquias d'el Rey Dom Filippe nosso senhor, primeiro deste nome dos Reys de Portugal. Com alguns sermões que neste Reyno se Fizerão. Com licença da S. Inquisição*. Lisboa: Impresso por Pedro Crasbeeck, 1600, p. 61.

[49] "D. Sebastião parece ter tomado a si a tarefa de levar adiante a reversão desse quadro [de interrupção da expansão imperial portuguesa]. Mesmo porque seus contemporâneos não esperavam outra atitude de um verdadeiro monarca. Sua esperança de vir a ser o *Capitão de Deus*, sempre citada por biógrafos, parece não deixar dúvida acerca das responsabilidades religiosas e guerreiras que o rei supunha ter para a defesa de seu reino cristão e, se possível, para toda a cristandade". Hermann, *op. cit.*, p. 97.

[50] Marc Bloch, *Os reis taumaturgos: o caráter sobrenatural do poder régio, França e Inglaterra*. São Paulo: Companhia das Letras, 1993 [1924]; Ernst H. Kantorowicz, *Os dois corpos do rei*. São Paulo: Companhia das Letras, 1998 [1957].

[51] Em relação às curas, muitos doentes curaram-se junto ao túmulo da rainha santa, como a freira Constança Annes, natural de Évora, que sofria de uma praga nos beiços e era manca de uma perna, e foi curada de ambos ao beijar o túmulo de rainha santa. Outra freira, Catarina Lourenço, cega de um olho que voltou a ver após uma vigília junto ao túmulo da rainha. Domingos Domingues tinha uma sanguessuga no interior da garganta que saiu de seu corpo após uma noite dormida no túmulo da rainha. Maria Martins de Coimbra voltou a enxergar e João Pascal voltou a ouvir após pernoitar no túmulo da rainha. Até mesmo o andor onde a rainha

túmulo de D. Afonso Henriques em 1515, D. Manuel verificou que seu corpo encontrava-se incorrupto e perfumado, originando um pedido de canonização que foi levado adiante pelo seu sucessor, D. João III.[52] O Infante D. Fernando, aprisionado pelos muçulmanos e morto no cárcere em Tanger em 1443, foi também considerado santo.

Enquanto na França e na Inglaterra durante séculos o poder sobrenatural dos reis efetivou-se por seus poderes curativos, em Portugal – à exceção da Rainha Santa Isabel, curadora contumaz principalmente depois de morta – a sacralidade dos reis não tinha essa origem.[53] O que caracterizou a sacralidade da Coroa portuguesa foi o seu caráter apostólico e guerreiro. Desde o primeiro rei, D. Afonso Henriques, passando por D. João I, o Infante D. Fernando e o exemplo mais intrigante, D. Sebastião, as figuras santificadas ou santificáveis da Coroa portuguesa foram guerreiros, principalmente na permanente frente portuguesa contra os árabes (D. Afonso Henriques na reconquista da península; D. João I na conquista de Ceuta, primeiro enclave cristão no norte da África no século XV; D. Fernando na luta por Tanger; e D. Sebastião em Alcácer Quiber), mas também – de forma conveniente – contra o também permanente assédio espanhol sobre Portugal (D. Afonso Henriques conquistando a independência de Castela; D. João I como herói da Batalha de Aljubarrota; D. Sebastião já no próprio nascimento).[54] O culto aos mártires, e principalmente a mártires guerreiros como São Sebastião, é a narrativa cristã que oferece mais oportunidades de paralelismos com o culto aos monarcas guerreiros. Talvez os reis portugueses não precisassem curar, porque guerreavam e morriam pela cristandade e por seu próprio reino.

Após a derrota e a morte na batalha de Alcácer-Quiber, o corpo de D. Sebastião foi levado para o enclave português de Ceuta, onde ficou sepultado por quatro anos. Em 1582, durante sua estadia em Portugal, o novo rei Filipe II da Espanha – cuja trajetória encontra-

---

santa foi transportada depois de morta tinha poder curativo: "as andas em que ia foram logo rotas e despedaçadas, e guardados os pedaços e rachas por grandes relíquias as quais, tomadas, e lançadas com devoção segundo testemunho de muitos, a muitos enfermos aproveitavam". Ruy de Pina, "Chronica d'el Rey D. Afonso IV". In: *Crônicas de Ruy de Pina*. Lisboa: na Officina Ferreyriana, 1728, p. 378 e 379.

Em relação à proteção do edifício, isso se verificou enquanto as freiras esperavam que ficasse pronto um novo convento em que mudariam, na companhia do corpo da rainha santa: "Edificando-se o novo Convento com [...] vagar, o antigo se arruinava com toda a pressa, porque as enchentes do Rio o iam arruinando a cada instante, sendo as umidades, se não violentas minas de fogo, lentas minas de água, que se não faziam voar, por partes faziam cair aquele santo baluarte da Militante Igreja. Passando os caminhantes pela ponte, vendo o antigo edifício cadáver, embrião o novo, [parecia que] as sepultaria o antigo, porque não só cada Inverno, cada dia temiam o último fracasso, e todos entendiam que o que não caia, era porque o Santo Corpo da Rainha Santa, se não à viva força, com miraculosa virtude o sustentava [...]". *Historia da vida, morte, milagres, canonisação, e trasladação de Sancta Isabel*, Livro Quinto, p. 3.

52 Ana Isabel Buescu, *O milagre de Ourique e a história de Portugal de Alexandre Herculano*. Lisboa: INIC, 1987, p. 132-133, *apud* Veloso, *op. cit.*, p. 17.

53 Bloch, *op. cit.*

54 Hermann, *op. cit.*, p. 141-149. Sobre o messianismo régio português entre os séculos XIII a XVI, ver: Ana Paula Torres Megiani, *O jovem rei encantado:* expectativas do messianismo régio em Portugal, séculos XIII a XVI. São Paulo: Hucitec, 2003.

Relíquias sagradas e a construção do território cristão na Idade Moderna

186

187

O período do reinado de D. Manuel em (1495-1521) foi de intenso investimento na monumentalização dos túmulos dos reis de Portugal, dando maior legibilidade a um passado em que os sepulcros dos reis estavam ainda bastante periféricos nos edifícios religiosos. D. Manuel transferiu em 1520 os túmulos dos primeiros reis de Portugal, D. Afonso Henriques (figura 186) e de seu filho, D. Sancho I (figura 187), de uma posição secundária na nave da igreja do Mosteiro de Santa Cruz de Coimbra, para um local mais nobre nas paredes laterais da capela-mór, em dois túmulos monumentais em cuja construção estiveram envolvidos profissionais de grande reconhecimento.

195

188

Relíquias sagradas e a construção do território cristão na Idade Moderna

189

O mosteiro de Santa Maria de Alcobaça foi entre os séculos XII e XIV local de sepultamento da família real portuguesa. Durante o reinado de D. Manuel, restos dos reis, rainhas, infantes e infantas foram transferidos para um espaço de maior centralidade no inerior do mosteiro. Os túmulos reais foram transferidos para o local onde já encontravam-se as arcas funerárias de D. Inês de Castro e D. Pedro I, que no século XIV haviam sido colocados no interior da igreja, em um movimento de conquista de centralidade pelos corpos reais. Os túmulos de D. Inês e D. Pedro estão dentre os principais exemplos do gótico em Portugal.

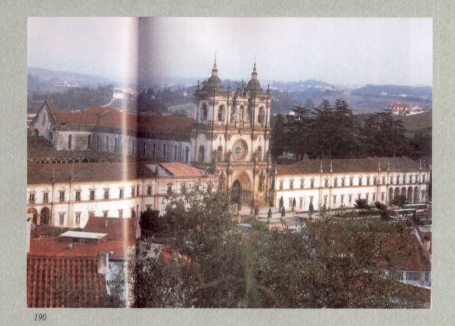

190

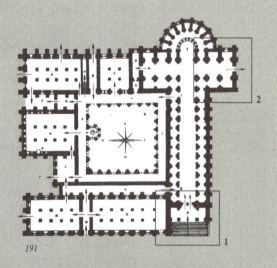

191

Vista atual do mosteiro de Santa Maria de Alcobaça (figura 190), que foi entre os séculos XII e XIV local de sepultamento da família real portuguesa. Durante o reinado de D. Manuel, os restos dos reis, rainhas, infantes e infantas que encontravam-se na galilé, espaço exterior junto à porta de entrada (1), foram transferidos para um espaço de maior centralidade, no interior do templo, no braço direito do transepto (2).

Relíquias sagradas e a construção do território cristão na Idade Moderna

192

194

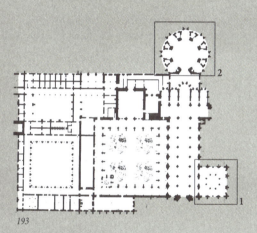
193

195

196

197

O Mosteiro de Santa Maria da Vitória da Batalha, edificado nas imediações do local onde os portugueses haviam derrotado os espanhóis em 1385, foi escolhido como local de sepultamento da dinastia de Avis. Em um esforço de concentração da memória régia de Portugal, D. Manuel trasladou o corpo de seu antecessor, D. João II, de Silves para o panteão que já existia no Mosteiro da Batalha, onde já repousavam os restos de D. João I (1357-1433) e sua esposa a Rainha D. Filipa de Lencastre (1359-1415), e de seus sucessores, incluindo o Infante D. Henrique e seu irmão D. Fernando, tido como mártir, na chamada "capela do fundador", figuras 194 e 195 (1). D. Manuel assumiu a tarefa de prosseguir com a construção do grande panteão régio que D. Duarte (1391-1438) mandara iniciar na primeira metade do século XV no mesmo mosteiro (2), mas a obra nunca foi finalizada (figuras 196 e 197).

199

SANGUE, OSSOS E TERRAS

198

O Mosteiro dos Jerônimos, mandado edificar por D. Manuel, é o edifício que melhor expressa o movimento de centralização do Estado português associado ao manejo do corpo de seus reis. Vista do Mosteiro, cerca de 1660 (figura 198) e vista atual (figura 199).

199

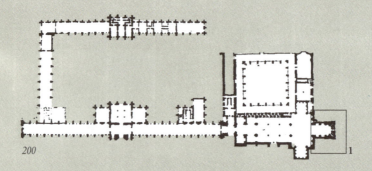
200

Diferente dos panteões de Alcobaça e Batalha, onde os panteões régios ocupavam lugares mais periféricos, nos Jerônimos, já desde a construção do mosteiro, o túmulo real ocupou o ponto de maior centralidade, na capela-mór (1).

Relíquias sagradas e a construção do território cristão na Idade Moderna

201

202

Exéquias de D. Manuel no Mosteiro dos Jerónimos em 1521. O mosteiro estava ainda inacabado, e o Rei foi sepultado na Igreja Velha de Belém. D. Manuel teve que esperar mais trinta anos até que pudesse descansar no local que havia designado na capela-mór doo Mosteiro dos Jerónimos.

Nave da Igreja dos jeronimos, tendo ao fundo a capela-mór.

204

Túmulo de D. Manuel na capela-mór do Mosteiro dos Jerónimos.

203

Capela mór mosteiro dos Jerónimos, mandada fazer por D. Catarina, viúva de D. João III e inaugurada em 1572 em estilo maneirista.

205

Túmulo de D. Sebastião na capela-mór do Mosteiro dos Jerónimos.

201

SANGUE, OSSOS E TERRAS

206

207

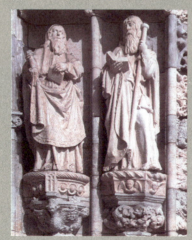

208

209

As iconografias real e religiosa misturam-se no Mosteiro dos Jerônimos: D. Manuel (figura 206), o Infante D. Henrique (figura 207), dois apóstolos (figura 208), um navio português (figura 209).

Relíquias sagradas e a construção do território cristão na Idade Moderna

210

211

A capela de Nossa Senhora da Conceição no convento de Cristo em Tomar, um dos exemplares de arquitetrua renascentista em Portugal. O local teria sido escolhido por D. João III para seu túmulo, desejo que não foi cumprido em prol da continuidade do panteão régio no Mosteiro dos Jerónimos.

212

Na década de 1530 o Rei D. João III encomendou a Gregório Lopes uma pintura do martírio de São Sebastião, para ser instalado na charola do Convento de Cristo em Tomar. A representação portuguesa do martírio de São Sebastião evoca um terreno de várzea, levando à idéia de uma cidade ribeirinha, à semelhança da posição de Lisboa. A fogueira na qual ardem outros mártires, no fundo à direita, pode ser uma referência aos autos-de-fé recorrentes na época da pintura.

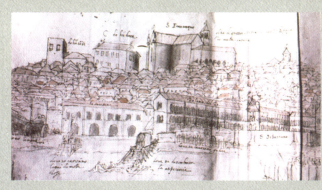
213

Rara imagem que mostra as fundações da jamais concluída igreja de São Sebastião, que o rei Dom Sebastião mandara construir no Terreiro do Paço da Ribeira de Lisboa antes de desaparecer no norte da África. Para o interior do "suntuoso templo, que [...] vai se edificando em Lisboa [...] para ser da invocação do mártir São Sebastião defensor da saúde deste Reino", Dom Sebastião havia obtido do Papa Gregório XIII uma das lanças que haviam supliciado o santo.

203

214

215

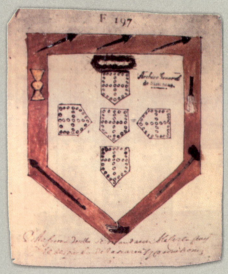
216

A trágica morte de D. Sebastião no norte da África em 1578 foi muitas vees associada a um martírio. As figuras 214 e 215 mostram imagens do século XVII dos passos do martírio de São Sebastião, com a figura de D. Sebastião no lugar do santo. A figura 216 mostra o brasão dos sebastianistas, movimento que nos primeiros anos teve como símbolo um escudo em que fundem-se os emblemas do Reino de Portugal e os instrumentos da paixão: cravos, chicote, lança, machado.

Relíquias sagradas e a construção do território cristão na Idade Moderna

O Rei espanhol Felipe II, devoto de São Lourenço, despendeu imensos esforços em edificar um grande palácio em honra ao mártir. O Escorial, cuja pedra fundamental foi lançada em 1563, foi projetado para desempenhar uma série de funções: templo dedicado a São Lourenço, grande biblioteca, Mosteiro da Ordem de São Jerônimo, palácio real e sepulcro da dinastia dos Áustria. A concepção da planta do edifício foi inspirada na grade de ferro em brasa sobre a qual São Lourenço fora martirizado no século III, e até mesmo as ferramentas utilizadas na obra foram gravadas com o símbolo do martírio do santo (figura 218).

217

218

219

Um dos aspectos da construção do Escorial foi o colecionamento de relíquias de vários lugares da Europa. Ao tempo da morte de Felipe II, o Escorial agregava mais de 7500 relíquias, em uma das maiores coleções do mundo. Felipe II colecionava compulsivamente as relíquias, que venerava, contemplava e beijava até seus últimos dias. A figura 219 mostra um dos altares de relicários do Escorial.

205

220

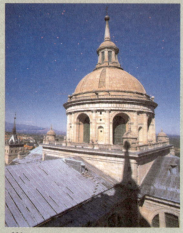

221

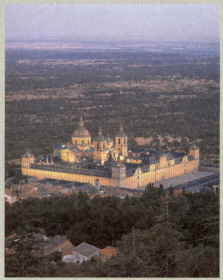

222

Após trinta e dois anos de construção, São Lourenço d'El Escorial foi inaugurado em 1595, festejado por alguns como a oitava maravilha do mundo. A um observador, Frei José de Siguenza, as próprias pedras pareciam luminescentes: "Não parecia algo deste mundo [...] qualquer um [...] juraria que parecia muito com a sagrada cidade de Jerusalém, que o Apóstolo viu ao descer dos céus". Na cúpula da basílica (figura 221) foi instalada uma relíquia de Santa Bárbara, protetora contra as tempestades. A figura 222 mostra uma vista atual do conjunto.

Relíquias sagradas e a construção do território cristão na Idade Moderna

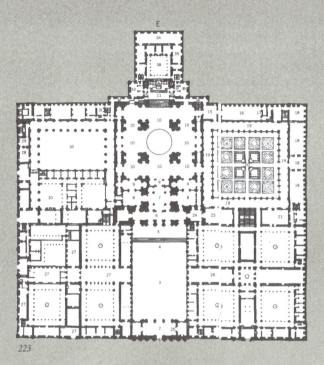

223

Planta do Escorial, cujo traçado foi inspirado na grelha onde São Lourenço foi martirizado. O sepulcro dos reis encontra-se exatamente abaixo do altar-mór da Basílica. As dependências do Rei situam-se ao lado do altar mór, e de sua cama (figura 224) Felipe II podia ver e ouvir a missa.

224

SANGUE, OSSOS E TERRAS

São Lourenço portando a grelha em que foi martirizado, Basílica do Escorial.
225

226

São Jerônimo e Santo Agostinho, basílica do Escorial. Santo Agostinho é representado portando uma maquete do Escorial, em uma referência à sua obra "a cidade de deus". O palácio de Felipe II foi várias vezes comparado à Jerusalém Celeste.

208

Relíquias sagradas e a construção do território cristão na Idade Moderna

227

O panteão régio dos Áustria, situado sob o altar mór da basílica. Durante a construção do Escorial, Filipe II passou anos recolhendo os despojos de seus antepassados para reuní-los junto a seu próprio túmulo, em um movimento que simboliza a própria centralização do Estado espanhol.

Catafalco do Imperador Carlos V em San Benito El Real, Valladolid 1559. As exéquias de Carlos V, pai de Filipe II, trouxeram à Península Ibérica as grandes construções efêmeras fúnebres que influenciariam as exéquias reais e da corte portuguesa até o século XVIII.

228

209

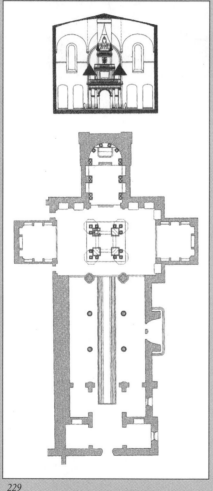

Implantação do aparato fúnebre das exéquias de Fiipe II na igreja do Mosteiro dos Jerônimos em Lisboa, que marca a chegada da pompa fúnebre barroca a Portugal em 1599. Ao fundo de um estreito corredor que simbolizava a passagem para o outro mundo, encontrava-se o monumental catafalco iluminado por milhares de velas. Apesar de os portugueses terem adotado o novo formato para as exéquias, o caixão simbolizando o corpo do Rei foi colocado sobre o catafalco, como tradicionalmente se fazia em Portugal, e não sob a construção, como se fazia em outras partes da europa Católica. A instalação das velas no segundo andar do catafalco foi vista como um grande conforto, pois deixava o nível do chão do templo livre da fumaça.

se relatada a seguir – ordenou a volta do corpo de D. Sebastião a Lisboa, e seu sepultamento também no Mosteiro dos Jerônimos, juntamente com seu sucessor, o cardeal D. Henrique, que havia reinado de 1578 a 1580 sem deixar herdeiros. Para Filipe II, a volta do corpo de D. Sebastião para Lisboa teve uma função dupla: por um lado, demonstrar aos portugueses a certeza da morte de seu rei; por outro lado, legitimar a si mesmo como o poderoso, mas piedoso sucessor de um trono anteriormente fragilizado, dando finalmente descanso ao rei morto no exílio.[55]

Com o sepultamento de D. Sebastião, finalizou-se trajetória do Mosteiro de Belém como panteão régio dos reis de Portugal. Os frades jerônimos se consolidavam como a ordem guardiã dos túmulos dos reis ibéricos: estava em construção nas imediações de Madri o gigantesco Mosteiro do Escorial, que seria também o sepulcro de Filipe II, mencionado adiante. Após a restauração da Coroa portuguesa em 1640, a nova Dinastia dos Bragança escolheria o Mosteiro de São Vicente de Fora como local para seus túmulos. O Mosteiro dos Jerônimos, repleto de referências que mesclavam a Coroa e a Igreja, já havia cumprido sua função de reposicionamento do corpo dos reis portugueses em seu reino e império (figuras 206 a 209).

O palácio e a paixão de Filipe II

A falta de D. Sebastião, que morreu sem herdeiros, provocou uma crise sucessória em Portugal. Após dois anos do reinado do tio de D. Sebastião, o cardeal D. Henrique, idoso e sem sucessores, quem assumiu o trono português foi o rei Filipe II da Espanha (que em Portugal fica conhecido como Filipe I de Portugal), neto de D. Manuel por parte de mãe e que fora casado com uma de suas filhas. Ao anexar os domínios portugueses ao seu já imenso império, Filipe II tornava-se o soberano que mais domínios teve em toda a história, em todos os continentes, incluindo vários reinos na Europa.

Para além de suas imensas posses, a trajetória de Filipe II personifica em muitos sentidos a obsessão da sociedade ibérica com a dimensão sagrada da morte: empenhou-se fortemente na edificação de um sepulcro monumental, era obcecado pelas relíquias sagradas e sua própria morte foi equiparada a um lento martírio.

Em 10 de agosto de 1557, dia de São Lourenço,[56] Filipe II teve um de seus primeiros triunfos militares, sobre os franceses, na batalha de San Quintin. Creditando essa vitória à intercessão celestial de São Lourenço, em retribuição, o rei comprometeu-se a construir-lhe um grande templo[57]. Em 1558, por ocasião da morte de seu pai Carlos V no Mosteiro

---

55   Lucete Valensi, *Fábulas da memória: a batalha de Alcácer-Quiber e o mito do sebastianismo*. Rio de Janeiro: Nova Fronteira, 1994, p. 28-35; Ana Paula Torres Megiani, *O rei ausente: festa e cultura política nas visitas dos Filipes a Portugal - 1581 e 1619*. São Paulo: Alameda, 2004, p. 91.

56   São Lourenço, mártir diácono de origem espanhola martirizado na perseguição de Valeriano em 258.

57   "Foi esta a primeira das vitórias que teve Filipe II, que por deliberação celestial era dia 10 de agosto, festa do glorioso mártir São Lourenço, espanhol, a quem desde sua infância este príncipe celestial [Filipe II] teve

de São Jerônimo de Yuste, Filipe II decidiu que o templo que construiria em honra ao mártir São Lourenço seria também um Mosteiro da Ordem de São Jerônimo, ordem religiosa preferida da Coroa ibérica no século XVI, e que seria também onde construiria um local definitivo de descanso para seu pai, juntamente com seu próprio sepulcro e o de seus descendentes.[58]

Em 1559, o rei enviou agentes com o propósito de encontrar o local adequado para o edifício, que deveria situar-se próximo ao centro geográfico da Península Ibérica. A procura foi gradualmente apontando para a região das montanhas de Guadarrama. Em abril de 1561, as buscas se concentraram na vertente sul das montanhas, quando finalmente decidiu-se pelo local definitivo, nas imediações da Vila de Escorial, entre Madri, Ávila e Segóvia.[59]

Essa escolha não pode ser dissociada de um outro importante processo que estava em curso na monarquia espanhola naqueles anos. Com o aumento do império e da burocracia real, estava se tornando inviável a existência de uma corte itinerante. Tornava-se cada vez mais necessária a escolha de uma base de operações em um ponto específico. Era clara a preferência de Filipe II por um local no centro da Península Ibérica, região por onde passavam as rotas que conectavam as principais cidades da península, minimizando os deslocamentos reais. A definição do local da edificação do monastério-sepulcro-palácio real no Escorial esteve associada à escolha de uma nova sede para a corte: a inexpressiva cidade de Madri, sem catedral, sem universidade e sem imprensa. Caso o local de edificação do monastério tivesse recaído sobre a região a norte das encostas das montanhas de Guadarrama, possivelmente a Espanha teria adotado Segóvia como capital.[60]

Filipe II cumpriu seu objetivo, e levou adiante a edificação do enorme Palácio do Escorial, que desempenharia algumas funções: a de templo dedicado a São Lourenço; a de uma grande biblioteca, das maiores da época; a de Mosteiro da Ordem de São Jerônimo; e a de sepulcro real, última morada de Filipe II e sua dinastia. A pedra fundamental foi lançada em 1563. A concepção da planta do edifício foi inspirada na grade de ferro em brasa sobre a qual São Lourenço fora martirizado no século III, e até mesmo as ferramentas utilizadas na obra

---

singular devoção [...]. Desde aquele ponto, concebeu em seu peito um alto propósito de fazer-lhe algum insigne serviço". José de Siguenza, *Historia primitiva y exacta del Monasterio del Escorial escrita en siglo XVI*. Madrid: Imprenta y Fundicion de M. Tello, 1881 [1605]), p. 13.

58 "Morreu no ano de [15]58 [...] o nunca vencido imperador Carlos V, no Monastério de Yuste [...] deixou à vontade e parecer de seu filho Don Felipe tudo o que tocava seu enterro, lugar e assentamento da sepultura, e da imperatriz dona Isabel, sua mulher [...]; Filipe II] decidiu em seu pensamento, que o templo que tinha determinado levantar à honra de São Lourenço, fosse um Monastério da Ordem de São Jerônimo, que fosse também sepultura digna de tal Imperador e pai, e uma Imperatriz tal como Dona Isabel sua mãe, e que depois também fosse sua, de suas caríssimas mulheres e filhos". Siguenza, *op. cit.*, p. 18.

59 Claudia W. Sieber, *The invention of a capital*: Philip II and the first reform of Madrid. PhD Dissertation, Johns Hopkins University, Baltimore, 1985, p. 30-31.

60 *Ibidem*, p. 33. Outros autores, como José de Siguenza, afirmam que a escolha de Madri como capital antecedeu a escolha do local de edificação do Escorial.

eram gravadas com o símbolo do martírio do santo (figura 218).

Mesmo com a proteção de São Lourenço, a obra passou por percalços: em uma noite de 1577, o palácio semicompleto pegou fogo, e Filipe II assistiu ao incêndio, quando os trabalhadores da obra procuravam desesperadamente apagar o fogo, enquanto os monges jerônimos agitavam sua mais preciosa relíquia, o braço de São Lourenço, esperando intercessão divina naquele momento difícil.[61]

O rei empenhou-se pessoal e ardentemente na construção. Assim como utilizara pedras das várias regiões da Espanha para a construção do Escorial, baseou a construção também sobre outras matérias: foi cerimoniosamente retirando os restos mortais de seus antepassados de locais tão diversos como Valladolid, Tordesilhas, Granada, Mérida, Yuste e Madri, colecionando-os em seu novo palácio-sepulcro. Os corpos eram trasladados com pompa, em cortejos compostos por nobres e clérigos, durante suas longas jornadas parando nas igrejas para missas em réquiem.[62]

Outro dos componentes da construção do Escorial foi o enorme esforço realizado pelo rei de reunir relíquias de santos no seu palácio, iniciado assim que começaram os planos para a sua construção. Filipe II foi verdadeiramente obcecado pelas relíquias, e convocou os bispos de seu reino a lhe darem relatórios das relíquias que existiam em cada diocese, se estavam bem mantidas e adequadamente veneradas.[63] O rei usou dos mais diversos instrumentos para a obtenção dessas relíquias, incluindo ingerências junto a autoridades laicas e eclesiásticas. Recebeu três breves de papas, autorizando-o a levar relíquias de diversos lugares para o monastério do Escorial (figura 219).[64]

Nem sempre a trasladação das relíquias para o Escorial significava privar a igreja original de seus tesouros. Aproveitando-se da propriedade do santo, de estar inteiro nas suas partes, era também possível uma cerimônia de aberturas das arcas ou relicários onde se encontravam os ossos de um santo, e a escolha de um dos ossos para doar ao rei. Mais do que se dividir, a relíquia se multiplicava, criando também relações místicas de reciprocidade entre o centro do reino (o Escorial) e suas partes.[65]

Grande parte da coleção de Filipe II provinha das regiões reformadas da Europa, onde

---

61   Adrian Tinniswood, "Philip II and the Escorial". In: *Visions of power*: ambition and architecture from ancient times to the present. London: Stewart, Tabori & Chang, 1998, p. 80.

62   José de Siguenza, *Historia primitiva y exacta del Monasterio del Escorial*. Madrid: Imprenta y Fundicion de M. Tello, 1881 [1605], p. 82-88.

63   Eire, *op. cit.*, p. 266.

64   *Copia autentica del Breve que concedió el papa Pio cuarto a don Francés de Alava, para poder sacar relíquias de Francia (15 de julho de 1564); Copia autentica del Breve que concedió el papa Pio quinto a su majestad para poder sacar relíquias de la baja y alta Alemania (6 de setembro de 1567); Copia autentica del Breve do Pio V para traer relíquias al monastério de S. Lorenzo (15 de dezembro de 1567)*. Biblioteca do Escorial, sign A. I. 1.

65   *Las relíquias del Monastério de San Lorenzo El Real de El Escorial*. El Escorial: Ediciones Escurialenses, 2005, Documentos para la historia del Monastério de San Lorenzo El Real de El Escorial, XIII, vol. II, p. 585-586.

as relíquias vinham sendo desprezadas, destruídas, vendidas ou simplesmente roubadas. De Colônia chegou o maior carregamento, em 1598: quatro grandes caixas cheias de relíquias salvas da fúria iconoclasta.[66] Referindo-se ao dia em que as caixas chegaram ao Escorial, dia de São Basílio, José de Siguenza faz uma explícita relação entra a arquitetura sagrada e material do Escorial:

> [...] o dia em que se assentaram as bases dos quatro pilares grandes que sustentam toda a fábrica desta igreja foi o dia do glorioso São Basílio, clara luz da Igreja, e no mesmo dia entravam agora outras quatro caixas cheias de santíssimas prendas do céu, para que as colunas e bases e todo o templo tenham eterno fundamento e firmeza enquanto durar a Igreja do Senhor.[67]

Ao final da vida de Filipe II, o Escorial era um grande relicário, que continha mais de 7.500 relíquias colecionadas pelo rei durante décadas, compondo uma das maiores coleções do gênero no mundo e considerada uma parte do céu na terra.[68] Não se venerava apenas a quantidade, mas também a qualidade das relíquias. De Cristo havia: um cabelo de sua cabeça, onze espinhos de sua coroa, um pedaço da corda que lhe atou as mãos ou a garganta, um dos vasos em que os Reis Magos lhe ofereceram os presentes, uma parte de um dos cravos que traspassaram suas mãos e seus pés, uma parte da esponja que puseram em sua boca quando estava na cruz, um pedaço de sua roupa, um pedaço de lenço com marcas de sangue, pedaços da coluna onde lhe ataram para açoitar-lhe, uma parte da manjedoura onde nasceu. "Para a estimação e reverência que lhes deve [às relíquias] é ainda pequeno este prodigioso Edifício [o Escorial]". Da Virgem, algumas peças de sua roupa, um pedaço do lenço com que enxugava seus olhos ao pé da cruz, um pouco de seu cabelo. Também havia onze corpos inteiros de santos, "ainda que inteiros, são partes, e membros deste grande corpo da Igreja, de quem neste sentido é a cabeça Cristo Nosso Senhor, e sua Mãe Santíssima o colo"; 153 cabeças de santos em dois altares, "as dos varões estão no altar de São Geronimo; e as das Santas Virgens no de Nossa Senhora"; mais de 600 braços, entre eles um de São Tiago "que tantas vezes com a espada foi o terror dos mouros". Um osso da coxa de São Paulo, "que somente por ela esta Casa poderia ser chamada mil vezes de ditosa, assim como Roma, que tem os corpos dos primeiros apóstolos". A comparação com Roma é recorrente, talvez indicando uma medição de forças: "Até de profetas de antes da

---

66 Siguenza, *Historia primitiva* ..., p. 195-203.

67 *Ibidem*, p. 204.

68 "Abrindo-se as portas [dos relicários], corridos os véus de seda [...] *descobre-se o céu*. Veem-se [...] diversas fileiras de vasos muito lindos, alguns de ouro, e de prata, adornados com pedras singulares, com cristais finíssimos, vidros cristalinos e outros metais dourados, que emitem luzes, deslumbram os olhos, e acendem a alma, inspirando temor e reverência, e naturalmente (ou sobrenaturalmente) nos obrigam a dobrar os joelhos e levar o corpo à terra" [grifo meu]. Francisco de los Santos, *Descripcion Breve del Monasterio el Real del Escorial*. Madrid: en la Imprensa Real, 1657, p. 35.

vinda de Cristo há muitas [relíquias], e são verdadeiras, como as de Roma".[69]

Havia no Escorial várias relíquias de São Lourenço, patrono do edifício, entre elas uma coxa "com sua pele tostada e assada, e se veem nas aberturas e buracos que lhe fizeram com garfos [...] com os quais lhe [...] viravam sobre as grelhas", além da metade do osso de sua bacia, cuja vinda ao mosteiro não poderia deixar de ser milagrosa:

> Querendo o Papa Gregório XIII enviar uma parte desse osso para o Monastério, mandou que ele fosse partido com uma serra especialmente feita para isso, e nas três vezes que o serraram, a terceira diante do Pontífice, não fizeram nem uma fenda, como se não o tivessem tocado. Depois, sem violência nem força, o mesmo partiu-se pelo meio, pela parte mais forte. Os ministros, vendo isso, disseram admirados: este santo quer voltar à Espanha.[70]

Ainda assim, Filipe II não conseguiu realizar todos os seus desejos para sua coleção. A tentativa de trazer a cabeça de São Lourenço do Mosteiro de Gladbach, na Alemanha, envolveu anos de diplomacia, negociações, ameaças, a proposta de uma grande renda anual para o mosteiro, tudo em vão.[71] Houve um plano para trazer ao Escorial o corpo de São Tiago, a maior relíquia da Espanha, venerada em Compostela, o principal local de peregrinação da Europa fora de Roma. Três foram os argumentos utilizados por Filipe II para o traslado: o da centralidade geográfica do sítio na Espanha, o que tornaria mais acessíveis as relíquias; o da monumentalidade do edifício – o Escorial, como o mais monumental do reino, era o mais digno de receber a mais importante relíquia; e a proximidade ao rei – seria melhor para a Espanha dispor de seu rei e de seu patrono próximos entre si. Por trás disso, estava um rei procurando construir o centro hegemônico de seu império em todos os sentidos. No entanto, Filipe II acabou por respeitar os sinais vindos da Galícia, cujo povo não abriria mão de seu maior tesouro sem lutar por ele.[72]

Após 32 anos de construção, o Escorial foi inaugurado em 1595, festejado por alguns como a oitava maravilha do mundo. A um observador, Frei José de Siguenza, as próprias pedras pareciam luminescentes: "Não parecia algo deste mundo [...] qualquer um [...] juraria que parecia muito com a sagrada cidade de Jerusalém, que o Apóstolo viu ao descer dos céus".[73] Os corpos dos reis, a proteção de São Lourenço, a incrível coleção de relíquias, as rezas e missas dos frades jerônimos constituíram o que se pode considerar uma "arquitetura invisível", am-

---

69 *Ibidem*, p. 35-38.
70 *Ibidem*, p. 40-41.
71 Jaime Ferreiro Alemparte, *La leyenda de las once mil virgenes*. Murcia: Universidad de Murcia, 1991, p. 87.
72 Eire, *op. cit.*, p. 266.
73 *Ibidem*, p. 258-259.

parando e fundamentando a visível no Escorial.[74]

Filipe II não programou esse cenário magnífico para nele viver, mas para passar períodos mais curtos de recolhimento devoto. Por outro lado, tudo foi cuidadosamente planejado para o Escorial ser o local onde o rei morreria, esperando na companhia dos santos e zelado pelas orações dos frades jerônimos até o dia da ressurreição. Em 1598, sofrendo de gota e artrite, Filipe II pediu para ser levado pela última vez de Madri para El Escorial, "determinando partir para sua casa de São Lourenço, ou para dizer melhor, para sua gloriosa sepultura".[75] Com as dificuldades de saúde, Filipe II só podia ser carregado muito lentamente em uma cadeira, "e ver a si mesmo como levado a enterrar a cada dia",[76] e a viagem, que ele mesmo já havia feito inúmeras vezes a cavalo em algumas horas transformou-se em uma dolorosa peregrinação de seis dias.

Uma vez no Escorial, em alguns dias, o rei não era mais capaz de levantar-se da cama, e o sofrimento que passou até morrer foi várias vezes comparado a um martírio, que sofreu sem reclamar nem perder a fé: dores por todo o corpo, feridas purulentas, febres, calafrios, uma diarreia que fez o rei passar seus últimos dias misturado a seus excrementos, pois qualquer toque em seu corpo lhe causava imensa dor, inviabilizando até mesmo a limpeza de seu corpo e troca dos lençóis.[77]

Face à inevitabilidade de sua morte, o rei controlou todos os detalhes de seus últimos sacramentos e despedidas, exigindo o envolvimento de seu filho, o futuro rei Filipe III, que deveria familiarizar-se com os rituais de despedida, de forma que quando chegasse a hora de sua própria morte, ele também pudesse controlar a despedida com consciência. Em sigilo, o rei havia mandado os monges irem à cripta do palácio, abrirem o caixão de seu pai Carlos V, tomar todas as medidas e observar como estava vestido o cadáver, de maneira que fizessem da mesma forma para ele.

A madeira do caixão já estava reservada, proveniente da quilha de um navio português que havia naufragado e, que o rei havia mandado trazer de Lisboa. O nome do navio, *Cinco Chagas*, sugestivamente evocando a paixão de Cristo (talvez aquela que naufragara em 1593 nos Açores, mencionada na página 56). Finalmente, a 13 de setembro de 1598, Filipe II morreu, "na mesma casa e templo de São Lourenço que havia edificado, e quase em cima de sua própria sepultura", segurando em uma mão uma vela e na outra um crucifixo – ambos haviam pertencido a seu pai Carlos V – e tendo em sua frente uma relíquia do mártir Santo Albano.[78]

---

74 "É possível falar de uma arquitetura invisível [no Escorial], que fez com que a forma material seguisse uma função espiritual, e referir-se a uma infra estrutura litúrgica como a moldura que mantinha unidas as várias partes disparatadas de um todo gigantesco". *Ibidem*, p. 341.

75 Siguenza, *Historia primitiva* ..., p. 205.

76 José de Siguenza, *Fundacion del Monasterio de El escorial*, p. 173, apud Eire, *op. cit.*, p. 271.

77 Eire, *op. cit.*, p. 272.

78 Siguenza, *Historia primitiva* ..., p. 230-234.

Segundo um pregador, o rei morrera em paz, atributo que seu corpo transferiria à terra onde seria sepultado: "[...] em paz morreu, para que dentre os outros bens entrasse também com este na sepultura, e pacificada a terra poder-se mais seguramente esperar o céu".[79]

Seu corpo foi vestido em uma túnica simples, embrulhado em um lençol e colocado no caixão da madeira vinda do navio português, que era tão pesado que eram necessários vários homens para movê-lo. Foi levado ao templo dos monges jerônimos, e instalado sob o catafalco que lá havia sido construído, em meio a uma solene procissão, onde foi velado por duas horas. Depois disso, o corpo foi levado à cripta situada diretamente abaixo do altar-mor (figura 227).

Durante o século XVI, a pompa fúnebre dos reis de Portugal foi aumentando em monumentalidade, e Filipe II não foi exceção à regra. O rei foi velado em inúmeras cidades da Espanha e de todo o seu reino em cerimônias que eram verdadeiras exéquias, sem o corpo do rei presente.[80]

Como orientação geral e mediados pela disponibilidade de recursos, os rituais seguiram o esplendor simbólico das cerimônias fúnebres da Borgonha, que Carlos V, o pai de Filipe II, havia introduzido na Espanha e que influenciou o cerimonial ibérico por gerações (figura 228). Uma das principais características desse cerimonial era a construção de suntuosas construções efêmeras para a decoração do interior dos templos onde se celebravam as exéquias, simbolizando o caráter precário da vida. A entrada e o interior das igrejas eram revestidos de panos pretos, decorados com escudos, bandeiras e emblemas. Essa construção estreitava a nave central, constituindo quase que um corredor, que simbolizando a ideia de passagem, peregrinação ou trânsito para o além. Essa passagem levava ao catafalco, ou túmulo, uma construção em andares, onde eram depositadas as insígnias reais. O catafalco era coberto de velas, que podiam chegar aos milhares, criando um efeito sublime em contraste com o fundo negro das igrejas.[81]

Em setembro de 1598, os sinos dos mosteiros e igrejas de Lisboa dobraram por três dias e três noites em sinal de luto pela morte do rei Filipe II.[82] O local escolhido para as exéquias foi o Mosteiro dos Jerônimos em Belém, "por [ser] mais capaz [de abrigar] a fábrica e [...] o concurso da gente, considerando-se também ser ali a sepultura dos reis, a quem

---

79 "He do Doutor Gabriel da Costa Lente de cadeira maior da sagrada Escritura, & Chantre na doutoral See de Coimbra". In: *Relação das exéquias d'el Rey Dom Filippe nosso senhor* , p. 82.

80 Teresa Ferrer, "Las fiestas publicas en la monarquia de Felipe II y Felipe III". In: *La morte e la gloria:* apparati funebri medicei per Filippo II di Spagna e Margherita d'Austria. Firenze: Sillabe/Soprintendenza per i Beni Artistici e Storici di Firenze, Pistoia e Prato, 1999, Catálogo de exposição, p. 28-33.

81 Eire, *op. cit.*, p. 288. Sobre as exéquias de Filipe II em Florença, ver: Silvia Castelli, "Le esequie di Filipo II: morte e gloria della Sacra Cattolica real maestá del re di Spagna". In: *La morte e la gloria ...*, p. 86-93.

82 Joaquim Veríssimo Serrão, *A misericórdia de Lisboa: quinhentos anos de história*. Lisboa: Livros Horizonte/Misericórdia de Lisboa, 1998, p. 109.

o Rei, que Deus tem, sucedeu na Coroa destes Reinos".[83] Lá foi iniciada a construção um imenso catafalco nos primeiros dias de outubro. Mas uma epidemia de peste começou a assolar a cidade, e a obra foi interrompida e as exéquias adiadas. A obra ficou interrompida por meses, mas, na Semana Santa de 1599, o catafalco foi desfeitao para que se pudessem celebrar os ofícios no mosteiro. Foi iniciada também a construção de uma nova eça na Vila de Alcochete, onde os governadores de Portugal estavam morando enquanto a epidemia de peste não passava. Mas o rei Filipe III mandou que essa ação fosse interrompida até que se pudesse celebrar em Belém as exéquias de seu pai.

Quando a epidemia passou, reiniciou-se a construção da monumental eça no Mosteiro dos Jerônimos, que ficou pronta em 22 de dezembro de 1599. Era um aparato fúnebre jamais visto em Portugal, o qual se alcançava após passar-se por um estreito corredor construído com panos negros. O monumento tinha três andares, o primeiro deles composto por quatro colunas dóricas que suspendiam o restante. Diferentemente das celebrações na Espanha, onde o túmulo do rei ficava junto ao primeiro piso, em Lisboa, o catafalco não abandonou o costume tradicional de se colocar o túmulo no cume do edifício, representando o movimento ascensional.

A inovação mais festejada foi a mudança na localização das velas. A figura 229 mostra que na cerimônia tradicional o túmulo era iluminado por tochas instaladas no nível do piso do mosteiro. No catafalco de Filipe II, as velas foram instaladas principalmente em dois planos: no segundo andar, sobre quatro pirâmides oitavadas, que portavam mais de 900 delas cada uma; e no alto, acompanhando o túmulo do rei, mais quatro dessas pirâmides, menores, com 200 velas cada uma.[84] É possível que a procura por ostentação e graça no cerimonial fúnebre tenha entrado definitivamente em Portugal, reverberando também no Brasil, a partir da morte de Filipe II.

O Arcebispo de Lisboa, D. Miguel de Castro, rezou o ofício no mosteiro, e no dia seguinte, religiosos de todas as ordens da cidade rezaram missas de réquiem em honra do rei, no mosteiro e no claustro, onde foram construídos 27 altares. Em uma dessas pregações, o frei dominicano Manoel Coelho justificou o luxo da cerimônia, pois "o que se faz aos mortos, tudo é bem empregado, e nada sobejo".[85] Esse mesmo sermão faz uma equivalência entre a presença do rei nos diversos territórios e a presença da fé católica:

> Das virtudes deste príncipe [...] diremos algumas, e começando pela fé, que é fundamento de todos os bens, digo que teve tamanho zelo da honra de Deus, e da religião cristã, e tamanho ódio às heresias, que onde ele entrava, ali havia fé católica, e donde ele saía, ali se per-

---

83 *Relação das exéquias ...*, p. 2.

84 *Ibidem*, p. 1-6.

85 "Pregação nas exéquias d' El Rey Dom Filipe Primeiro deste nome feita pelo Padre Mestre Manoel Coelho da Ordem de São Domingos, & Pregador de Sua Magestade". In: *Relação das exéquias ...*, p. 12.

dia, e entrava a heresia. Enquanto os estados de Flandres estiveram à sua obediência, houve neles fé, desobedecendo a ele, desobedeceram à Igreja. Entrando na Inglaterra, se pregou a fé, levando consigo muitos teólogos e frades que a ensinaram e leram em escolas públicas; saindo daquele reino, logo se perdeu a fé […] estar a Espanha no estado em que está, tão limpa de heresias, estando outras partes tão infeccionadas delas, a este Príncipe se deve.[86]

O sermão de Gabriel da Costa, na Sé de Coimbra, atribui um sentido um pouco diferente aos domínios de Filipe II, ainda dentro de um contexto messiânico. A função desses territórios, inclusive os da América, seria a de produzir riquezas para o rei, as quais ele teria gasto lutando contra os hereges:

> Quem há que não saiba, que os estados de Flandres, Borgonha, e os mais tão populosos quanto opulentos, e o patrimônio seu antigo, com o qual entrou na Coroa de Espanha o Rei Filipe [I] seu avô, tudo quase deixou perder, para não deixar viver em liberdade a hereges, que com esta condição se lhe entregavam liberalmente com todos os reditos [lucros] dos Estados. […] aqui nesta empresa acabou o terço de Nápoles, o terço de Lombardia, e o melhor e mais esforçado na milícia de toda a Espanha. Nesta empresa meteu o grosso e a polpa dos rendimentos de todos os estados. Nela se gastam quase todas as riquezas, que das Índias Ocidentais descem há muitos anos […].[87]

Em uma passagem no início da pregação, Gabriel da Costa dá uma centralidade aos reis de Portugal, em uma futura ressurreição, em tom ambíguo e talvez um pouco ressentido e nostálgico:

> […] a mágoa da perda se acabará de todo, quando das sepulturas suntuosas, em que descansam as cinzas dos nossos Príncipes saírem já gloriosos e imortais, quando lá da capela de Belém se levantar com glória El Rei Dom Manuel seu avô [de Filipe II], pai daquela matrona augusta a Imperatriz Dona Isabel sua mãe (falo destes Príncipes, como os parentes mais chegados ao Rei nosso senhor, não por deixar de entender, que todos os mais antepassados seus hão de se ver na mesma glória) aparecerá o Rei Dom Manuel ornado dos triunfos do Oriente, já pago da gloriosa conquista, que pelo meio do Oceano fez desde a nossa praia Lusitana sem exemplo, sem guia mais do que o céu, a descobrir gente, em que plantasse a santa fé lá onde o Sol nasce.
> Do mesmo templo se levantará aquele grande pai da pátria El Rei Dom João III seu tio, a cujo nome ainda se recream estas relíquias da nossa Lusitânia, com a glória, que se deve

---

86   *Ibidem*, p. 16-17.
87   "He do Doutor Gabriel da Costa Lente de cadeira maior da sagrada Escritura, & Chantre na doutoral See de Coimbra". In: *Relação das exéquias* ..., p. 76-77.

a um Rei, que sempre fez, que se sepultassem os seus vassalos nas próprias sepulturas de seus avós, conservando o que seus predecessores de gloriosa memória lhe deixaram em paz e em justiça e em religião.

Dos campos de Alcácer, onde acabou despedaçado, sairá aquele mancebo mais valoroso que ditoso, o Rei Dom Sebastião I. Já então estará vingada a sua morte, e ele terá glorioso prêmio do zelo santo por ter acabado para empossar a fé de Cristo na África, de onde a tinham desterrado os bárbaros Mouros [...]. Acabe-se o sangue Real, gastem-se as forças de Espanha, consuma-se a substância do Reino, porém não vivam em liberdade profanos apóstatas.[88]

Aqui, é possível tomarmos o relato da futura ressurreição gloriosa dos reis de Portugal como metáfora para uma futura ressurreição de uma Coroa portuguesa independente. Mas esse sentimento é mais exceção do que regra nos relatos das exéquias de Filipe II. De uma forma geral, não se deixa perceber muito desconforto dos súditos com o soberano estrangeiro.

Não seria exagero dizer que a morte de Filipe II da Espanha atraiu mais atenção do que qualquer outra no início da Idade Moderna na Europa.[89] Vários relatos de seu sofrimento, morte e funeral foram publicados nos anos seguintes à sua morte, e um deles esclarece que o sentido da morte do rei transcendia a sua própria trajetória, devendo servir de lição para todos:

Um exemplo a ser seguido na mais admirável paciência, fé e prudência cristã, não apenas por reis e príncipes, mas também por todos; pois imitando os passos de tão bom e sagrado Rei, todos devem atingir a glória sagrada que nós ardentemente acreditamos que o Rei Nosso Senhor está desfrutando.[90]

*

Com a morte de Filipe II e suas exéquias, que quase encerram o século XVI, suspendemos nossa introspecção pela morte dos reis de Portugal. São vários os indicadores do crescimento da centralidade da figura real na sociedade no decorrer desse século: a concentração dos corpos em locais simbólicos da memória e história dos reinos; a monumentalização dos sepulcros e o crescimento de sua centralidade nos edifícios religiosos em que os reis foram sepultados ou trasladados; o aumento da pompa e do cerimonial fúnebre.

Esse aumento da centralidade real deu-se por meio da apropriação do léxico religioso,

---

88 *Ibidem*, p. 70-71.

89 Eire, *op. cit.*, p. 257.

90 *Testimonio autentico, y verdadero de las cosas notables que pasaron en la dichosa muerte del Rey Nuestro Señor Don Phelipe Segundo, autor, so Capellan el Licenciado Cervera de la Torre, de la Orden de Calatrava, natural de Ciudad Real* (Valencia, 1599), apud Eire, *op. cit.*, p. 301.

em que os santos e mártires e suas relíquias sagradas tiveram papel estruturante, instrumentos talvez imprescindíveis para lastrear a afirmação da centralidade real. No que diz respeito ao aparato fúnebre, a afirmação do poder central do rei não significou a substituição do léxico religioso, mas a sua apropriação.

Dessa forma, podemos sustentar que a ocupação do território da América Portuguesa pelos mártires e suas relíquias não se tratava de um processo puramente missionário, mas endossava a dimensão real, e era endossado por ela. A conquista do Rio de Janeiro pelo mártir guerreiro São Sebastião assinalava também a presença do rei D. Sebastião. A presença de São Lourenço entre os índios vinculava-se à devoção de Filipe II ao mártir. As 11.000 virgens eram importantes para os jesuítas, mas também para Filipe II (p. 127) e para a rainha D. Leonor (p. 124). Uma separação mais clara entre as estratégias das duas esferas se constituiria mais adiante.

A comunidade dos vivos e dos mortos

CAPÍTULO 4

O juízo individual e a salvação das almas

Nos capítulos anteriores deste trabalho, foram esmiuçados os inúmeros compromissos entre os vivos e alguns mortos muito especiais para a sociedade e a cidade católica do início da Idade Moderna, tanto na Península Ibérica quanto na América Portuguesa. Veremos neste capítulo que não só os santos e reis, mas também os mortos comuns tinham sua capacidade de regular tempo e espaço, de estruturar o cotidiano e o território dessas mesmas cidades, de várias maneiras.

No início da Idade Moderna, a preocupação com a morte, o além e o local da sepultura ocuparam imensamente as reflexões e o imaginário dos cristãos, constituindo toda uma teia de cumplicidades, de relações sociais e econômicas, que comprometia irreversivelmente o cotidiano dos vivos com os mortos. É possível que a preocupação com os lugares de deposição dos mortos tenha atravessado o Atlântico com intensidade ainda maior do que a existente na Europa, onde há séculos estavam consolidados os locais adequados para o repouso, sacralizados e vigiados pelos vivos, pois nada disso estava garantido na América.

Até o início do século XII, o além cristão organizava-se da seguinte forma: após a morte, os cristãos ficavam em uma espécie de estado de latência até a primeira ou, na maior parte dos casos, a segunda ressurreição. Na segunda ressurreição, os corpos ressuscitariam e as pessoas seriam julgadas e divididas entre aquelas que se salvariam e as condenadas, dependendo de seus feitos durante a vida. Se uma pessoa tivesse feito boas ações, seria salva e iria ao Paraíso, se tivesse levado uma vida de pecados, o destino era o Inferno. O nome dos escolhidos estava previamente escrito em um livro, e a ida ao Paraíso ou ao Inferno tratava-se de uma simples seleção cujos critérios já estavam pré-determinados.

A partir do século XII, a imagem do juízo final começou a encaminhar-se rumo a uma visão mais "jurídica", plenamente em vigor no início da Idade Moderna: Deus transformou-se em um grande juiz que determinava a sentença a cada alma; Cristo e os santos advogavam em favor da ida ao Paraíso; o Diabo buscava argumentar pela ida ao Inferno. O grande livro permanecia, mas em vez de conter o nome dos escolhidos, registrava todos os pecados cometidos por cada um, e era utilizado como fonte de argumentação por ambas as partes, sempre tendo em vista os limites impostos pela trajetória de vida de cada um.[1]

A ideia do juízo final associado ao aparato de um julgamento individual denuncia uma dimensão fundamental que emergiu na Baixa Idade Média: sem desmentir a existência de um destino coletivo para a humanidade no final dos tempos, ganhava importância a imagem de um "juízo particular", abatendo-se sobre cada um conforme suas ações em vida.

Essa individualização do julgamento em torno do destino da alma de cada um não acontecia apenas no juízo final. Conforme a Idade Média caminhava para o final, ganhava em importância o momento em que o corpo separava-se da alma como ponto fundamental para esse julgamento. O leito de morte transformou-se em um campo de batalha pela disputa da alma do morto entre as forças do bem e do mal.

O momento da morte era oportunidade para arrependimentos e ocasião para expressarem-se virtudes fundamentais. Decorrente dessa importância estratégica que o momento da morte assumiu no final da Idade Média e aproveitando-se das novas oportunidades de disseminação de conteúdos trazidas pela imprensa, surgiu nos séculos XV e XVI uma vasta literatura do morrer, de caráter pedagógico. Na segunda metade do século XV, proliferaram em toda a Europa impressões das já mencionadas *Ars moriendi*, ou "artes de morrer", que reproduzem uma cena do leito de morte de um moribundo. O personagem está deitado, rodeado de seus amigos e familiares, mas as gravuras do livro mostram seres sobrenaturais rodeando-o: de um lado toda a corte celeste, de outro lado um exército de demônios. Trava-se uma verdadeira guerra, os demônios vão desafiando o moribundo com uma série de tentações, a corte celeste está lá para presenciar as suas virtudes. O julgamento se dá altamente mediado pelas próprias ações do moribundo: a corte celeste está presente mais para testemunhar a resistência do indivíduo às tentações do que para julgar seus pecados – mesmo porque o desfecho de todas as *Ars moriendi* é a vitória das virtudes sobre as tentações (figuras 230 a 233).[2]

Enquanto as *Ars moriendi* circulavam em latim, no século XVI a literatura do

---

1 Christopher Daniell, *Death and burial in medieval England, 1066-1550*. London: Routledge, 1997, p. 175-176.
2 Um dos estudos clássicos sobre o tema das *ars moriendi* é Alberto Tenenti, *La vita e la morte attraverso l'arte del XV secolo*. Napoli, Edizioni Scientifiche Italiane, 1996 [Paris, 1952]. Ver também Philippe Ariès, *História da morte no Ocidente:* da Idade Média aos nossos dias. Rio de Janeiro: Ediouro, 2003 [1975]), p. 50-52.

bem morrer se popularizava com a impressão de vários títulos em espanhol e português que procuravam alcançar um público maior, mantendo a imagem do momento da morte como estratégico para a definição da salvação das almas.[3] A literatura do bem morrer mostra claramente a transição que havia ocorrido nos últimos séculos, definindo que a morte havia deixado de ser apenas uma porta que encerrava uma vida curta e transitória rumo à outra existência, para transformar-se em um duelo entre o bem e o mal que a ser praticado por cada um no momento adequado.

Em meados do século XVII, um padre alertava o moribundo governador da Bahia, D. Afonso Furtado: "nesta oportuna ocasião é quando usa de seus maiores ardis e sutilezas o Demônio. Não há que dar-lhe crédito". Ao que o governador respondeu:

> Não, não, não, Padre. Não me hei de perder, não tem o demônio aqui o que fazer comigo. Tenho a este Senhor [uma imagem de Cristo] em minhas mãos, cerca-me sua mãe santíssima e seu grande amigo Santo Antônio.[4]

Para a realização da difícil travessia do juízo pessoal, os cristãos recorriam à intercessão dos advogados celestiais, em geral a Nossa Senhora, mas também santos e anjos. Alguns testamentos revelam de forma especialmente intensa esses apelos:

> Primeiramente encomendo minha alma a Deus Nosso Senhor que haja misericórdia dela pois a remiu com seu precioso sangue e à Virgem Nossa Senhora Mãe Sua para que ela como mão de misericórdia alcance de seu bento filho perdão de meus pecados e ao santo de meu nome e ao anjo de minha guarda a ao Arcanjo São Miguel e a todos os santos e santas da corte dos céus e às onze mil virgens e a todos anjos arcanjos querubins e serafins tronos e dominações e aos patriarcas e profetas para serem intercessores diante de Nosso Senhor Jesus Cristo amém.[5]

A salvação das almas dos índios no momento da morte era uma das principais atribuições dos jesuítas no Brasil, razão do lamento de Manuel da Nóbrega logo que chegou a Salvador:

> Não podemos acudir a todos, porque somos poucos, e certamente não creio eu que em

---

3   Um dos títulos que mais circulou é o de Frei Juan Raulin, *Libro de la muerte temporal y eterna*. Também padre Estevam de Castro, *Breve aparelho e modo facil de ajudar a bem morrer hu Christão*. Lisboa: por João Rodriguez, 1621.

4   *As excelências do governador*, o panegírico fúnebre a d. Afonso Furtado, de Juan Lopes da Sierra (Bahia, 1676). Stuart Schwartz e Alcir Pécora (orgs.). São Paulo: Companhia das Letras, 2002, p. 213 [p. 143 no manuscrito original].

5   *Inventários & Testamentos* 7, Testamento de André de Burgos, 1629, p. 510.

todo o mundo haja terra tão preparada para tanto fruto como esta, onde vemos perecer as almas por falte [de quem as salve], sem poder lhes valer [ajuda].⁶

A batalha entre Deus e o Diabo ocorria também na disputa pela alma dos índios à beira da morte, como relata D'Evreux, referindo-se a uma índia que pediu para ser batizada logo antes de morrer:

> Esta infeliz criatura quanto ao corpo, porém muito feliz quanto à alma, principiou a experimentar os penhores do céu, e o merecimento do sangue de Jesus Cristo que recebeu pelo batismo. Tinha sempre os olhos fixos no céu, derramava abundantes lágrimas, e dizia de momento a momento, estas palavras: *I catu Tupã, che arobiar Tupã*, "Oh! Quanto Deus é bom! Oh! Quanto Deus é bom! Eu creio nele". Depois, por meio de sinais, mostrava aos franceses, que Jeropari, o Diabo, andava ao redor de sua rede, e então dizia *Co Jeropari, Co i pochu Jurupari*, "está ali o Diabo, atirai sobre ele a água de Tupã, isto é, água benta para ele fugir".⁷

O arriscado momento da separação entre corpo e alma foi objeto de uma peça de teatro de José de Anchieta intitulada *Na aldeia de Guaraparim*, que pode ser considerada uma versão Tupi-jesuítica da literatura do morrer. Na peça, toda falada em língua tupi, uma alma que acaba de desprender-se do corpo é avistada por quatro diabos, que procuram imputar à alma inúmeros pecados: não ser batizada, manter seu nome indígena, ter hábitos libidinosos, roubar, mentir, brigar, atirar flechas, tomar e vomitar o *cauim* (bebida ritual dos Tupis). A alma, perplexa, procura convencer os diabos de que se arrependeu de todos os pecados, e pede ajuda a seu anjo da guarda contra os demônios. O anjo da guarda chega e afirma que, antes de morrer, a alma arrependera-se de seus pecados, e consegue libertá-la dos diabos, e expulsá-los da aldeia, que era toda protegida por Santa Ana, sua padroeira.⁸

Nem sempre a iniciativa de salvação da alma era bem-sucedida, conforme relata Anchieta, bastante preocupado em registrar os seus esforços e os de seus irmãos pela salvação da alma que tentou batizar *in extremis*:

> Comecei com palavras a agradá-lo e exortá-lo ao batismo. Ele muito indignado, com a voz que lhe restava, gritava que não o molestasse, que estava são. Trabalhei contudo por todas as vias (o que já alguns irmãos em vão haviam tentado) de ganhá-lo ao Senhor. E esforçando-me nisto com muitas palavras, parecia que já dava consentimento, ao qual disse: pois

---

6 "Carta de Manuel da Nóbrega ao Dr. Martin de Azpicuelta Navarro", Salvador, 10 de agosto de 1549. In: Leite, *Cartas* ..., I, p. 141-142.

7 D'Evreux, *op. cit.*, p. 262.

8 José de Anchieta, "Na Aldeia de Guaraparim". In: *Poesias*, p. 612-647.

que assim é, batizar-te-ei e alcançarás a eterna salvação. Ele não somente não consentiu, mas antes, cobrindo o rosto, me afastou de si, sem responder mais palavra alguma. E no outro dia, permanecendo na sua obstinação, morreu.[9]

A salvação da alma evitava a morte eterna, mas não garantia entrada automática no Paraíso. A seguir investigaremos o destino mais frequente das almas.

Purgatório

Após a morte, algumas almas especialmente caridosas iam diretamente ao Paraíso. Eram as almas dos justos, dos mártires e dos santos, que em vida ou após a morte davam sinais de que foram escolhidas para privar a companhia de Cristo e sua corte mesmo antes do juízo final: seus corpos permaneciam incorruptos ou flexíveis, emitiam fragrâncias vindas diretamente do Paraíso, luminescências, produziam milagres. Era um destino para pouquíssimos. Nos últimos anos do século XV, era corrente a ideia de que, depois do Grande Cisma (1378-1417), quando a Igreja católica teve dois papados, ninguém tinha entrado no Paraíso.[10]

Outras almas iam diretamente para o Inferno, aquelas que tinham cometido pecados mortais. Em situações limite, o próprio túmulo expelia o morto, não aceitando que uma pessoa impura fosse sepultada em local sagrado. O *Libro de la muerte temporal y eterna*, que circulava amplamente na segunda metade do século XVI ensinando católicos a morrer, menciona alguns desses casos, como o de um homem "vicioso e ocupado com todo gênero de leviandade", que foi sepultado na Igreja de São Ciro em Milão, mas foi levado do seu sepulcro por dois espíritos, com os pés atados, como o encontraram no dia seguinte. Um mártir fez uma aparição a um sacristão, advertindo que comunicasse ao bispo a retirada de sua igreja das "carnes hediondas que havia enterrado" de um homem que não merecia ser sepultado em terra sagrada. O sacristão desobedeceu ao mártir e ele próprio morreu ao cabo de 30 dias.[11]

Mas para a maior parte das pessoas, nem tão boas a ponto de irem diretamente para o céu, nem tão más para merecerem o Inferno, o destino era o terceiro território, bem mais

---

9   "Carta do pe. José de Anchieta ao Geral P. Diogo Laínes", São Vicente, 1º de junho de 1560. In: *Cartas: correspondência passiva e ativa*. São Paulo: Loyola, 1984, p. 155.

10 Delumeau, *op. cit.*, p. 61.

11 "[S. Gregório] escreve de Valeriano Patrino, que foi enterrado por um bispo em uma Igreja, tendo sido até a idade decrépita um homem leviano. Mas na mesma noite S. Faustino Martyr, em cuja Igreja seu corpo havia sido enterrado, apareceu ao sacristão, e lhe disse que fosse ao bispo e lhe dissesse que tirasse dali as carnes hediondas que lá havia enterrado, e que se não o fizesse morreria em trinta dias. Temendo confessar a visão ao bispo [...] não o fez, e ao cabo de trinta dias, entrando são na cama, morreu repentinamente". Raulin, *op. cit.*, p. 194-195.

interessante para nós, porque mais conectado com o cotidiano dos vivos: o purgatório.[12] O purgatório era o local onde as almas passavam por uma dolorosa purgação de seus pecados, por penas que variavam do extremo frio ao extremo calor.[13] Constituía assim uma espécie de Inferno transitório, indispensável antes de as almas serem finalmente perdoadas de seus pecados e terem acesso ao Paraíso.

O purgatório foi por muito tempo considerado um *lugar*, e não uma *dimensão*, como a teologia atual o concebe. Em Portugal e na Espanha no século XVI, a ideia do purgatório como lugar era a que prevalecia.[14] Em relação à Espanha, Carlos Eire reitera a dimensão geográfica do além: "céu, inferno e purgatório eram tão pertencentes à topografia daquela nação quanto Madri, Gibraltar e os Pirineus".[15] Em Portugal, representações pictóricas do purgatório circulavam do século XVI, como a figura 243, que mostra as almas sendo retiradas do purgatório no juízo final. Um monge beneditino afirma, em meados do século XVII, que inferno e purgatório eram duas partes de um mesmo lugar,[16] posição reiterada por um clérigo de Coimbra.[17] A existência do purgatório era comprovada até mesmo por defuntos, que ressuscitavam por um curto período, para confirmar aos vivos a existência de tal lugar antes de morrer novamente.[18]

O purgatório era lugar de intenso sofrimento das almas. Ainda que separadas do

---

12 Jacques Le Goff, *O nascimento do purgatório*. Lisboa: Estampa, 1993. Para entender Portugal: Ana Cristina Araújo, *A morte em Lisboa:* atitudes e representações. Lisboa: Noticias Editorial, 1997, p. 179-184.

13 "Ainda que o fogo é o instrumento, que comumente se diz atormenta no Purgatório, é por ser este o Elemento conhecido por mais ativo e voraz, não porque esteja ele só, pois todos os Elementos empregam o seu vingativo rigor nas almas com as inclemências próprias de cada um. O Ar com pavorosos encontros de ventos, com furiosos raios, com malignas pestes, e contagio. A Água, alterando-se em fatais e hórridas inundações, e tormentas. A Terra abrindo-se em bocas, e engolindo em seus estreitos seios aos miseráveis pacientes". Joseph Boneta, *Gritos das almas no purgatório e meios para os aplacar, traduzidos em o idioma Portuguez pelo Padre Manoel de Coimbra, clérigo sacerdote do Hábito de São Pedro, do seu original composto em Castelhano pelo Doutor Joseph Boneta*. Lisboa: na Officina de Felipe de Souza, 1715, p. 27-28.

14 Le Goff, *op. cit.*; Araújo, *A morte* ..., cap. V.

15 Eire, *op. cit.*, p. 6.

16 "Pôs Deus o inferno para castigo dos réprobos, no mesmo lugar em que pôs o Purgatório para purificar os escolhidos; tudo está junto, tudo está unido, mas tem duas partes, uma péssima, onde ardem os condenados, a outra ótima, onde se acrisolam os Santos". *Três sermoens das almas do Purgatório pregados pelo P. Doutor Fr. Jorge de Carvalho, Monge de S. Bento, Qualificador do S. Ofício, etc.*.Lisboa: na Oficina de Ioam da Costa, 1662, p. 9.

17 "É o purgatório um lugar junto ao centro da terra tão vizinho ao Inferno dos danados que só uma porta os divide; por isso ao Purgatório chama a Igreja, porta do Inferno, pela vizinhança. [...] Que seja tenebroso, horrendo, e lamentável é certo, pois é enfim lugar que a justiça divina determinou, não mais que para penas daquelas almas". *Sermão no ofício dos defuntos da irmandade dos clérigos ricos da caridade na igreja da Magdalena. Pelo Doutor Joseph de Faria Manoel, capelão de S. M. e confessor de sua capela e Casa Real*. Coimbra: na Oficina de João Antunes, 1692, p. 23.

18 *Explicación de la bula de los difuntos: en la qual se trata de las penas y lugar del Purgatório; y como puedan ser ayudadas las Animas de los difuntos con las oraciones y sufrágios de los vivos. Por el Doctor Martin Carrillo Presbyero, Cathedratico del Decreto de la Universidad de Çaragoça*. Çaragoça: por Iuan Perez de Valdivielso, 1601, p. 46.

corpo, as almas no purgatório sofriam penas corporais.[19] Vários livros que foram publicados nos séculos XVII e XVIII explicavam em detalhes o que ocorria com as almas no purgatório. Um dos mais importantes foi o de Joseph Boneta, de Saragoça, traduzido para o português em 1715, em que o autor refere-se a esse inimaginável sofrimento:

> Uma só alma no Purgatório padece mais do que padeceram todos os Mártires que houve desde o princípio do mundo [...] ajuntai a isso todas as dores de todas as mulheres que pariram no mundo, todas as extensões que padeceram todos os cativos [...] todos os modos, com que a justiça dá tormento aos facinorosos, todas as anciãs e agonias de todos os moribundos, e depois de terdes somado com a imaginação este horrendo torpel de angústias, esta imensa chuva de atrocidades, ponde todas, não sobre muitas, mas sobre uma só alma do Purgatório, e considerai que a esta pobre Alma [...] toda esta multidão de estragos a cerca, a cobre, a está despedaçando; e isto sem interrupção, todos os instantes do dia e da noite, sem alívio nem descanso por um só momento.[20]

Esse intenso sofrimento a que as almas estavam sujeitas, concentrando em um só instante todos os sofrimentos "desde o princípio do mundo", transformava a dimensão temporal no purgatório. O que para os vivos correspondia a apenas alguns minutos era sofrido pelas almas do purgatório como se fossem anos a fio.[21] Além dos sofrimentos corporais, as almas também sofriam por estarem impedidas de ver a Deus.[22]

Diferentemente das almas que estavam no Inferno, as almas do purgatório podiam ser ajudadas pelos vivos para abreviar seus sofrimentos – e apenas por eles, pois não podiam se ajudar entre si.[23] São frequentemente descritas como almas não somente sofredoras, mas "desamparadas", "necessitadas", "desesperadas", e vários livros e folhetos eram publicados para dar voz aos desesperados pedidos das almas sofredoras pela atenção dos vivos. Existe uma interessante simetria entre a caridade aos pobres e a caridade aos mortos, considerados ainda mais necessitados que os pobres:

> Não há coisa tão contrária entre si como o Pobre e o Rico. Contudo, o Pobre é necessário ao Rico para que use com ele de misericórdia, e o Rico é necessário ao pobre

---

19 Le Goff, *op. cit.*, p. 174.

20 Boneta, *op. cit.*, p. 2-3.

21 Um religioso às portas da morte disse a outro monge amigo seu, que estaria no purgatório até que este lhe rezasse uma missa. Assim que o homem morreu, o amigo lhe disse a missa, e acabando a missa, o defunto lhe apareceu, perguntando: "ó amigo cruel, como tardaste tanto em dizer a missa, já se passaram mais de vinte anos". *Explicacion de la bula ...*, p. 228.

22 Boneta, *op. cit.*, p.10.

23 *Explicacion de la bula ...*, p. 240.

para que o socorra. Se ambos fossem ricos, quem haveria de sofrer? E se ambos fossem pobres, quem os haveria de remediar? Tudo assim ordenou neste mundo a suma Providência, mas com aquela consonância, que o Rico socorra ao Pobre, e o Pobre seja remediado pelo Rico. Em falta dessa proporção tudo se perde. Que importa ao Rico ter a casa cheia de bens, se tem a consciência vazia? [...] temos logo entendido que a riqueza está na Caridade, e para conservar o título de Ricos, a havemos de usar com nossos irmãos defuntos [...] quando justamente esperam de nós estes sufrágios, de cuja riqueza, de cujo tesouro se valem porque o amigo fiel é um tesouro vivo [...]. Como pode ser Irmão da Caridade, aquele que na necessidade, não a usar com seu Irmão? E que maior necessidade que a que padecem nossos Irmãos no Purgatório?[24]

Um relato de viagem de Lisboa à Índia em 1585 mostra novamente a complementaridade entre o pagamento de penas no além e o pagamento de esmolas neste mundo: pagava-se agora "para não pagar tudo no purgatório". Por isso, um padre andava em meio às mesas de jogo, recolhendo esmolas, operação piedosa que, aliás, evitou muitas mortes no trajeto.[25]

No prólogo do livro sugestivamente intitulado *Gritos das almas do purgatório*, de Joseph Boneta, para quem "não há pobres mais pobres que as almas do Purgatório", o autor explicita que a obra existe para dar voz às desesperadas almas do purgatório:

Vos advirto que quando lerdes os gritos [...]os leias, não como escritos por mim, mas como articulados por elas [as almas]. Em segundo lugar que os leias, imaginando que realmente estais vendo, e ouvindo a vosso defunto pai, parente, ou amigo, o qual chamando pelo vosso nome desde aquele fogo em que ansiosamente está bracejando dirige esses gritos, entendendo que a vós encaminha estes brados, e não a outros.[26]

Os gritos das almas eram realmente desesperados:

Ah mortais do mundo! Ah homens que ides por essas ruas tão perdidos, pelos negócios

---

24 *Sermão no ofício dos defuntos ...*, p. 21-22.
25 "E como nas naus, por mais pregações que haja, se não pôde desterrar totalmente o jogo, o Padre Sapata, para que os tafuis [jogadores] não pagassem tudo no Purgatório, andava pela nau correndo as mesas, e que lhe dessem barato para os doentes, em recompensa de alguns excessos, se os houvesse no jogo; e era tão aceito de todos pelo bom modo e edificação com que fazia isso, que da primeira mão que jogavam tiravam a esmola para os doentes, de maneira que quando ia já lha tinham de parte, e muitas tão grossas que, além dos doentes, podia socorrer a muitos soldados pobres [...]; depois de Deus, esta foi a principal causa de terem muito poucos doentes, sem em toda a viagem [...] falecer mais que um só homem, e este ainda não era dos pobres, que o padre tinha à sua conta, porque comumente os que morrem nestas naus são os mesquinhos que vêm no convés mortos de fome e despidos ao sol e chuva e sereno da noite". "Relação do naufrágio da nau *Santiago* no ano de 1585". In: Brito (org.), *op. cit.*, p. 297.
26 Boneta, *op. cit.*, Prólogo.

dessa vida [...] esperai ao menos um instante, dai uma breve vista cá para baixo, pondo os olhos nestas lastimadas Almas, que vos chamam [...] pois como passais de largo, sem merecermos sequer uma vista de olhos? [...] Ai, ai de nós, que vos ides a vossos recreios, banquetes e jogos, e tende coração para nos deixar aqui gemer, arder e mais arder [...]. Ai, desamparadas de nós! Ai, Ai, que nos estejais vendo tão atribuladas, e que podendo aliviar nessa miséria, trateis tão pouco disso.[27]

Os maridos mortos gritavam para as suas mulheres:

Ah mulher, ah esposa minha, é possível que se chegando a vossa casa, e vendo a um cachorro, que dentro em um aposento está ladrando, vos condoeis e logo lhe abris a porta, compadecida de que ficasse uma tarde fechado, e que eu, que sou a alma de vosso Marido, não vos mereça o que [merece] um irracional! Desde que a morte me apartou de vossa companhia, fiquei encerrado nesta tenebrosa e escura reclusa do Purgatório, onde estou sem alimento, sem dormir, sem descansar um só instante, padecendo sempre, e mais padecendo [...] [Se vos compadeceis de um cachorrinho], compadecei-vos pois de mim, querida esposa minha [...] pois para quem hei de apelar, para quem, se vós, esposa minha, me dá as costas? [...] Não acho a quem recorra, se vós me não aliviais.[28]

Os filhos gritavam para seus pais:

Oh meu amado pai, ô minha muito querida mãe, se estando aqui, vísseis que me afogava aqui em um rio, e que já lutava com as últimas ânsias da morte, e nos achásseis na margem com algum cordão à mão ou com alguma correia, ou escapulário, e eu tirasse a voz do peito para o pedir, e o braço da água para o alcançar, não me o lançaríeis? Já vos ouço dizer que não só por mim, que sou filho de vossas entranhas, mas que faríeis isto pelo mais vil escravo, e pelo mais desalmado herege. Pois [...] se sou vosso filho, se estou lutando com este mar de intoleráveis penas, se estou abrasado até a garganta [...] se vós podeis, Pai e Mãe queridos [...] como me deixais afogar sem querer alargar a mão, nem mover o pé para que me a ganheis! [...] Oh que dor! Nessa vida tantos alentos para me ver colocado em algum posto honorífico da terra, e agora, nenhum para me ver colocado no céu [...].[29]

Os amigos mortos gritavam:

---

27   *Ibidem*, p. 8-9.
28   *Ibidem*, p. 16-17.
29   *Ibidem*, p. 24-26.

Compadecei-vos de nós, ao menos os que fostes nossos amigos, vós com quem andávamos, com quem muitas vezes comíamos, e com quem frequentemente tratamos. Esta é a ocasião de brilhar melhor a fineza e amizade, porque os achamos em miséria, e vós em prosperidade. Quando nesse mundo adoecíamos, logo nos visitáveis, nos assistíeis e nos consoláveis. Pois que ofensa vos fizemos em obedecer a Deus morrendo, que desde então, sendo maior nossa necessidade, é menor, e nenhuma vossa assistência?[30]

Um panfleto do século XVIII, certamente distribuído nas igrejas em dias de rezas pelas almas do purgatório, está também em formato de "petição", e quem fala são as próprias almas necessitadas do purgatório, inicialmente apresentando ao leitor sua difícil situação:

Nós as aflitas almas do purgatório vos fazemos presente, como estando longe da própria pátria, que é o paraíso, em uma tenebrosa prisão, e havendo-se esquecido nossos parentes, e amigos de nos fazer os devidos socorros de piedade, nos achamos necessitadas de todo o bem, e impedidas para aliviar nossas penas [...] recorremos à vossa piedade cristã para receber alguma caridade [...] com que brevemente possamos livrar-nos das terríveis penas, e chegar àquele ditosíssimo Reino que é a herança que nos deixou nosso redentor [...].[31]

Os mortos sabiam muito bem o que queriam dos vivos com suas desesperadas súplicas. Seus inimagináveis sofrimentos no purgatório podiam ser abreviados mediante a intercessão dos vivos, que podiam libertá-las por meio de missas, doações e rezas. Da mesma forma como os santos intervinham pelos vivos na Terra, estes tinham a capacidade de intervir sobre os sofredores no purgatório,[32] "pagando as dívidas que deixei, e que aqui me detêm", segundo as palavras de uma daquelas almas sofredoras.[33] A melhor forma de ajudar as almas sofredoras era pagar religiosos para a realização de missas, uma vez por ano, "ou de cada mês se quiserdes".[34]

[..] o que esperamos de vossa piedade, é que nesse dia façais celebrar todas as missas, que vos permitir a vossa possibilidade, ou no caso de não as podeis mandar dizer, assistireis a elas com devoção, porque toda a nossa esperança para sair do Purgatório está apoiada no

---

30   *Ibidem*, p. 24-35.
31   *Petição que fazem as almas do purgatório aos fiéis, pedindo-lhes o socorro dos sufrágios*. Folheto Impresso, Séc. XVIII. [BNL, H.G. 6808 12 V], sem paginação.
32   Bruce Gordon e Peter Marshall, "Placing the dead in Late Medieval and Early Modern Europe". In: *The place of the dead: death and remembrance in late medieval and Early Modern Europe*. Cambridge: University Press, 2000, p. 3-4.
33   Boneta. *Op. cit.*, p. 16-17.
34   *Petição que fazem as almas do purgatório aos fiéis ....*

sangue de nosso redentor, e na Missa se derrama sobre nós esse precioso sangue para sarar todas as chagas [...] e para apagar as chamas que nos cercam.[35]

Um sermão para São Miguel rezado no Recife no final do século XVII indica que parte dos compromissos entre vivos e mortos eram firmados perante a presença de ambos. Possivelmente a missa foi rezada contando com a presença física dos cadáveres, que tinha uma função pedagógica, de lembrar os vivos de seu sofrimento no purgatório e estimular as missas e outros sufrágios por sua alma:

> Mas ainda que a morte alcance o triunfo da vida, nem por isso deixarão suas almas de triunfar da mesma morte, aquelas que habitarem na tenebrosa região do Purgatório, quando acabarem de satisfazer a sua pena; e para que seja mais aliviada a sua dor, nos mostram aos nossos olhos aquele seu cadáver, para que lhe mandemos algum socorro de missas, ofícios, esmolas, orações, e qualquer outras obras pias, aplicada por modo de sufrágio [...][36]

São recorrentes representações do purgatório que evocam essa dimensão comunicacional entre vivos e mortos, com as almas aflitas pedindo pela piedade dos vivos, por vezes os anjos retirando, uma a uma, as almas do purgatório. As diversas figuras da sociedade da época, incluindo as poderosas, estão muitas vezes representadas entre essas almas aflitas.[37]

Ao que parece, a melhor forma de ajudar as almas do purgatório eram as missas, pois era por elas que mais imploravam as almas em suas aparições aos vivos. E de fato, após rezarem-se missas, muitas vezes as almas faziam aparições gloriosas e resplandecentes em agradecimento, sinal de que haviam atingido o Paraíso.[38] Um bispo ouviu em sonho uma voz dizendo que sua irmã recém-morta estava passando fome, do lado de fora da igreja, ao que passou a dizer missa a ela. Pouco depois, teve uma visão na qual ela estava na porta da igreja. Continuando as missas, na visão seguinte ela havia entrado na igreja, mas ainda não conseguia chegar no altar-mor. Finalmente, teve uma visão de sua irmã vestida de branco, acompanhada de muitas outras pessoas vestidas da mesma forma, "por onde entendeu que havia entrado na glória por meio do sacrifício da Missa".[39] Manuel da Nóbrega relata que um dos primeiros serviços religiosos instalados pelos jesuítas em Salvador logo que chega-

---

35 *Petição que fazem as almas do purgatório aos fiéis ...*.

36 *Sermam do glorioso archanjo S. Miguel, pregado na Igreja Matriz do Arrecife de Pernambuco, pelo Licenciado Joseph Velloso*. Lisboa: Oficina de Miguel Deslandes, 1691, p. 5. [BNL. TR 5537/6P].

37 Sobre uma dessas representações escreve D. de Pinho Brandão, "Para a história da arte: algumas obras de interesse: II: Adeus de Jesus à Virgem (Séc XVI) e Purgatório (Séc XVI)", separata da *Revista Museu*, Série 2, nº 3. Porto, Dezembro de 1961.

38 *Explicacion de la bula de los difuntos ...*, p. 227.

39 *Ibidem*, p. 229.

ram, em 1549, foram missas e procissões pelas ruas pelas almas do purgatório.[40]
As orações eram também modos de ajudar as almas:

> Rezai-me logo a oração do Padre Nosso e da Ave Maria, que por ventura não me falta mais para sair do Purgatório e entrar no Céu, onde vos dou minha palavra de o recompensar com pedir a deus vos encha de prosperidades temporais e espirituais".[41]

Além de missas e orações, as almas davam algumas alternativas: cumprir o que está disposto nos testamentos, vestir um pobre, ou dar de comer a um faminto, ou ainda convencer outros devotos a fazer o mesmo.[42] Escrever e publicar o material de apoio à devoção às almas do purgatório, como os livros e folhetos aqui mencionados, era também uma forma de devoção.

Em troca pelas missas, orações e esmolas que as libertassem do purgatório, as almas tinham o que oferecer em retorno pois, uma vez livres, as almas entravam no céu, onde ganhavam poderes para interceder a favor dos vivos e dos mortos. A lista de promessas era considerável: socorrer ao leitor em todas as ocorrências, conservá-lo longe das misérias, defendê-lo de inimigos "como algumas vezes o temos feito com visível aparência", ampará-lo em seus sofrimentos, livrá-lo dos perigos mais desesperados, "ainda que vos viremos debaixo da espada dos assassinos". Que o leitor não achasse que essas promessas eram exageradas: os inúmeros homens e mulheres, aqueles que haviam sido e continuavam sendo beneficiados pelas almas do purgatório, provavam o contrário.[43]

> [...] prometendo-vos por devida correspondência, que se por vossa indústria, uma ou mais de nós entrar na glória tão desejada, aonde ficará dotada de imensas riquezas, e de soberano poder, aplicará todos os seus pensamentos para vos favorecer.[44]

> [...] dai-me o socorro de alguns sufrágios, ou orações, matai-me com eles esta ardentíssima fome de ver a Deus, que é o que mais me aflige [...] executai-o por quem depois há de parar em um Céu, e com sua intercessão vos há de granjear a vida.[45]

Mas o maior dos favores que as almas do purgatório tinham a prestar era operar junto

---

40 Manuel da Nóbrega, "Carta ao Pe. Simão Rodrigues", Bahia, 9 de agosto de 1549. In: *Cartas dos primeiros ...*, I, p. 131.

41 Boneta, *op. cit.*, p. 24-26.

42 *Petição que fazem as almas do purgatório aos fiéis ...*; *Gritos das almas ...*, p. 163-177.

43 *Petição que fazem as almas do purgatório aos fiéis...*.

44 *Ibidem*.

45 Boneta. *Op. cit.*, p. 16-17.

a Deus, para que o leitor perseverasse em um bom caminho de vida, e se por acaso caísse em mau caminho, as almas seriam suas intercessoras junto a Deus, para que a devida penitência fosse feita. Além disso, as almas o protegeriam na morte contra as tentações do Demônio, seriam suas advogadas no seu julgamento, e o recolheriam em seus braços para colocá-lo em lugar de salvação. Se, por outro lado, o leitor tivesse o purgatório como destino após a morte, as almas seriam também de muita importância. Cuidariam de encontrar devotos que rezarão para livrá-lo do purgatório.[46] Cientes de seu poder, por vezes os pedidos das almas assumiam um tom ameaçador:

> [...] Lembrai-vos, que ainda que nós agora tenhamos necessidade da vossa piedade, algum dia tereis vós necessidade de nossa intercessão, e vos arrependereis de nos não haver socorrido com vossas orações e sufrágios, porque finalmente, cedo ou tarde, haveremos de entrar no Paraíso, onde teremos poder para vos socorrer enquanto viverdes, e depois da morte. Não nos desprezeis agora por nos ver assim miseráveis no meio de tantas atribulações [...] porque virá aquela hora, em que nos sentaremos vizinhos ao trono de Deus [...] e estaremos sempre a seus ouvidos para fazer dispensar favores a nossos devotos.[47]

Alguns autores já apontaram que na Idade Média os mortos comportavam-se como uma faixa etária, estabelecendo relações de direitos, deveres e reciprocidades com os vivos.[48] A documentação acima permite afirmar que, pelo menos até meados do século XVIII, isso continuava valendo. Isso dá luz aos inúmeros pedidos de missas pelas almas do purgatório presentes nos testamentos brasileiros do século XVII.[49]

---

46   *Petição que fazem as almas do purgatório aos fiéis....*

47   *Ibidem.*

48   Geary, *Living* ..., p. 36; Natalie Zemon Davis, "Some tasks and themes in the study of popular religion". In: Charles Trinkaus e Heiko Oberman (eds.), *The pursuit of holiness in late medieval and renaissance religion.* Leiden: Brill, 1974.

49   Alguns dos inúmeros exemplos: em 1635. Balthasar Lopes Fragoso manda rezar dez missas "pelas almas do fogo do purgatório", *Inventários e Testamentos* 9, p. 409; em 1634, João Tenório manda rezar cinco missas "pelas mais desamparadas almas que estão no fogo do purgatório e por aquelas [que] mais sem remédio estão [sem] quem lhe faça bem por sua alma". *Inventários e Testamentos* 9, p. 320; em 1635, Juzarte Lopes declara que me dirão cinco missas do santo Papa Pascácio quinto por terem privilégio de tirar a alma da pessoa por quem forem ditas do Purgatório". *Inventários e Testamentos* 9, p. 465; em 1632, Simão Borges Correia manda "que se digam mais quatro missas pelas mais desamparadas almas do fogo do purgatório". *Inventários e Testamentos* 9, p. 37; em 1638, Antônio da Silveira "mando se me digam outras duas [missas] às mais desamparadas almas do purgatório". *Inventários e Testamentos* 11, p. 240; em 1658. Anna Tenória manda "que se digam, por minha alma trinta missas [das quais] dez às almas do fogo do purgatório". *Inventários e Testamentos* 12, p. 446; em 1634, Maria Rodrigues manda que "se digam cinco missas pelas mais desesperadas almas que estiverem nas penas do purgatório e ao anjo São Miguel um cruzado de esmola". *Inventários e Testamentos* 13, p. 47; em 1639, Angela de Campos e

Induzir a devoção às almas do purgatório entre os índios era também uma prioridade para os missionários. Fernão Cardim comenta que em uma aldeia jesuítica na Bahia os meninos índios, em 1584, já "falam português, cantam à noite a doutrina pelas ruas, e encomendam as almas do Purgatório".[50]

Confrarias

A preocupação com o após morte foi fundamental para a estruturação das confrarias, uma das mais importantes formas de sociabilidade na Europa católica e na América Portuguesa nos séculos XVI e XVII. As confrarias eram associações de leigos em torno de uma devoção específica, que constituíam compromissos de sociabilidade e solidariedade entre os seus integrantes, que existiram desde o século XIII em Portugal. As confrarias eram sediadas em uma capela, uma igreja ou no altar de uma igreja, e dividiam-se em *ordens terceiras* (ligadas a alguma ordem religiosa) e *irmandades*, mais numerosas e desvinculadas das ordens.[51] Uma mesma igreja podia sediar várias confrarias, e em uma grande cidade podiam existir várias confrarias dedicadas a uma mesma devoção, desde que em templos distintos. Em Lisboa, em meados do século XVI, existiam catorze confrarias dedicadas a São Sebastião, cinco a Nossa Senhora da Conceição e cinco a Santa Catarina, além de confrarias do Santíssimo Sacramento em quase todas as igrejas.[52] As confrarias tinham regras para a admissão de irmãos, fixadas nos documentos de fundação ou *compromissos*, que condicionavam o acesso de acordo com a cor, a posição social ou o ofício exercido.

Algumas das principais funções das confrarias estavam ligadas ao serviço dos mortos: garantir sepultamentos decentes, um lugar de sepultamento em sua igreja ou capela, e os fundamentais sufrágios pela alma dos mortos, que conforme vimos acima necessitavam urgente e desesperadamente de ajuda, o que provocava grandes preocupações dos ainda vivos como o seu futuro. Para os pobres, as confrarias proviam a possibilidade de sepultamentos dignos e de rezas em quantidade que o núcleo familiar não poderia garantir. Para os ricos, a participação nas confrarias – às vezes em muitas delas – tinha também a função de explicitar a sua posição social em momentos chave de representação social, como os funerais e rezas.[53] Por serem voluntários, e não obrigatórios, os sufrágios das confrarias eram vistos como até mais poderosos do que os da família do morto:

> Medina manda rezar "uma missa pelas almas de meus defuntos, mais três missas pelas almas dos índios defuntos do meu serviço". *Inventários e Testamentos 13*, p. 100.

50 Cardim, *op. cit.*, p. 155.

51 Sobre as confrarias no Brasil, ver Caio César Boschi, *Os leigos e o poder: irmandades leigas e política colonizadora em Minas Gerais*. São Paulo, Ática, 1986; João José Reis, *A morte é uma festa:* ritos fúnebres e revolta popular no Brasil do século XIX. São Paulo: Companhia das Letras, 1991, p. 49-72.

52 Oliveira, *op. cit.*

53 Bruce Gordon e Peter Marshall, "Placing the dead in Late Medieval and Early Modern Europe". In: *The place of the dead*, p. 5.

Donde é de notar o bom juízo, e discurso das nossas almas do Purgatório, as quais, havendo de buscar remédio, e alivio de suas penas, nem o pedem aos pais, nem às mães, nem aos irmãos, nem aos parentes, mas somente aos amigos. [...] Pois pergunto, e porque pedem mais a misericórdia aos amigos, que aos parentes? Porque solicitam o remédio mais daqueles, que lhe tem o amor por afeto, que daqueles, que devem o benefício por obrigação? Eu o direi: porque desejam aquelas almas santas, que seja a liberalidade das esmolas, e dos sufrágios, igual ao rigor das penas, e dos tormentos; e a esse respeito, mais esperam da afeição dos amigos, que da obrigação dos parentes: mais confiam na liberalidade dos conhecidos, que do conhecimento dos obrigados, mais fiam das Irmandades de devoção, que das Irmandades de sangue, mais querem um irmão, e uma irmã devota, que um irmão ou uma irmã carnal.[54]

Cristóvão Rodrigues de Oliveira enumera em 1552 quase 150 confrarias nas freguesias, igrejas e ermidas de Lisboa, o que para uma população de cerca de 100.000 habitantes, significa uma confraria para cada 660 habitantes da cidade. Mesmo assumindo a inexatidão dessa conta – muitos eram membros de mais de uma confraria – se levarmos em conta que a principal preocupação da população ao se ligar a uma confraria era a de garantir um após morte adequado, podemos perceber o significativo grau de cobertura da sociedade que as irmandades ofereciam.[55] Até mesmo os negros – que, em 1550, calcula-se que chegavam a 10% da população total de Lisboa, grande parte deles escravos[56] – procuravam garantir a assistência aos mortos sob o modelo da irmandade, convivendo como espécie de irmãos de segunda classe dos brancos, ou em irmandades exclusivamente negras. Nem todos, porém, conseguiam garantir essa assistência ao além: até o século XVI, os corpos dos escravos eram simplesmente abandonados, e depois disso, por razões de higiene, muitos passaram a ser sepultados em valas comuns.[57]

No Brasil, as confrarias também abundaram, desde os primeiros anos, como resposta ao desafio de zelar pela alma dos mortos em situação tão inóspita. Diogo Álvares Correia, o "Caramuru", e sua mulher, Catarina Paraguaçu, fundaram a Irmandade de Nossa Senhora da Graça em Salvador antes de morrerem, ainda em meados do século XVI.[58] Em 1570, com a morte de Frei Pedro Palácios, mantenedor da Capela de Nossa Senhora dos Prazeres (ou da Penha) em Vila Velha, no Espírito Santo, a manutenção da capela ficou a cargo de uma irmandade local

---

54 *Sermão das almas que pregou Fernando de Castro de Mello, deão da Real Capela do Ducado de Bragança, no Mosteiro da Esperança de Vila Viçosa, principiando-se a Irmandade das Almas no dito Convento em 7 de setembro de 1648.* Lisboa: na Oficina de Paulo Craesbeeck, 1649.

55 Oliveira, *op. cit*, p. 17-57.

56 *Os negros em Portugal*. Lisboa, IPPAR/ Comissão Nacional para as Comemorações dos Descobrimentos Portugueses, 1999, Catálogo de exposição, p. 72.

57 Didier Lahon, "As irmandades de escravos e forros". In: *Os Negros em Portugal*, p. 129-131.

58 Reis, *op. cit.*, p. 52.

até 1591, quando os franciscanos receberam a capela e todo o morro em doação.[59] No colégio da Companhia de Jesus da Bahia havia a Confraria das Onze Mil Virgens, que era responsável pela festa anual em devoção às santas.[60] Na igreja dos jesuítas de Vitória estava sediada a Confraria dos Reis Magos desde 1583,[61] e no Rio de Janeiro foi fundada, em 1586, uma confraria também com este nome.[62] Em 1595, existia uma Confraria de São Maurício, sediada na Igreja de São Tiago em Vitória, que encomendou a José de Anchieta um auto em honra ao santo, por cuja relíquia zelava.[63] Em 1584, já existiam nos aldeamentos jesuíticos da Bahia confrarias do Santíssimo Sacramento, de Nossa Senhora e dos defuntos, que "servem de visitar os enfermos, enterrar os mortos e às missas [...] dão esmolas paras as confrarias [...], consola ver esta nova cristandade".[64] Confrarias das almas, cuja responsabilidade relacionava-se diretamente com o zelo às almas dos mortos, existiam desde o século XVI.[65]

O relato das exéquias do governador da Bahia, de 1676, refere-se a "cem confrarias" que acompanharam o enterro, número talvez exagerado para uma cidade de 20.000 habitantes, mas que indica que estas contavam-se às dezenas.[66] Desde pelo menos o século XVII, os negros possuem suas próprias confrarias, como a Nossa Senhora do Rosário das Portas do Carmo de Salvador, fundada em 1685.[67]

O fortalecimento da Coroa portuguesa fez nascer um novo viés na assistência do morrer, complementar à sociabilidade comunitária das confrarias de origem medieval. Em 1498, a mando da rainha Dona Leonor foi fundada a *Misericórdia*, confraria que em alguns aspectos era similar às demais, por exemplo nas obrigações dos irmãos de comparecerem aos enterros e rezarem pelas almas dos irmãos mortos. Em outros aspectos, porém, a Misericórdia distinguia-se das demais confrarias. Enquanto as obrigações das demais irmandades e confrarias geralmente envolvia a assistência apenas aos próprios integrantes, a Misericórdia tinha como compromisso a assistência aos cristãos despossuídos da sociedade de uma forma geral, e uma das principais funções caridosas era sepultar os mortos. Em 1500, foi firmado o primeiro compromisso da irmandade, documento que fixava os objetivos da instituição, assim como os

---

59   Willeke, "Frei Pedro Palácios e a Penha do Espírito Santo", separata do *Boletim Cultural da Câmara Municipal do Porto*, vol. XXXIII (3-4), p. 21.

60   Cardim, *op. cit.*, p. 165.

61   Cardim, *op. cit.*, p. 168; José de Anchieta, "Na festa do Natal". In: *Poesias*, p. 751.

62   Anchieta, "Na festa do Natal". In: *Poesias*, p. 751.

63   Anchieta, "Na vila de Vitória ou São Maurício". In: *Teatro de Anchieta*, p. 285.

64   Cardim, *op. cit.*, p. 156.

65   Glória Kok, *Os vivos e os mortos na América portuguesa:* da antropofagia à água do batismo. Campinas: Editora da Unicamp, 2001, p. 150.

66   *As excelências do governador...*, p. 403.

67   Reis, *op. cit.*, p. 50.

deveres dos oficiais eleitos para a sua gestão cotidiana.[68]

A Misericórdia era uma confraria especialmente próxima à Coroa, e diferia das demais pela quantidade e qualidade de equipamentos assistenciais que geria. Era também atribuição das Misericórdias o apoio aos últimos momentos e ao sepultamento dos condenados pela justiça, cujos mortos não ficavam sem assistência espiritual.[69] A gestão da forca de Lisboa era também atribuição da Misericórdia, conforme ficou estabelecido já no primeiro alvará régio referente à Misericórdia, que autorizava a confraria a elevar no local mais apropriado da Ribeira de Lisboa uma forca "para padecerem e se fazer justiça daqueles que forem julgados para sempre". Após mortos, a Misericórdia zelaria para que os irmãos "os possam logo tirar e soterrem segundo o seu bom costume". Um dos principais eventos anuais da Misericórdia era a procissão do dia de todos os santos (1º de novembro), quando as ossadas dos enforcados eram conduzidas ao cemitério da confraria.[70]

O novo projeto de caridade abrangia todo o reino e o império português. A Misericórdia de Lisboa foi o embrião de uma série de outras, em inúmeras cidades de Portugal, nos anos seguintes. Em 1525 existiam 61 Misericórdias, e até o final do século XVI pelo menos mais 51 fundações foram comprovadas.[71] A imagem de Nossa Senhora da Misericórdia *Mater Omnium* (mãe dos homens) presente nas bandeiras e nas igrejas da confraria em todo o império português desde o século XVI, revela seu caráter de abrangência da sociedade como um todo. Nas representações, os anjos suspendem e estendem o manto da Misericórdia sobre todos os representantes da sociedade da época: o clero secular, o clero regular, a grande e pequena nobreza, soldados, os mercadores, os homens de ofícios, os cativos e os pobres (figuras 246 a 251).[72]

Pela proximidade com a Coroa e a abordagem globalizante da sociedade, tanto no nível de cada comunidade quanto no nível do império, a Misericórdia é apontada como um elemento de modernização da caridade, resposta portuguesa a um contexto de centralização do Estado e surgimento, em toda a Europa, de novas formas de lidar com os cada vez mais numerosos miseráveis das cidades.[73] Por outro lado, é importante qualificar esse movimento: ainda que uniformizada e generalizada, a caridade permanecia nas mãos das elites de cada vila ou cidade, não constituindo um serviço estatal da forma como o conce-

---

68 Serrão, *A Misericórdia* ..., p. 25-32.

69 *Compromisso da Irmandade da Casa da Sancta Misericórdia da cidade de Lisboa*. Lisboa: impresso por Antonio Alvarez, 1600.

70 Serrão, *A Misericórdia* ..., p. 43.

71 Joaquim Veríssimo Serrão, "Nos 5 séculos de Misericórdia de Lisboa: um percurso na História", *Oceanos* 35. Lisboa Comissão Nacional para as Comemorações dos Descobrimentos Portugueses, Julho-Setembro 1998, p. 12.

72 Vitor Serrão, "Sobre a iconografia da *Mater Omnium*: a pintura de intuitos assistenciais nas Misericórdias durante o século XVI", *Misericórdias cinco séculos, Oceanos* 35. Lisboa, Comissão Nacional para as Comemorações dos Descobrimentos Portugueses, Julho-Setembro, 1998, p. 134-144.

73 Bronislaw Geremek, *A piedade e a forca:* história da miséria e da caridade na Europa. Lisboa: Terramar, 1995.

bemos atualmente. Mais importante para nós é o fato de a caridade dos séculos XVI a XVIII não ter objetivado simplesmente a assistência à miséria dos pobres ou necessitados, mas era um meio para a obtenção da salvação da alma das elites.[74] A Bíblia continha referências à dificuldade dos ricos em salvar suas próprias almas. Por seu sofrimento neste mundo, os pobres estavam mais próximos da salvação. As traduções da Bíblia disseminaram a afirmação de Cristo de que "é mais fácil um camelo passar pelo orifício de uma agulha, do que um rico entrar no reino de Deus" (Mateus, 19:24).[75] A narrativa do juízo final de Mateus (25:31-46) dá as diretrizes que associam a caridade à salvação da alma: aqueles que deram comida, bebida, agasalho e assistência aos pobres estariam dando apoio a Cristo, e mereceriam a salvação. Ao contrário, aqueles que rejeitavam as obras de caridade estavam negando a Cristo, e seriam por isso condenados ao Inferno.[76] O termo "misericórdia", portanto, descrevia uma operação de mão dupla: por um lado, a misericórdia dos ricos pelos pobres nas ações de caridade; por outro lado, a misericórdia divina no juízo final, a qual os ricos precisarão muito mais do que os pobres. Grande parte da caridade, portanto, não se destinava aos pobres, mas à salvação da própria alma. Os mortos eram beneficiários da caridade, talvez mais do que os vivos, e se não tivesse sido assim, talvez não existisse a possibilidade de instalação de tão engenhosa e abrangente rede de assistência que era financiada pela

---

[74] Isabel dos Guimarães Sá, "Práticas de caridade e salvação da alma nas Misericórdias metropolitanas e ultramarinas (séculos XVI-XVIII): algumas metáforas", *Oceanos* 35. Lisboa, Comissão Nacional para as Comemorações dos Descobrimentos Portugueses, Julho-Setembro 1998, p. 42-50. Agradeço a Cristina Pompa, que me advertiu que a frase se trata de um erro de tradução, pois o texto original refere-se a uma "corda grossa", e não "camelo" – o que na verdade não modifica a essência da frase no que diz respeito a este trabalho.

[75] "E eis que alguém, aproximando-se, disse-lhe: 'instrutor, que preciso fazer de bom, a fim de obter a vida eterna?' Ele [Jesus] lhe disse: [...] 'Ora, não deves assassinar, não deves furtar, não deves dar falso testemunho, honra teu pai e tua mãe e, tens de amar o teu próximo como a ti mesmo.' O jovem disse-lhe: 'Tenho guardado a todos estes; que me falta ainda?' Jesus disse-lhe: 'Se queres ser perfeito, vai vender teus bens e dá aos pobres, e terás um tesouro no céu, e vem, sê meu seguidor.' Quando o jovem ouviu estas palavras, afastou-se contristado, porque tinha muitas propriedades. Jesus, porém, disse aos seus discípulos: 'Deveras eu vos digo que será difícil para um rico entrar no reino dos céus. Novamente, eu vos digo: É mais fácil um camelo passar pelo orifício duma agulha que um rico entrar no reino de Deus". Mateus, 19:16-24.

[76] "Quando o filho do homem chegar na sua glória, e com ele todos os anjos, então se assentará no seu trono glorioso. E diante dele serão ajuntadas todas as nações, e ele separará uns dos outros assim como o pastor separa as ovelhas dos cabritos. E porá as ovelhas à sua direita, mas os cabritos à sua esquerda. O rei dirá então aos à sua direita: 'vinde vós os que tendes a benção de meu pai, herdai o reino preparado para vós desde a fundação do mundo. Pois fiquei com fome, e vós me destes algo para comer; fiquei com sede, e vós me destes algo para beber. Eu era estranho, e vós me recebestes hospitaleiramente; estava nu, e vós me vestistes. Fiquei doente, e vós cuidastes de mim. Eu estava na prisão, e vós me visitastes.' Então, os justos lhe responderão com as palavras: 'Senhor, quando te vimos com fome, e te alimentamos, ou com sede, e te demos algo para beber? Quando te vimos como estranho, e te recebemos hospitaleiramente, ou nu, e te vestimos? Quando te vimos doente, ou na prisão, e te fomos visitar?' E o rei lhes dirá, em resposta: 'deveras, eu vos digo: Ao ponto que o fizestes a um dos mínimos destes meus irmãos, a mim o fizestes'". O procedimento repete-se, com aqueles à esquerda de Cristo, que, ao contrário, ao recusar a caridade aos pobres, deixaram de dar comida, bebida, agasalho e assistência a Cristo, serão condenados ao Inferno. Mateus, 25:31-46.

própria riqueza das elites locais, sem onerar a Coroa portuguesa.[77]

Nessa perspectiva de assistência aos pobres (vivos e mortos) e aos ricos (mortos) deve ser vista a criação das misericórdias, que foram constituídas em todas as principais vilas e cidades brasileiras, entre elas Olinda (ca. 1539), Santos (1543), Vila Velha (ca. 1545, transferida para Vitória no início do século XVII), Salvador (1549), São Paulo (ca. 1560), Rio de Janeiro (1582), Filipeia (atual João Pessoa, ca. 1585), São Luís (1622).[78] Fernão Cardim refere-se em 1582 a uma Misericórdia em Porto Seguro.[79]

Também na colônia tratava-se de irmandades compostas pela elite de cada cidade. A Misericórdia da Bahia foi regida até o século XIX pela de Lisboa, cujo compromisso deixava isso claro: seus membros deviam ser alfabetizados e "abastados da Fazenda", vetando expressamente trabalhadores manuais.[80] Assim como na metrópole, ser irmão da Misericórdia era atribuição de grande prestígio social, e talvez a ação mais dignificadora fosse viabilizar o enterro dos mortos. O panegírico do governador da Bahia, D. Afonso Furtado, lembra este que foi um de seus maiores feitos, relacionando as boas ações do governador ao personagem bíblico Tobias que, "ausente de sua pátria e estando na alheia Babilônia, se exercitava em enterrar os mortos, e por isso foi célebre, o mesmo fez nosso Herói [D. Afonso Furtado] sendo provedor [o cargo mais alto] da Misericórdia".[81] Também as funções repetiam-se, não só na piedade aos mortos pobres. A Misericórdia do Rio de Janeiro promovia todos os anos na noite de todos os santos (1º de novembro) a chamada *Procissão dos ossos*, quando ia em procissão à luz de tochas à forca da cidade recolher os ossos dos condenados à morte para dar-lhes sepultura, enquanto os sinos da cidade soavam por longas horas.[82]

Lugares

Tudo aquilo que já foi colocado neste capítulo nos induz a pensar que, assim como as cidades na Europa católica serviam tanto aos vivos quanto aos mortos, as povoações na colônia não foram edificadas exclusivamente para serem povoadas pelos vivos. A perspectiva de um juízo final, a necessidade de salvação das almas, o desejo de ajudar as almas no purgatório e a expectativa de recebimento de recompensas foram elementos de estruturação do território das cidades na colônia, e para isso era importante levar em conta os desejos e

---

77 Sá, "Práticas de caridade ...", *Oceanos* 35, p. 44.

78 Yara Aun Khoury (coord.), *Guia dos arquivos das Santas Casas de Misericórdia do Brasil*. São Paulo: Imprensa Oficial/PUC-SP/ Fapesp, 2004, 2 vols.

79 Cardim, *op. cit.*, p. 148.

80 Reis, ..., p. 51.

81 *As excelências do governador ...*, p. 219.

82 Fania Fridman, "Geopolítica e produção da vida cotidiana no Rio de Janeiro colonial". In: *Donos do Rio em nome do Rei*: uma história fundiária do Rio de Janeiro. Rio de Janeiro: Zahar/ Garamond, 1999, p. 23.

as necessidades daquela faixa etária tão especial e poderosa que eram os mortos.

O desafio da acomodação adequada aos mortos expressava-se antes mesmo do povoamento das novas terras. Thomas More, na introdução de sua *Utopia*, narra um episódio no qual o autor teria conhecido Rafael Hitlodeu, navegador português que havia acompanhado Américo Vespúcio em suas últimas viagens. Segundo Pedro Gil, um amigo em comum, não haveria sobre a terra "outro ser vivo que possa vos dar detalhes tão completos e tão interessantes sobre os homens e os países desconhecidos".[83]

Aportando na América com Vespúcio, Hitlodeu decidiu ceder a seu caráter aventureiro e ficar no novo continente, ao invés de voltar à Europa. Vespúcio, cedendo a seus pedidos insistentes, concordara em deixá-lo entre os 24 primeiros europeus que ficaram em Nova Castela. O trecho que se segue é do próprio Thomas More, comentando o episódio e referindo-se ao navegador:

> Foi, então, conforme seu desejo, largado nessa margem, pois o nosso homem não teme a morte em terra estrangeira; pouco se lhe dá a honra de apodrecer numa sepultura; e gosta de repetir este apotegma: O Cadáver sem sepultura tem o céu por mortalha; há por toda a parte caminho para chegar a Deus.[84]

No discurso de Hitlodeu transparece aquela que foi uma das principais perplexidades do homem europeu na América, na época dos descobrimentos: como viabilizar a vida nessas terras, se a morte cristã encontrava-se inviabilizada? No século XVI, como seria ainda por muito tempo, pensar na possibilidade de morrer sem sepultura sagrada era algo aterrorizante, quase um sinônimo de arder nas chamas do Inferno e jamais ter a possibilidade da ressurreição final. Hitlodeu, vencido pela curiosidade e pelo espírito aventureiro, escamoteou o problema de forma bastante original para a época, evocando o céu como mortalha, e enunciando um Deus que estaria por toda a parte.[85]

Mas a própria ênfase na argumentação já denuncia o caráter aberrativo do desejo de Hitlodeu de ficar nas terras novas. O encadeamento do discurso de More – "foi largado nessas terras, *pois* não teme a morte em terra estrangeira" – mostra a relação automática que se fazia entre a expansão do mundo conhecido e a problemática do local da morte. O desafio de mor-

---

83   Thomas More, *A Utopia*. Livro Primeiro: da comunicação de Rafael Hitlodeu. São Paulo: Abril Cultural, 1972 [1516], Col. Os Pensadores, p. 163.

84   *Ibidem*, p. 165.

85   Essa relação já havia sido feita por Santo Agostinho, que no século V se ocupara da morte sem sepultura, dentre vários autores cristãos: "Assim, puderam dizer os poetas com gerais aplausos: *O céu cobre o sem túmulo*. Que loucura, portanto, essa, de ultrajar os cristãos por causa de cadáveres insepultos, se aos fiéis foi prometido que a própria carne e todos os membros, acordados do profundo sono no seio da terra, no mais secreto abismo dos elementos, hão de, num abrir e fechar de olhos, tornar à vida e ser restituídos à primitiva integridade?". Santo Agostinho, *Cidade de Deus*. Petrópolis: Vozes, 2002, Parte I, p. 42.

rer na América era uma implicação do desafio de lá viver. Por trás de tudo, estava o desafio de reproduzir a vida europeia e cristã no além mar para que fosse possível viver e morrer nos padrões de normalidade do velho mundo.

Dentre os locais errados para morrer, o mar ocupa lugar de destaque. O Canto IV dos *Lusíadas* traz uma mãe horrorizada pela partida de seu filho na esquadra de Vasco da Gama:

> [...] Porque de mi vás, ó filho caro
> A fazer o funéreo enterramento
> Onde sejas de peixes mantimento?[86]

Era grande também o temor de uma morte desprovida dos últimos rituais, por isso em quase todos os navios viajavam clérigos e padres que davam as extremas unções em momentos de ameaça. Isso nem sempre era possível, conforme conta o padre Fernão Cardim, sobre a travessia da Ilha da Madeira ao Brasil em 1582: "Foi Nosso Senhor servido que só um morresse em toda a viagem, excepto outro que caiu no mar, sem lhe podermos ser bons".[87]

Na viagem dos padres capuchinhos a caminho do Maranhão no início do século XVII, o Frei Teófilo Havre expressa gratidão a Deus por ninguém ter morrido no mar, e nenhum luto pelas três mortes que aconteceram logo que a nau chegou à terra, provavelmente no Cabo Verde: "Mercê de Deus, ninguém morreu durante a nossa viagem, porém apenas entramos na terra, faleceram três, e aí foram sepultados".[88] Viabilizar um local adequado de sepultura fez parte das primeiras ações dos capuchinhos franceses ao tomar posse da ilha do Maranhão:

> Saltamos todos em terra, levando água benta, cantando o *te deum laudamus,* o *veni, Creator,* a ladainha de Nossa Senhora, e depois caminhamos em procissão desde o porto até o lugar escolhido para levantar-se uma cruz, a qual foi carregada pelo Sr. De Razilly e todos os principais de nossa companhia.
> Depois de benzida esta ilha, até então ilhazinha, foi, pelos Srs. De Razilly e de La Ravardière, chamada Ilha de Santa Ana, não só por termos chegado nesse dia, como também porque chamava-se Ana a condessa de Soissons, parenta do Sr. De Razilly.
> Depois plantamos a cruz: ao pé dela, estando todo o largo abençoado, enterramos um pobre homem, tanoeiro, que vinha conosco.[89]

---

86 Camões, *op. cit.*, Canto IV, 90.

87 Fernão Cardim, "Narrativa epistolar de uma viagem e missão jesuítica". In: *Tratados* ..., p. 142.

88 *Fidelíssima narração, extraída de seis pares de cartas dos Revdos. Padres Cláudio D'Abbeville e Arsênio, pregadores capuchinhos, escritas aos padres da sua Ordem de Paris, e a outras pessoas do século, sendo quatro do Revdo. Padre Arsênio, uma do Padre Cláudio, e uma para duas pessoas. Por Frei Teófilo, Havre, 1612.* In: Evreux, *op. cit.*, p. 372.

89 *Ibidem*, p. 373.

A preocupação com a morte sem sepultura aparece também em Pero Magalhães Gandavo:

> E até hoje um só caminho acharam os homens vindos do Peru a esta província [de Santa Cruz], e este tão agro, que em o passar perecem algumas pessoas caindo do estreito caminho que trazem, e vão parar os corpos mortos tão longe dos vivos que nunca os mais vêem, nem podem, ainda que queiram dar-lhe sepultura.[90]

Os religiosos e a literatura confirmavam que os locais onde se celebravam mais sufrágios como orações, sacrifícios e missas, mais freqüentados pelos religiosos, eram mais proveitosos aos mortos, principalmente aos que estavam no purgatório e necessitados do apoio dos vivos.[91] Os testamentos dos séculos XVI e XVII expressam grande preocupação com o local da sepultura, não só na igreja como dentro dela. Os membros de irmandades muitas vezes pediam para serem sepultados nas capelas e túmulos que as irmandades tinham em suas igrejas, o que garantia a freqüência ao túmulo e rezas pela alma. Outros testamentos ordenavam o sepultamento em igrejas de ordens religiosas. Outros ainda expressavam locais com significados específicos na igreja. O governador D. Afonso Furtado desejou ser sepultado junto à pia de água benta da Igreja de São Francisco de Salvador, o que aparentemente entrava em contradição com o caráter excepcional, quase real, que foi dado para suas exéquias pelo conjunto dos poderes de Salvador, que tinham em mente um local mais central. A saída encontrada para não desobedecer o desejo do governador foi um duplo sepultamento. Primeiro a Irmandade da Misericórdia enterrou-o "na sepultura que se abriu junto da água benta, para cumprir, como dito fica, com sua última vontade", e em seguida desenterraram-no "e levaram à [sepultura] que estava na capela-mor. Nela o meteram no caixão [...]".[92]

A preocupação com o após morte motivou também a constituição de inúmeros patrimônios, ou porções de terras cedidas por uma ou por várias pessoas para servir de moradia e viabilizar o assentamento permanente de um grupo, por vezes acompanhadas de mais algum bem ou renda. Eram terras doadas a um santo, ao qual edificavam-se pequenos templos ou capelas, em torno dos quais formaram-se muitas povoações. Não é à toa que muitos desses agrupamentos proto urbanos decorrentes da doação de patrimônios a santos têm o nome de capelas.[93] A instituição de uma capela não significava apenas a determinação de construção de um edifício, mas também – talvez principalmente – sua contraparte espiritu-

---

90 Pero de Magalhães Gandavo, *História da Província de Santa Cruz*. Belo Horizonte/ São Paulo: Itatiaia/ Edusp, 1980 [1576], p. 80.

91 *Explicacion de la bula ...*, p. 179.

92 *As excelências do governador ...*, p. 239 [p. 169 no manuscrito original].

93 Murilo Marx, *Cidade no Brasil*, terra de quem?, São Paulo: Studio Nobel, 1991, p. 38-40.

al, também denominada capela: as rezas periódicas pela alma do doador após a sua morte.

De uma dessas capelas, que parece ser ao mesmo tempo edifício, povoação e serviço religioso, trata o testamento de Domingos Fernandes, fundador de Itu, que morreu em 1652:

> Minha última e derradeira vontade é que a dita capela se perpetue neste Utuguassu [Itu] e seu distrito [...] na qual pretendo enterrar-me para ali estarem os meus ossos, esperando a universal ressurreição no dia do Juízo. [...] assim, por nenhum modo quero nem consinto que a dita capela e meus ossos sejam trasladados fora do lugar, salvo se por meus pecados Deus ordenar que isso se torne a despovoar, e então a poderão trasladar em tal caso, sendo todavia os derradeiros que daqui despreguem.[94]

Domingos Fernandes procura aqui fazer com que sua própria morte transforme a ocupação urbana em processo irreversível: "minha última vontade é que a dita capela se perpetue [...] assim, por nenhum modo quero nem consinto que a dita capela e meus ossos sejam trasladados [...], salvo se [...] Deus ordenar que isso se torne a despovoar". A frase informa que a presença dos ossos deve ser fator importante para que a capela se perpetue. Aqui explicita-se também uma expectativa de privilégios conforme a tradição cristã, segundo a qual leigos fundadores de capelas e igrejas teriam direitos excepcionais de sepultamento, semelhantes aos dos religiosos.[95]

Mas o homem era um estrategista, possuía também um outro plano caso seu desejo não pudesse ser realizado. Se o território voltasse a se despovoar, os ossos deveriam ser trasladados, ainda que pelos derradeiros que dali se despregassem. Aqui, mais uma informação: sem os vivos, os mortos tampouco poderiam permanecer. A saída dos vivos parece significar também a inviabilização do chão sagrado necessário até a ressurreição. E mais: a hipótese do despovoamento se concretizaria se "por meus pecados [...] Deus ordenar", assim como acontecera com Sodoma e Gomorra, cuja população pecou a ponto de Deus provocar o desaparecimento das cidades. A negação da vida (e também da morte) neste caso parece ser o despovoamento, a retomada do território pelo sertão.

Outro testamento – o de Pero Leme, de 1592 na Vila de São Vicente – revela que uma cuidadosa leitura do território urbano podia preceder a escolha do local de sepultamento: "digo que, morrendo, me enterrarão na igreja de nosso senhor matriz dessa Vila de São Vicente e se o Mosteiro de Jesus se consertar me enterrarão lá na cova de minha mulher que Deus haja [...]".[96]

O testamento mostra a imensa força do território como elemento mediador das crenças no destino dos mortos no além, sobrepondo-se em importância às representações de afeto

---

94 Alcântara Machado, *Vida e morte do bandeirante*. São Paulo/ Brasília: Martins/ INL, 1972, p. 208-209.
95 Ariès, *O homem ...*, vol. I, p. 44 e 52.
96 *Inventários & Testamentos* 1, p. 27.

familiar: para o testamenteiro, ser sepultado em local digno, em bom estado e frequentado pelos vivos sobrepujava em importância os laços familiares, pois a única hipótese de Pero Leme ser sepultado junto à sua esposa era no caso do arruinado Mosteiro da Companhia de Jesus se consertar. A declaração faz crer que a expectativa de reciprocidades e solidariedades que ocorreria entre mortos e vivos não existia entre mortos e seus companheiros mortos. Explica-se: os vivos eram capazes de interceder pelos mortos no purgatório, mediante suas rezas e missas. Da mesma forma, os santos podiam garantir aos mortos uma ressurreição mais adequada. Mas, conforme vimos, os mortos comuns, não santos, não podiam interceder pelos seus companheiros também mortos. Por isso, Pero Leme prefere repousar em local mais próximo das orações dos vivos do que de sua mulher morta. A busca do compromisso em torno de rezas pela própria alma está também por trás de doações e heranças dadas às igrejas e conventos. Antonio Furtado de Vasconcellos determina em 1625:

> Declaro e nomeio e instituo por meu herdeiro universal de tudo o que depois de pagas minhas dívidas [...] meus legados restar de minha fazenda [...] Mosteiro de Nossa Senhora do Carmo desta vila de São Paulo aonde se enterrará meu corpo com obrigação de um responso todos os sábados de Nossa Senhora sobre minha sepultura por minha alma.[97]

Alguns documentos chegam a mostrar que, para além das escolhas individuais, a presença dos mortos poderia guiar decisões coletivas e urbanísticas. Um registro nas Atas da Câmara de São Paulo revela que eles exercem seus poderes sobre o território urbano:

> Aos vinte e cinco anos do mês e junho do dito ano [1598] se ajuntaram em Câmara os oficiais dela para assentarem coisas pertencentes ao bem comum e principalmente sobre o fazer da igreja e onde seria [...] e todos assuntaram e disseram que era bem fazer-se a dita igreja onde está começada pelo bem que pode haver, por já estarem ali defuntos e estar no meio da vila.[98]

Pelo que informa o relato acima, o fato de a igreja já estar começada não era razão suficiente para a continuidade das obras: o argumento de os mortos estarem lá enterrados é utilizado para reforçar a posição em prol da continuidade das obras nesse mesmo local, o que demonstra que em alguma medida os mortos são levados em conta nos assuntos referentes à ordem urbanística.

Mais de um século depois, em um contexto histórico, administrativo e institucional totalmente diferente, percebemos ainda o além pesando nas decisões urbanísticas da colônia. As páginas iniciais do livro de tombo da Igreja Matriz de Campinas contém uma "breve notícia

---

97   *Inventários & Testamentos* 7, p. 9-10.
98   *Atas da Câmara de São Paulo*, 25 de junho de 1598. [Arquivo Histórico Municipal de São Paulo].

da fundação ou ereção desta freguesia de N. S. da Conceição de Campinas", escrita pelo primeiro vigário, Frei Antonio de Pádua Teixeira. Um dos documentos anexados à história é um abaixo-assinado feito pelos moradores da região em 1774, rogando ao Bispado de São Paulo a permissão para se erigir uma freguesia no local, desmembrada de Jundiaí:

> Dizem os inclusos assinados, existentes nos limites entre Jundiaí e Moji-Mirim, que eles, suplicantes, para maior cômodo e bem de suas almas, desejam erigir à sua custa uma capela na paragem chamada Campinas, onde tenham valimento espiritual, se não sempre, ao menos em várias ocasiões que por ali se acharem sacerdotes; o que também justifica se achar na mesma paragem um cemitério bento para sepultamento dos fiéis, o que foi concedido por ser notoriamente difícil ter o recurso de sua Matriz, pois não dista menos de dez léguas.[99]

Neste exemplo de Campinas, os roceiros, habitantes pobres do local, que evocam a presença dos mortos como argumento para que, sobre o cemitério bento já existente, se instalasse a capela de que tanto precisavam para não mais viver em pecado – mas também para tantas outras coisas, já que a instauração de uma freguesia no local representava a possibilidade da melhoria da vida como um todo. Juntamente com o pároco e as missas, viriam os encontros, as trocas, a possibilidade de instalação de casas, comércio e serviços no patrimônio da capela solicitada. A data mais comumente reconhecida como a da fundação de Campinas é 1774, quando estabeleceu-se a freguesia no local, mas o organismo proto urbano começou a se manifestar vários anos antes, e, ao que parece, um dos primeiros sinais disso é o início do processo de acúmulo de mortos, sempre em um mesmo local, que foi benzido em 1753.[100]

Percebemos que os mortos continuaram urbanizando os sertões, mesmo bem avançado o século XVIII. Eram, no entanto, uma força minoritária. Àquela altura, a Coroa portuguesa já havia tomado para si as rédeas de ocupação do território, em um plano urbanizador abrangente e destinado prioritariamente à garantia do domínio do território brasileiro para o reino de Portugal.[101]

Nos capítulos 1 e 2 deste trabalho, percebemos que os santos e mártires foram atores que viabilizaram de várias formas os processos de urbanização na América Portuguesa, assim como há séculos vinham fazendo na Europa. Neste capítulo o quadro se completa, com a documentação que mostra que essa urbanização não se destinava apenas a acomodar os vivos, mas em grande medida também os mortos. Nossa ideia dos mortos como antônimo dos vivos não parece se aplicar àquele mundo. Parece me bem

---

99   Celso M. M. Pupo, *Campinas, município do Império*. São Paulo: Imprensa Oficial do Estado, 1983, p. 216.
100 José Roberto do Amaral Lapa, *A cidade, os cantos e os antros*. São Paulo: Edusp, 1992, p. 312.
101 Delson, *op. cit.*

mais adequado defini-los como parceiros, e a ocupação do território na América dos séculos XVI e XVII como uma estratégica aliança entre vivos, mortos, santos e reis, sem a qual não acredito que a ocupação se viabilizaria da mesma forma. Encerro este capítulo com um trecho do padre Antônio Vieira, que reforça essa ideia de que a cidade dos mortos tinha atributos de complemento – e não de negação – da cidade dos vivos:

> Lembra-te, homem, que és pó levantado e hás-de ser pó caído: o que digo é: lembra-te, Roma, que és pó levantado e que és pó caído juntamente. Olha, Roma, daqui para baixo, e ver-te-ás caída e sepultada debaixo de ti: olha, Roma, de lá para cima e ver-te-ás levantada e pendente em cima de ti. Roma sobre Roma, e Roma debaixo de Roma. Nas margens do Tibre a Roma que se vê para cima, vê-se também para baixo; mas aquilo são sombras: aqui a Roma que se vê em cima, vê-se também em baixo, e não é engano da vista, senão verdade: a cidade sobre as ruínas, o corpo sobre o cadáver, a Roma viva sobre a morta. Que coisa é Roma senão um sepulcro de si mesma?[102]

Os capítulos 1, 2 e 4 deste livro mostram aspectos do processo de povoamento da América Portuguesa, visto como uma expansão – ainda que demorada, difícil, matizada, negociada – de um modelo católico de ocupação territorial. Por outro lado, não podemos esquecer que existiam outras concepções de território em jogo, protagonizadas pelos habitantes nativos do lugar, que não apenas reagiram ou traduziram o repertório que os cristãos buscavam implementar, mas em muitos aspectos tinham sua própria autonomia no pensar as relações entre vivos, mortos e o território, não traduzíveis nas adesões e apropriações em torno de relíquias sagradas, da figura dos mártires, da ida ao céu ou ao purgatório.

Se o esforço até aqui foi o de distanciar-nos das nossas verdades para enxergar um mundo em que vivos e mortos combinaram esforços para cumprir o imenso desafio de cristianizar um território muitas vezes maior do que Portugal, algumas páginas serão destinadas a um novo distanciamento, que busca jogar alguma luz sobre algumas das maneiras como os índios articulavam essa equação, em seus próprios termos.

---

102 Antônio Vieira, "Sermão de Quarta-Feira de Cinza (1672)". In: *A arte de morrer*. São Paulo: Nova Alexandria, 1994, organização de Alcir Pécora, p. 58-59.

Os índios, sua terra e seus mortos

CAPÍTULO 5

Uma mudança de foco

Os capítulos anteriores pretendem dar conta da confirmação da hipótese inicial deste trabalho, a de que os mortos desempenharam um papel relevante no processo de instalação da cristandade na América, de conversão de uma região selvagem em terra sagrada possível de ser definitivamente colonizada. Por um lado, os mortos muito especiais, os santos e mártires viabilizavam a ocupação sagrada; por outro lado, essa mesma ocupação sagrada tinha como uma de suas finalidades prioritárias acomodar os mortos até o juízo final. Evidencia-se o poder de mediação entre o mundo dos vivos e o dos mortos que era atribuído a alguns lugares específicos daquela sociedade: as igrejas, capelas e ermidas, locais de repouso dos mortos que eram também os locais principais de devoção dos vivos. Das igrejas emanava a consagração do conjunto do território, garantindo a assistência espiritual às cidades, às paróquias, aos bairros distantes. A mediação entre o mundo dos vivos e o além estava, por assim dizer, "territorializada", dependia da existência de lugares específicos que garantiam a continuidade entre passado, presente e futuro rumo à ressurreição e à salvação das almas.

Mas enquanto o trabalho foi sendo construído e enquanto eu fazia o necessário procedimento de aproximação ao mundo religioso dos séculos XVI e XVII, todo o tempo esbarrava com sinais de uma outra realidade ainda mais estranha: o universo dos grupos que os cristãos encontraram na América no século XVI, que inspirou imensa perplexidade nos europeus. Já foi dito nos capítulos precedentes algo sobre essa cultura, sobre a forma como os índios relacionaram-se com os martírios fundadores do tempo e do espaço cristão, com as relíquias como objetos-pessoas fundamentais para a conversão do território, com o purgatório como lugar invisível, mas tão real quanto as cidades dos vivos.

Ainda que tenham sido interlocuções legítimas e voluntárias, ainda que tenham dado a ambas as culturas possibilidades de comunicação e negociação, trata-se de práticas reativas à pauta apresentada pelos colonizadores. Se essas práticas podem ser vistas como configurações "mestiças", "híbridas", como "traduções",[1] podem também ser tratadas como porta de entrada ocidental que viabilizaria um progressivo disciplinamento e destruição da cultura ameríndia.

Este capítulo procura mostrar aspectos daquilo que foi destruído. A documentação da época sobre os índios por vezes deixa ver aspectos daquela sociedade de forma surpreendentemente rica. Se por um lado, o olhar dos séculos XVI e XVII é repleto de limites e preconceitos próprios daquela época, como a tendência de diabolização dos índios, por outro lado, o universo europeu, profundamente marcado pela religiosidade, deu conta de identificar elementos que nossos olhos contemporâneos captam com muito mais dificuldade – ainda mais os meus, não versados em técnicas etnográficas.

Hélène Clastres afirma que os cronistas do século XVI tinham mais sensibilidade para as especificidades da religiosidade dos índios do que nosso mundo laico originado no século "das luzes", o XVIII, quando cada vez mais as práticas religiosas não cristãs são descritas com termos genéricos como "ateísmo", "animismo", "fetichismo", conceitos que significam mais um esforço de catalogação das culturas extra europeias do que possibilidades efetivas para a sua compreensão. A autora defende que "no século XVIII, foram perdidos tanto a especificidade do fato religioso quanto a singularidade dos selvagens".[2] Dei-me conta de que, na verdade, quem estava me ensinando a enxergar a cultura dos índios eram em grande parte os velhos europeus dos séculos XVI e XVII e seu olhar tantas vezes depreciado em prol do olhar técnico dos séculos seguintes.

Este capítulo procura compreender de que forma os mortos relacionavam-se com o território, para os índios brasileiros. Será que para eles a comunicação entre o mundo dos vivos e o dos mortos tinha uma dimensão territorial tão presente quanto para os portugueses? Será que o local de sepultamento tinha uma importância tão fundamental? Será que alguns mortos ilustres tinham preponderância sobre os demais, atingindo uma capacidade de conversão do território profano em sagrado, que os mártires e os santos ofereciam aos cristãos? Em suma, a territorialização seria elemento tão estratégico de conexão dos homens com suas crenças, história e futuro como era para os portugueses? Veremos que a resposta a muitas dessas perguntas é negativa, a ponto de engendrar questionamentos em torno da própria *ideia*, do próprio *conceito* de território que utilizamos até agora, que se revelam bastante limitados para ajudar na compreensão da situação encontrada pelos colonizadores.

---

1   Gruzinski, *O pensamento* ...; Vainfas, *A heresia* ...; Pompa, *op. cit.*

2   Hélène Clastres, "La religion sans les dieux: les chroniqueurs du XVIe siècle devant les Sauvages d'Amérique du Sud". In: Francis Schmidt (ed.). *L'impensable polythéisme:* études d'historiographie religieuse. Paris: Éditions des Archives Contemporaines, 1988, p. 117.

Como morriam os índios

O Brasil alcançado pelos conquistadores no início do século XVI era povoado predominantemente pelos grupos indígenas Guarani (na bacia Paraná-Paraguai) e Tupi (na costa), que haviam chegado há cerca de 1.000 anos à região. Pertenciam a uma mesma família linguística, a Tupi-Guarani, e compartilhavam uma série de elementos culturais em comum. Ainda que dispersos em um grande número de tribos e aldeias – Tupinambá, Tupiniquim, Tamoio, Caeté e Potiguar dentre os Tupi, Carijó dentre os Guarani – promoviam uma continuidade linguística interrompida apenas em alguns pontos no litoral: próximo ao estuário do rio da Prata pelos Charrua, na foz do rio Paraíba pelos Goitacás, no norte do Espírito Santo e sul da Bahia pelos Aimoré; pelos Tremembé no Ceará e Maranhão, tribos genericamente chamadas pelos Tupi de "Tapuias", o que equivale a "não-Tupi".[3] Aqui, trataremos principalmente dos chamados Tupi da costa, o grupo predominante nos dois primeiros séculos de contato com os cristãos e que, ainda que estivessem divididos em aldeias que cultivavam guerras e inimizades entre si, pertenciam todos a uma mesma unidade cultural. Em respeito às fontes utilizadas, em alguns momentos serão mencionados os subgrupos, principalmente os Tupinambá, os mais documentados.

As diversas tribos "Tapuia" precederam os Tupi no território, mas haviam sido expulsas por eles havia alguns séculos, com exceção dos grupos nomeados acima.[4] Ainda assim, os Tupi não estavam bem acomodados: o crescimento demográfico pressionava as suas aldeias umas contra o território das outras, o que talvez ajude a explicar parte de seus conflitos e de suas errâncias.[5]

Os Tupi agrupavam-se em aldeias, compostas de cabanas coletivas em torno de um pátio central, cercadas de uma paliçada de madeira. Em relação aos Tupinambás do Maranhão do início do século XVII, Claude D'Abbeville afirma que essas cabanas são em número de quatro Hans Staden menciona até sete em cada aldeia (figura 230).[6]

Mas os Tupi não eram inteiramente fixos no território. As aldeias mudavam-se e desfaziam-se com muita facilidade. D'Abbeville comenta que as aldeias duravam de quatro a cinco anos no mesmo lugar e depois, sem motivo aparente, mudavam-se, recebendo a nova aldeia o mesmo nome da antiga. "A única razão que dão de tal mudança é que seus ante-

---

[3] Carlos Fausto, "Fragmentos de história e cultura tupinambá: a etnologia como instrumento crítico de conhecimento étnico-histórico" In: Manuela Carneiro da Cunha (org.), *História dos índios no Brasil*. São Paulo: Companhia da Letras, 1992, p. 382.

[4] Alfred Metraux, "Migrations historiques des Tupi-Guarani". In: *Journal de la Societé des Américanistes de Paris*, n.s., 29: 1-45, 1927, *apud* Fausto, "Fragmentos ....".

[5] Warren Dean, *A ferro e fogo*: a história e a devastação da mata atlântica brasileira. São Paulo: Companhia das Letras, 2000, p. 48-50.

[6] Staden, *op. cit.*, p. 136; Claude D'Abbeville, *op. cit.*, p. 267.

passados fizeram o mesmo".[7] Antônio Vieira relata em 1626 que os índios Paranaubis do sertão do Rio de Janeiro, enfrentando uma epidemia provavelmente trazida pelos jesuítas, "tomavam ocasião para terem suas terras por muito doentias e as deixarem mais depressa".[8] Jean de Léry aponta outro dos aspectos dessa mobilidade: a ausência da atribuição de significados religiosos para lugares específicos, o que é associado à falta da própria religiosidade: "Não têm nenhum ritual nem lugar determinado de reunião para a prática de serviços religiosos, nem oram em público ou em particular".[9]

As constantes mudanças na localização das aldeias eram parte de uma cultura que não dava grande significado aos locais de sepultamento. Ainda que não totalmente ausentes dos relatos europeus, os lugares de repouso dos corpos dos índios lhes pareceram espantosamente desprovidos de relevância – ainda mais se comparados com os locais de sepultamento na Europa, infindáveis repositórios de elementos estruturadores da cultura simbólica e material, da sociedade e da temporalidade cristã. Américo Vespúcio registra o que considera falta de cuidados com os moribundos e com os mortos:

> Em certos lugares utiliza-se de um modo extremamente bárbaro e desumano de sepultamento, pois, quando julgam que alguém se aproxima da hora de morrer, os parentes o levam até uma grande floresta, onde, colocando naquelas redes de algodão em que dormem, presas entre duas árvores, suspendem-no no ar e, em seguida, tendo dançado em volta dele assim suspenso por um dia inteiro, ao cair da noite, colocam-lhe ao lado da cabeça água e outros víveres com que possa viver durante uns quatro dias. Depois, deixando-lhe ali pendurado, sozinho, voltam para casa. Se depois o doente se alimentar e sobreviver e, convalescendo até recobrar a saúde, por si mesmo voltar para casa, a família e os parentes o acolhem com grande festa. Mas pouquíssimos são os que superam tamanho perigo, porque ninguém vai visitá-los, e, *se morrem ali, não têm depois nenhuma sepultura* [grifo meu].[10]

Gabriel Soares de Souza também aponta que era frequente que os Tupinambás desistissem dos doentes ou moribundos, chegando a enterrá-los vivos.[11] Vespúcio reitera essa ausência de rituais cercando a morte: "por eles não fazem luto nem outras cerimônias", o que provavelmente diz mais respeito à sua dificuldade de identificar rituais altamente distintos dos seus próprios do que propriamente à cultura tupinambá.[12]

---

[7] D'Abbeville, *op. cit*, p. 267.

[8] Vieira, "Carta ânua ao Geral da Companhia de Jesus". In: *Cartas* ..., p. 111.

[9] Léry, *op. cit.*, p. 205.

[10] Américo Vespúcio, *Novo Mundo: as cartas que batizaran a América*. São Paulo: Planeta, 2003. p. 77.

[11] Souza, *op. cit.*, t. II, p. 287-288.

[12] Vespúcio, *op. cit.*, p. 77.

Por outro lado, observadores que viveram entre os índios puderam constatar que a observação de Vespúcio era por demais simplificadora. Yves D'Evreux, que esteve com os índios por quatro anos, por um lado reitera traços de ausência de piedade pelos mortos, quando comenta que uma índia escrava hostilizada por outras índias por ter tido um filho de um francês declarou-se disposta a matar ou enterrar vivo o filho.[13] Por outro lado, aponta que o luto não era desconhecido dos Tupinambás, por exemplo nos casos de morte de meninos.[14] D'Evreux desmente Vespúcio, ao registrar rituais fúnebres entre os Tupinambás:

> Quando chega a hora da morte, reúnem-se todos os seus parentes, e geralmente todos os seus concidadãos, cercam-lhe o leito do moribundo [...] não dizem uma só palavra, olham-no com toda a atenção, banham-se de lágrimas constantemente; mas logo que a pobre criatura exala o último suspiro, dão berros e gritos, fazem lamentações compostas por uma música de vozes fortes, agudas, baixas, infantis [...] depois de muitas lamentações, o principal da aldeia ou o principal dos amigos fazia um grande discurso muito comovente, batendo muitas vezes no peito e nas coxas, e então contava as façanhas e proezas do morto, dizendo no fim: 'Há quem dele se queixe? Não fez em sua vida o que faz um homem forte e valente?' ".[15]

A memória da valentia do morto era constitutiva da cultura tupi. Em muitos relatos, percebe-se que para os índios a morte mais honrosa era a que acontecia em combate, o que significava também uma morte que eximia os companheiros de lidar com o cadáver.[16] Gabriel Soares de Souza registra um ritual fúnebre tupinambá:

> É costume entre os Tupinambás que, quando morre qualquer deles, *o levam a enterrar embrulhado na sua rede em que dormia*, e o parente mais chegado lhe há de fazer a cova; e quando o levam a enterrar vão-no acompanhando mulher, filhas e parentes, se as têm, as quais vão pranteando até que fica bem coberto de terra; donde se tornam para sua casa, onde a viúva chora o marido por muitos dias; e se morrem as mulheres destes Tupinambás, é costume que os maridos lhe façam a cova, e ajudem a levar às costas a defunta, e se não têm já marido, o irmão ou parente mais chegado lhe faz a cova [grifo meu].[17]

---

13   D'Evreux, *op. cit.*, p. 145.
14   *Ibidem*, p. 129.
15   *Ibidem*, p. 166.
16   *Ibidem*, p. 132: "quando [um índio maduro] morre na guerra, chamam-no imarate-cuapee-seon, 'velho morto no meio das armas', o que enobrece tanto seus filhos e parentes [...]".
17   Souza, *op. cit.*, t. II, p. 285.

Pero Magalhães Gandavo também se refere ao sepultamento embrulhado na rede:

> E quando algum morre, costumam enterrá-lo em uma cova assentado sobre os pés *com sua rede às costas que em vida lhe servia de cama*. E logo pelos primeiros dias põem seus parentes de comer em cima da cova e também alguns lho costumam meter dentro quando o enterram, e totalmente cuidam que comem e dormem na rede que tem consigo na mesma cova [grifo meu].[18]

O protestante Gaspar Barléu também se refere à rede de dormir:

> Assim, enterram os cadáveres sem queimá-los, *colocando junto deles uma rede para dormirem* e alimento para alguns dias, pois estão persuadidos de que as almas dos defuntos comem durante esse tempo [grifo meu].[19]

Nos três depoimentos que se referem às redes, são importantes os trechos grifados, que me parecem denunciar uma incompreensão. Enterrar a rede na qual o índio dormia não equivaleria inteiramente a enterrar uma cama junto com um ocidental, pois a rede é a um só tempo local de descanso e ferramenta que viabiliza aos índios a mobilidade. As redes eram os elementos que os índios levavam consigo ao mudar de território. Não é o atributo do descanso cristão, mas esse duplo atributo (repouso-mobilidade) que é levado ao túmulo (figura 231). A presença de alimento pode também ser vista como uma forma de preparar os mortos para uma viagem. Manuel da Nóbrega revela sensibilidade para esse ponto:

> Quando morre algum deles, enterram-no em posição de quem está assentado, em frente lhe põem de comer com uma rede a aí dormem, e dizem que as almas vão pelos montes e ali voltam para comer.[20]

Soares de Souza afirma que só os chefes da aldeia eram honrados com as oferendas ao túmulo, e dá todos os detalhes que garantem que seu corpo não terá contato com a terra, e que seus pertences lhe servirão na sua viagem:

> E quando morre algum principal da aldeia em que vive, e depois de morto alguns dias, antes de o enterrarem fazem as cerimônias seguintes. Primeiramente o untam com mel todo, e por cima do mel o empenam com penas de pássaros de cores, e põem-lhe uma

---

18 Gandavo, *op. cit.*, p. 124.

19 Gaspar Barléu, *História dos feitos recentemente praticados durante oito anos no Brasil*. Belo Horizonte/São Paulo: Itatiaia/ Edusp, 1974 [Amsterdam, 1647], p. 24.

20 Manuel da Nóbrega, "Carta ao Dr. Navarro (1549)". In: *Cartas do Brasil*, p. 91.

carapuça de penas na cabeça, e todos os mais enfeites que eles costumam trazer nas suas festas; e têm-lhe feito na mesma casa e lanço onde ele vivia, uma cova muito funda e grande, com sua estacada por de redor, para que tenha a terra que não caia sobre o defunto, e armam-lhe sua rede embaixo, de maneira que não toque o morto no chão; em a qual rede o metem assim enfeitado, e põem-lhe junto da rede seu arco e flechas, e a sua espada, e o maracá com que costumava tanger, e fazem-lhe fogo ao longo da rede para se aquentar, e põem-lhe de comer em um alguidar [vasilha], e água em um cabaço, como galinha [...] e lhe põem também sua cangoeira [canudo feito de ossos dos inimigos mortos] de fumo na mão, lançam-lhe muita soma de madeira igual no andar da rede de maneira que não toque no corpo, e sobre esta madeira muita soma de terra, com rama debaixo primeiro, para que não caia terra sobre o defunto; sobre a qual a sepultura vive a mulher, como dantes.[21]

Yves D'Evreux mostra que se acreditava que os mortos não permaneciam no local de sepultura:

Tomam o corpo, já cheio de penas na cabeça e nos braços, uns o vestem com um capote, outros lhe dão um chapéu, se o há trazem-lhe o macinho de *petun* [fumo], seu arco, flechas, machados, foices, fogo, água, farinha, carne e peixe, e o que em vida ele mais apreciava.
Faziam depois um buraco fundo e redondo em forma de poço: assentavam o morto sobre seus calcanhares, conforme era o seu costume, e à cova desciam-no de mansinho, acomodando ao redor dele a farinha e a água, a carne e o peixe ao lado de sua mão direita, a fim de poder pegar em tudo com facilidade, e na esquerda arrumavam os machados, as foices, os arcos e as flechas.
Ao lado dele faziam um buraco, onde acendiam fogo com lenha bem seca a fim de não apagar-se, e, despedindo-se dele, o incumbiam de dar muitas lembranças a seus pais, avós e amigos, que dançavam nas montanhas, além dos Andes, onde julgavam ir todos depois de mortos.
Uns dão-lhe presentes para levarem a seus amigos, e outros lhe recomendam, entre várias coisas, muito ânimo no decorrer da viagem, que não deixem o fogo apagar-se, que não passem pela terra dos inimigos, e que nunca se esqueçam de seus machados e foices quando dormirem em algum lugar.
Cobrem-no depois pouco a pouco com terra, e ficam ainda por algum tempo junto à cova, chorando-o muito e dizendo-lhe adeus: de vez em quando aí voltam as mulheres ora de dia ora de noite, choram muito e perguntam à sepultura se ele já partiu.[22]

---

21   Souza, *op. cit.*, t. II, p. 285.
22   D'Evreux, *op. cit.*, p. 166-167.

Em outra passagem, revela-se o temor de que os mortos fossem impedidos de mover-se:

> Morreu um selvagem, e foi enterrado na estrada perto de São Francisco, lugar no forte de São Luís [...] passando por aí, achei sua mulher que voltava da roça, assentada sobre a sepultura, chorando amargamente, e espalhando nela algumas espigas de milho. Indagando-lhe o que fazia, respondeu-me estar perguntando ao seu marido se ele já tinha partido, porque receava haverem amarrado muito as suas pernas [ao sepultar-lhe], e não lhe terem dado a sua faca, pois havia levado consigo apenas o seu machado e sua foice, e que lhe trazia o milho para comer e partir, no caso de já não ter mais provisões.[23]

Um outro Tupinambá, ao morrer já batizado, afirma: "não tenho que me prover de fogo, de farinha, de água, e nem de ferramenta alguma para viajar além das montanhas".[24] Esses trechos esclarecem algo da pouca importância dada ao local de sepultamento: assim como as aldeias dos vivos não tinham a perspectiva de fixidez no território, os mortos tampouco permaneciam no local onde morriam. Não há sentido em retornar ao local de sepultamento, ou em atribuir significados a esses lugares. Mas, ao contrário do que afirma Vespúcio, isso não significava a falta de preocupação com o destino dos mortos. A falta de preocupação dos índios me parece incidir sobre as localidades específicas, indicador de seu caráter migrante. À exceção de Jean de Léry, nenhum dos registros sobre os antigos Tupi revela memória e retornos periódicos aos locais de sepultamento, e mesmo esse autor refere-se a sepulturas marcadas por coberturas de folhas, material nada perene.[25]

No sentido contrário, em alguns registros percebemos a força de repulsa que a morte exercia sobre o território. Vieira relata que em 1626, os índios Paranaubis, da missão dos Mares Verdes no Espírito Santo, foram assolados por uma epidemia, provavelmente trazida pelos próprios jesuítas, e as mortes fizeram com que os índios considerassem as terras "muito doentias", razão para a deixarem mais depressa. Vieira relata a falta de apego dos índios à terra, que devemos ler relevando o sentido evangelizador do depoimento:

> Posto a ponto tudo o necessário para a partida, fez o principal sua prática a todos, exortando-os a que o seguissem, com o que se animaram muito. Puseram fogo às casas e começaram a caminhar sem mostra alguma, nem ainda pequena, de tristeza por deixar sua pátria, antes com muita alegria, porque livrando-se dela se livravam das mãos do De-

---

23 *Ibidem*, p. 167-168.

24 *Ibidem*, p. 279.

25 "[...] os selvagens renovam e transferem suas aldeias de uns para outros lugares. Quanto às sepulturas costumam colocar pequenas coberturas de folhas de *pindóba* de modo a que os viajantes reconheçam a localização dos cemitérios e a que as mulheres lenhadoras, ao se lembrar de seus maridos, desatem a chorar com gritos de se ouvirem à distância de meia légua". Léry, *op. cit.*, p. 248.

mônio, do qual entendiam que eram perseguidos, e ao mesmo atribuíam as doenças que na aldeia padeceram depois da chegada dos padres, dizendo que queria se vingar, porque se apartavam dele.[26]

Uma das preocupações dos missionários era com as crenças dos índios em relação à imortalidade da alma, e sobre isso existem depoimentos contraditórios. Para Pero de Magalhães Gandavo, os índios acreditavam que seus mortos vagavam como almas penadas na outra vida:

> Não adoram a coisa alguma, nem têm para si que há depois da morte glória para os bons e pena para os maus, e o que sentem da imortalidade da alma não é mais que terem para si que seus defuntos andam na outra vida feridos, despedaçados, ou de qualquer maneira que acabaram nesta.[27]

Gaspar Barléu confirma Gandavo, mencionando as almas que descem ao Inferno:

> Não admitem haja para as boas ou más ações prêmios ou castigos depois da morte. Creem que os mortos descem aos infernos com o corpo inteiro, ou com os membros mutilados, ou traspassados de feridas.[28]

Yves D'Evreux afirma que os Tupinambás acreditavam que a alma era privilégio dos homens e de apenas algumas mulheres. A alma seria imortal para aqueles que a possuem:

> Creem na imortalidade da alma: quando no corpo, chamam-na *an*, e quando deixa esta para ir ao lugar que lhe é destinado, *angüere*. [...]
> Creem que só as mulheres virtuosas têm alma imortal, segundo o que pude compreender de vários discursos e de muitas perguntas que lhes fiz, pensando que estas mulheres virtuosas devem ser postas ao lado dos homens, visto terem todos almas imortais depois dos homens. [...] Quanto às outras mulheres, duvidam que elas tenham alma [grifo do autor].[29]

D'Evreux identifica destinos distintos para as almas dos bons e dos maus:

---

26   Vieira, "Carta ânua ao Geral da Companhia de Jesus", In: *Cartas do Brasil*, p. 111.
27   Gandavo, *op. cit.*, p. 124.
28   Barléu, *op. cit.*, p. 24.
29   D'Evreux, *op. cit.*, p. 296-297.

> Pensam [...] que a alma dos maus vão ter com Jeropari [Diabo], que são elas que os atormentam de concomitância com o próprio Diabo, e que vão residir nas antigas aldeias onde são enterrados os corpos que habitaram.
> Pensam que as almas dos bons vão para um lugar de repouso, onde dançam constantemente sem nada lhes faltar.[30]

D'Abbeville também se refere à imortalidade das almas, identificando dois destinos para elas. Por outro lado, nos oferece uma versão bastante mais refinada em relação aos motivos que levam aos dois destinos. As almas daqueles "que no mundo fizeram benefícios":

> [...] vão para além das montanhas, onde está o Pai Grande, num lugar chamado *Uaiupia*, que habitam eternamente, se no mundo fizeram benefícios, como lugar de repouso, dançando, saltando, e brincando constantemente.[31]

Em um admirável esforço de distanciamento em relação à sua própria moral, o capuchinho aponta que os benefícios de que trata o trecho acima nada têm a ver com boas ações do ponto de vista cristão, mas relaciona-se com a quantidade de inimigos que mataram. O outro destino da alma, atormentado por Jeropari, o Diabo, era reservado para os covardes:

> Consideram passar boa vida quando são fortes, valentes e habituados a matar seus inimigos, e chamam covardes e afeminados os que não tem ânimo para isso: nesse último caso, vão residir com Jeropari, a fim de serem por ele perseguidos.[32]

Também Jean de Léry faz essa relação:

> Acreditam não só na imortalidade da alma, mas ainda que, depois da morte, as que viveram dentro das normas consideradas certas, que são as de matarem e comerem muitos inimigos, vão para além das altas montanhas dançar em lindos jardins com as almas de seus avós. Ao contrário as almas dos covardes vão ter com *Aninhãn*, nome do diabo, que as atormenta sem cessar.[33]

Aninhãn ou Anhã, ou ainda Anhangá, está também presente na descrição de André Thevet:

---

30   *Ibidem*, p. 297.
31   D'Abbeville, *op. cit.*, p. 300.
32   *Ibidem*, p. 300.
33   Léry, *op. cit*, p. 207.

Os índios, sua terra e seus mortos

A aldeia dos Tupi da costa: um número restrito de casas coletivas em torno de um pátio onde ocorria a sociabilidade e as cerimônias. Causavam perplexidade aos europeus as periódicas destruições de suas aldeias para reassentamento em outro local, por medo dos maus espíritos que os assombrariam se permanecessem.

230

Os Tupi choram pelos mortos. A morte natural e o peso da terra eram razão de temor. Os mortos eram sepultados embrulhados em suas redes, e em sua sepultura eram deixados alimentos até que este pudesse partir rumo à terra de seus antepassados, ou "terra sem mal".

231

[...] julgam eles que a alma (chamam-na de *xerepiquara*) seja imortal. Ouvi isto deles mesmo quando lhes indaguei acerca do que aconteceria ao seu espírito depois da morte. Responderam-me que as almas daqueles que combateram corajosamente seus inimigos seguem juntamente com diversas outras almas para locais aprazíveis: bosques, jardins, pomares. Por outro lado, as dos que não lutaram com denodo em defesa de sua tribo, vão-se elas com Anhã.[34]

Até aqui, trata-se de uma construção relativamente simples do além: as almas dos valentes iam para a terra dos antepassados ou da imortalidade, situada em região distante; as almas dos covardes vagavam pela terra atormentada de Jeropari ou Anhangá, que se tratava de uma dimensão invisível da mesma terra que os vivos habitavam, pois Anhangá atormentava também os vivos.

Mas os depoimentos dos índios revelam que, diferentemente da crença cristã, para eles a morte não era a única forma de atingir essa imortalidade, e aqui unem-se a ideia de além e os constantes reassentamentos dos Tupis, já mencionados: era possível chegar a essa terra da imortalidade em vida, mediante a migração.[35] Em que pese seu apego ao vocabulário cristão, é a essa terra redentora, "partilhada pelos deuses e pelos antepassados, onde residia a verdadeira felicidade",[36] à qual refere-se Pero Magalhães Gandavo:

[Os índios não têm] fazendas que os detenham em suas pátrias e seu intento não seja outro senão buscar sempre terras novas, a fim de lhes parecer que acharão nelas imortalidade e descanso perpétuo [...].[37]

Ou seja, os Tupi localizavam essa terra dos antepassados e da imortalidade tanto no espaço quanto no tempo.[38] Só há contradição nessa construção – que estabelece a terra sem mal ao mesmo tempo como um lugar físico e como uma dimensão temporal e escatológica – para culturas como a nossa, que cindiram tempo e espaço em duas categorias irreversivelmente separadas. Do ponto de vista do território, esta terra situava-se ora a leste, ora a oeste, dependendo das visões dos pajés ou profetas, aqueles que eram capazes de ver e ouvir os espíritos, de receber as mensagens dos mortos.[39] André Thevet traz as palavras de um tupinambá:

Então tu não sabes que depois da morte nossas almas se retiram para uma terra longínqua

---

34 André Thevet, *As singularidades da França Antártica*. Belo Horizonte/ São Paulo: Itatiaia/ Edusp, 1978, p. 121.
35 Hélène Clastres, *Terra sem mal:* o profetismo tupi-guarani. São Paulo: Brasiliense, 1982.
36 Kok, *op. cit.*, p. 34.
37 Gandavo, *op. cit.*, p. 144.
38 Fausto, "Fragmentos de história e cultura tupinambá". In: Cunha (org.), *História ...*, p. 385.
39 Kok, *op. cit.*, p. 35.

e aprazível, onde se reúnem com muitas outras, *conforme nos contam os pajés* que as visitam frequentemente e conversam com elas? [grifo meu].[40]

Voltaremos mais adiante a falar sobre os pajés, profetas ou caraíbas, personagens fundamentais para construir esta história. Por enquanto estamos procurando trilhar aquela "terra dos antepassados", que era terra de felicidade, mas não era terra de paz. Pelo contrário, cada tribo acreditava que lá haveria fartura de inimigos para matar, cativar e – principalmente – comer. Aqui, encontramos aquele que foi talvez o mais bem documentado aspecto da cultura dos Tupi na época do descobrimento: a antropofagia, que, combinada com a ideia de uma terra da imortalidade, era outra maquinaria que ajudava a transgredir as fronteiras entre o tempo e o espaço para os Tupi.

Antropofagia

Não se pode dizer que a antropofagia era uma total desconhecida dos portugueses. O relato do naufrágio da nau Santo António, capitaneada por Jorge de Albuquerque Coelho, apresenta uma passagem em que os marinheiros esfomeados pedem ao capitão que "lhes desse licença para comerem os que morriam, pois eles vivos não tinham outra coisa de que se manter".[41] Ainda assim, o tratamento do corpo como sepultura *ideal* era uma aberração para os portugueses. Todos os trechos que se referem aos índios têm em comum o autor escandalizado com o tratamento pejorativo dado por eles à terra que os sepultava, indignação proporcional à importância que a cultura católica atribuía ao solo consagrado onde repousavam seus antepassados esperando pela ressurreição, que motivara recentemente experiências radicais como as Cruzadas, destinadas a recuperar o santo sepulcro de Jesus e de seus primeiros discípulos. O ato antropofágico não escandalizava apenas em si, mas também como antítese à única morte aceitável, a da sepultura consagrada, que ajudava a compor a hierarquia dos centros e periferias de todo o mundo. Que humanidade era essa?

Não é à toa que quase todos os primeiros relatos impressos sobre o Brasil na Europa dão uma importância primordial à antropofagia (figuras 247 a 250).[42] Américo Vespúcio afirma que eles "muito raramente comem outra carne, que não a humana",[43] mas estava novamente errado em suas observações. O uso da carne humana era ritual, e não com fins alimentares. Para algumas tribos não Tupis, entre eles os Tarairius do sertão nordestino, as práticas antropofágicas estavam relacionadas ao que poderia-

---

40 Thevet, *op. cit.*, p. 121.

41 "Naufrágio que passou Jorge Albuquerque Coelho vindo do Brasil para este reino no ano de 1565, escrito por Bento Teixeira Pinto, que se achou no dito naufrágio". In: Brito (org.), *História trágico-marítima*, p. 285.

42 Zinka Ziebell, *Terra de canibais*. Porto Alegre: Editora da UFRGS, 2002.

43 Vespúcio, *op. cit.*, p. 78.

mos traduzir em termos ocidentais como um sentimento de *piedade* que se deve aos mortos, pois não havia nada menos digno que o peso da terra a apodrecer o cadáver.[44] Sobre as tribos que comiam por essa razão, referem-se Pero Magalhães Gandavo,[45] Zacharias Wagener[46] e Antônio Vieira, escandalizados.[47]

Para os Tupi, e também para os Guarani,[48] a principal motivação da antropofagia era a necessidade de *vingança*, elemento sobre o qual se estruturava a própria sociedade Tupi. Em relação aos Tupinambás, Américo Vespúcio traz um dos primeiros relatos, supõe-se que da região da Baía de Todos-os-Santos:

> Também estive 27 dias em uma cidade onde vi carne humana salgada suspensa nas vigas das casas, como é de costume entre nós pendurar toucinho e carne suína. Digo mais: eles se admiram de não comermos nossos inimigos e de não usarmos a carne deles nos alimentos, a qual, dizem, é saborosíssima.[49]

José de Anchieta revela o nexo entre o terror à sepultura na terra, a antropofagia e as constantes guerras travadas pelos Tupinambás:

> [...] toda esta costa marítima, na extensão de 900 milhas [de Pernambuco a São Vicente],

---

44 Ronald Raminelli, "Canibalismo em nome do amor", *Nossa História*, ano 2, n° 17 (março de 2005), p. 26-31.

45 "Quando algum chega a estar doente de maneira que se desconfia de sua vida, seu pai, ou irmã, irmãos ou irmãs, ou quaisquer outros parentes mais chegados o acabam de matar com suas próprias mãos, havendo que usam assim com ele de mais piedade, que consentirem que a morte o esteja senhoreando e consumindo por termos tão vagarosos. E o pior é que depois disso o assam e cozem, e lhe comem toda a carne, e dizem que não hão de sofrer de coisa tão baixa e vil como é a terra lhes coma o corpo de quem eles tanto amam, que *a sepultura mais honrada que lhe podem dar é metê-lo dentro de si, e agasalhá-lo para sempre em suas entranhas*" [grifo meu]. Gandavo, *op. cit.*, p. 141.

46 "Quando acontece de morrer alguém entre eles [os "Tapuias"], seja homem ou mulher, não sepultam o cadáver, mas o cortam e dividem-no em muitos pedacinhos, parte dos quais devoram crua e parte assada, *alegando que o seu amigo fica mais bem guardado dentro dos seus corpos do que no seio da terra negra*. Os ossos restantes são amolecidos ao fogo e em seguida reduzidos a pó, misturados com outros alimentos e desta forma ingeridos em tempo. [...] o que, todavia, é de verdade horripilante e para muitos ouvidos abominável é que, ao nascer uma criança morta, a mãe, por sua vez, logo a despedaça e, tanto quanto lhe é possível, a come, sob o pretexto de que era seu filho, saído de seu ventre, e que, portanto, em lugar algum ficaria mais bem guardado do que voltando para o mesmo" [grifo meu]. Zacharias Wagener, *Thierbuch*. Rio de Janeiro: Index, 1997 [entre 1634 e 1641], p. 169. O manuscrito original está no Kupferstich-Kabinett de Dresden, cód. Ca226a.

47 "[Os Goitacás do Rio de Janeiro são] Gente feroz e bárbara, que, sustentando-se de carne humana, sem perdoar ao seu próprio sangue, ainda os filhos sacrificam ao apetite da gula". Antônio Vieira, "Carta ânua ao Geral da Companhia de Jesus". In: *Cartas do Brasil*, p. 106.

48 Sobre os Guarani ver: Alvar Nuñez Cabeza de Vaca, *Naufrágios e comentários*. Porto Alegre: L&PM, 1999 [1555], p. 144-145.

49 Vespúcio, *op. cit.*, p. 44. Staden, *op. cit.*, p. 110, também relata a carne de um inimigo pendurada em uma cabana tupinambá por semanas.

é habitada por índios que sem exceção comem carne humana; nisto sentem tanto prazer e doçura que frequentemente percorrem mais de 300 milhas quando vão à guerra. E se cativarem quatro ou cinco dos inimigos, sem cuidarem de mais nada, regressam para com grandes vozearias e festas e copiosíssimos vinhos, que fabricam com raízes, os comerem de maneira que não perdem nem sequer a menor unha, e toda a vida se gloriam daquela egrégia vitória. Até os cativos julgam-lhes que lhe sucede nisso coisa nobre e digna, deparando-se-lhes morte tão gloriosa, como eles julgam, pois *dizem que é próprio de ânimo tímido e impróprio para a guerra morrer de maneira que tenham de suportar na sepultura o peso da terra, que julgam ser muito grande* [grifo meu].[50]

Estranha aos europeus acostumados a guerras motivadas por disputas territoriais ou religiosas, a guerra dos Tupis não tinha objetivos de conquista: o motivo era o de vingar os antepassados mortos pelos inimigos.[51] Isso é revelado por Vespúcio:

Não guerreiam para reinar ou estender seu domínio, ou por desordenada cobiça, mas só por antiga inimizade, nascida há muito tempo: interrogados sobre a causa da inimizade, não indicam nenhuma, a não ser a morte dos antepassados.[52]

D'Abbeville confirma a primazia da vingança: "Não fazem guerra para conservar ou estender os limites do seu País, enriquecerem-se dos despojos e roubos dos seus inimigos, e sim por honra e vingança somente".[53] A falta de razões materiais para a guerra não significa que o objetivo de vingança deve ser tratado como desprovido de sentido. Pelo contrário, era elemento estruturador para a reprodução de sua cultura, fundada na própria ideia da vingança, elo entre presente, passado e futuro para os Tupi.[54] Por esse motivo, os índios dispunham-se por vezes a andar enormes distâncias para capturar um só prisioneiro para ser comido pela tribo.[55]

---

50 Leite, *Cartas* ..., vol. II (1553-1558), p. 115.

51 "Os Tupi vendiam a alma aos europeus para continuar mantendo sua guerra corporal contra outros Tupi. Isso nos ajuda a entender por que os índios não transigiam com o imperativo de vingança; para eles, a religião, própria ou alheia, estava subordinada a fins guerreiros [ao contrário dos portugueses da época, e também os jesuítas, para quem a guerra estava subordinada a fins religiosos]: em lugar de terem guerras de religião, como as que vicejavam na Europa do século, praticavam uma religião de guerra". Eduardo Viveiros de Castro, "O mármore e a murta: sobre a inconstância da alma selvagem". In: *A inconstância da alma selvagem*, p. 212.

52 Vespúcio, *op. cit.*, p. 72.

53 D'Abbeville, *op. cit.*, p. 275.

54 Manuela Carneiro da Cunha e Eduardo Viveiros de Castro, "Vingança e temporalidade: os tupinambás", *Journal de la Societé des Americanistes* 71, 1985, p. 191-217.

55 Kok, *op. cit.*, p. 19.

A ideia da vingança antropofágica estava presente desde o ritual de nascimento das crianças,[56] que as acompanhava até a morte. Para Pero Magalhães Gandavo: o que mais atormenta os índios na hora da morte é "a mágoa que levam de não se poderem vingar de seus inimigos".[57] A perspectiva da vingança antropofágica era elemento da própria coesão de cada aldeia. Yves D'Evreux traz o depoimento do chefe Farinha Grossa do Maranhão, no início do século XVII:

> [...] de que serviria matá-los todos de uma só vez quando não haveria quem os comesse? Além disso, não tendo minha gente com quem bater-se, se desuniriam e separar-se-iam como aconteceu a Tion.[58]

A história de Tion revela algo das relações dos Tupi com o tempo e o espaço. Tion era o nome do chefe da aldeia inimiga de Farinha Grossa, contra quem guerreavam. Mas nesse depoimento, Farinha Grossa refere-se a Tion também como a aldeia da qual provinham tanto Farinha Grossa quanto Tion – o chefe – que se desfez nas duas facções inimigas. É interessante notar que Farinha Grossa não desenvolve qualquer movimento de identificação de si mesmo ou de sua própria aldeia com seu território de origem, antes identifica a história de fragilidade e cisão da aldeia com a fraqueza de seu inimigo. Isso nos ajuda a compreender o desapego dos Tupi em relação aos lugares específicos, e a impossibilidade de transferir ao território a memória da aldeia da forma esperada e praticada pelos cristãos em seus próprios assentamentos.

Os relatos dos procedimentos das batalhas e rituais antropofágicos Tupi são vários, convergindo para mais ou menos os mesmos elementos (figuras 263 a 273). O ritual da guerra começava com uma reunião dos principais integrantes da aldeia, decidindo por fazer guerra com alguma tribo inimiga.[59] A decisão era por vezes mediada pelos pajés, que para posicionar-se ouviam a opinião dos antepassados, dos quais falaremos adiante.[60] Decisão tomada, os índios saíam em expedição, certos da vitória.[61] As batalhas eram travadas em campo aberto ou na aldeia inimiga.[62] O ideal era capturar o inimigo

---

56 "[Depois que lhe cai o umbigo] se é macho lhe faz um arco com flechas, e lho ata no punho da rede, e no outro punho muitos molhos de ervas, que são os contrários que seu filho há de matar e comer [...]". Cardim, "Do princípio e origem dos índios do Brasil e de seus costumes, adoração e ceremoniais". In: *Tratados da terra e gente do Brasil*, p. 91.

57 Gandavo. *Op. cit.*, p. 135.

58 D'Evreux, *op. cit.*, p. 92.

59 Souza, *op. cit.*, t. II, p. 274; D'Abbeville, *op. cit.*, p. 276.

60 Thevet, *op. cit.*, p. 118-119; Staden, *op. cit.*, p. 103.

61 Pero de Magalhães Gandavo, *Tratado da terra do Brasil*. Belo Horizonte/ São Paulo: Itatiaia/ Edusp, 1980 [1826], p. 54.

62 Kok, *op. cit.*, p. 20.

Os índios, sua terra e seus mortos

232   233

234   235

No século XV e XVI, circulou amplamente o livro ars moriendi, *ou "artes de morrer". Tratava-se de um guia para ensinar os cristãos a passarem seus últimos momentos em virtude, sem cair nas tentações do demônio. As imagens mostram o séqüito do Diabo apresentando tentações ao moribundo em seu leito de morte. Por outro lado, a corte celeste procura apresentar suas virtudes, para que ele passe em paz para o outro mundo. O juízo final da Alta Idade Média havia sido antecipado para o momento da morte de cada um, e de certa forma o indivíduo é o árbitro de sua própria salvação. A Corte Celeste está presente mais para testemunhar a resistência do indivíduo às tentações do que para julgar seus pecados.*

236

Do século XVI ao XVIII, foi avolumando-se no mundo ibérico a literatura que descrevia os incríveis tormentos que sofriam as almas no purgatório, e as formas disponíveis para os vivos para abreviá-los. Na capa do livro Explicación de la bula de los difuntos, de 1601, os anjos selecionam e retiram, uma a uma, as almas do purgatório, após purgarem suas penas auxiliadas pelas esmolas, missas e rezas dos vivos.

237

A almas sofredoras sendo libertadas do purgatório no juízo final e levadas ao Céu pelos anjos, uma a uma. Compromisso da irmandade das almas do purgatório (1568), Biblioteca Municipal de Setúbal.

SANGUE, OSSOS E TERRAS

238

Uma representação arquitetônica do juízo final. No dia da ressurreição, os mortos são retirados do purgatório, julgados e dirigidos ao céu ou ao inferno. A pintura reproduz a arquitetura de um teatro clássico, como se os corpos estivessem saindo dos camarins. Por um lado, a imagem é uma representação divergente da visão teológica de purgatório no século XVI, segundo a qual todas as almas do purgatório são salvas em maior ou menor prazo de purgação; por outro lado, reiterava o senso comum de que o purgatório tratava-se de um lugar tão real quanto as cidades e as igrejas.

Os índios, sua terra e seus mortos

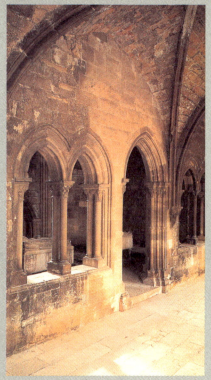

A Misericórdia nasce no final do século XVI como uma confraria diferente de todas as outras. A grande proximidade com a Coroa portuguesa fazia dela quase um aparato estatal, operado pela elite de cada localidade do Império Português. Na figura 239, a capela de Nossa Senhora da Piedade na Sé de Lisboa, onde foi fundada a Misericórdia em 1498. Na figura 240, o Livro de registro dos irmãos da Confraria da Misericórdia de Évora (1499) com a assinatura do Rei D. Manuel, e das rainhas D. Maria e D. Leonor.

239

240

241

O auxílio aos desassistidos de toda a sociedade era a principal função das Misericórdias, e o sepultamento cristão dos pobres era uma das mais importantes ações de caridade. Imagem de sepultamento, tendo à frente a bandeira da misericórdia. Painel de Azulejos da Misericórdia de Abrantes, Portugal, século XVIII.

242

243

Em Portugal, a partir do século XVI, os restos dos mortos tornam-se explicitamente um elemento construtivo, em várias capelas de ossos, evocando a necessidade de reflexão sobre a brevidade da vida e de auxílio às almas necessitadas dos mortos. A capela dos ossos da Igreja de São Francisco de Évora data do final do século XVI ou início do XVII. Além da capela de Évora, sobrevivem no sul de Portugal outras capelas de ossos, construídas entre os séculos XVII e XIX: em Campo Maior, em Monforte, em Faro, em Lagos e em Alcantarilha.

244

A Misericórdia estende seu mando sobre todos os integrantes da sociedade, desde a família real até os indigentes. A figura 244 mostra a bandeira da Misericórdia do Porto (século XVIII), levada adiante das procissões e sepultamentos em que a Misericórdia tomava parte. A figura 245 é da bandeira da Misericórdia de Alcochete (c. 1550). A figura 246 é Nossa Senhora da Misericórdia de Gregório Lopes (1530-35).

Os índios, sua terra e seus mortos

245

246

247

A antropofagia foi um dos aspectos mais documentados pelos europeus na América Portuguesa, escandalizados e fascinados por uma humanidade radicalmente distinta da sua. Frontispício de Navigatio in Brasiliam Americae de Theodore de Bry (1592), em que são várias as referências à antropofagia. Encomando o pórtico em estilo maneirista, a cabaça utilizada nos rituais tupinambás, utilizadas para a comunicação com os espíritos pelos pajés.

Os índios, sua terra e seus mortos

248

249

As descrições cartográficas dos séculos XVI e XVII também recorreram à representação da antropofagia para marcar o território da América Portuguesa.

SANGUE, OSSOS E TERRAS

250

Os europeus não viam sentido na guerra tupi, que não buscava a obtenção de riquezas, de terras ou de escravos. Para os índios, a vingança era o elemento mais importante de sua cultura: guerreava-se para vingar os antepassados mortos pelos inimigos, e dessa forma fundamentar futuras vinganças.

Os índios, sua terra e seus mortos

251

252

No final do século XVI, as xilogravuras de Hans Staden foram a fonte que Theodore de Bry utilizou para uma série de imagens bem mais elaboradas sobre o ritual antropofágico Tupi, que circularam amplamente na Europa, inclusive em reedições de Hans Staden.

253

254

255

Os grandes guerreiros Tupi marcavam em seu próprio corpo a história dos inimigos que haviam assassinado, e dessa forma podiam carregar a memória de suas matanças mesmo em uma situação de constantes migrações. A cada inimigo que matava, agregavam um nome. A figura 255 mostra o índio Francisco Caripira, que foi levado à França no início do século XVII, onde morreu. Caripira possuía vinte e quatro nomes, "como se fossem vinte e quatro títulos de honra, e provas de vinte e quatro batalhas onde se encontrou, e onde se houve muito bem".

Os índios, sua terra e seus mortos

256

257

258

259

Embora a ordem territorial que unia vivos e mortos no mesmo cotidiano e compartilhando das mesmas perspectivas já tenha se desfeito há muito tempo, em muitos aspectos a sociedade rejeita uma separação radical entre os dois mundos, e reconstrói permanentemente algumas vias de interlocução entre os vivos e os mortos. A figura 256 mostra o túmulo do "menino Zezinho", santo popular em cemitério de Ribeirão Preto, interior do Estado de São Paulo. Julga-se que o local é apropriado para se pedir intercessões, e aonde se vai para agradecer os favores recebidos.

Os mártires também seguem habitando o território das cidades, diferente dos mortos comuns, que foram expulsos para os cemitérios. O Parque do Ibirapuera, em São Paulo, foi construído em 1954 nas comemorações do quarto centenário da cidade, em um enorme esforço de representação de um centro moderno e industrializado. O principal marco vertical do conjunto é o Obelisco aos mártires da Revolução de 1932, sob o qual estão enterrados os heróis da revolução constitucionalista (figuras 257 e 258).

Alguns locais de martírio e sofrimento também permanecem como pontos focais da convivência urbana e do trânsito com o mundo do além. A Igreja de Santa Cruz dos Enforcados, no bairro da Liberdade em São Paulo, foi edificada no local onde por muito tempo existiu a forca da cidade. A igreja é frequentada por milhares de pessoas em busca de conforto para suas aflições (figura 259).

SANGUE, OSSOS E TERRAS

260

261

Após ser completamente destruído, o Colégio dos jesuítas de São Paulo foi reconstruído na década de 1970 em um controvertido simulacro do edifício que lá existia até o século XIX. Na década de 1970, o colégio recebe de Lisboa uma preciosa relíquia, que se encontra hoje honradamente exposta: o fêmur de José de Anchieta. Os restos do santo fundador retornavam ao local de fundação da cidade.

com vida e levá-lo à aldeia.⁶³ Se isso não fosse possível, cortavam-lhes os braços e as pernas e, se tinham tempo, comiam-nos ali mesmo. Caso contrário, levavam-nos dali aos pedaços.⁶⁴

Ao contrário da morte natural, a morte em batalha era a maior honra que um guerreiro poderia ter, de forma que mesmo tendo a possibilidade, os índios não fugiam quando capturados.⁶⁵

> Alguns [dos índios aprisionados em combate] andam tão contentes com haverem de ser comidos, que por nenhuma via consentirão ser resgatados [...], porque dizem que é triste coisa morrer, e ser fedorento e comido de bichos.⁶⁶

Chegando à aldeia, o prisioneiro era recebido pelas mulheres em festa, e amarrado no pescoço com uma corda grossa.⁶⁷ Era enfeitado com penas e suas sobrancelhas eram raspadas.⁶⁸ Ganhava uma rede e até mesmo uma mulher, que cuidava dele e o acompanhava pelo tempo que ficaria na aldeia, o que podia durar meses.⁶⁹ Se essa mulher engravidava do prisioneiro, o filho era também comido na hora adequada.⁷⁰

A morte do prisioneiro era evento de grande importância, para o qual eram convidados índios de outras aldeias.⁷¹ Para a festa, era preparado o *cauim*, bebida ritual fermentada de milho, mandioca ou frutas.⁷² O guerreiro mais valente da aldeia, designado para matar o prisioneiro e enfeitado com pinturas e penas, lhe dizia injúrias, às quais este devolvia: os seus vingariam a sua morte, como ele mesmo já havia vingado a morte de seus antepassados matando e comendo muitos inimigos seus.⁷³

Ao cabo da conversa, a vítima era morta pelo guerreiro com um golpe certeiro. O

---

63   Fernão Cardim, "Do princípio e origem dos índios do Brasil e de seus costumes, adoração e ceremoniais". In: *Tratados da terra e gente do Brasil*, p. 91; D'Abbeville, *op. cit.*, p. 277.

64   Thevet, *op. cit.*, p. 128.

65   Gandavo, *Tratado* ..., p. 54.

66   Cardim, "Do princípio ...". In: *Tratados* ..., p. 96.

67   *Ibidem*, p. 95; Staden, *op. cit.*, p. 64.

68   Staden, *op. cit.*, p. 165.

69   Gandavo, *Tratado* ..., p. 54; D'Abbeville, *op. cit.*, p. 277; Souza, *op. cit.*, t. II, p. 279.

70   Souza, *op. cit.*, t. II, p. 279 e 291.

71   Staden, *op. cit.*, p. 86 e 165; Souza, *op. cit.*, t. II, p. 281.

72   Sobre as cauinagens, ver Renato Sztutman, *Caxiri, a celebração da alteridade:* ritual e comunicação na Amazônia indígena. Dissertação de Mestrado em Antropologia Social, FFLCH-USP, 2000.

73   Gandavo, *História* ..., p. 137; D'Abbeville, *op. cit.*, p. 278; Souza, *op. cit.*, t. II, p. 282.

262

A descoberta da América por Cristóvão Colombo. A América é representada como uma índia adormecida, despertada pelo descobridor. Ao fundo, a recorrente cena da antropofagia.

As etapas do ritual antropofágico tupi. O ataque à aldeia inimiga (fig. 263), o retorno à aldeia com o prisioneiro, onde as mulheres e as crianças são autorizadas a bater nele (fig. 264), as mulheres preparam o cauim para o dia da execução (fig. 265), o tacape, instrumento de matança do prisioneiro, é enfeitado e os índios dançam ao seu redor (fig. 266).

SANGUE, OSSOS E TERRAS

267

268

269

270

O prisioneiro é convidado a beber o cauim e a conversar com os membros da aldeia (fig. 267), as mulheres pintam e enfeitam o prisioneiro para a execução (fig. 268), o prisioneiro é preso e recebe um golpe fatal na nuca (fig. 269), o corpo é arrastado para a fogueira e despedaçado (fig. 270).

Os índios, sua terra e seus mortos

271

272

Os pedaços do corpo são assados e distribuídos entre os integrantes da aldeia (fig. 271), a cabeça é fervida e com o caldo é feito um mingau (fig. 272), o sangue, a língua, as víscera se o cérebro são comidos pelas mulheres e as crianças (fig.273).

273

ponto de honra era quebrar a cabeça do inimigo[74], elemento que os índios procuraram manter a todo custo, mesmo após abandonar a antropofagia.[75] As mulheres recolhiam o sangue e os miolos em uma cuia, e assavam todas as partes sem que restasse nada, e a carne era comida por toda a aldeia.[76]

O único que nada comia era o matador, que passava por um ritual específico. Agregava naquele momento um novo nome, o que significava prestígio na aldeia e fora dela.[77] O matador ficava em pé o dia todo em silêncio. Era apresentado à cabeça do morto, do qual tirava-se um olho com cujos nervos seus pulsos eram untados. A boca era cortada e colocada no braço do guerreiro como pulseira. Depois disso, o matador recolhia-se.[78] Iniciava então um período de resguardo, em que se protegia para não ser atormentado pela alma do morto. O ritual da renomeação e recolhimento tinham também um significado de morte para o guerreiro: os outros tinham o direito de "herdar" seus pertences, se ele tinha algo de bom, até o guerreiro ficar sem nada, o que acontecia também quando alguém morria na aldeia.[79] "Depois se deita na sua rede como doente, e na verdade ele o está de medo, que se não cumprir perfeitamente todas as cerimônias, o há de matar a alma do morto".[80] Eduardo Viveiros de Castro aponta que o matador também morria, pois qualquer tipo de transição violenta significa a morte para esses índios.[81] No luto, o guerreiro deixava seu cabelo crescer por alguns dias.[82]

A cerimônia de renomeação podia repetir-se muitas vezes com o mesmo guerreiro. Hans Staden aponta que os Tupinambás recebiam tantos nomes quanto os guerreiros inimigos que tivessem matado.[83] Segundo um depoimento do chefe Paranaubi a Vieira: "já tenho morto dez e alcançado dez grandes nomes".[84]

---

74 Staden, *op. cit.*, p. 161: "Durante a guerra, gritam cheios de raiva '*Debe mara pa, xe remiu ram begue* – Que todo infortúnio recaia sobre você, minha comida, minha refeição. *Nde akanga juka aipota kuri ne* – Quero arrebentar a sua cabeça ainda hoje. *Xe anama poepika re xe aju mokaen será kuarasy ar eyma rire* – Antes que o sol se ponha vou ter assado a sua carne'. E assim por diante. Fazem isso por causa de sua grande inimizade" [grifos do autor]. Sobre a persistência das quebras de cabeça menciono algumas fontes adiante.

75 Antônio Vieira, "Carta ao padre provincial do Brasil, 1654". In: *Cartas do Brasil*, p. 173-174.

76 Gandavo, *Tratado* ..., p. 55; D'Abbeville, *op. cit.*, p. 279; Staden, *op. cit.*, p. 167; Souza, *op.cit.*, t. II, p. 278.

77 Gandavo, *História* ..., p. 139 e 156. Staden, *op. cit.*, p. 95-96 e 167. Segundo Hans Staden, p. 152, os nomes agregados pelos guerreiros eram também transferidos para suas mulheres. Souza, *op. cit.*, t. II, p. 282, afirma que os guerreiros que aprisionaram os cativos também têm a honra de receberem novos nomes.

78 Cardim, "Do princípio ...". In: *Tratados da terra e gente do Brasil*, p. 100.

79 *Ibidem*, p. 100; Souza, *op. cit.*, t. II, p. 278.

80 Cardim, "Do princípio ...". In: *Tratados* ..., p. 100.

81 Eduardo Viveiros de Castro, *Araweté: os deuses canibais*. Rio de Janeiro: Zahar/Anpocs, 1986, p. 482.

82 Souza, *op. cit.*, t. II, p. 278.

83 Staden, *op. cit.*, p. 151.

84 Vieira, "Carta ânua ...". In: *Cartas do Brasil*, p. 110.

A vingança revelou-se mais forte até do que a antropofagia. Mesmo após os índios abrirem mão de comer seus inimigos, procuravam desenterrar os cadáveres dos inimigos para quebrar suas cabeças. Vieira relata em 1626 um ritual em muitos aspectos semelhante à vingança antropofágica sem a antropofagia:

> E assim acontece irem caminhos de muitas léguas e entrarem de noite, às escondidas, nas povoações de seus inimigos, e desenterraram-lhe da sepultura uma caveira, e levarem-na mui vitoriosos, e porem-na na praça de sua aldeia, e aí, quebrando-a com a mesma festa e fereza, tomarem nome dela.[85]

O episódio final do ritual antropofágico é extremamente importante para nós, de forma que reservo um item específico para ele.

Atitudes corporais

> Dali a certos dias lhe dão o hábito, não no peito do pelote, que ele não tem, senão na própria pele, sarrafaçando-o por todo o corpo com um dente de cutia que se parece com dente de coelho, o qual, assim por sua pouca sutileza, como por eles terem a pele dura, parece que rasgam algum pergaminho, e se eles são animosos não lhe dão as riscas direitas, senão cruzadas, de maneira que ficam uns lavores muito primos, e alguns gemem e gritam com as dores.
> Acabado isto, tem carvão moído e sumo de erva moura com que eles esfregam as riscas ao travez, fazendo-as arreganhar e inchar, que é ainda maior tormento, e em quanto lhe saram as feridas que duram alguns dias, está ele deitado na rede sem falar nem pedir nada, e para não quebrar o silêncio tem a par de si água e farinha e certa fruta como amêndoas, que chamam *mendobis*, porque não prova peixe nem carne aqueles dias.[86]

O relato de Fernão Cardim mostra um dos últimos procedimentos do ritual de iniciação de um guerreiro que havia matado seu inimigo pela primeira vez, ainda permanecendo depois disso algum tempo de luto, recolhido e sem cortar o cabelo. Só então "fica habilitado a matar sem fazerem a ele cerimônia que seja trabalhosa". Aqueles que já haviam vingado seus antepassados, portanto, mostravam no corpo o sinal de sua bravura, e conforme matavam mais inimigos recebiam mais incisões (figuras 254 e 255).

Yves D'Evreux relaciona as incisões corporais dos Tupinambás tanto à memória dos companheiros mortos quanto à raiva dos inimigos:

---

[85] Antônio Vieira, "Carta ao padre provincial do Brasil, 1654". In: *Cartas do Brasil*, p. 173-174.

[86] Cardim, "Do princípio ...", In: *Tratados ...*, p. 100-101. Souza, *op. cit.*, t. II, p. 278, comenta que as irmãs e primos dos matadores também recebem incisões em seus corpos na ocasião.

274

Ilustração da primeira edição de Hans Staden, de 1557, que mostra dois índios enfeitados e com seus corpos pintados, um deles portanto o tacape, instrumento de matança ritual.

Soube destes selvagens que duas razões os levam a cortar assim seus corpos: uma significa o pesar e o sentimento que têm pela morte de seus pais assassinados pelos seus inimigos; e outra representa o protesto de vingança que contra estes prometem eles, como valentes e fortes, parecendo quererem dizer por estes cortes dolorosos, que não pouparão nem seu sangue e nem sua vida para vingá-los e, na verdade, quanto mais estigmatizados, mais valentes e corajosos são reputados.[87]

Um dos seis tupinambás levados como troféus ao rei da França em 1613 era Francisco Caripira, um grande guerreiro, o que exibia tanto nas incisões em seu corpo quanto em seus 24 nomes:

Mais afamado do que Cipião o Africano, e o César da Germânia, poderia encher de glória a vinte e quatro nomes, como se fossem títulos de honra, e provas de vinte e quatro batalhas onde se encontrou, e onde se houve muito bem.
Nisto o que mais se nota é serem seus nomes acompanhados de elogios, como epigramas escritos não em papel, arame, e casca de uma árvore, porém sim sobre sua própria carne. Seu rosto, barriga e coxas foram os mármores ou o pórfiro, onde se gravou sua vida por meio de caracteres e figuras desconhecidas, a ponto de tomardes o couro de sua carne por uma couraça adamascada, como se verá no retrato.
Ao redor de seu pescoço viam-se os mesmos sinais, mais bonito colar para um soldado valente do que se fosse de pedras preciosas de todo o mundo.[88]

Também coberto dessas incisões e tatuagens era o mameluco Tomacaúna:

[...] e se riscou pelas coxas, nádegas e braços ao modo gentílico, o qual riscado se faz rasgando com um dente de um bicho chamado paca, e depois de rasgar a carne levemente pelo couro, esfregam por cima com uns pós pretos, e depois de sarado, ficam os lavores pretos impressos nos braços e nádegas, ou onde os põem, como ferretes, para sempre.
O qual riscado costumam fazer os gentios em si quando querem mostrar que são valentes e que têm já mortos a homens, e por ele [Tomacaúna] se ver então em um aperto dos gentios, que se levantaram contra ele, se fez riscar por um negro do dito modo para se mostrar valente e assim escapou, porque vendo isso os gentios lhe fugiram, [...].[89]

---

87 D'Evreux, *op. cit.*, p. 97. Em outra passagem, na p. 150, o autor reitera a correlação entre a valentia e as incisões: "quando estragam seus rostos por incisões, fendas, e extravagâncias de pinturas e de ossos o fazem pela ideia errônea, que têm, de serem por isto reputados valentes".
88 D'Abbeville, *op. cit.*, p. 324.
89 Ronaldo Vainfas (org.), *Santo Ofício da Inquisição de Lisboa: Confissões da Bahia*, confissão de Dona Margarida da Costa, 1591. São Paulo: Companhia das Letras, 1997, p. 348.

Para os religiosos, as incisões no corpo eram sinais de barbárie e inspiração demoníaco.[90] Desde o início da cristandade, a pele assinalada era associada à marca amaldiçoada de Caim e seus descendentes.[91] Já para os Tupi, a prática das pinturas e incisões no corpo era um dos mecanismos de transmissão e perpetuação de sua história, altamente adequado para as suas condições de migrações estruturais e de guerras permanentes. Segundo Pierre Clastres, essa prática registrava no corpo dos homens a sua memória e suas leis.[92] Muito diferente da forma europeia de registro histórico, da qual o território era importante fiador, no caso Tupi a aldeia não retinha a memória do grupo: quem a possuía era o guerreiro inimigo, marcada nas incisões de seus corpos.

Pajés e santidades

Vamos agora nos dedicar com um pouco mais de profundidade àquela figura chave na sociedade Tupinambá, os pajés, profetas ou feiticeiros, aqueles que transitavam entre as aldeias e realizavam a comunicação entre os espíritos e os índios das aldeias. Os feiticeiros tinham o poder de enviar a doença, a morte e a cura, e até mesmo de ressuscitar os mortos.[93] Previam também o futuro. Quase todos eram homens, mas no Maranhão há notícias de uma feiticeira muito poderosa, principalmente em casos de moléstias não curadas por outros feiticeiros.[94]

Os pajés tinham contatos reduzidos com os demais índios e apenas em momentos específicos por eles controlados.[95] Hans Staden afirma que os pajés visitavam as aldeias uma vez por ano.[96] D'Evreux relata que instalavam-se em casas separadas do corpo principal da aldeia, às vezes em lugares longínquos no mato, onde se dava a comunicação com os espíritos.

> Ali em certos dias vão eles [os índios] levando consigo fogo, água, farinha, milho, legumes, penas de cor e flores. Destas carnes fazem uma espécie de sacrifício a esses ído-

---

90 Manuel da Nóbrega faz essa associação a respeito dos Aimorés: "se raspam até as pestanas, e fazem orifícios nos beiços e narinas, e põem uns ossos neles, que parecem demônios, e assim alguns, principalmente os feiticeiros, têm o rosto cheio deles". "Informação das terras do Brasil", p. 98. D'Evreux, em *Viagem ao Norte do Brasil*, p. 98, remete a dois trechos bíblicos para fundamentar o trato diabólico das incisões corporais, no *Levítico*, XIX: "sobre a vossa carne não fareis incisões"; XXI "e não fareis incisões na sua carne".

91 Nicolau Sevcenko, "As alegorias da experiência marítima e a construção do europocentrismo". In: Lilia Moritz Schwarcz e Renato da Silva Queiroz (orgs.), *Raça e diversidade*. São Paulo: Edusp, 1996, p. 124-126.

92 Pierre Clastres, *A sociedade contra o Estado*. São Paulo: Cosac & Naify, 2003 [1974], p. 195-204.

93 "Os selvagens vão a uma cabana e incensam com fumaça todas as mulheres lá dentro, uma a uma. Depois, todas elas têm de se agachar, saltar e andar em volta da cabana, até ficarem exaustas e caírem por terra. É quando o adivinho [pajé] diz: 'vejam, agora ela está morta, mas logo vou revivê-la. Ao voltar a si, ela será capaz de prever coisas futuras'". Staden, *op. cit.*, p. 159.

94 D'Evreux, *op. cit.*, p. 311.

95 *Ibidem*, p. 301.

96 "Entre eles há alguns homens a que dão o nome de pajé. Trata-se de adivinhos, que são muito estimados por todos [...] uma vez por ano eles andam pelas terras da tribo [...]". Staden, *op. cit.*, p. 157.

los, queimam resinas cheirosas, enfeitam-nos com penas e flores, e aí se demoram muito tempo sozinhos: crê-se que era a comunicação destes espíritos.[97]

Segundo alguns relatos, a comunicação com os espíritos dava-se por meio dos *maracás*, as já mencionadas cabaças mágicas mantidas pelos índios, às quais o pajé tinha o poder de dar voz. As cabaças previam o futuro e orientavam as decisões dos índios de guerrearem com seus inimigos.[98]

Lida na chave cristã, a pajelança era uma das inúmeras manifestações do Diabo.[99] Mas também os pajés leram negativamente as interferências dos missionários. As doenças e epidemias que seguiram ao contato com os europeus significaram uma desorganização a mais para o mundo dos índios, bastante exploradas pelos pajés para culpabilizar os missionários. Os jesuítas tratavam as mortes logo após o batismo como benção de Deus, que havia esperado até a alma ser batizada para levá-la para junto de si, mas os pajés apontavam a água e as rezas como responsáveis pela doença e morte:

> Uma coisa nos acontecia que muito nos maravilhava a princípio e foi que quase todos os que batizamos, caíram doentes [...] e tiveram ocasião os seus feiticeiros de dizer que lhes dávamos a doença com a água do batismo e com a doutrina a morte.[100]

Um índio contou ao padre João de Aspicuelta que seu filho estava doente. O padre disse que rezaria por ele, mas o índio disse que não o fizesse "porque por quanto rogas, morrem", referindo-se à prática missionária de batizar *in extremis*, largamente utilizada.[101] Até mesmo o canto dos meninos órfãos trazidos de Lisboa pela Companhia de Jesus era tido como mortal pelos índios.[102] Os relatos do que consideravam conspirações dos pajés, chamados pelos jesuítas de feiticeiros, são inúmeros:

> Alguns feiticeiros quiseram incomodá-lo [um índio moribundo e batizado *in extremis*], e disseram que o santo bastismo o matava [...].[103]

---

97 D'Evreux, *op. cit.*, p. 312.

98 Staden, *op. cit.*, p. 157-158.

99 D'Evreux, *op. cit.*, p. 305-314.

100 "Carta de Manuel da Nóbrega ao Mestre Navarro, 1549". In: Nóbrega, *Cartas do Brasil*, p. 95.

101 "Carta do Ir. Vicente Rodrigues aos Padres e Irmãos de Coimbra, Bahia 17 de maio de 1552". In: Leite, *Cartas...*, vol. I, p. 305. Sobre os batismos *in extremis* ver, por exemplo, D'Evreux, *Viagem ao Norte do Brasil*, p. 260-279.

102 "Carta dos meninos órfãos ao Pe. Pero Domenech, Bahia, 5 de agosto de 1552". In: Leite, *Cartas d...*, vol. I, p. 389.

103 "Carta do Padre Antônio Pires aos Padres e Irmãos de Coimbra, Pernambuco, 2 de agosto de 1551". In: *Ibidem, Cartas dos primeiros jesuítas no Brasil*, vol. I, p. 255.

[Os feiticeiros] fazem crer algumas vezes aos doentes que nós outros lhes metemos em corpo facas, tesouras. E coisas semelhantes e que com isto os matamos.[104]

[Um cacique] nos recebeu muito bem, e nos ouvia pela língua e doutrina cristã, e mostrava ele e todos os demais folgar muito em ouvir, mas não ousavam dizê-la, porque um feiticeiro os persuadira que com aquelas palavras lhes dávamos a morte, e que se o dissessem por sua boca logo morreriam. Daqueles ministros costuma usar o demônio, temendo ser daqui desterrado.[105]

Os feiticeiros [contam-lhes] muitas mentiras para os perverter, pregando que nós os matamos com o batismo, e provam-lho, porque muitos deles morreram.[106]

Satanás, que nesta terra tanto reina, ensinou aos feiticeiros muitas mentiras e enganos para impedir o bem das almas, dizendo que com a doutrina que lhes ensinávamos trazíamos a morte; e se algum adoecia lhe diziam que tinham anzóis no corpo, facas ou tesouras que lhes causavam aquela dor, e fingiam que as tiravam do corpo com suas feitiçarias.[107]

No Maranhão, após a morte do filho do chefe de uma aldeia, provavelmente convertido e levado em procissão ao túmulo, um pajé ordenou que os moradores de todas as aldeias por onde passou o cadáver do menino se lavassem, para evitar uma moléstia cruel que os ameaçava.[108]

Os missionários disputavam com os pajés o papel de mediadores entre o mundo dos vivos e o dos espíritos, daí vinha a impossibilidade de convivência entre os dois grupos. Possivelmente, a forma mais organizada de resistência à cristianização das almas e do território foram as *santidades*, protagonizadas por pajés que arrebanhavam índios dos territórios colonizados, evocando a vontade dos antepassados e guiando os índios em trânsitos permanentes.[109]

Não avançarei aqui em uma análise das santidades, que já foram objeto de vários

---

104 Manuel da Nóbrega, "*Informação das terras do Brasil, 1549*". In: *Cartas do Brasil*, p. 100.

105 "Carta do Pe. João de Aspicuelta aos Padres e Irmãos de Coimbra, Salvador, agosto de 1551". In: *Ibidem*, vol. I, p. 278-279.

106 "Carta do Pe. Francisco Pires aos Padres e Irmãos de Coimbra, Bahia, 7 de agosto de 1552". In: *Ibidem*, vol. I, p. 395.

107 "Carta do Padre Antônio Pires aos Padres e Irmãos de Coimbra, Pernambuco, 2 de agosto de 1551" in Serafim Leite, *Cartas dos primeiros jesuítas no Brasil*, p. 256.

108 D'Abbeville, *op. cit.*, p. 302.

109 Uma importante abordagem das santidades do ponto de vista histórico é a de Ronaldo Vainfas, em *A heresia dos índios*.

estudos.[110] Para este trabalho, é interessante investigar quais os desdobramentos dessas santidades no território. Aponto alguns trechos de documentos da época, em que transparece uma certa ambiguidade dos portugueses em defini-la: coisa, pessoa ou lugar. Apresento a seguir cinco trechos de narrativas das santidades:

> 1. Entre eles se levantaram algumas vezes *alguns feiticeiros, a que chamam Caraíba, Santo ou Santidade*, e é de ordinário algum Índio de ruim vida: este faz algumas feitiçarias, e coisas estranhas à natureza, como mostrar que ressuscita a algum vivo que se faz morto, e com esta e outras coisas semelhantes traz após si todo o sertão enganando-os dizendo-lhes que não rocem, nem plantem seus legumes, nem cavem, nem trabalhem, etc, porque com sua vida é chegado o tempo em que as enxadas por si hão de cavar, e os panicus [bestas] ir as roças e trazer os mantimentos, e com esta falsidade os traz tão embebidos, e encantados, deixando de olhar por suas vidas, e grangear os mantimentos, *até que a Santidade fica só* [grifo meu].[111]

> 2. [...] os caraíbas vão de aldeia em aldeia e enfeitam com as mais bonitas penas que encontram os seus maracás; e fincam-nos em seguida no chão [...] e ordenam que lhes seja dado comida e bebida. [...] Em geral deixam assim os maracás no chão durante quinze dias a três semanas, após os que *lhes atribuem santidade* [grifo meu].[112]

> 3. Disse que haverá cinco anos pouco mais ou menos que, na dita fazenda de Jaguaripe, se aposentaram [...] uns gentios da terra que faziam *a abusão chamada Santidade* [...] [grifo meu].[113]

> 4. [...] tendo um ídolo de pedra que não tinha figura humana, *ao qual ídolo chamavam a Santidade* [grifo meu].[114]

> 5. [...] enganado nesta falsa fé, desejou muito de ir ao dito sertão ajuntar-se com os principais mantenedores da dita idolatria, [...] para com seus olhos ver *a dita Santidade, onde diziam que estava o Deus* [...] [grifo meu].[115]

---

110 As santidades foram inicialmente objeto de estudo dos etnólogos, entre eles cito: Alfred Metraux, *A religião dos tupinambás*. São Paulo: Companhia Editora Nacional, 1979 [1928]; Clastres, *A terra s...*; Sztutman, *O profeta ...*. O estudo das santidades do ponto de vista histórico é bem mais recente, principalmente Vainfas, *op. cit.* e Pompa, *op. cit.*

111 Cardim, "Do princípio ...". In: *Tratados da terra e gente do Brasil*, p. 87-88.

112 Léry, *op. cit.*, p. 216.

113 Vainfas (org.), *Santo Ofício ...*, p. 169-170.

114 *Ibidem*, p. 169-170.

115 Vainfas (org.), *Santo Ofício ...*, Confissão de Gonçalo Fernandes, p. 184.

Nos trechos acima, o vocábulo "santidade" aparece dando nome a variados fenômenos: a uma pessoa, o pajé (1); a um atributo, a capacidade de comunicação entre o mundo dos vivos e dos antepassados (2); a um ritual, diabólico para os portugueses (3); a um objeto-ídolo (4); a um lugar, no caso a santidade de Jaguaripe, na Bahia (5). Esses trechos revelam uma dificuldade dos portugueses de identificar a categoria à qual pertenciam as santidades: lugar, pessoa ou coisa. Por outro lado, revelam algum tipo de reconhecimento de um potencial sagrado (ainda que maligno) para a santidade, o que quer que ela fosse.

Essa mistura de categorias, na verdade, até mesmo aproximava os atributos da santidade com os dos santos portugueses: ambos mediavam o mundo dos vivos e dos espíritos, ambos viajavam no tempo e no espaço, ambos podiam ser ao mesmo tempo pessoas e lugares e, no caso das suas relíquias, também podiam ser coisas, conforme apontado no capítulo 2. Ambos tinham algo a ver com algum tipo de ressurreição e com uma terra redentora, que podia ser a terra sem mal, mas também o Paraíso. Para os missionários, santos e santidades eram claramente concorrentes, pois disputavam as mesmas almas. O elemento territorial foi fundamental para selar o destino da disputa: enquanto o pajé dependia da mobilidade, o santo exerce seu poder por meio da consagração permanente do território. Sabemos qual foi o desfecho do arranjo territorial da colônia, que se fixou em assentamentos permanentes, destruindo dessa forma o arranjo migrações-antropofagia-incisões corporais.

*

É certo que as informações deste capítulo apontam mais para interrogações do que para conclusões, e é justamente para isso que estão aqui. Dizem mais respeito às nossas dificuldades de compreender a forma como os índios tratavam a territorialidade do que propriamente defendem uma posição específica em relação a esse tema. As permanentes migrações das aldeias; o depósito da memória coletiva no corpo do guerreiro; a dupla possibilidade de encontro da terra da imortalidade, no tempo, através da morte dos bravos, e no espaço, através das migrações; o desfazimento das aldeias nos casos de morte de um chefe importante, tudo isso evidencia que a noção de território era radicalmente distinta para portugueses e índios.

Se para os cristãos, a posse do território e sua função de transmissão da memória coletiva eram elementos fundamentais, para os Tupis, a ideia de território construía-se sobre outras bases, sobretudo dissociando localidades específicas e a transmissão da memória coletiva. Dessa forma, não há confusão ou mal-entendido no fato de o mesmo nome designar ora uma pessoa ora um lugar, visto no caso do vocábulo "santidade". Entre os Tupinambás do Maranhão, por exemplo, alguns índios tinham nomes que remetiam a territórios, como Uaignon-Mondeuue (lugar onde se apanham pedras azuis), Uirapouitan (Brasil), Itaoc-Miri (casinha de pedra), enquanto aldeias tinham nomes com significados nada geográficos, como Toroiepep (calçado), Januarém (cão fedorento), Seriieu (caranguejo chato), Torupé (beberagem).[116]

Concluo este capítulo citando Serge Gruzinski:

> Nos anos de conquista, as temporalidades aparecem como elas são, ou seja, como construções próprias a cada universo, representações da passagem do tempo, expressas por instituições, ritos e técnicas de medição.[117]

Após olharmos para essa incrível distância entre a ideia de território construída pelos índios e pelos portugueses sob o foco específico da morte e do destino dos mortos, não me parece equivocado transpor essa afirmação para a dimensão territorial: nos anos de conquista, as *territorialidades* aparecem também como elas são, construções próprias, representações, expressas por instituições, ritos e técnicas de mediação que são próprias das diversas culturas.

Para os europeus o território era elemento fundamental de mediação entre o mundo dos vivos e dos mortos, era um dos pontos onde se lastreavam as próprias noções de temporalidade. Essa relação também pode ser construída de trás para frente: eram os mortos uma das ligas que dava ao território esse poder de conectar o tempo passado, o presente e o vindouro.

Já para os índios, o território não apresentava esse tipo de conexão com os mortos. Pelo contrário, a morte às vezes era o elemento de expulsão dos índios de determinado território. Enquanto morte e território desempenhavam esse tipo de relação de repulsa, as migrações, a antropofagia e as incisões corporais constituíam um todo que promovia os próprios corpos a uma estratégica posição de mediação, talvez comparável àquela que amalgamava mortos e território para os portugueses. Visto dessa forma, não espanta o terror que os Tupi tinham do peso da terra da sepultura: não ser comido de certa forma significava desaparecer da história. Refiro-me aqui à história nos termos deles, que significa muito mais perder uma perspectiva de futuro – deixar de viver no corpo do inimigo, perdendo assim o atributo da mobilidade que garante o acesso futuro à terra da imortalidade, ou seja, não receber o estatuto da imortalidade; transmutar-se no espectro terrestre prisioneiro deste mundo; passar pelo terrível processo de apodrecimento – do que propriamente perder uma ligação linear com o passado, historicidade nos nossos termos.

Não é absurdo afirmar que o corpo dos índios equivalia ao seu território, que levavam consigo aonde quer que fossem. As incisões corporais, que registravam a memória funerária do grupo, eram de certa forma o equivalente às cruzes em nossos cemitérios, com a particularidade que os sinais referem-se aos inimigos mortos. Se levarmos em conta tudo o que foi colocado nos outros capítulos deste trabalho, o corpo marcado constituía tam-

---

116   D'Abbeville, *op. cit.*, p. 186-192.

117   Gruzinski, *O pensamento* ..., p. 71.

bém o equivalente aos templos dos portugueses, local de estruturação do seu entorno, de reposição dos corpos e das expectativas dos mortos de atingir um mundo sem sofrimentos.

O parágrafo acima é altamente eurocêntrico, pois podemos inverter os nossos parâmetros: para os índios, devem ter parecido repugnantes os corpos dos portugueses, destituídos de memória, assim como devem ter sido em um primeiro momento incompreensíveis as inúmeras incisões permanentes que eles faziam no território.

Se é verdade que os cristãos interpretaram as incisões corporais na chave do diabólico, também os índios repudiaram as incisões territoriais, por meio das migrações e do abandono de aldeamentos protagonizados pelos pajés. A designação Guarani da terra da imortalidade *yvy marane'y*, destino das migrações, passou por uma interessante transformação semântica. Significando inicialmente "solo intacto, que não foi edificado", passou a significar a "terra sem mal", talvez indicando que apenas a terra intocada e distante das interferências dos portugueses pudesse estar livre do mal.[118]

---

118 Pompa, *op. cit.*, p. 127.

Considerações finais

Tenho medo de "considerações finais", principalmente se é minha função escrevê-las. Na melhor das hipóteses o leitor foi convencido da argumentação inicial no decorrer dos capítulos, situação na qual o texto já cumpriu sua função, prescinde de considerações finais. Na pior das hipóteses, o trabalho foi considerado inverossímil ou sofre de outros defeitos ainda piores, e, neste caso, não há considerações finais que o remedeiem. Inconsistências menores ou problemas localizados não podem ser resolvidos aqui, pertencem aos capítulos. Tampouco considero justo insultar o leitor atento (e premiar o preguiçoso) com um resumo do livro no lugar das considerações finais.

Há, no entanto, um ponto que pode ser tratado nestas considerações finais, que é a inserção da discussão feita aqui em um debate acadêmico sobre a cidade colonial. Para isso, inicio tratando rapidamente o que me parece ser a maior das dificuldades deste trabalho: a definição de um marco temporal final do período e do objeto que estudo.

À procura de um marco temporal

É difícil estabelecer cortes temporais precisos para periodizar comportamentos como aqueles tratados neste trabalho. Estamos transitando no terreno das crenças e dos mitos, que não nascem e morrem como os reis, as instituições ou os sistemas políticos.

Do ponto de vista da historicidade das relações entre as territorialidades Tupi e cristã, não há muito mais a ser dito. Espero ter feito jus ao mundo dos Tupi da costa, lido na chave da complexidade, construído mediante alguns elementos que se reproduziram após o contato, ajudando a estruturar parcialmente a sociedade dos primeiros séculos (capítulos 1 e 2), e de outros que os cristãos acabaram por destruir ou expulsar para muito longe (capítulo 5).

Nesse caminho, procurei evitar algumas imagens simplificadoras. A primeira, em uma visão romantizada, descreve os índios como figuras essencialmente de resistência, que procuraram defender de forma intocada uma cultura a qualquer custo. Pelo contrário, encontrei na documentação índios Tupi ávidos por absorver novidades e práticas, e incorporar o novo repertório no seu próprio instrumental de vida (e morte).

A segunda imagem assume que a introdução dos elementos cristãos provocou um imediato extermínio da cultura pré-existente, que não foi capaz de sobreviver "contaminada" pela cristianização do território. Tal interpretação subdimensiona os recursos culturais dos índios. À medida que procurei detalhar a agenda Tupi, explicar porque mártires e relíquias foram instrumentos tão fundamentais de conversão, à medida que identifiquei seu cardápio de reações a um contexto de gigantescas novidades (no mais das vezes opressoras), acredito ter mostrado que o caminho da conversão passou por diálogos, traduções e interpretações recíprocas, muitas delas de iniciativa dos próprios índios para ressignificar um mundo desorganizado pela ocupação cristã.

Por outro lado, não me parece o caso de cair em uma terceira imagem, também bastante recorrente: a que descreve os índios como um dos apoios do nosso tripé cultural mestiço que, juntamente com europeus e negros, resultou naquilo que nossa cultura é hoje. No que diz respeito às relações territoriais, os brancos impuseram-se de forma desproporcional em todos os lugares onde a convivência foi mais do que incidental. Se temos algo dos Tupi da costa em nossa cultura, certamente a forma de organização de nossos assentamentos humanos – fixos, espacialmente hierarquizados em centros e periferias – é um objeto inadequado para identificar isso, já há muito tempo.

Rejeitando as três explicações acima – a da resistência integral, a do extermínio pelo contato, a da democracia racial – que imagem tenho para colocar no lugar? A de uma humanidade que, em seus arranjos individuais e coletivos, em nada diferia da nossa no que diz respeito à sua capacidade de interpretar e produzir realidades e territórios, de traduzir, negociar, reagir, rejeitar, definir em parte os termos da desigualdade nas relações com a própria e com outras culturas a partir de seu próprio repertório, em suma, daquilo que deles fazia gente. Por outro lado, uma humanidade que, ao longo do tempo e do espaço, foi continuamente exposta a condições implacavelmente desiguais de implementação de modelos de espaço e tempo.

Mas voltemos ao objeto prioritário para esta tese, o mundo religioso que foi transplantado para a América a partir do século XVI e que também foi destruído há muito. Não há um simples marco histórico que expresse essa destruição, mas um acúmulo de elementos que se confunde com o próprio surgimento da sociedade em que vivemos atualmente. Mencionarei com muita superficialidade alguns desses elementos que revelam no particular o surgimento mais genérico e difuso desse novo mundo que foi destruindo aquele que visitamos nesta tese.

Do ponto de vista da Coroa, percebemos, no capítulo 3, que no século XVI a espiritualidade constituía grande parte da lógica da ação real ibérica na conquista e ocupação do território. A partir de meados do século XVII, a ação administrativa vai ganhando mais força. Na metrópole, a criação do Conselho Ultramarino em 1642, passou a centralizar boa parte das operações da Coroa no Brasil. Para sustentar essa centralização de poder, consolidou-se uma aristocracia de corte, um grupo de cerca de 50 famílias (ou casas), destacada do conjunto da nobreza portuguesa.[1] Na Colônia, definiu-se também uma maior centralização do aparelho do Estado, com o aumento de atribuições do governo geral, o surgimento de tropas remuneradas destinadas a defender o interesse da metrópole.[2] Do ponto de vista urbanístico, isso significou a criação de um corpo de urbanizadores-engenheiros militares que muito influenciou o desenho das cidades. Em 1647, foi refundada a Aula de Fortificação e Arquitetura Militar em Lisboa, seguida no final do século de escolas similares na Bahia, no Rio, no Maranhão e em Recife.[3] A partir de meados do século XVIII, a Coroa portuguesa assume explicitamente uma política centralizada de urbanização e ocupação territorial como instrumento de garantia do domínio sobre o território de sua colônia na América.[4]

As mudanças centralizadoras significaram a diminuição da autonomia das câmaras municipais, e também mudanças na estrutura mental dos colonizadores. A identidade colonial, que havia sido muito fortemente uma identidade evangelizadora, vai recebendo conteúdos imperiais mais fortes. Talvez a principal perdedora tenha sido a mais territorial das ordens religiosas, a Companhia de Jesus. Não é coincidência que data de meados do século XVII o início de atritos mais fortes entre colonizadores e jesuítas, como os que determinaram a expulsão dos jesuítas de São Paulo entre 1640 e 1653. Em meados do século XVIII, a relação deteriorou-se de vez e a convivência entre as coroas católicas e os jesuítas revelou-se inviável. O enfraquecimento da Companhia de Jesus, maior propagadora da ideologia do martírio, significou também o enfraquecimento do símbolo do mártir como figura paradigmática da ocupação territorial.[5]

---

[1] Nuno Gonçalo Monteiro, "Trajetórias sociais e governo das conquistas: notas preliminares sobre os vice-reis e governadores do Brasil e da Índia nos século XVII e XVIII". In: João Fragoso, Maria Fernanda Bicalho e Maria de Fátima Gouvêa (orgs.), *O antigo regime nos trópicos:* a dinâmica imperial portuguesa. Rio de Janeiro: Civilização Brasileira, 2001, p. 251-283.

[2] Nestor Goulart Reis, *Evolução urbana do Brasil 1500-1720*. São Paulo: Pini, 2000 [1968], p. 22.

[3] *Idem*, p. 71.

[4] Marx Delson, *op. cit.*

[5] "Com o declínio do prestígio papal durante o Iluminismo, que atingiu o ponto mais baixo na época da Revolução Francesa, a Europa católica parece ter perdido seu apetite para o martírio sangrento. E a ordem religiosa que havia produzido tantos mártires e comemorado a santidade com tanto ardor – a Companhia de Jesus – foi ela mesma atacada pelos estados católicos e dissolvida em 1773 por um decreto papal". Hsia, *op. cit.*, p. 137.

O crescimento das esferas real e administrativa em detrimento da espiritual relaciona-se com mudanças na própria estrutura mental e social que ocorriam na Europa. Após as grandes guerras religiosas do século XVI, apenas o surgimento de valores não religiosos poderia garantir as bases para uma vida social estável que contemplasse católicos e protestantes. Daí surgem noções modernas como a tolerância religiosa, o direito individual à escolha desta ou daquela religião, ou até mesmo uma inédita hipótese de escolha por uma vida em que a religião tivesse um papel de menos protagonismo.[6] Certamente em Portugal e na América Portuguesa essas noções demorariam a ganhar espaço social, o que deu grande sobrevida a uma série de elementos tratados neste trabalho.

A crença no purgatório e a comunidade dos mortos e dos vivos revelaram-se notavelmente duradouras. Se na França, já desde o final do século XVII verificou-se uma "descristianização" das atitudes perante a morte, no Brasil, até meados do século XIX, resistiu-se à separação do cotidiano de vivos e mortos, por vezes de forma violenta, conforme nos traz João José Reis.[7] Mesmo a instauração dos cemitérios por vezes revela a busca pela sacralidade, a resistência à laicização do território dos mortos. Na década de 1850, o cemitério municipal de Iguape foi edificado com o material proveniente da demolição da Igreja Matriz da cidade.[8]

Ainda que a generalização dos cemitérios públicos e periféricos, na segunda metade do século XIX, seja o marco definitivo de que a comunidade dos vivos e dos mortos havia em grande medida se desfeito, são inúmeros os exemplos de uma longa sobrevivência dos procedimentos relatados nos capítulos desta tese por muito tempo depois disso. No meu trabalho de mestrado *Cidades dos vivos*, mostro a presença até os dias de hoje de alguns mortos, em quase todos os cemitérios brasileiros, cujos túmulos são visitados rotineiramente por motivos diversos: pedidos de favores, retribuição por graças alcançadas, aconselhamento em momentos difíceis (figura 256).[9]

Persistem até os dias de hoje crenças no poder mediador dos mártires, tentativas de ajuda às almas do purgatório e socorro por elas.[10] Restos de heróis de guerra recebem tra-

---

6   Gregory, *op. cit.*, p. 349.

7   Reis, *A morte* ....

8   Em 16 de novembro de 1858, o *Correio Paulistano* publicou uma autorização do presidente da província de São Paulo para o administrador das obras do cemitério de Iguape a demolir o edifício que servia de matriz e utilizar o material nas obras do cemitério.

9   Cymbalista, *op. cit.*, p. 171-196.

10   Um bilhete encontrado no túmulo de um desses santos populares, o "Menino Zezinho", em Ribeirão Preto, no início do século XXI mostra que as pessoas ainda buscam aplacar o sofrimento das almas do purgatório: "Oh! Meu piedoso Zezinho. Vós que experimentaste o amargor e as torturas deste vale de lágrimas, intercedei junto a Jesus pelas crianças, pelos jovens, pela Santa Igreja, pelo Santo Padre, por todo o clero, pela paz do mundo e principalmente por aqueles que pedem a Vossa mediação. Intercedei também junto a Jesus e Maria pela conversão dos pecadores. *Implorai também o descanso das almas do purgatório.*[grifo meu]".

tamento de relíquias, e as próprias relíquias de santos estão ainda presentes nas igrejas. Na década de 1970, comemorando a volta dos jesuítas a São Paulo, o Pátio do Colégio recebeu um fêmur de José de Anchieta, que os padres expõem orgulhosamente desde então (figura 261). Lugares com história de sacrifícios permanecem como pontos de interlocução entre o mundo dos vivos e o dos mortos, como a Igreja dos Enforcados no bairro de Liberdade em São Paulo, edificada onde outrora existiu a forca da cidade, cujo porão é visitado diariamente por inúmeras pessoas pedindo intercessão divina para aliviar suas aflições (figura 259). Até com os corpos dos reis estamos ainda dialogando: em 1972, o corpo de D. Pedro I foi trasladado do Mosteiro de São Vicente em Portugal (aquele que foi edificado sobre os corpos dos mártires da reconquista do território aos mouros) para o altamente simbólico conjunto paulistano do Ipiranga. Após 150 anos, D. Pedro I voltou ao lugar de onde emitiu o "heroico brado retumbante" consolidado pela história como o momento de independência do Brasil. São apenas alguns exemplos da cidade que conheço melhor, onde passei a maior parte de minha vida, mas que remetem a territórios e atitudes reconhecíveis em muitas outras cidades brasileiras de todos os tamanhos e idades.

Seria um equívoco considerar os episódios e comportamentos listados acima como simples "sobrevivências", mais pertencentes ao mundo do pitoresco do que propriamente ao cotidiano e à estruturação das cidades. Muitos grupos em nossa sociedade contemporânea certamente dão muito mais significado a lugares como os túmulos, as relíquias, os locais de martírio mencionados acima do que a outros bem mais investidos pelas elites ilustradas de hoje, como parques, centros cívicos, universidades, museus. Por outro lado, seria também equivocado apontar esses exemplos como prova da simples permanência de tudo aquilo que foi colocado nesta tese. Muita coisa mudou nos últimos três séculos, e definitivamente os mortos não têm o mesmo papel que tinham na estruturação do território. Se os capítulos deste trabalho mostram que os mortos já ocuparam posição de grande centralidade na estruturação do território nas cidades brasileiras, é importante também identificar as transformações, o surgimento das cidades contemporâneas como processo que, progressivamente, foi empurrando seus santos e seus mortos para posições mais periféricas e subalternas, dando maior e maior protagonismo e hegemonia aos vivos e a um Estado laico.

A história das nossas cidades atuais, que é normalmente recuperada a partir dos processos de modernização, pode também ser feita por um caminho bem mais dificultoso: o de um lento e progressivo – e sempre incompleto – descredenciamento dos fatores espirituais, salvíficos, escatológicos, sagrados como elementos de planejamento, de gestão e de estruturação urbana. Mais do que isso: é necessário treinar nossos olhos para enxergar além desses processos de descredenciamento, é necessário reconhecer, em seus próprios termos, o mundo que estava sendo descredenciado. Não se trata de memorialismo bizarro, de exoterismo, de um olhar em busca de arquétipos ou do inconsciente coletivo, mas de levar a

---

Ibidem, p. 184-185.

sério a ideia de alteridade.

A viagem ao passado pode servir para muito mais coisas do que simplesmente reconhecer no outro a origem de nós mesmos, de nossa sociedade. Pode situar a real e curta idade do mundo em que hoje vivemos, ou seja, nossa pequenez; pode reconhecer o quanto daquele mundo ainda orienta o nosso; pode ensinar-nos a legitimar diferenças bem mais profundas do que aquelas de classe ou etnia: diferenças de concepções básicas como aquelas de mundo, de tempo, de espaço, do sentido da existência humana na terra.

Não se trata de discussão abstrata, acadêmica. Enquanto escrevo este trabalho, um Ocidente cuja identidade se constituiu como filha da racionalidade está sendo confrontado por culturas que se constroem sobre bases religiosas e, não raro, colocam valores espirituais acima do nosso valor supremo, que é a perspectiva de manutenção da vida do indivíduo. Matar e morrer por motivos religiosos está de volta ao nosso cotidiano. Enquanto formos apenas capazes de atribuir a esses procedimentos os nomes de "fanatismo", "loucura", "radicalismo" – conceitos vazios de capacidade descritiva – a convivência com o outro permanecerá indisponível.

O debate acadêmico

Na minha opinião, o maior resultado deste trabalho são as fortes evidências da pertinência de uma hipótese ou intuição inicial, que bizarramente sugeria que os mortos foram elemento de estruturação do território da América Portuguesa. Mas um subproduto dele é o fato de, após tê-lo construído, ter sido possível situar minhas reflexões no contexto do debate mais amplo a respeito da urbanização na colônia. Em nome da fidelidade ao processo, que se originou de fontes inquietantes (e não de um posicionamento em um debate acadêmico sobre a América Portuguesa), evitei enxertar na introdução deste livro uma perspectiva historiográfica que foi mais consequência do que causa do trabalho. Por outro lado, me parece que cabem nestas considerações finais alguns parágrafos nesse sentido, sem pretensão de realizar um balanço historiográfico, mas o de visitar alguns dos principais títulos que tratam da urbanização na América Portuguesa, com uma pergunta principal: de que forma eles tratam os assentamentos territoriais nos primeiros 200 anos de colonização, período prioritário deste trabalho.

Do próprio recorte temporal escolhido, já emerge uma constatação: aquilo que tem se consolidado como "historiografia da cidade colonial" dedica-se majoritariamente ao estudo da cidade do século XVIII, o que se explica parcialmente pela própria escassez de fontes primárias sobre os dois primeiros séculos.[11] Mas veremos que há outros elementos relacionados a isso.

Para muitos daqueles que se ocuparam com mais cuidado da cidade nos dois pri-

---

11   É o caso de mencionar Roberta Marx Delson, *New towns for colonial Brazil*, que mostra a extensiva política de planejamento e fundação de cidades no interior do Brasil no século XVIII mas – à exceção de ligeiras menções, como ao surgimento planejado de Salvador em 1549 – não está preocupada com os dois primeiros séculos de urbanização; também Renata Malcher Araújo, *As cidades da Amazônia do século XVIII: Belém, Macapá e Mazagão*. Lisboa: Publicações FAUP, 1998.

meiros séculos, emerge uma imagem bastante recorrente: a da fragilidade, precariedade, esvaziamento da cidade da América Portuguesa nesse período.

É o caso do texto que vem sido apontado como de certa forma fundador dos estudos urbanos, *O semeador e o ladrilhador*, de Sérgio Buarque de Holanda, inserido em seu livro *Raízes do Brasil*, onde o autor constrói o famoso contraponto entre as desleixadas e improvisadas cidades da América Portuguesa e o caráter racional e planejado das suas semelhantes na América Espanhola. É sugestivo o fato de o texto ter sido inicialmente publicado como parte de um capítulo denominado "Herança Rural", em que antes mesmo de começar a olhar para as cidades na América Portuguesa, Holanda assume uma posição: "toda a estrutura de nossa sociedade colonial teve sua base fora dos meios urbanos".[12] "Só afluíam [a elite] aos centros urbanos a fim de assistirem aos festejos e solenidades", situações que "relacionam-se principalmente com o primeiro e o segundo século da colonização; já no terceiro, a vida urbana, em certos lugares, *parece adquirir mais caráter* [grifo meu]". A abordagem das cidades nos dois primeiros séculos é pela negativa: vazia, sem caráter, drenada de vitalidade pelo campo.[13] Em artigo publicado em 1955, Robert Smith radicaliza o argumento de Sérgio Buarque de Holanda no texto *Colonial towns of Spanish and Portuguese America*. Em contraponto a um humanismo renascentista das cidades espanholas, os atributos das cidades portuguesas na América nos dois primeiros séculos seriam a pobreza, o crescimento sem planejamento, a confusão, a formação desordenada, as ruas tortas, a primazia da função defensiva, o que o autor identifica como uma atitude regressiva e medievalizante dos portugueses.[14] Postura semelhante traz Fernando de Azevedo, para quem as cidades dos dois primeiros séculos eram "organismos urbanos mirrados, medíocres, às vezes mal-fixados [...]lugarejos mal construídos e abandonados a si mesmos, que cresciam sem nenhum plano pré-concebido, não obedecendo ao menos no período primitivo de sua história, senão às leis gerais que regem o desenvolvimento de toda aglomeração."[15]

O trabalho de Nestor Goulart Reis de 1968, *Evolução urbana do Brasil*, teve influência decisiva no debate. Por meio de um material iconográfico importante e que se avolumou nos trabalhos seguintes do autor, mostra que não se pode descrever o processo de ocupação do Brasil como improvisado, como ausente de planejamento. Por outro lado, atribui um protagonismo quase total à Coroa portuguesa nos processos de ocupação territorial da colônia, e dá primazia à economia na sua explicação do sistema colonial como um todo. O

---

12   Sérgio Buarque de Holanda, *Raízes do Brasil*. São Paulo: Companhia das Letras, 1995 [1936], p. 73.

13   *Ibidem*, p. 90.

14   Robert C. Smith, "Colonial towns of Spanish and Portuguese America", *Journal of the Society of Architectural Historians*, Philadelphia, Vol XIV, n° 4, dez. 1955, p. 2-12.

15   Fernando de Azevedo, "As formações urbanas". In: *A cultura brasileira*. São Paulo: Melhoramentos, 1958 [1943], p. 119.

autor identifica com clareza o período de meados do século XVII como um ponto de inflexão nos processos de urbanização no Brasil, rumo a uma atividade mais centralizada por parte de Portugal, e a transferência de uma burocracia governamental. Ao desenhar este corte temporal, no entanto, a abordagem que dá primazia à Coroa e ao econômico revela suas limitações. Para o período anterior a meados do século XVII, descrito como período de "dispersão", os atributos que usa são "[arquitetura] de extrema simplicidade"; "[os núcleos menores] praticamente desprovidos de vida permanente [...] [tendo como função] exclusivamente o amparo às atividades da agricultura de exportação [...] [até 1640] vida urbana intermitente [...] resposta às características e vicissitudes da economia rural [...] até meados do século XVII, a rede urbana que se instala tem em vista exclusivamente o amparo às atividades da agricultura de exportação". Em contraponto, a partir de meados do século XVII, período que descreve como de *centralização*, "a vida urbana apresentou a partir de meados do século XVII uma nova escala. Surgiram formas diversas de utilização das povoações, que se refletiram sobretudo na importância crescente das ruas e dos aspectos da arquitetura, que para estas eram voltados".[16]

Paulo César Garcez Marins, que em seu inovador livro *Através da rótula* ajuda a definir aspectos da construção da esfera pública nas nossas cidades, é também partidário da fragilidade da cidade dos dois primeiros séculos. O marco temporal prioritário para o autor inicia-se em meados do século XVII, na análise de Salvador, primeira capital da colônia. Em relação ao período anterior, ainda que identifique aspectos projetuais que teriam influenciado os assentamentos, o autor menciona o "absenteísmo exagerado dos senhores", as festas e sessões das câmaras como os poucos eventos que levavam os senhores às cidades.[17]

Em relação aos assentamentos urbanos dos dois primeiros séculos, Beatriz Piccolotto Bueno, em seu importante trabalho *Desenho e desígnio*, possui abordagem semelhante (ainda que não seja esta a sua problemática prioritária): "Em se tratando de uma 'retaguarda rural' do mercado urbano europeu, o Brasil apresentou, ao longo dos dois primeiros séculos da colonização, uma rede urbana bastante frágil e vilas com vida intermitente, já que os grandes latifúndios eram verdadeiras autarquias".[18]

Os autores acima citados, ainda que divergentes em uma série de interpretações, têm em comum o olhar que é representativo de uma visão nos dois primeiros séculos que prioriza a ausência, a fragilidade, o esvaziamento. Alguns autores constroem in-

---

16   Reis, *Evolução...*, várias páginas.

17   "O crescimento das vilas e cidades, nos anos anteriores às invasões holandesas, dava-se de forma lenta, sob a sombra do absenteísmo exagerado dos senhores [...] Festas religiosas e sessões nas Câmaras eram os poucos motivos que poderiam fazer os proprietários agrícolas deslocarem-se de seus domínios para as localidades urbanas e, mesmo assim, a maior parte deles raramente viajava". Marins, *op. cit.*. (São Paulo, Humanitas, 2001), p. 55.

18   Beatriz Piccolotto Siqueira Bueno, *Desenho e desígnio:* o Brasil dos engenheiros militares. Tese de Doutorado, FAU-USP, 2001, p.650.

terpretações que diversificam essa visão.

Manuel Teixeira me parece bastante bem-sucedido ao admitir lógicas distintas e complementares que regeram a organização das cidades brasileiras: concepções urbanísticas de regularidade vindas de Portugal, adaptações pragmáticas ao terreno, funções defensivas, preponderância de edifícios religiosos ordenando parcelas ou vetores de crescimento das cidades. Principalmente, o autor rejeita dicotomias redutoras como planejado/não planejado, vernacular/erudito, e mostra como a própria intervenção de traçado regular tem suas origens em modos tradicionais de urbanização.[19] O esquema traçado por ele me parece bastante adequado para compreender a ordem urbanística que se instala plenamente no século XVIII. Por outro lado, quando se volta para os dois primeiros séculos, aponta para os elementos que originaram essa lógica posterior, principalmente uma regularidade ou geometrização dos traçados, pré-existente em algum grau. Sem repetir a imagem de esvaziamento, de uma forma geral, Teixeira seleciona, na cidade brasileira dos séculos XVI e XVII, os aspectos "embrionários" da cidade do século XVIII.[20]

Paulo Santos, em *Formação de cidades no Brasil Colonial*, tem uma leitura original, que também investe na hipótese de uma regularidade negociada, na existência de planos que se adaptam às condições encontradas no local. Aponta a convivência entre uma matriz regular (renascentista) e informal (medieval) convivendo na progressiva implementação das cidades portuguesas na América, mas seu olhar, sem dúvida, está mais atento aos indícios de planejamento e de regularidade. Santos debruça-se com bastante prioridade nas cidades dos dois primeiros séculos, principalmente a partir de documentação administrativa. Mas só encontra respostas às suas perguntas – e consequente amparo à sua teoria de existência de uma dimensão planejadora ligada à iniciativa de ocupação do território por Portugal – em relação a umas poucas cidades, principalmente a capital Salvador. Quanto mais nos aproximamos do centro das estratégias da metrópole, melhor enxergamos suas hipóteses. Quanto mais nos distanciamos desse centro, mais turva é a realidade territorial.[21]

Ainda na temática das cidades reais, em relação ao Rio de Janeiro dos séculos XVI e XVII, Maurício de Almeida Abreu identifica com clareza uma lógica de ocupação territorial

---

19 Manuel Teixeira, "Os modelos urbanos portugueses das cidades brasileiras". In: *A construção da cidade brasileira*. Lisboa: Horizonte, 2004, p. 23-46.

20 Sobre o Rio de Janeiro, por exemplo: "Ao longo de sucessivas fases de crescimento do Rio de Janeiro observa-se a existência de uma ideia de ordem e de regularidade, traduzidas neste traçado de base ortogonal, que manteve a coerência do desenvolvimento urbano ao longo dos séculos XVI a XVIII. Este traçado, se de início foi apenas resultado de estratégias tradicionais de implantação e de desenvolvimento urbano, mais tarde beneficiou do contributo de engenheiros-militares, que terão racionalizado estes mesmos princípios e estes mesmos processos." *Ibidem*, p. 33; Sobre as intervenções urbanísticas de traçado regular: "desenvolvidos em múltiplas situações ao longo dos séculos XVII e XVIII, os novos conceitos urbanísticos irão expressar-se plenamente nos traçados urbanos setecentistas [...]", *Ibidem*, p. 36.

21 Santos, *Formação* ....

que escapa às imagens de precariedade e esvaziamento, identificando as regras e os atores que influíram na organização do território da cidade, tanto religiosos como laicos, defendendo que a maior influência da Coroa portuguesa na implantação da cidade significou uma clara presença de regras de um urbanismo erudito orientando a ocupação do espaço.[22]

Voltando às questões deste trabalho, não reconheço na documentação que visitei algo como cidades vazias, despovoadas, irrelevantes. Pelo contrário, essas cidades me parecem locais de grande vitalidade, com suas procissões quase semanais, sepultamentos, rezas diárias pelos mortos, a grande atividade de devoção às relíquias, peças de teatro, pedidos e agradecimentos aos santos, chantagens das almas do purgatório, a fundamental sociabilidade das confrarias, a preocupação febril com o testar e o após morte... a maior parte dessas atividades era urbana, indicando as inúmeras funções que as cidades desempenhavam, impossíveis ou muito difíceis de serem feitas no campo.

Tampouco reconheço nas cidades que procurei descrever um simples "prenúncio" de algo que estava por vir, que se efetivaria no século XVIII. Evidentemente, em qualquer situação histórica, o futuro está sendo gestado, pois as transformações históricas não se dão por rupturas radicais.[23] Funcionalizar a cidade dos dois primeiros séculos a ponto de enxergar nela apenas ou predominantemente os aspectos de regularidade, planejamento, geometrização que se evidenciariam no século XVIII não me parece uma postura justa em relação ao passado. Os procedimentos que descrevi neste trabalho – a fundação do território mediada pelos santos e mártires, a devoção às relíquias, a crença no purgatório, entre outros – não estão aqui descritos como "embriões" de algo que se efetivaria no futuro, mas elementos plenamente em vigor em seu potencial de organização de um cotidiano e de um território. São processos que *pertencem* aos séculos XVI e XVII, e defendo aqui que são mais capazes de aproximar-nos daquela sociedade do que qualquer gradação das dicotomias regular-irregular, planejado-desleixado da forma como tantos estudos territoriais as utilizam. São processos que se verificam em todos os assentamentos permanentes na América Portuguesa, independente da maior ou menor proximidade com as estratégias de ocupação territorial da Coroa, independente do tamanho e do grau de formalidade.

Darei um exemplo para deixar mais claro o argumento que defende as fontes aqui utilizadas como relevantes para a estruturação daquela realidade: se pudéssemos nos transportar no tempo e desembarcar em qualquer cidade na América Portuguesa dos séculos XVI e XVII, qualquer morador daquelas cidades poderia nos indicar onde estão as relíquias mais importantes, saberia contar sobre o santo protetor da cidade ou sobre as confrarias sediadas em cada igreja, poderia nos dizer em que altar e em que igreja são mais potentes as rezas pelas almas do purgatório. Por outro lado, tenho dúvidas sobre quantos deles teriam condi-

---

22   Abreu, "Reencontrando ...", vol. 2.

23   É a posição colocada, por exemplo, por Fernando Novais em entrevista, na sua coletânea *Aproximações: estudos históricos e historiografia*. São Paulo: Cosac e Naify, 2005, p. 367.

ções de nos informar se aquela cidade teve sua planta planejada, se o traçado era regular ou irregular, muito menos sobre as origens medievais ou renascentistas de eventual regularidade ou planejamento. A documentação que colhi praticamente nada diz a esse respeito, e não devemos nos esquecer dos baixíssimos níveis de alfabetização daquela sociedade, pressuposto para a compreensão de temáticas eruditas como esta.

Visto à luz da complexa territorialidade da morte e dos mortos – e da ainda mais complexa temporalidade que ela carrega – percebemos que o desafio da urbanização colonial tratava-se de algo bastante mais complexo do que viabilizar o território de vida para os vivos.[24] Era necessário construir algo inédito, que motivou imensa perplexidade: a teia de relações – temporais, espirituais e até mesmo míticas – que compunha a comunhão entre vivos e mortos, necessária para a própria existência da cultura europeia na América. Algo que não se faz com planos, projetos, ou engenheiros militares. Se isso é válido, é também necessário diversificar nosso instrumental para compreender os processos de urbanização de então.

Ao mesmo tempo, o parágrafo acima também poderia ser construído às avessas: apenas provido de espaços urbanos, construídos à imagem dos da metrópole, o território colonial seria capaz de dar conta de todos esses múltiplos desafios de construção dessa rede de relações. Assim, o desafio da colonização é também o desafio da urbanização, não simplesmente como apoio a um sistema de exploração econômica, como apêndice do aparato de defesa do território, ou como sede do poder político e administrativo, mas enquanto suporte simbólico e espiritual para a própria vida dos colonizadores – e, bem entendido, para a sua morte. Descrever a colônia nos dois primeiros séculos como um território de "primazia rural" me parece algo descabido, à medida que aquela sociedade não teria qualquer chance de se viabilizar sem cidades.

Aqui, convém mencionar os autores que priorizaram os aspectos de religiosidade como orientadores de interpretações do espaço da cidade dos dois primeiros séculos, fundamentais para a construção e o amadurecimento de minhas ideias.[25] Já na década de 1980, Murilo Marx atenta para as doações de capelas e terras aos santos, em troca de rezas no após morte, abrindo espaço para todas as hipóteses deste trabalho.[26] Em contraponto à dessignificada cidade dos séculos XVI e XVII da maior parte dos autores, a cidade de Murilo Marx emerge como plena de vida, de relações sociais, de projetos pessoais e coletivos. Por outro lado, a discussão colocada por esse autor parece ter frutificado mais na interface com

---

24 Peço licença para o pleonasmo "vida para os vivos", mas não me parece assim tão absurdo tratar a cidade do século XVI como local onde também os mortos habitavam.

25 Marx, *op. cit.* é o trabalho que trata de forma mais abrangente dessa questão, que está também presente em outros trabalhos como *Nosso Chão, do sagrado ao profano*. São Paulo: Studio Nobel, 2003 [1989].

26 "A terra para o santo, seu patrimônio ou o da sua capela eram doados por um ou mais detentores de glebas vizinhas, sob determinadas condições. Destacam-se as de cunho religioso, como rezar missa para o doador e sua família, periodicamente e após a morte." Marx, *op. cit.* p. 26.

outras temáticas da história do que nos estudos propriamente urbanos. Mesmo tendo à disposição essa potente interpretação que mostrava a fertilidade do campo de investigação da cidade colonial sob seus aspectos espirituais, os estudos urbanos em grande medida concentraram-se em um debate mais focado nas questões projetuais que, para os dois primeiros séculos, talvez tragam mais silêncios que respostas.

É claro que há várias exceções a isso. Como exemplos, cito o capítulo 2 do trabalho *Des terres aux villes de l'or*, de Claudia Damasceno Fonseca, que descreve a ocupação religiosa do território das Minas Gerais que, mesmo focado no século XVIII, ilumina muitas questões para o período anterior,[27] e os textos de Fania Fridman sobre o Rio de Janeiro Colonial, que revelam o comportamento fundiário e imobiliário das irmandades e ordens religiosas da cidade.[28] Mais próximo do universo deste trabalho é o livro de Luiz Augusto Kehl, que procura qualificar a racionalidade da ocupação jesuítica da cidade de São Paulo nos primeiros anos a partir dos significados simbólicos e míticos envolvidos nessa fundação.[29]

Este livro defende que, para olhar a cidade dos dois primeiros séculos a partir de seus próprios atributos, não só é preciso atentar para os aspectos espirituais, mas também, em alguns momentos, é necessário diversificar fontes, recortes territoriais, buscar as chaves explicativas bem longe. Vai também contra modas recentes de universos documentais altamente focados e controlados, de recortes temporais cada vez mais específicos. É também aqui que residem algumas de suas muitas vulnerabilidades: a bibliografia não esgotada, a fonte documental não localizada, a descontextualização da referência utilizada. Muitas vezes assume um posicionamento até mesmo *naive* de acreditar literalmente nas suas fontes, sem a sofisticação das análises de discursos, sem uma pergunta que vá além do que elas explicitamente quiseram comunicar. Por eleger as próprias fontes como seus interlocutores mais próximos, dialoga pouco com outros autores.

Não acredito que seria possível construir um trabalho como este sem correr todos esses riscos, e mesmo consciente de todos eles, assumo-os como escolhas integralmente minhas. Está me parecendo um bom ponto para ancorar o navio.

---

27   Cláudia Damasceno Fonseca, *Des terres aux villes de l'or: pouvoirs et territoires urbains au Minas Gerais.* Paris: Centre Culturel Calouste Gulbenkian, 2003.

28   Fania Fridman, "Geopolítica e produção da vida cotidiana no Rio de Janeiro colonial" e "A propriedade santa: o patrimônio territorial da Ordem de São Bento na Cidade do Rio de Janeiro". In: *Donos do Rio em nome do Rei*.

29   Luiz Augusto Kehl, *Simbolismo e profecia na fundação de São Paulo*. São Paulo: Terceiro Nome, 2005.

Referências bibliográficas

Fontes Manuscritas

Arquivo Nacional da Torre do Tombo

Breve "P. Devotionis", de Clemente VII, 17 de março de 1531. Maço 2 de bulas n. 16.

Breve "Per Magnum Est", de Gregório XIII, 8 de novembro de 1573. Maço 36 de bulas n. 44.

Chancelaria de D. Manuel. Livro 41, fls. 115-116.

Biblioteca Nacional da Espanha

Relacion de lo que resulta en un processo presentado en la congregación deste Santo Concílio Provincial de Toledo por parte del Convento de los Santos Mártires Ascisclo y victoria de la Ciudad de Córdoba. En que pretenden que la declaracion que piden los clérigos de la Iglesia de Sn. Pedro de la dicha Ciudad se haga que los huessos que se han hallado en la dicha Iglesia son de Santos, no se diga que entre elles esta el cuerpo de San Acisclo por que esta en su monastério. Mss/13044, fl. 110-114.

Biblioteca da Ajuda

HOLANDA, Francisco de. *Da fabrica que fallece a cidade de Lisboa.* 43a-V-12.

Certidão do Reitor do Colégio de Jesus da Baía, relativamente ao assunto, que se achava nos livros daquele Colégio, respectivamente a terem-se ali recebido as cabeças das onze mil virgens em 1575, mandadas pelo Geral da sua Ordem, Francisco de Borja, e desde esse tempo foram tomadas as ditas virgens por padroeiras do Brasil. 54-XIII-4, no 76.

Biblioteca Nacional de Lisboa

GOMES, Manuel. *Relação de uma expedição ao Norte do Brasil.* BNL, Manuscritos, 29 n. 31, fls. 117-128.

De como passou a trasladaçam dos ossos Del Rey Dom Manuel e da Rainha Dona Maria e do Cardeal Dom Afonso, Infante Dom Duarte e Senhor Dom Duarte, filho Del Rey Nosso Senhor. 1551. BNL, Manuscrito, caixa 5, nº 36.

Biblioteca do Escorial

Copia autentica del Breve que concedió el para Pio cuarto a don Francés de Alava, para poder sacar relíquias de Francia (15 de julho de 1564). Sign A. I. 1.

Copia autentica del Breve que concedió el papa Pio quinto a su majestad para poder sacar relíquias de la baja y alta Alemania (6 de setembro de 1567). Sign A. I. 1.

Copia autentica del Breve do Pio V para traer relíquias al monastério de S. Lorenzo (15 de dezembro de 1567). Sign A. I. 1.

Fontes Primárias Impressas

ANCHIETA, José de. "Diálogo do P. Pero Dias Mártir". In: Cardoso, Armando. Teatro de Anchieta. São Paulo: Loyola, 1977, p. 193 - 194.

_____. "Excerpto do auto de São Sebastião". In: Cardoso, Armando (ed.). Teatro de Anchieta. São Paulo: Loyola, 1977, p. 190-192.

_____. Lírica portuguesa e tupi. Navarro Eduardo de A.org. São Paulo: Martins Fontes, 1997.

_____. "Na Aldeia de Guapamirim". In: _____. Poesias. Belo Horizonte: Itatiaia, 1989, p. 612-647.

_____. "Na festa de São Lourenço". In: CARDOSO, Pe. Armando (ed.). Teatro de Anchieta. São Paulo: Loyola, 1977, p. 141-189.

_____. "Na festa do Natal". In: _____. Poesias. Belo Horizonte: Itatiaia, 1989, p. 751-775.

_____. "Na vila de Vitória ou São Maurício". In: Cardoso, Armando (ed.) . Teatro de Anchieta. São Paulo: Loyola, 1977, p. 285-339.

_____. "Breve informação do Brasil [1584]". In: Viotti, Hélio Abranches (org.) Pe. José de Anchieta: textos históricos. São Paulo: Loyola, 1989, p 35-73.

Andrada, Francisco de. Crônica de D. João III. Introdução e revisão por M. Lopes de Almeida. Porto: Lello e Irmão Editores, 1976 [1613].

Atas da Câmara de São Paulo, 25 de junho de 1598. [Arquivo Histórico Municipal de São Paulo].

Barléu, Gaspar. História dos feitos recentemente praticados durante oito anos no Brasil. Belo Horizonte/ São Paulo: Itatiaia/ Edusp, 1974 [1647].

Barros, João de. Ásia. Lisboa: impressa por Germão Galharde, 1552.

Berreira, Frei Isidoro de. História da vida e martírio da gloriosa virgem Santa Eria. Lisboa: Antonio Alvarez, 1618.

Boneta, Joseph. Gritos das almas no purgatório e meios para os aplacar, traduzidos em o idioma Portuguez pelo Padre Manoel de Coimbra. Lisboa: na Officina de Felipe de Souza, 1715.

Brito, Bernardo Gomes de (org.). História trágico-marítima. Rio de Janeiro: Lacerda Editores/ Editora Contraponto, 1998 [1735].

Cabeza de Vaca, Alvar Nuñez. Naufrágios e comentários. Porto Alegre: L&PM, 1999 [1555].

Camões, Luís de. Os Lusíadas. São Paulo: Abril Cultural, 1979 [1572].

Cardim, Antonio Francisco. Elogios, e ramalhete de flores borrifado com o sangue dos religiosos da Companhia de Jesus: a quem os tyrannos do Imperio de Jappão tirarão as vidas. Catálogo de todos os religiosos, & seculares, que forão mortos naquelle Imperio, até o anno de 1640. Lisboa: por Manoel da Sylva, 1650.

Cardim, Fernão. Tratados da terra e gente do Brasil. Belo Horizonte/ São Paulo: Itatiaia/ Edusp, 1980 [Londres, 1625].

Cardoso, Jorge. Agiológio lusitano dos santos e varoens illustres em virtude do reino de Portugal e suas conquistas Lisboa: na Officina Craesbeekiana, 1652.

"Carta de Bartolomeu Marchionni (27 de junho de 1501)" In: Amado, Janaína; Figueiredo, Luiz Carlos (orgs.). Brasil 1500: quarenta documentos. Brasília: Imprensa Oficial do Estado de São Paulo/ Ed. UnB, 2001, p. 185-191.

"Carta de Domingos Pisani (1501)". In: Amado, Janaína; Figueiredo, Luiz Carlos (orgs.). Brasil 1500: quarenta documentos. Brasília: Imprensa Oficial do Estado de São Paulo/ Ed. UnB, 2000, p. 201-208.

"Carta de D. João III Rei de Portugal a D. Pedro Mascarenhas, Lisboa, 4 de agosto de 1539". In: LEITE, SERAFIM. *Cartas dos primeiros jesuítas no Brasil*. Vol. I. São Paulo: Comissão do Quarto Centenário da Cidade de São Paulo, 1956, p. 101-104.

"Carta de D. Manuel aos reis católicos, 29 de julho de 1501". In: AMADO, JANAÍNA; FIGUEIREDO, LUIZ CARLOS (orgs.). *Brasil 1500: quarenta documentos*. Brasília: Imprensa Oficial do Estado de São Paulo/ Ed. UnB, 2000, p. 219-239.

"Carta de D. Manuel ao Samorim de Calicut, 11 de março de 1500". In: AMADO, JANAÍNA; FIGUEIREDO, LUIZ CARLOS (orgs.). *Brasil 1500: quarenta documentos*. Brasília: Imprensa Oficial do Estado de São Paulo/ Ed. UnB, 2001, p. 63-70.

"Carta do Ir. José de Anchieta ao Pe. Inácio de Loyola. São Vicente, fim de março de 1555". In: LEITE, SERAFIM. *Cartas dos primeiros jesuítas do Brasil*. Vol. II. São Paulo: Comissão do Quarto Centenário da Cidade de São Paulo, 1956, p. 173-210.

"Carta do Ir. José de Anchieta ao geral P. Diogo Laínes, São Vicente, 1º de junho de 1560". In: ANCHIETA, JOSÉ DE. *Cartas:* correspondência ativa e passiva. São Paulo: Loyola, 1984, p. 152-173.

"Carta do Irmão Vicente Rodrigues aos Padres e Irmãos de Coimbra, Bahia, 17 de maio de 1552". In: LEITE, SERAFIM. *Cartas dos primeiros jesuítas no Brasil*. Vol. I. São Paulo: Comissão do Quarto Centenário da Cidade de São Paulo, 1956, p. 302-305.

"Carta de Manuel da Nóbrega ao Mestre Navarro, 1549". In: NÓBREGA, MANUEL DA. *Cartas do Brasil*. Belo Horizonte/ São Paulo: Itatiaia/ Edusp, 1988, p. 88-96.

"Carta de Manuel da Nóbrega ao Dr. Martin de Azpicuelta Navarro, Salvador, 10 da agosto de 1549". In: LEITE, SERAFIM. *Cartas dos primeiros jesuítas no Brasil*. Vol. I. São Paulo: Comissão do Quarto Centenário da Cidade de São Paulo, 1956, p. 132-145.

"Carta dos meninos órfãos ao Pe. Pero Doménech, Bahia, 5 de agosto de 1552". In: LEITE, SERAFIM. *Cartas dos primeiros jesuítas no Brasil*. Vol. I. São Paulo: Comissão do Quarto Centenário da Cidade de São Paulo, 1956, p. 385-389.

"Carta do Padre Antônio Pires aos Padres e Irmãos de Coimbra, Pernambuco, 2 de agosto de 1551". In: LEITE, SERAFIM. *Cartas dos primeiros jesuítas no Brasil*. Vol. I. São Paulo: Comissão do Quarto Centenário da Cidade de São Paulo, 1956, p. 250-264.

"Carta do Pe. Afonso Brás aos Padres e Irmãos de Coimbra, Espírito Santo, 24 de agosto de 1551". In: LEITE, SERAFIM. *Cartas dos primeiros jesuítas no Brasil*. Vol. I. São Paulo: Comissão do Quarto Centenário da Cidade de São Paulo, 1956, p. 272-276.

"Carta do P. Francisco Pires aos Padres e Irmãos de Coimbra, Bahia, 7 de agosto de 1552". In: LEITE, SERAFIM. *Cartas dos primeiros jesuítas no Brasil*. Vol. I. São Paulo: Comissão do Quarto Centenário da Cidade de São Paulo, 1956, p. 390-400.

"Carta de João de Aspicuelta aos Padres e Irmãos de Coimbra, Bahia, 28 de março de 1550". In: LEITE, SERAFIM. *Cartas dos primeiros jesuítas no Brasil*. Vol. I. São Paulo: Comissão do Quarto Centenário da Cidade de São Paulo, 1956, p. 177-187.

"Carta do Pe. João de Aspicuelta aos Padres e Irmãos de Coimbra, Salvador, agosto de 1551". In: LEITE, SERAFIM. *Cartas dos primeiros jesuítas no Brasil*. Vol. I. São Paulo: Comissão do Quarto Centenário da Cidade de São Paulo, 1956, p. 276-283.

"Carta de João Matteo Crético". In: AMADO, JANAÍNA; FIGUEIREDO, LUIZ CARLOS (orgs.). *Brasil 1500: quarenta documentos*. Brasília: Imprensa Oficial do Estado de São Paulo/ Ed. UnB, 2001, p. 175-187.

"Carta do Pe. Manuel da Nóbrega ao Pe. Simão Rodrigues, Bahia, 9 de agosto de 1549". In: LEITE, SERAFIM. *Cartas dos primeiros jesuítas no Brasil*. Vol. I. São Paulo: Comissão do Quarto Centenário da Cidade de São

Paulo, 1956, p. 115-132.

"Carta do Pe. Manuel da Nóbrega ao Rei D. João III, Bahia, julho de 1552". In: LEITE, SERAFIM. *Cartas dos primeiros jesuítas no Brasil*. Vol. I. São Paulo: Comissão do Quarto Centenário da Cidade de São Paulo, 1956, p. 343-347.

"Carta do Pe. Manuel da Nóbrega aos Padres e Irmãos de Coimbra, Olinda, 13 de setembro de 1551". In: LEITE, SERAFIM. *Cartas dos primeiros jesuítas no Brasil*. Vol. I. São Paulo: Comissão do Quarto Centenário da Cidade de São Paulo, 1956, p. 283-289.

"Carta do Pe. Pero Domenech aos Padres e irmãos de Coimbra, Lisboa, 27 de janeiro de 1550". In: LEITE, SERAFIM. *Cartas dos primeiros jesuítas no Brasil*. Vol. I. São Paulo: Comissão do Quarto Centenário da Cidade de São Paulo, 1956, p. 170-174.

CASAS, BARTOLOMÉ DE LAS. *Brevíssima relación de la destruición de las Índias*. Madrid: Ediciones Cátedra, 200 [1552]1.

CASTRO, ESTEVAM DE. *Breve aparelho e modo facil de ajudar a bem morrer hu Christão*. Lisboa: por João Rodriguez, 1621.

CAVALIERI, GIOVANNI BATISTA. *Anglicanae trophea siue Sanctorum martyrum qui pro Christo catholicaeque fidei veritate asserenda antiquo recentiorique persecutionum tempore mortem in Anglia subierunt, passiones Romae in collegio Anglico per Nicolaum Circinianum depictae*. Roma: Bartolomaei Grassi, 1584.

CERQUEIRA, LUIS e PASSIO, FRANÇOIS. *La glorieuse mort de neuf Chrestiens Iapponois martyrizez pour la foy catholique aux royaumes de Fingo, Sassuma et Firando envoyée du Iapon l'an 1609 et 1610*. Douai: Pierre Auroy, 1612.

Compromisso da Irmandade da Casa da Sancta Misericórdia da cidade de Lisboa. Lisboa: impresso por Antonio Alvarez, 1600.

CONCEIÇÃO, FREI APOLINÁRIO DA. *Primazia seráfica na regiam da América, novo descobrimento de santos, e veneráveis religiosos da ordem Seráfica, que ennobrecem o Novo Mundo com suas virtudes, e acçoens*. Lisboa Ocidental: na Oficina de Antonio de Souza da Silva, 1733.

Constituições Primeiras do Arcebispado da Bahia feitas, e ordenadas pelo Illustrissimo e Reverendissimo Senhor Sebastião Monteiro da Vide, Arcebispo do dito Arcebispado, e do Conselho de Sua Magestade: Propostas e aceitas em o synodo Diocesano, que o dito Senhor celebrou em 12 de junho do anno de 1707. Impressas em Lisboa no anno de 1719, e em Coimbra em 1720 com todas as Licenças necessárias, e ora reimpressas nesta Capital. São Paulo: na Typographia 2 de Dezembro de Antonio Louzada Antunes, 1853 [1707].

Constituições Sinodais da Diocese de Miranda. Lisboa: em casa de Francisco Correa, 1565.

Constituições Sinodais da Diocese do Porto, 1540.

CRESPIN, JEAN. *Recueil de plusieurs personnes qui ont constamment enduré la mort pour le nom de Nostre Seigneur Iesus Christ*. Geneva: Jean Crespin, 1554.

CRÓNICAS *dos sete primeiros reis de Portugal*. Vol. I. Edição crítica por Carlos da Silva Tarouca. Lisboa: Academia Portuguesa de História, 1952 [1499].

D'ABBEVILLE, CLAUDE. *História da missão dos padres capuchinhos na Ilha do Maranhão e suas circunvizinhanças*. São Paulo: Siciliano, 2002 [1614].

D'EVREUX, YVES. *Viagem ao Norte do Brasil, feita nos anos 1613 a 1614*. São Paulo: Siciliano, 2002 [1615].

D'ÁVILA, DON SANCHO (Bispo de Jaén). *De la veneracion que se deve a los cuerpos de los Sanctos y a sus reliquias y de la singular con que se a de adorar el cuerpo de Iesu Christo nso señor en el sanctissimo Sacramento*. Madrid: por Luis Sanches, 1611.

"Doação da casa de Belém aos religiosos de S. Jerónimo, e escambo com a Ordem de Cristo, pela Judiaria grande". In: ALVES, JOSÉ DA FELICIDADE, *Mosteiro dos Jerônimos II – das origens à atualidade.* Lisboa: Horizonte, 1991.

Documentos do Arquivo Histórico da Câmara Municipal de Lisboa – Livros de Reis. Vol. VIII. Lisboa: Câmara Municipal, 1964.

As excelências do governador: o panegírico fúnebre a d. Afonso Furtado, de Juan Lopes Sierra (Bahia, 1676). SCHWARTZ, STUART E PÉCORA, ALCIR. São Paulo: Companhia das Letras, 2002.

Explicación de la bula de los difuntos: en la qual se trata de las penas y lugar del Purgatório; y como puedan ser ayudadas las Animas de los difuntos con las oraciones y sufrágios de los vivos. Por el Doctor Martin Carrillo Presbyero, Cathedratico del Decreto de la Universidad de Çaragoça. Çaragoça: por Iuan Perez de Valdivielso, 1601.

España Restaurada em Aragon por el valor de las mujeres de Iaca, y sangre de Santa Orosia, por el Padre Fr. Martin de la Cruz. Çaragoça: por Pedro Cabarte, 1627.

ESTAL, JUAN MANUEL DEL. "Curioso memorial del mayor traslado de relíquias de Alemanha a el Escorial (1597-1598)". In: *Monasterio de San Lorenzo El Real El Escorial: IV Centenário de la fundacion, 1563-1963.* San Lorenzo de El Escorial: Biblioteca La Ciudad de Dios, 1964, p. 403-449.

FERREIRA, JOSÉ DE MATTOS. *Thesouro de Braga descuberto no campo do Gerez.* Braga: Câmara Municipal de Terras do Bouro, 1982 [1728].

FIGUEIRA, LUIZ DE. "Relação do Maranhão, 1608, pelo jesuíta Padre Luiz Figueira enviada a Claudio Acquaviva". *Revista Trimestral do Instituto do Ceará,* ano XVII, 1903, p. 97-140 [1608].

FIGUEROA, FRANCESCO e BALINGHEM, ANTONUIS DE. *Histoire de l'estat de la Chrestienté au Japón, et du glorieux martyre de plusiers chestiens en la grande presecution de l'an 1612, 1613 et 1614* le tout tiré des lettres envoyees à Rome par les Pères de la Compagnie de Iesus au Japon. Douai: Balthasar Beller, 1618.

FOXE, JOHN. *Actes and Monuments of these latter and perilous dayes, touching matters of the Church.* London: John Daye, 1563.

HAVRE, FREI TEÓFILO. "Fidelíssima narração, extraída de seis pares de cartas dos Revdos. Padres Cláudio D'Abbeville e Arsênio, pregadores capuchinhos, escritas aos padres da sua Ordem de Paris, e a outras pessoas do século, sendo quatro do Revdo. Padre Arsênio , uma do Padre Cláudio, e uma para duas pessoas", 1612. In: D'EVREUX, YVES. *Viagem ao norte do Brasil. São Paulo:* Siciliano: 2002, p. 371-378.

GALLONIO, ANTONIO. *Tortures and torments of the christian martyrs.* Fac-símile da versão inglesa de 1904, com as gravuras da edição original. Los Angeles: Feral House, 2004 [1591].

GALVÃO, DUARTE. *Chronica d'el Rei D. Affonso Henriques.* Lisboa: Biblioteca de Clássicos Portuguezes, 1906 [1505].

GALVÃO, DUARTE. *Chronica del Rey D. Affonso Henriques primeiro rey de Portugal.* Lisboa: na Officina Ferreyriana, 1726 [1505].

GANDAVO, PERO MAGALHÃES. *História da província de Santa Cruz.* Belo Horizonte/ São Paulo: Itatiaia/ Edusp, 1980 [1576].

_____. *Tratado da terra do Brasil.* Belo Horizonte/ São Paulo: Itatiaia/ Edusp, 1980 [1826].

GIBBONS, John. *Struggle of the catholic Churc in England.* (Trier, 1583).

GÓIS, DAMIÃO DE. *Chronica do serenissimo Rei D. Emmanuel.* Lisboa: Officina de Miguel Manescal da Costa, 1749.

_____. *Descrição da Cidade de Lisboa.* Lisboa: Frenesi, 2000 [1555].

HAEMSTEDE, ADRIAEN CORNELIS VAN. *De Gheschiedenisse ende den doodt der vromer Martelaren.* Emden: Gilles ven der Erve, 1559.

Hazart, Cornelius. *Kerckelycke Historie van de Gheheele Wereldt namelyck vande vorgaende ende teghenwoordighe eevwe Inde welcke verhaelt worden de ghelheghenthden der Landen, manieren, ceremonien,* Antwerpen: by Michiel Cnobbaert by het Professen-huys in S. Peeter, 1667.

Historia Ecclesiastica de Martyrio Fratrum Ordinis Divi Francisci, Doctorum de Observantia. Paris: Jean Poupy, 1582.

Historia da vida, morte, milagres, canonisação, e trasladação de Sancta Isabel Sexta Rainha de Portugal. Dedicada ao Serenissimo Principe Dom Pedro, escrita por D. Fernando Corea de Lacerda Indigno Bispo do Porto. Livro Quinto. Lisboa: Officina de João Galvão, Com todas as licenças necessárias, Anno de 1680.

Historia Eclesiástica, princípios y progressos de la ciudad y religion católica de Granada, Corona de su poderoso Reyno, y excelências de su corona, por Don Francisco vermúdez de Pedraza, Canónico, y Tesorero de la Santa Iglesia Apostólica Metropolitana de Granada. Granada: Andrés de Santiago, 1638.

Holbein, Hans. *The dance of death.* New York: Dover Publications, 1971 [1538].

Iciar, Juan de. *Libro en el qual hay nuchas suertes de letras historiados con figuras del viejo testamento y la declaracion dellas con copias y también un abecedario con figuras de la muerte.* Saragoça, 1552.

Información para la historia del Sacro Monte chamado de Valparaíso y antiguamente Illiputiano junto à Granada donde parecieron las cenizas de S. Cecílio, S. Thesiphon, y S. Hiscio, discípulos del apostol unico patron de las Españas Santiago y otros santos discipulos dellos y sus libros escritos en laminas de plomo. Primeira parte. Granada: por Bartolome de Lorençana, 1632.

Inventarios e Testamentos. São Paulo: Arquivo do Estado de São Paulo, vários anos.

Jaboatão, Frei Antônio de Santa Maria. *Novo Orbe Seráfico Brasílico, ou crônica dos frades menores da Província do Brasil.* Rio de Janeiro: Instituto Histórico e Geográfico Brasileiro, 1858 [1761]. 2 vols.

Las relíquias del Monastério de San Lorenzo El Real de El Escorial. 2 vols. El Escorial: Ediciones Escurialenses, 2005. Série Documentos para la historia del Monastério de San Lorenzo El Real de El Escorial, XIII.

Léry, Jean de. *Viagem à terra do Brasil.* São Paulo/ Belo Horizonte: Edusp/ Itatiaia, 1980 [1578].

Lis, Estêvão de. *Exemplar da constância dos mártires em a vida do glorioso S. Torpes.* Lisboa: Officina de Miguel Manescal da Costa, 1746.

Lopez, Gregório, *Discursos de la certidumbre de las relíquias descubiertas en Granada desde el ano de 1588, hasta el de 1598.* Granada: por Sebastian de Mena, 1601.

Lucena, João de. *História da vida do Padre Francisco de Xavier.* Lisboa: Publicações Alfa, 1989 [1600].

Lutero, Martinho. *As 95 teses de Lutero, afixadas na porta da Igreja de Wittenberg desafiando discussão.* Lisboa: Tip. Esperança, s.d.. [BNL, 35573].

Madre de Deus, Frei Gaspar. *Memórias para a história da Capitania de São Vicente.* São Paulo: Edusp/ Itatiaia, 1975 [1797].

Martín, Sabas (ed). *La danza de la muerte, códice de El Escorial.* Com gravuras de Hans Holbein. Madrid: Miraguano Editores, 2001.

Mendanha, D. Francisco. "Descripçam e debuxo do mosteyro de Sancta Cruz de Coimbra". Edição fac-símile do único exemplar conhecido, de 1541. Separata do *Boletim da Biblioteca da Universidade de Coimbra*, vol. XXIII. Coimbra, Universidade de Coimbra, 1957.

More, Thomas. *A Utopia.* Livro Primeiro: da comunicação de Rafael Hitlodeu. São Paulo: Abril Cultural, 1972 [1516]. Col. Os Pensadores.

"Naufrágio que passou Jorge Albuquerque Coelho vindo do Brasil para este reino no ano de 1565, escrito por

Bento Teixeira Pinto, que se achou no dito naufrágio". In: BRITO, BERNARDO GOMES DE (org.). *História trágico-marítima*. Rio de Janeiro: Lacerda Editores/ Editora Contraponto, 1998 [1735], p. 261-291.

NÓBREGA, MANUEL DA. "Carta ao Dr. Navarro, 1549". In: _____. *Cartas do Brasil*. Belo Horizonte/ São Paulo: Itatiaia/ Edusp, 1988, p. 88-96.

_____. "Diálogo sobre a conversão do gentio". In: _____. *Cartas do Brasil*. Belo Horizonte/São Paulo: Itatiaia/Edusp, 1988, p. 239-254.

_____. "*Informação das terras do Brasil, 1549*". In: _____. *Cartas do Brasil*. Belo Horizonte/ São Paulo: Itatiaia/ Edusp, 1988, p. 97-102.

OLIVEIRA, CRISTÓVÃO RODRIGUES DE. *Lisboa em 1551:* sumário em que brevemente se contêm algumas coisas assim eclesiásticas como seculares que há na cidade de Lisboa. Lisboa: Livros Horizonte, 1987 [1551].

"Oração, que o P. F. João Aranha professor da sagrada theologia, da Ordem dos Pregadores, teve nas exéquias, que a muy nobre villa de Sanctaré sumptuosamente fez em nossa Senhora de Marvilla a el Rey nosso senhor Dom Philipe o I de Portugal, a que se acharão as ordens todas, e cleresia, toda a nobreza, e povo da terra: em 19 de outubro de 1598". In: *Relação das exéquias d'el Rey Dom Filippe nosso senhor, primeiro deste nome dos Reys de Portugal. Com alguns sermões que neste Reyno se Fizerão. Com licença da S. Inquisição*. Lisboa: impresso por Pedro Craesbeeck, 1600.

Petição que fazem as almas do purgatório aos fiéis, pedindo-lhes o socorro dos sufrágios. Folheto impresso, Séc XVIII. [BNL, H.G. 6808 12 V].

PINA RUY DE. *Crônicas*. Lisboa Occidental: na Officina Ferreyriana, 1728.

"Pregação nas exéquias d' El Rey Dom Filipe Primeiro deste nome feita pelo Padre Mestre Manoel Coelho da Ordem de São Domingos, & Pregador de Sua Magestade". In: *Relação das exéquias d'el Rey Dom Filippe nosso senhor, primeiro deste nome dos Reys de Portugal. Com alguns sermões que neste Reyno se Fizerão. Com licença da S. Inquisição*. Lisboa: impresso por Pedro Craesbeeck, 1600.

RABUS, LUDWIG. *Historien der Heyligen Außerwölten Gottes Zeugen, Bekkennern und Martyren*. Strasbourg: Samuel Emmel, 1552-1558. 8 vols.

RAULIN, FRAY JUAN. *Libro de la muerte temporal y eterna*. Traduzido em língua castelhana por Francisco Callero. Madrid: en Casa de P. Madrigal, 1596.

Relaçam geral das festas que fez a Religião da Companhia de Jesus na Provincia de Portugal, na canonização dos gloriosos Sancto Ignacio de Loyola seu fundador, S. Francisco Xavier Apostolo da Índia Oriental. No anno de 1622. Relação das festas que se fizeram em lisboa quando da canonização de São Francisco de Xavier e Santo Inácio de Loyola. Lisboa: Pedro Craesbeeck, 1622.

"Relação do naufrágio da nau *Santiago* no ano de 1585, e itinerário da gente que dele se salvou, escrita por Manuel Godinho Cardoso e agora acrescentada com mais algumas notícias". In: BRITO, BERNARDO GOMES DE (org.). *História trágico-marítima*. Rio de Janeiro: Lacerda/ Contraponto, 1998 [1735], p. 293-339.

"Relação do Naufrágio da nau São Paulo que foi para a Índia no ano de 1560 de que era capitão Rui de Melo da Câmara, mestre João Luis e piloto Antônio Dias, escrita por Henrique Dias". In: BRITO, BERNARDO GOMES DE (org.). *História trágico-marítima*. Rio de Janeiro: Lacerda/ Contraponto, 1998 [1735], p. 191-259.

Relação das exéquias d'el Rey Dom Filippe nosso senhor, primeiro deste nome dos Reys de Portugal. Com alguns sermões que neste Reyno se Fizerão. Com licença da S. Inquisição. Lisboa: impresso por Pedro Crasbeeck, 1600.

"Relação do Maranhão, 1608, pelo jesuíta Padre Luiz Figueira enviada a Claudio Acquaviva" *Revista Trimensal do Instituto do Ceará*, t. XVII, Ano XVII, 1903, p. 97-140.

 "Relação sumária que se fez da viagem de Fernão d'Álvares, desde que partiu deste reino por capitão-mor da armada que foi no ano de 1553, às partes da Índia até que se perdeu no cabo de Boa Esperança no ano de 1554. Escrita por Manuel de Mesquita Perestrelo que se achou no dito naufrágio". In: BRITO, BERNARDO GOMES

DE (org.). *História trágico-marítima.* Rio de Janeiro: Lacerda/ Contraponto, 1998 [1735], p. 25-93.

Relación breve de las reliquias que se hallaron en la ciudad de Granada en una torre antiquissima, y en las cavernas del Monte Illiputiano de Valparayso cerca de la ciudad. Leon de Francia: s.n, 1706.

ROA, MARTIN DE. *Ecija, sus santos, su antiguedad eclesiástica.* Sevilla: por Manuel de Sande, 1629.

_____. *Flos Sanctorum fiestas, i santos naturales de la ciudad de Cordova, algunos de Sevilla, Toledo, Granada, Xerez, Ecija, Guadix, i otras ciudades, i lugares de Andaluzia, Castilla, i Portugal.* Sevilla, 1615.

_____. *Málaga, su fundacion, su antiguedad eclesiástica, i seglar.* Málaga: por Ivan Rene, 1622.

O Sacrosanto e ecumenico Concilio de Trento em latim e portuguez: dedica e consagra aos excell., e rev. Senhores Arcebispos, e Bispos da Igreja Lusitana. Lisboa: na Officina Patriarcal de Francisco Luiz Ameno, 1781.

El Sacrosanto y Ecumênico Concilio de Trento, traducido al idioma castellano por Don Ignácio López de Ayala. Madrid: Imprenta Real, 1785.

SALVADOR, FREI VICENTE DO. *História do Brasil: 1500-1627.* 7ª ed.. Belo Horizonte/ São Paulo: Itatiaia/ Edusp, 1982 [1627].

SANDER, NICOLAS. *Rise and growth of the Anglican Schism.* Rockford: TAN Books & Publishers, 1988 [1585].

SANTO AGOSTINHO. *Cidade de Deus.* Parte I. Petrópolis: Vozes, 2002.

SANTOS, FRANCISCO DE LOS. *Descripcion Breve del Monasterio el Real del Escorial.* Madrid: en la Imprensa Real, 1657.

Serman do glorioso archanjo S. Miguel, pregado na Igreja Matriz do Arrecife de Pernambuco, pelo Licenciado Joseph Velloso. Lisboa: na Oficina de Miguel Deslandes, 1691.

Sermão das almas que pregou Fernando de Castro de Mello, deão da Real Capela do Ducado de Bragança, no Mosteiro da Esperança de Vila Viçosa, principiando-se a Irmandade das Almas no dito Convento em 7 de setembro de 1648. Lisboa: na Oficina de Paulo Craesbeeck, 1649.

Sermão no oficio dos defuntos da irmandade dos clérigos ricos da caridade na igreja da Magdalena. Pelo Doutor Joseph de Faria Manoel, capelão de S. M e confessor de sua capela e Casa Real. Coimbra: na Oficina de João Antunes, 1692.

SIGUENZA, JOSÉ DE. *Historia primitiva y exacta del Monasterio del Escorial escrita en siglo XVI.* Madrid: Imprenta y Fundicion de M. Tello, 1881 [1605].

SOUZA, GABRIEL SOARES DE. *Notícia do Brasil.* t. II. Direção de Rubens Borba de Moraes. São Paulo: Livraria Martins Editora, s.d. [1587]. Biblioteca Histórica Brasileira, XVI.

STANDEN, HANS. *A verdadeira história dos selvagens, nus e ferozes devoradores de homens, encontrados no novo mundo, a América, e desconhecidos antes e depois do nascimento de Cristo na terra de Hessen, até os últimos dois anos passados, quando o próprio Hans Staden de Homberg, em Hessen, os conheceu, e agora os traz ao conhecimento do público por meio da impressão deste livro.* Rio de Janeiro: Livraria e Editora Dantes, 1998 [1557].

TANNER, MATHIAS. *Societas Jesu usq ad sangiunis et vitae profusionem Militans...Prague:* Typis Universtatis Carolo-Ferdinandeal, 1675.

Summario da pregaçam Funebre, que o doutor Antonio Pinheiro pregador del Rey N.S. fez por seu mandado: no dia da Trasladação dos ossos dos muitos altos & muito poderosos principes el Rey Dom Manuel seu pay, & a Rainha dona Maria sua māy de louvada memoria, derigido aa muyto alta e muyto poderosa Rainha dona Caterina. Impresso em Lisboa: em casa de Germão Galhard, Imprimidor del Rey, 1551. Edição facsimilada, Biblioteca Nacional de Lisboa, 1985.

TELLES, BALTAZAR. *Chronica da Companhia de Jesus na Provincia de Portugal.* Lisboa: Paulo Craesbeeck, 1647.

THEVET, ANDRÉ. *As singularidades da França Antártica*. Belo Horizonte/ São Paulo: Itatiaia/ Edusp, 1978 [1556].

Três sermoens das almas do Purgatório pregados pelo P. Doutor Fr. Jorge de Carvalho, Monge de S. Bento, Qualificador do S. Ofício, etc. Lisboa: na Oficina de Ioam da Costa, 1662.

VARAZZE, JACOPO DE. *Legenda áurea*. São Paulo: Companhia das Letras, 2003[1293].

VASCONCELLOS, SIMÃO DE. *Chronica da Companhia de Jesus no Estado do Brasil e do que obraram seus filhos nesta parte do Novo Mundo*. Lisboa: A.J. Fernandes Lopes, 1865 [1663].

_____. *Vida do venerável Padre José de Anchieta*. Rio de Janeiro: Imprensa Nacional, 1943 [1672].

VERSTEGAN, RICHARD. *Le théatre des cruautés dês hérétiques de notre temps*. Prefácio e notas de Frank Lestrignant. Paris: Éditions Chandeigne, 1995 [1587], .

VESPÚCIO, AMÉRICO. *Novo Mundo:* as cartas que batizaram a América. Apresentação e notas de Eduardo Bueno. São Paulo: Planeta, 2003.

VCENTE, GIL. "Auto da Barca da Glória" [1519]. In: *Compilaçam da toda las obras de Gil Vicente*. Vol. I. Lisboa: Imprensa Nacional, 1983.

VIEIRA, ANTÔNIO. *A Arte de morrer*. Org. PÉCORA, ALCIR. São Paulo: Nova Alexandria, 1994.

_____. "Carta ânua ao Geral da Companhia de Jesus, 30 de setembro de 1626". In: _____. *Cartas do Brasil*. org. HANSEN, JOÃO ADOLFO. São Paulo: Hedra, 2003, p. 77-117.

_____. "Carta ao Padre Provincial do Brasil, 14 de novembro de 1652". In: _____. *Cartas do Brasil*. HANSEN, JOÃO ADOLFO. São Paulo: Hedra, 2003, p. 118-127

_____. "Carta ao padre provincial do Brasil, 1654". In: _____. *Cartas do Brasil*. org. HANSEN, JOÃO ADOLFO. São Paulo: Hedra, 2003, p. 168-186.

_____. "Sermão de Santo Antônio (1670)". In: _____. *Sermões*. t. I. Pécora, Alcir (org.). São Paulo: Hedra, 2001, p. 277-293.

_____. "Sermão de Quarta-Feira de Cinza (1672)". In: _____. *A arte de morrer*. Pécora, Alcir (org.). São Paulo: Nova Alexandria, 1994, p. 47-68.

VILLEGAS, BERNARDINO. *Memorial sobre la calificación de las relíquias de los Santos Martyres de Arjona*. Impresso em Baeça: por Iuan de la Cuesta, 1639.

WAGENER, ZACHARIAS. *Thierbuch*. Rio de Janeiro: Index, 1997 [entre 1634 e 1641].

YEPES, FREI DIEGO DE. *Historia particular de la persecucion de Inglaterra y de los martirios mas insignes que en ella ha ávido, desde el anno del Señor 1570*. Madrid: por Luis Sanchez, 1599.

_____. *Vida, virtudes y milagros de la B. Virgen Teresa de Jesus, madre fundadora de la nueva reformacion de la orden de los descalços y descalças de n. Señora del Carmen*. Madrid: por Luis Sanchez, 1615.

Fontes secundárias

ABREU, MAURICIO DE ALMEIDA. "Reencontrando a antiga cidade de São Sebastião: mapas conjecturais do Rio de Janeiro do século XVI". *Cidades – Grupo de Estudos Urbanos*, Vol. 2 n. 4. Presidente Prudente, julho a dezembro de 2005, p. 189-221.

ALACÂNTARA MACHADO, JOSÉ DE. *Vida e morte do Bandeirante*. São Paulo/ Brasília: Martins/ INL, 1972.

ALEIXO, José Carlos Brandi (org.). *História do Futuro de Antonio Vieira*. Brasília: Editora UnB, 2005.

ALEMPARTE JAIME FERREIRO. *La leyenda de las once mil virgenes*. Murcia: Universidad de Murcia, 1991.

ÁLAVAREZ, FERNANDO BOUZA. *Portugal no tempo dos Filipes: política, cultura, representações (1580-1668)*. Lisboa: Edições Cosmos, 2000.

ALVES, JOSÉ DA FELICIDADE. *O Mosteiro dos Jerónimos II – das origens à atualidade*. Lisboa: Horizonte, 1991.

AMARAL, DIOGO FREITAS. *D. Manuel I e a construção do Estado Moderno em Portugal*. Coimbra: Edições Tenacitas, 2003.

ANDRADE, SÉRGIO GUIMARÃES DE. *Santa Maria da Vitória, Batalha*. Lisboa/ Mafra: Elo Artes Gráficas, 1998.

ANGENENDT, ARNOLD. *Heilige und reliquien: die geschichte ihres Kultes vom fruhen Christantum bis zum Gegenwart*. München: Verlag C.H. Beck, 1997.

ARAÚJO, ANA CRISTINA. *A morte em Lisboa: atitudes e representações*. Lisboa: Notícias Editorial, 1997

ARAÚJO, RENATA DE. *Lisboa: a cidade e o espetáculo na época dos descobrimentos*. Lisboa: Horizonte, 1990.

ARAÚJO, RENATA MALCHER. *As cidades da Amazônia do século XVIII: Belém, Macapá e Mazagão*. Lisboa: Publicações FAUP, 1998.

_____. *História da morte no Ocidente:* da Idade Média aos nossos dias. Rio de Janeiro: Ediouro, 2003 [1975].

ARIÈS, PHILIPPE. *O homem diante da morte*. Rio de Janeiro: Francisco Alves, 1981. 2 Vols.

Arte no Brasil. Vol I. BARDI, PIETRO MARIA (ORG.). São Paulo: Abril Cultural, 1979.

Un'Avventura di secoli per inventare il futuro. Genova: Comissario del Portogallo per l'Esposizione Internazionale di Genova Colombo 92, 1992 (catálogo de exposição).

AZEVEDO, FERNANDO DE. "As formações urbanas". In: *A cultura brasileira*. São Paulo: Melhoramentos, 1958 [1943], p. 115-147.

BEIRANTE, MARIA ÂNGELA. "Para a história da morte em Portugal (séculos XII-XIV)". *Estudos de História de Portugal.* Vol. I. Lisboa: Estampa, 1982, p. 359-383.

BÄTSCHMANN, OSKAR; GRIENER, PASCAL. *Hans Holbein*. Princeton: University Press, 1997.

BLOCH, MARC. *Os reis taumaturgos:* o caráter sobrenatural do poder régio, França e Inglaterra. São Paulo: Companhia das Letras, 1993 [1924].

BOSCHI, CAIO CÉSAR. *Os leigos e o poder:* irmandades leigas e política colonizadora em Minas Gerais. São Paulo: Ática, 1986.

BOXER, CHARLES R. *O império marítimo português, 1415-1825*. São Paulo: Companhia das Letras, 2002 [1969].

BOYDEN, JAMES M. "The passion of Don Rodrigo Calderón". In: GORDON, BRUCE; MARSHALL, PETER (orgs.). *The place of the dead:* death and remembrance in late medieval and early modern Europe. Cambridge: University Press, 2000, p. 240-265.

BRANDÃO, D. DE PINHO. "Para a história da arte: algumas obras de interesse. II: Adeus de Jesus à Virgem (Séc. XVI) e Purgatório (Séc. XVI)". Separata da *Revista Museu*, Série 2, n. 3. Porto, Dezembro de 1961.

BRAUDEL, FERNAND. *O mediterrâneo e o mundo mediterrânico na época de Filipe II.* 3 vols. Lisboa: Publicações Dom Quixote, 1984 [1ed. 1949].

_____. "História e ciências sociais. A longa duração". In: *Escritos sobre a história*. São Paulo: Perspectiva, 1992 [1969].

BROWN, PETER. *A ascensão do cristianismo no Ocidente*. Lisboa: Editorial Presença, 1999.

_____. *The cult of the saints:* its rise and function in Latin Christianity. Chicago: University Press, 1981.

BUENO, BEATRIZ PICCOLOTTO SIQUEIRA. *Desenho e desígnio:* o Brasil dos engenheiros militares. Tese de Doutorado, Faculdade de Arquitetura e Urbanismo da Universidade de São Paulo, 2001.

BUESCU, ANA ISABEL. *Memória e poder:* ensaios de história cultural (séculos XV-XVIII). Lisboa: Edições Cosmos, 2000.

BYNUM, CAROLINE WALKER; FREEDMAN, PAUL (eds.). *Last things:* death and the Apocalipse in the middle ages. Philadelphia: University of Pennsylvania Press, 2000.

CAMPOS, ZÓTICO ROYO. *Reliquias martiriales y escudo del sacro-monte.* Granada: Abadia del Sacro-monte, 1960.

CARDOSO, ARMANDO (ed.). *Teatro de Anchieta.* São Paulo: Loyola, 1977.

CARITA, HELDER. *Lisboa manuelina e a formação de modelos urbanísticos da época moderna (1495-1521).* Lisboa: Livros Horizonte, 1999.

CARVALHO, JOSÉ ADRIANO DE FREITAS. "Os recebimentos de relíquias em S. Roque (Lisboa, 1588) e em Santa Cruz (Coimbra, 1595): relíquias e espiritualidade. E alguma ideologia." *Via Spiritus - Revista de história da espiritualidade e do sentimento religioso.* Universidade do Porto, 2001, p.95-155.

CARVALHO, JOSÉ ALBERTO SEABRA. *Gregório Lopes. Pintura portuguesa do século XVI.* Lisboa: Edições Inapa, 1999.

CARVALHO, JOSÉ ALBERTO SEABRA e CARVALHO, MARIA JOÃO VILHENA. *A espada e o deserto.* Lisboa: Museu Nacional de Arte Antiga, 2002 (catálogo de exposição).

CASTAGNA, PAULO. "A procissão do enterro: uma cerimônia pré-tridentina na América Portuguesa". In: JANCSÓ, ISTVAN, KANTOR, IRIS. *Festa:* cultura e sociabilidade na América Portuguesa. Vol. II. São Paulo: Fapesp/ Imprensa Oficial, 2001, p. 829-856.

CASTELLI, ELISABETH A. *Martyrdom and memory:* early christian culture making. New York: Columbia University Press, 2004.

CASTELLI, SILVIA. "Le esequie de Filipo II: morte e gloria della Sacra Cattolica real maestá del re di Spagna". In: *La morte e la gloria:* apparati funebri medicei per Filippo II di Spagna e Margherita d'Austria. Firenze: Sillabe/ Soprintendenza per i Beni Artistici e Storici di Firenze, Pistoia e Prato, 1999, p. 86-93 (Catálogo de exposição).

CASTELNAU L'ESTOILE, CHARLOTTE. *Les ouvriers d'une vigne sterile:* les jesuites et la conversion des indiens au Brésil. Lisboa/Paris: Centre Culturel Calouste Gulbenkian/ Comissão Nacional para as Comemorações dos Descobrimentos Portugueses, 2000.

CASTILHO, JULIO DE. *A ribeira da Lisboa.* Vol. I. 3ª ed., revista e ampliada pelo autor. Lisboa: Publicações da Câmara Municipal de Lisboa, 1948.

CASTRO, MARIA DE FÁTIMA. "De Braga a Roma – relíquias no caminho de D. Frei Bartolomeu dos mártires". *Via Spiritus - Revista de história da espiritualidade e do sentimento religioso,* 8. Universidade do Porto, 2001, p. 31-57.

CERVANTES, FERNANDO. "Epilogue: the middle ground". In: GRIFFITHS, NICHOLAS e CERVANTES, FERNANDO. *Spiritual encounters: interactions between Christianity and native religions in colonial America.* Birmingham: University Press, 1999, p. 276-285.

CHADWICK, OWEN. *A history of Christianity.* London: Phoenix Illustrated, 1997.

CLARK, JAMES M. *The dance of death in the middle ages and the renaissance.* Glasgow: Jackson, Son and Company, 1950.

CLASTRES, HÉLÈNE. *Terra sem mal:* o profetismo tupi-guarani. São Paulo: Brasiliense, 1982.

_____. "La religion sans les dieux: les chroniqueurs du XVIe siècle devant les Sauvages d'Amérique du Sud". In: SCHMIDT, FRANCIS (ed.). *L'impensable polythéisme:* études d'historiographie religieuse.

Paris, Éditions des Archives Contemporaines, 1988, p. 95-122.

CLASTRES, PIERRE. *A sociedade contra o Estado*. São Paulo: Cosac & Naify, 2003 [1974].

Cores, figura e luz: pintura portuguesa do século XVI na coleção do Museu Nacional de Soares dos Reis. Porto: Museu Nacional Soares dos Reis, 2004 (catálogo de exposição).

COSTA, ADELAIDE PEREIRA MILLÁN. "O espaço dos mortos nas cidades da Baixa Idade Média". In: MATTOSO, JOSÉ (org). *O reino dos mortos na Idade Média peninsular*. Lisboa: Edições João Sá da Costa, 1996, p. 177-186.

CUNHA, ALFREDO DA. "Gil Vicente na Lisboa Antiga e a Antiga Lisboa nas obras de Gil Vicente". Separata do *Boletim Cultural e Estatístico da Câmara Municipal de Lisboa*. Vol. I, n. I. Lisboa: Câmara Municipal, 1937.

CUNHA, MANUELA CARNEIRO DA. "Da guerra das relíquias ao Quinto Império". *Novos Estudos Cebrap*, v. 44, São Paulo: março 1996, p. 73-87.

_____. (org.). *História dos índios no Brasil*. São Paulo: Companhia da Letras, 1992.

CUNHA, MANUELA CARNEIRO DA; CASTRO, EDUARDO VIVEIROS DE. "Vingança e Temporalidade: os Tupinambás". *Journal de la societé des Americanistes*, 71, 1985, p. 191-208.

CRUZ, JOAN CARROLL. *The incorruptibles*. Rockburg, Illinois: TAN Books and Publishers, 1977.

_____. *Relics*. Indiana: Our Sunday Visitor, 1983.

CYMBALISTA, RENATO. *Cidades dos vivos: arquitetura e atitudes perante a morte nos cemitérios do Estado de São Paulo*. São Paulo: Annablume/Fapesp, 2002.

_____. "Territórios de cidade, territórios de morte: urbanização e atitudes fúnebres na América Portuguesa". In: FLEURY, MARCOS e CALIA, MARCOS. *Reflexões sobre a morte no Brasil*. São Paulo: Paulus, 2005.

DANIELL, CHRISTOPHER. *Death and burial in medieval England, 1066-1550*. London: Routledge, 1997.

DAVIS, NATALIE ZEMON. "Ghosts, Kin and Progeny: some features of family life in early modern France", *Daedalus 106*, vol. 2, 1977, p. 87-114.

_____. "Some tasks and themes in the study of popular religion". In: TRINKAUS, CHARLES; OBERMAN, HEIKO. (eds.). *The pursuit of holiness in late medieval and renaissance religion*. Leiden: Brill, 1974, p. 307-336.

DEAN, WARREN. *A ferro e fogo:* a história e a devastação da mata atlântica brasileira. São Paulo: Companhia das Letras, 2000.

DELSON, ROBERTA MARX. *New towns for colonial Brazil:* spatial and social planning of the eighteenth century. Michigan: Syracuse University, 1979.

DELUMEAU, JEAN. *Nascimento e afirmação da Reforma*. São Paulo: Pioneira, 1989.

DIAS, PEDRO (coord.). *Manuelino: a descoberta da arte do tempo de D. Manuel*. Lisboa: Civilização Portugal, 2002.

EIRE, CARLOS M. N. *From Madrid to purgatory:* the art & craft of dying in sixteenth century Spain. Cambridge: University Press, 1995.

Exposição Iconográfica e Bibliográfica comemorativa do VIII Centenário da trasladação das relíquias de São Vicente. Lisboa: Câmara Municipal, 1973 (Catálogo de exposição).

FALCÃO, JOSÉ ANTONIO. *Entre o céu e a terra: arte sacra da diocese de Beja*. Beja: Diocese de Beja, 2000.

FAUSTO, CARLOS. "Fragmentos de história e cultura tupinambá: a etnologia como instrumento crítico de conhecimento étnico-histórico". In: CUNHA, MANUELA CARNEIRO DA (org.). *História dos índios no Brasil*. São Paulo: Companhia da Letras, 1992, p. 381-396.

FEBRVE, LUCIEN, *Le problème de l'incroyance au 16ᵉ siècle:* la religion de Rabelais. Paris: Éditions Albin

Michel, 1968 [1942].

FERNANDES, MARIA ALICE. *Livro dos milagres dos santos mártires*. Dissertação de Mestrado, Faculdade de Letras da Universidade de Lisboa, 1988.

FERREIRA, JOÃO ROSA; TBORDA, MARIA DA PIEDADE; SOTTOMAYOR, PEDRO JOSÉ. "Contribuição para o estudo das atitudes perante a morte nos testamentos da região de Lisboa no século XVII". Separata do *Boletim Cultural da Assembléia Distrital de Lisboa*, série III, n. 88, t. I, 1982.

FERREIRA, MARIA AUGUSTA LAGE PABLO DA TRINDADE. *Mosteiro de Santa Maria de Alcobaça*. Lisboa/Mafra: Elo Artes Gráficas, 2002.

FERRER, TERESA. "Las fiestas publicas en la monarquia de Felipe II y Felipe III". In: *La morte e la gloria:* apparati funebri medicei per Filippo II di Spagna e Margherita d'Austria. Firenze: Sillabe/Soprintendenza per i Beni Artistici e Storici di Firenze, Pistoia e Prato, 1999, p. 28-33 (Catálogo de exposição).

FONSECA, CLÁUDIA DAMASCENO. *Des terres aux villes de l'or: pouvoir et territoires urbains au Minas Gerais (Brésil, XVIII siècle)*. Paris: Centre Culturel Calouste Gulbenkian, 2003.

FRANCO JR., HILÁRIO. "Apresentação à Legenda Áurea". In: Varazze, Jacopo de. *Legenda áurea*. São Paulo: Companhia das Letras, 2003.

FRIDMAN, FANIA. "Geopolítica e produção da vida cotidiana no Rio de Janeiro colonial". In: *Donos do Rio em nome do Rei:* uma história fundiária do Rio de Janeiro. Rio de Janeiro: Zahar/Garamond, 1999, p. 13-54.

GALPERN, A. N. "The legacy of late medieval religion in sixteenth-century Champagne". In: TRINKAUS, CHARLES; OBERMAN, HEIKO (eds.). *The pursuit of holiness in late medieval and renaissance religion*. Leiden: Brill, 1974.

GAMBINI, ROBERTO. *Espelho índio:* a formação da alma brasileira. São Paulo: Axis Mundi/Terceiro Nome, 2000.

GEARY, PATRICK J. *Furta sacra:* thefts of relics in the central middle ages. Princeton: University Press, 1978.

_____. *Living with the dead in the middle ages*. Ithaca/London: Cornell University Press, 1994.

GEREMEK, BRONISLAW. *A piedade e a forca:* história da miséria e da caridade na Europa. Lisboa: Terramar, 1995.

GINZBURG, CARLO. *Os andarilhos do bem*. São Paulo: Companhia das Letras, 1988.

GONÇALVES, FLÁVIO. "Os painéis do Purgatório e as origens das 'alminhas" populares'. Separata do *Boletim da Biblioteca Pública Municipal de Matosinhos*, n. 6, Matosinhos, 1959, p. 16-17.

GORDON, BRUCE. "Malevolent Ghosts and ministering angels: apparitions and pastoral care in the swiss Reformation". In: GORDON, BRUCE; MARSHALL, PETER (eds.). *The place of the dead:* death and remembrance in late medieval and Early Modern Europe. Cambridge: University Press, 2000, p. 87-109.

GORDON, BRUCE; MARSHALL, PETER. "Placing the dead in Late Medieval and Early Modern Europe". In: _____ (eds). *The place of the dead:* death and remembrance in late medieval and Early Modern Europe. Cambridge: University Press, 2000, p. 1-16.

GRAFTON, ANTHONY. *New worlds, ancient texts:* the power of tradition and the shock of discovery. Cambridge/London: The Belknap Press of Harvard University Press, 1992.

GREGORY, BRAD S. *Salvation at stake:* christian martyrdom in early modern Europe. Cambridge: Harvard University Press, 1999.

GRIFFITHS, NICHOLAS; CERVANTES, FERNANDO, *Spiritual encounters:* interactions between Christianity and native religions in colonial America. Birmingham: University Press, 1999.

GRUZINSKI, SERGE. *1480-1520: a passagem do século*. São Paulo: Companhia das Letras, 1999.

_____. *A colonização do imaginário*. São Paulo: Companhia das Letras, 2003.

_____. "Les mondes mêlés de la monarchie catholique et autres "connected histories". *Annales,* 56, année 1, Jan-fev 2001, p. 85-117.

_____. *O pensamento mestiço.* São Paulo: Companhia das Letras, 2001.

GUNDERSHEIMER, WERNER L. "Introduction to the Dover edition". In: HOLBEIN, HANS. *The dance of death.* New York: Dover Publications, 1971, p. IX-XIII.

HELT, JACOB. "Women, memory and will-making in Elisabethan England". In: GORDON, BRUCE; MARSHALL, PETER. *The place of the dead:* death and remembrance in late medieval and early modern Europe. Cambridge: University Press, 2000, p. 206-223.

HERMANN, JACQUELINE. *No reino do desejado:* a construção do Sebastianismo em Portugal. São Paulo: Companhia das Letras, 1998.

HERMIDA, JACOBO SANZ. "Un coleccionista de relíquias: Don Sancho D'Ávila y el estudio Salmantino". *Via Spiritus – Revista de história da espiritualidade e do sentimento religioso,* Universidade do Porto, 8, 2001, p. 59-93.

HIBBERT, CHRISTOPHER. *Rome: the biography of a city.* London: Penguin Books, 1985.

HOLANDA, SÉRGIO BUARQUE DE. *Raízes do Brasil.* São Paulo: Companhia das Letras, 1995 [1936].

HOLANDA, SÉRGIO BUARQUE. *Visão do Paraíso:* os motivos edênicos no descobrimento e colonização do Brasil. São Paulo: Publifolha, 2000 [1959].

HSIA, R. PO-CHIA. *The world of catholic renewal: 1540-1770.* Cambridge/ New York: Cambridge University Press, 1998.

IGLESIA, JESUS DE LA. *Guia de San Lorenzo de El Escorial:* el real sitio, la ciudad, la paisaje. San Lorenzo de El Escorial: Ayuntamiento del Real Sitio de San Lorenzo de El Escorial/Ediciones Doce Calles, 2002.

Igreja da Madre de Deus: história, conservação e restauro. Lisboa: Instituto Português de Conservação e Restauro/Instituto Português de Museus,/Ministério da Cultura, 2002.

KANTOROWICKZ, ERNST W. *Os dois corpos do rei.* São Paulo: Companhia das Letras, 1998 [1957].

KEHL, LUIZ AUGUSTO. *Simbolismo e profecia na fundação de São Paulo.* São Paulo: Terceiro Nome, 2005.

KHOURY, YARA AUN (coord.). *Guia dos arquivos das Santas Casas de Misericórdia do Brasil.* 2 vols. São Paulo: Imprensa Oficial/ PUC-SP/ Fapesp.

KOK, GLÓRIA. *Os vivos e os mortos na América portuguesa:* da antropofagia à água do batismo. Campinas: Editora da Unicamp, 2001.

LAHON, DIDIER. "As irmandades de escravos e forros". In: *Os Negros em Portugal.* Lisboa: Instituto Português do Patrimônio Arquitectónico / Comissão Nacional para as Comemorações dos Descobrimentos Portugueses, 1999, p. 129-131.

LAPA, JOSÉ ROBERTO DO AMARAL. *A cidade, os cantos e os antros.* São Paulo: Edusp, 1992.

LE GOFF, JACQUES. *O nascimento do purgatório.* Lisboa: Estampa, 1993.

LEITE, SERAFIM. *História da Companhia de Jesus no Brasil.* v. I. Lisboa/ Rio de Janeiro: Livraria Portugália/ Civilização Brasileira, 1938.

Lisboa quinhentista: a imagem e a vida da cidade. Lisboa: Museu da Cidade/Direcção dos Serviços Culturais da Câmara Municipal de Lisboa, 1983 (catálogo de exposição).

LUCAS, MARIA CLARA DE ALMEIDA. *Ho Flos Sanctorum em Lingoage:* os Santos Extravagantes. Lisboa: Instituto Nacional de Investigação Científica, 1988.

Louro, Henrique da Silva. *Capelas de ossos na Arquidiocese de Évora*. Évora: Tipografia Miguel Paiva, 1992.

Machado, Ana Paula (coord.). *Esta é a cabeça de São Pantaleão*. Porto: Ministério da Cultura/ Museu Nacional de Soares dos Reis, 2003 (catálogo de exposição).

Madeira, Angélica. *Livro dos naufrágios:* ensaio sobre a história trágico-marítima. Brasília: Editora UnB, 2005.

Mâle, Émile. *Religious art from the twelfth to the eighteenth century*. New York: Pantheon Books, 1949.

Marins, Paulo César Garcez. *Através da Rótula:* sociedade e arquitetura urbana no Brasil séculos XVII a XX. São Paulo: Humanitas, 2001.

Martins, Mário. "A legenda dos santos mártires Veríssimo, Máxima e Júlia, do cód. CV/1-23 da Biblioteca de Évora", *Revista Portuguesa de História 6*, 1961, p. 155-166

_____. *Teatro quinhentista nas naus da Índia*. Lisboa: Edições Brotéria, 1973.

El Martirologi: un libre miniat entorn del 1400. Girona: Museu D'Art, 1993 (catálogo de exposição).

Markus, Robert. *The end of ancient christianity*. Cambridge: University Press, 1990.

Marx, Murillo. *Cidade no Brasil:* terra de quem? São Paulo: Studio Nobel, 1991.

_____. *Nosso Chão, do sagrado ao profano*. São Paulo: Studio Nobel, 2003 [1989].

Mattoso, José. "O pranto fúnebre na poesia trovadoresca galego-portuguesa". In: _____. *O reino dos mortos na Idade Média peninsular*. Lisboa: Edições João Sá da Costa, 1996.

Megiani, Ana Paula Torres. *O jovem rei encantado:* expectativas do messianismo régio em Portugal, séculos XIII a XVI. São Paulo: Hucitec, 2003.

_____. *O rei ausente:* festa e cultura política nas visitas dos Filipes a Portugal (1581 e 1619). São Paulo: Alameda, 2004.

Mello e Souza, Laura de. *O Diabo e a terra de Santa Cruz*. São Paulo: Companhia das Letras, 1986.

Merback, Mitchell B. *The thief, the cross and the wheel:* pain and the spectacle of punishment in Medieval and Renaissance Europe. London: Reaktion Books, 1999.

Metraux, Alfred. *A religião dos tupinambás*. São Paulo: Companhia Editora Nacional, 1979 [1928].

Moita, Irisalva (coord.), *O Livro de Lisboa*. Lisboa: Livros Horizonte, 1994.

Monteiro, Nuno Gonçalo. "Trajetórias sociais e governo das conquistas: notas preliminares sobre os vice-reis e governadores do Brasil e da Índia nos século XVII e XVIII" In: Fragoso, João; Bicalho, Maria Fernanda; Gouveia, Maria de Fátima (orgs.), *O antigo regime nos trópicos: a dinâmica imperial portuguesa*. Rio de Janeiro: Civilização Brasileira, 2001, p. 251-283.

Morna, Teresa Freitas. "A ermida de São Roque: testemunhos históricos e artísticos". In: *A ermida manuelina de São Roque*. Lisboa: Santa Casa de Misericórdia; Museu de São Roque, 1999, p. 9-15.

La morte e la gloria: apparati funebri medicei per Filippo II di Spagna e Margherita d'Austria. Firenze: Sillabe/ Soprintendenza per i Beni Artistici e Storici di Firenze, Pistoia e Prato, 1999, p. 28-33 (catálogo de exposição).

Muchembled, Robert. *Popular and Elite Culture in France 1400-1750*. London: Baton Rouge, 1985.

Novais, Fernando. *Aproximações:* estudos de história e historiografia. São Paulo: Cosac & Naify, 2005.

Os negros em Portugal. Lisboa: Instituto Português do Patrimônio Arquitectónico/ Comissão Nacional para as Comemorações dos Descobrimentos Portugueses, 1999 (catálogo de exposição).

Parker, Geoffrey. *Filipe II*. Madrid: Alianza Editorial, 2003 [1979].

PEREIRA, JOÃO CASTEL-BRANCO (coord.). *Arte efémera em Portugal*. Lisboa: Fundação Calouste Gulbenkian, 2000 (catálogo de exposição).

PEREIRA, PAULO. *Mosteiro dos Jerónimos*. London: Scala Publishers/ Instituto Português do Patrimônio Arquitectónico, 2002.

_____. *História da arte portuguesa*. 2 vols. Lisboa: Temas e Debates, 1995.

PINHO, ROBERTO C. (coord.) *Museu aberto do descobrimento:* o Brasil renasce onde nasce. São Paulo: Fundação Quadrilátero do Descobrimento, 1994.

POLICARPO, ISABEL PONCE DE LEÃO. *Gregório Lopes e a "ut pictura architectura":* os fundos arquitectónicos na pintura do Renascimento português. Dissertação de Mestrado em História da Arte, Instituto de História da Arte, Faculdade de Letras da Universidade de Coimbra, 1996.

POMPA, CRISTINA. *Religião como tradução: missionários, Tupi e Tapuia no Brasil Colonial*. Bauru: EDUSC, 2003.

PUPO CELSO M. M. *Campinas, município do Império*. São Paulo: Imprensa Oficial do Estado, 1983.

RAMINELLI, RONALD. "Canibalismo em nome do amor". *Nossa História*, ano 2, n. 17, março de 2005, p. 26-31.

REIS, JOÃO JOSÉ. *A morte é uma festa:* ritos fúnebres e revolta popular no Brasil do século XIX. São Paulo: Companhia das Letras, 1991.

REIS FILHO, NESTOR G. *Evolução urbana do Brasil*. São Paulo: Pioneira, 1968.

RITA, DORA IVA. *Martírio de São Sebastião:* aproximação à pintura do século XVI. Dissertação de Mestrado em História da Arte, Faculdade de Ciências Sociais e Humanas, Universidade Nova de Lisboa, 1986.

ROBERTS, MICHAEL. *Poetry and the cult of the martyrs:* the Líber Peristephanon of Prudentius. Michigan: University Press, 1993.

ROBERTS, PENNY. "Contesting sacred space: burial disputes in sixteenth century France". In: GORDON, BRUCE; MARSHALL, PETER (orgs.). *The place of the dead:* death and remembrance in late medieval and early modern Europe. Cambridge: University Press, 2000, p. 131-148.

ROCHA, MATEUS RAMALHO. *O mosteiro de São Bento do Rio de Janeiro, 1590-1990*. Rio de Janeiro: Studio HMF, 1991.

SÁ, ISABEL DOS GUIMARÃES. "Práticas de caridade e salvação da alma nas Misericórdias metropolitanas e ultramarinas (séculos XVI-XVIII): algumas metáforas". *Misericórdias cinco séculos. Oceanos,* 35, jul-set 1998, Lisboa: Comissão Nacional para as Comemorações dos Descobrimentos Portugueses, p. 42-50.

SANTANA, FREDERICO; SUCENA, EDUARDO (dir.). *Dicionário da História de Lisboa*. Lisboa: Carlos Quintas & Associados, 1994.

SANCHO, JOSÉ LUIS. *Real monasterio de San Lorenzo de El Escorial*. Espanha: Reales Sitios de España, 2002.

SANTOS, PAULO. *Formação de cidades no Brasil Colonial*. Rio de Janeiro: Editora URFJ, 2001 [1968].

SENOS, NUNO. *O Paço da Ribeira*. Lisboa: Editorial Notícias, 2002.

SERRÃO, JOAQUIM VERÍSSIMO. *A Misericordia de Lisboa:* quinhentos anos de história. Lisboa: Livros Horizonte/ Misericórdia de Lisboa, 1998.

_____. "Nos 5 séculos de Misericórdia de Lisboa: um percurso na História". *Misericórdias cinco séculos. Oceanos,* 35, jul-set 1998, Lisboa. Comissão Nacional para as Comemorações dos Descobrimentos Portugueses, p. 8-22.

SERRÃO, VITOR. "Lisboa maneirista: oito notas a propósito da imagem da cidade nos anos 1557-1668". In: MOITA, IRISALVA (coord.). *O Livro de Lisboa*. Lisboa: Livros Horizonte, 1994, p. 195-226.

_____. "A pintura maneirista em Portugal". In: PEREIRA, PAULO. *História da arte portuguesa*. Vol. II. Lisboa: Temas e Debates, 1995, p. 427-509.

_____. "Sobre a iconografia da *Mater Omnium*: a pintura de intuitos assistenciais nas Misericórdias durante o século XVI". *Misericórdias cinco séculos. Oceanos*, 35, jul-set 1998 Lisboa: Comissão Nacional para as Comemorações dos Descobrimentos Portugueses, p. 134-144.

_____. *História da arte em Portugal: o renascimento e o maneirismo (1500-1620)*. Lisboa: Editorial Presença, 2001.

SEVCENKO, NICOLAU. "As alegorias da experiência marítima e a construção do europocentrismo". In: SCHWARCZ, LÍLIA MORITZ QUEIROZ; RENATO DA SILVA (orgs.), *Raça e diversidade*. São Paulo: Edusp, 1996, p. 113-146.

SIEBER, CLAUDIA W. *The invention of a capital: Philip II and the first reform of Madrid*. PhD Dissertation, Johns Hopkins University, Baltimore, 1985.

SILVA, JOSÉ CUSTÓDIO VIEIRA DA. *O Panteão Régio do Mosteiro de Alcobaça*. Lisboa: Instituto Português do Património Arquitectónico, 2003.

SILVA, NUNO VASSALO e. "Os relicários de São Roque". *Os jesuítas e a ideia de Portugal. Oceanos* 12, novembro 1992. Lisboa: Comissão Nacional para as Comemorações dos Descobrimentos Portugueses, p. 112-117.

SMITH, ROBERT C. "Colonial towns of Spanish and Portuguese America", *Journal of the Society of Architectural Historians*, Philadelphia, Vol XIV, n. 4, dez. 1955, p. 2-12.

SMOLLER, LAURA A. "Of earthquakes, hail, frogs, and geography". In: BYNUM, CAROLINE W.; FREEDMAN, PAUL (eds.). *Last things*: death and the Apocalipse in the middle ages. Philadelphia: University of Pennsylvania Press, 2000, p. 156-187.

SOALHEIRO, JOÃO. "São Pantaleão, entre o mundo antigo e os novos mundos". In: MACHADO, ANA PAULA (coord.). *Esta é a cabeça de São Pantaleão*. Porto: Ministério da Cultura/ Museu Nacional de Soares dos Reis, 2003.

SOERGEL, PHILIP M. "The afterlives of monstruous infants in Reformation Germany". In: GORDON, BRUCE; MARSHALL, PETER (eds.). *The place of the dead*: death and remembrance in late medieval and early modern europe. Cambridge: University Press, 2000, p. 288-209.

SZTUTMAN, RENATO. *Caxiri, a celebração da alteridade*: ritual e comunicação na Amazónia Indígena. Dissertação de Mestrado em Antropologia Social, Faculdade de Filosofia Letras e Ciências Humanas, Universidade de São Paulo, 2000.

_____. *O profeta e o principal*: a ação política ameríndia e seus personagens. Tese de Doutorado em Antropologia Social, Faculdade de Filosofia Letras e Ciências Humanas, Universidade de São Paulo, 2005.

TAUNAY, AFONSO DE ESCRAGNOLE. *São Paulo no século XVI*. São Paulo: Paz e Terra, 2003 [1921].

TAVARES, MARIA JOSÉ FERRO. *Pobreza e Morte em Portugal na Idade Média*. Lisboa: Presença, 1989.

TEIXEIRA, MANUEL. "Os modelos urbanos portugueses das cidades brasileiras". In: *A construção da cidade brasileira*. Lisboa: Horizonte, 2004, p. 23-46.

TENENTI, ALBERTO. *La vita e la morte attraverso l'arte del XV secolo*. Napoli: Edizioni Scientifiche Italiane, 1996 [Paris, 1952].

O tesouro dos mapas: a cartografia na formação do Brasil. São Paulo: Instituto Cultural Banco Santos, 2002 (catálogo de exposição).

O testamento de Adão. Lisboa: Arquivo Nacional da Torre do Tombo, 1994 (catálogo de exposição).

THOMAZ, LUIZ FILIPE R. "A lenda de S. Tomé apóstolo e a expansão portuguesa". *Lusitania Sacra – Revista do Centro de Estudos de História Religiosa*. Lisboa: Universidade Católica de Lisboa, 1991, 2ª série, t. III, p. 349-418.

TINNISWOOD, ADRIAN. "Philip II and the Escorial". In: *Visions of power: ambition and architecture from ancient times to the present.* London: Stewart, Tabori & Chang, 1998.

TRINKAUS, CHARLES; OBERMAN, HEIKO (eds.). *The pursuit of holiness in late medieval and renaissance religion.* Leiden: Brill, 1974.

VAINFAS, RONALDO. *A heresia dos índios*: catolicismo e rebeldia no Brasil colonial. São Paulo: Companhia das Letras, 1995.

_____ (org.). *Santo Ofício da Inquisição de Lisboa:* Confissões da Bahia. Confissão de Dona Margarida da Costa, 1591. São Paulo: Companhia das Letras, 1997.

VALE, TERESA LEONOR. "A figuração do indivíduo na tumulária portuguesa maneirista e barroca (séculos XVI a XVIII)". *Artis – Revista do Instituto de História da Arte da Faculdade de Letras de Lisboa*, n.4, 2005, p. 271-291.

VALENSI. LUCETE. *Fábulas da memória: a batalha de Alcácer - Quiber e o mito do sebastianismo*. Rio de Janeiro: Nova Fronteira, 1994.

VELOSO, CARLOS. *As capelas de ossos em Portugal:* "speculum mortis" *no espetáculo barroco.* Coimbra: Livraria Minerva, 1993.

VILAR, HERMINIA VASCONCELOS. *A vivência da morte no Portugal medieval:* a Estremadura portuguesa, *1300-1500.* Cascais: Redondo, 1995.

VIVEIROS DE CASTRO, EDUARDO. *Araweté:* os deuses canibais. Rio de Janeiro: Zahar/Anpocs, 1986.

_____. *A inconstância da alma selvagem.* São Paulo: Cosac & Naify, 2002.

VOVELLE, MICHEL. *La mort et L'Occident, de 1300 a nos jours.* Paris: Gallimard, 1983.

_____. *L'heure du grand passage.* Paris: Gallimard, 1993.

WHYTE, FLORENCE. *The dance of death in Spain and Catalonia.* New York: Arno Press, 1977.

WILLEKE, FREI VENÂNCIO. "Frei Pedro Palácios e a Penha do Espírito Santo". Separata do *Boletim Cultural da Câmara Municipal do Porto,* vol. XXXIII (3-4), Porto, 1972.

ZIEBELL, ZINKA. *Terra de canibais.* Porto Alegre: Editora da Universidade Federal do Rio Grande do Sul, 2002.

Referências das imagens

1. O reino de Cristo, território dos mártires

1 e 2. Ars moriendi, Biblioteca Nacional de Lisboa, Seção de Reservados, F. 210.

3 a 21. Flos Sanctorum em lingoagem portugues (1513). Biblioteca Nacional de Lisboa, seção de reservados, RES 157 A.

22. Os quatorze santos auxiliares, xilogravura anônima, cerca de 1500. Fonte: Brad S. Gregory, *Salvation at stake*, p. 36.

23. Martírio de dois monges agostinianos, capa de *Dye Histori, so zwen Augustiner Ordens gemartert seyn tzü Bruxel (1523)*. Ghent University Library. Fonte: Brad S. Gregory, *Salvation at stake*, p. 148.

24 a 27. Imagens de *Le theâtre des cruautés* de Richard Verstegan (Anvers, 1587), edição Chandeigne, Paris, 1995.

28. Imagem de *Ecclesiae Anglicanae trophea* de Giovanni Batista Cavalieri (Roma, 1584). Fonte: Brad S. Gregory, *Salvation at stake*, p. 273.

29 a 31. Imagens de *Ecclesiae Anglicanae trophea* de Giovanni Batista Cavalieri (Roma, 1584). Fonte: *Le theâtre des cruautés* de Richard Verstegan, prefácio à edição Chandeigne, Paris, 1995.

32 a 49. Gravuras de Antonio Tempesta em *Trattato degli instrumenti di martirio* de Antonio Gallonio (Roma, 1591), Edição Feral House, Los Angeles, 2004.

50. Praça de S. Pedro, 1567. Fonte: Christopher Hibbert, *Rome: the biography of a city*, p. 176.

51. Vista aérea da praça São Pedro, c. 1600, afresco no Vaticano. Fonte: Adrian Tinniswood, *Visions of power*, p. 83.

52. A Praça de São Pedro de Bernini, meados do século XVII. Fonte: Christopher Hibbert, *Rome: the biography of a city*, p. 198.

53. Interior da Basílica de São Pedro e o baldaquino de Bernini, primeira metade do século XVII. Fonte: Christopher Hibbert, *Rome: the biography of a city*, p. 188.

54. Relação da viagem, e naufragio da nao S. Paulo que foy para a India no anno de 1560. De que era capitão Ruy de Mello da Camera, Mestre João Luis, e Piloto Antonio Dias. Fonte: Bernardo Gomes de Brito. *História trágico-marítima*. (Lisboa, 1735), edição Rio de Janeiro, 1998, p. 191.

55. Relação do naufrágio da nao Santa Maria da Barca de que era capitaão D. Luis Fernandes de Vasconcellos. Fonte: Bernardo Gomes de Brito. *História trágico-marítima*. (Lisboa, 1735), edição Rio de Janeiro, 1998, p. 167.

56. Rellação summaria da viagem que fez Fernão D'Alvares Cabral, desde que partiu deste Reyno por Capitão mór da Armada que foy no anno de 1553 as partes da India athe que se perdeo no Cabo da Boa Esperança no anno de 1554. Fonte: Bernardo Gomes de Brito. *História trágico-marítima*. (Lisboa, 1735), edição Rio de Janeiro, 1998, p. 25.

57. Relação do naufragio da Nao Conceyção, de que era capitão Francisco Nobre, A qual se perdeo nos baixos de Pero dos Banhos aos 22 dias do mez de Agosto de 1555. Fonte: Bernardo Gomes de Brito. *História trágico-marítima*. (Lisboa, 1735), edição Rio de Janeiro, 1998, p. 95.

58. Relação do naufragio da Nao S. Thome na terra dos fumos, no anno de 1589. E dos grandes trabalhos que passou D. Paulo de Lima nas terras da cafraria até sua morte. Fonte: Bernardo Gomes de Brito. *História trágico-marítima*. (Lisboa, 1735), edição Rio de Janeiro, 1998, p. 341.

59. Gaudenzio Ferrari, Calvário, escultura policromada, capela do Calvário do Sacro Monte de Varallo, Itália, 1520-28. Fonte: Mitchell B. Merback, *The Thief, the cross and the wheel*, p. 35.

60. Paixão de Cristo em panorama de Jerusalém, autor desconhecido, 1º quartel do século XVI. Museu do Azulejo de Lisboa. Fonte: *Mosteiro da Madre de Deus: história, conservação e restauro*, p. 60.

61 a 70. Imagens do Martirológio de Girona, coleção do Museu D'Art Girona. Fonte: *El martirologi: un libre miniat entorn del 1400* (catálogo de exposição).

71. Cristóvão de Figueiredo, Martírio de Santo André, c. 1530. Coleção Museu Nacional de Arte Antiga de Lisboa. Fonte: *Cores, figura e luz* (catálogo de exposição), p. 40.

72. Martírio de Santa Catarina. Pintura portuguesa, 1540-1550. Coleção Museu Nacional de Arte Antiga de Lisboa. Fonte: *A espada e o deserto* (catálogo de exposição), p. 7.

73. Mosteiro de Santa Catarina no monte Sinai, fotografia de 1869. Fonte: Owen Chadwick, *A history of Christianity*, p. 123.

74 a 77. Martírio dos santos Júlia, Máxima e Veríssimo. Coleção Museu Carlos Machado de Ponta Delgada. Fonte: *Un'Avventura di secoli per inventare il futuro* (catálogo de exposição), p. 57-62.

78. Mosteiro de Santos-o-Velho, Lisboa, 2006. Fotografia de Renato Cymbalista.

79. Mosteiro de Santos-o-Novo, Lisboa, 2006. Fotografia de Renato Cymbalista.

80. Antonio de Holanda, Vista de Lisboa, iluminura em Pergaminho da Crónica de D. Afonso Henriques de Duarte Galvão, início do século XVI. Coleção Museu dos Condes de Castro Guimarães, Cascais. Fonte: Nuno Senos, *O paço da Ribeira*, p. 128-VIII.

81. Mosteiro de São Vicente de Fora, Lisboa, 2006. Fotografia de Renato Cymbalista.

82. "Modelo de galeão de quinhentas toneladas", Livro de traças de carpintaria, de Manuel Fernandes, 1616. Biblioteca da Ajuda, Lisboa. Fonte: Roberto C. Pinho (coord.) *Museu aberto do descobrimento*, p. 95.

83. Cristóvão de Figueiredo, Martírio de Santo Hipólito, c. 1530. Coleção Museu Nacional de Arte Antiga de Lisboa. Fonte: *Cores, figura e luz* (catálogo de exposição), p. 40.

84. Septem urbis ecclesiae cum earum reliquiis stationibus et indulgentiis, Gravura de Giacomo Lauro, 1599. Biblioteca Nacional de Espanha, seção de Iconografia, ER 1285-L20.

85. Martírio de São João Evangelista em Roma. Pintura portuguesa, final do século XVI. Coleção do Museu Nacional de Arte Antiga de Lisboa. Fonte: *A espada e o deserto* (catálogo de exposição), p. 10.

86. Martírio de São Sebastião, pintura portuguesa, c. 1550. Coleção Museu Nacional de Arte Antiga de Lisboa. Fonte: *A espada e o deserto* (catálogo de exposição), p. 4.

87 a 94. Forro da sacristia da Igreja da Companhia de Jesus na Bahia (atual Catedral de Salvador), século XVII. Fotografias de Renato Cymbalista, 2006.

95. Os cinco mártires de Marrocos. Painel do seculo XVII e moldura do século XVIII. Coleção Museu Nacional de Arte Antiga de Lisboa. Fonte: *A espada e o deserto* (catálogo de exposição), p. 32.

96. Frans Post, capela de S. Cosme e Damião, Igaraçu, Pernambuco, século XVII. Fonte: *Arte no Brasil*, vol I, p. 33.

97. Capela de São Cosme e Damião, em Gaspar Barléus (1647). Fonte: *Arte no Brasil*, vol I, p. 33.

98 a 101. Painéis da Igreja de São Cosme e Damião em Igaraçu, Pernambuco, século XVIII. Fonte: *Arte no Brasil*, vol I, p. 32.

102. Altar de São Lourenço, Igreja de São Lourenço dos Índios, Niterói, início do século XVII. Fonte: *Arte no Brasil*, vol I, p. 44-45.

103. Fachada atual da Igreja de São Lourenço dos Índios, Niterói, primeira edificação: início do século XVII. Fonte: *Arte no Brasil*, vol. I, p. 45.

104 a 114, 124. Melchior Küsel, Gravuras de martírios de jesuítas, segunda metade do século XVII. Biblioteca Nacional de Lisboa, seção de iconografia, ea-4-ay126 a ea-4-ay163.

115. Martírio do Pe. Inácio de Azevedo e seus companheiros. Imagem de Richard Verstegan. *Le théâtre des cruautés.* (Anvers, 1587), edição Chandeigne, Paris, 1995. p. 111.

116 a 123. Martírios de jesuítas no Japão. Fonte: Antonio Cardim, *Elogios, e ramalhete de flores borrifado com o sangue dos religiosos da Companhia de Jesus: a quem os tyrannos do Imperio de Jappão tirarão as vidas* (Lisboa, 1640).

125. Padre prega aos índios em igreja no México, século XVI. Imagem de *Rhetorica christiana,* de Frei Diego Valadés (Perugia, 1579).

126. Hans Baldung Grien, Martírio de São Lourenço. Xilogravura, c. 1505. Fonte: Brad S. Gregory, *Salvation at stake,* p. 44.

127. Ritual antropofágico tupi, Theodore de Bry (1592).

2. Relíquias sagradas e a construção do território cristão na Idade Moderna

128. Retirada de imagens de uma igreja e destruição das imagens sacras. Xilogravura de E. Schoen, cerca de 1530. Nuremberg, Germanisches Nationalmuseum. Fonte: Arnold Angenendt, *Heilige und reliquien,* p. 256.

129. Destruição do corpo do Conde Jean D'Angoulême, catedral de Saint-Pierre em Angoulême pelos huguenotes, década de 1560. Fonte: Richard Verstegan. *Le théâtre des cruautés.* (Anvers, 1587), edição Chandeigne, Paris, 1995, p. 103.

130. A retirada das imagens das igrejas de Zurique em 1524, do manuscrito "Reformationsgeschichte" de Bullinger. Zurique, Zentralbibliothek. Fonte: Oskar Bätschmann e Pascal Griener, *Hans Holbein,* p. 91.

131. Igreja em Zurique após a retirada das imagens, do manuscrito "Reformationsgeschichte" de Bullinger, Fonte: Arnold Angenendt, *Heilige und reliquien,* p. 257.

132 a 136. Ilustrações de *Relación breve de las reliquias que se hallaron en la ciudad de Granada en una torre antiquissima, y en las cavernas del Monte Illiputiano de Valparayso cerca de la ciudad* (Granada, 1706).

137. Pintura do Mestre de San Sebastiano, Itália, início do século XV. Galeria Nacional, Roma. Fonte: Arnold Angenendt, *Heilige und reliquien,* p. 257.

138. Cabeça-relicário de São Fabião, igreja paroquial de São João Batista de Casével, Portugal. Trabalho em prata e cobre prateado, escola aragonesa, final do século XIII ou início do XIV. Fonte: José Antonio Falcão, *Entre o céu e a terra:* arte sacra da diocese de Beja, p. 123.

139. Capa do livro *De la veneración que se deve a los cuerpos de los sanctos y a sua relíquias,* do Bispo de Jaén, Dom Sancho D'Ávila, 1611.

140. Santa Cecília, do escultor Stefano Maderno, 1599. Fonte: Joan Carroll Cruz, *The incorruptibles,* p. 46.

141. São Vicente, Livro Carmesim, Lisboa, 1502. Fonte: *O testamento de Adão,* p. 196.

142. "O Milagre das relíquias de São Vicente perante D. Afonso Henriques e seu séquito". Pintura de Amaro do Vale, cerca de 1610. Coleção Museu Nacional de Arte Antiga de Lisboa. Fonte: *A espada e o deserto* (catálogo de exposição), p. 31.

143. Painéis de São Vicente, Nuno Gonçalves, final do século XV. Coleção Museu Nacional de Arte Antiga de Lisboa. Fonte: Roberto Costa Pinho (coord.), *Museu aberto do descobrimento,* p. 74-75.

144. "São Vicente", pintura de Frei Carlos, primeira metade do século XVI. Coleção Metropolitan Museum of Art, Nova Iorque. Fonte: *Cores, figura e luz* (catálogo de exposição), p. 23.

145. Ambrosio de Vico, *Descripción del Monte Sacro de Valparaiso,* início do século XVII. Fonte: Juan Calatrava e Mario Ruiz Morales, *Los planos de Granada,* p. 58.

146 a 154. Abadia do Sacromonte, Granada, 2006. Fotografias de Renato Cymbalista.

155. Urna do altar - mor da Sé do Porto. Fonte: *Esta é a cabeça de São Pantaleão* (catálogo de exposição), p. 226.

156. Braço relicário de São Pantaleão, Igreja de Miragaia, Portugal. Fonte: *Esta é a cabeça de São Pantaleão* (catálogo de exposição), p. 203.

157. Gravura representando a arca de São Pantaleão, Museu Nacional de Soares dos Reis, Porto. Fonte: *Esta é a cabeça de São Pantaleão* (catálogo de exposição), p. 291.

158. Relicário de São Pantaleão, Sé do Porto. Fonte: *Esta é a cabeça de São Pantaleão* (catálogo de exposição), p. 235

159. Embarque em Basileia e martírio das 11.000 virgens em Colônia, do políptico de Santa Auta, autor desconhecido, 1510-1520. Fonte: *Mosteiro da Madre de Deus: história, conservação e restauro,* p. 57.

160. Chegada das relíquias de Santa Auta ao Mosteiro da Madre de Deus, do políptico de Santa Auta, autor desconhecido, 1510-1520. Coleção Museu Nacional de Arte Antiga de Lisboa, Inv. 1462/pint. Fonte: *Mosteiro da Madre de Deus: história, conservação e restauro,* p. 56.

161. Cabeça-relicário de uma das 11.000 Virgens. Fonte: Arnold Angenendt, *Helige und reliquien,* p. 257.

162 e 163. Igreja de São Roque em Lisboa, 2004, fachada e detalhe de lápide da capela-mor. Fotografias de Renato Cymbalista.

164 a 168. Altares de relíquias, Igreja de São Roque em Lisboa. Fonte: Nuno Vassalo e Silva, "Os relicários de São Roque". *Os jesuítas e a ideia de Portugal – Oceanos 12,* p. 114-115.

169 e 170. Retábulo das relíquias das virgens mártires, Catedral Sé de Salvador. Fonte: *Arte no Brasil,* vol I. São Paulo: Abril, Cultural, 1979, p. 34-35.

171. Arca de relíquias dos 40 mártires do Brasil, Igreja da Madre de Deus, 2006. Fotografia de Renato Cymbalista.

172. Arca de relíquias dos sete mártires do Marrocos, Mosteiro de São Vicente de Fora, 2006. Fotografia de Renato Cymbalista.

173. Andor com a relíquia de São Francisco Xavier, Sé de Salvador. Fotografia de Renato Cymbalista, 2006.

174. Frei Agostinho de Jesus, Relicário de Santa Bárbara, barro cozido, cerca de 1630. Museu de Arte Sacra, Salvador. Fonte: *Arte no Brasil*, vol; I, p. 110.

175. Frei Agostinho de Jesus, Relicário de São Gregório Magno, barro cozido, cerca de 1630. Museu de Arte Sacra, Salvador. Fonte: *Arte no Brasil,* vol; I, p. 112.

176. Frei Agostinho de Jesus, Relicário de Santa Catarina de Alexandria, barro cozido, cerca de 1630. Museu de Arte Sacra, Salvador. Fonte: *Arte no Brasil,* vol; I, p. 112.

177. Frei Agostinho de Jesus, Relicário de Santa Águeda, barro cozido, cerca de 1630. Museu de Arte Sacra, Salvador. Fonte: *Arte no Brasil,* vol; I, p. 112.

178. Frei Agostinho da Piedade, Relicário de Santa Luzia, prata e chumbo. Fonte: *Arte no Brasil,* vol I, p. 110.

179. Relicário-perna de Santo Amaro, Mosteiro de São Bento do Rio de Janeiro. Fonte: Mateus Ramalho Rocha, *O mosteiro de São Bento do Rio de Janeiro, 1590-1990.*

180. Martírio de católicos na Inglaterra. Fonte: Richard Verstegan. *Le theâtre des cruautés.* (Anvers, 1587), edição Chandeigne, Paris, 1995, p. 81.

181. Martírio de católicos na Inglaterra. Fonte: Richard Verstegan. *Le theâtre des cruautés.* (Anvers, 1587), edição Chandeigne, Paris, 1995, p. 81

182. Aldeia tupi, gravura de de Theodore de Bry, 1592. Biblioteca José e Guita Mindlin.

183. A ereção da Cruz no Maranhão. Claude D'Abbeville, *Histoire de la mission des peres Capucins en l'Isle de Maragnan*, 1614. Biblioteca José e Guita Mindlin.

184. A pajelança dos tupi, gravura de Theodore de Bry, 1592. Biblioteca José e Guita Mindlin.

185. Martírio do Padre Francisco Pinto, do livro de Cornelius Hazart, Kerckelycke Historie van de Gheheele Wereldt (1667). Biblioteca Nacional de Lisboa, Seção de Iconografia, ref. e-1661.

3. O corpo do reino

186. Túmulo manuelino de D. Afonso Henriques na Igreja de Santa Cruz de Coimbra, início do século XVI. Fonte: José Custódio Vieira da Silva, *O panteão régio do mosteiro de Alcobaça*, p. 8.

187. Túmulo manuelino de D. Sancho I na igreja de Santa Cruz de Coimbra, início do século XVI. Fonte: José Custódio Vieira da Silva, *O panteão régio do mosteiro de Alcobaça*, p. 8.

188. Túmulo de D. Inês de Castro, século XIV, mosteiro de Santa Maria de Alcobaça. Fonte: José Custódio Vieira da Silva, *O panteão régio do mosteiro de Alcobaça*.

189. Túmulo de D. Pedro I, século XIV, mosteiro de Santa Maria de Alcobaça. Fonte: José Custódio Vieira da Silva, *O panteão régio do mosteiro de Alcobaça*.

190. Mosteiro de Santa Maria de Alcobaça. Fonte: Maria Augusta Lage Pablo da Trindade Ferreira, *Mosteiro de Santa Maria de Alcobaça*, p. 30.

191. Planta do mosteiro de Santa Maria de Alcobaça. Fonte: Maria Augusta Lage Pablo da Trindade Ferreira, *Mosteiro de Santa Maria de Alcobaça*, p. 16.

192. Mosteiro de Santa Maria da Vitória de Batalha. Fonte: Sérgio Guimarães de Andrade, *Santa Maria da Vitória, Batalha*, p. 8.

193. Planta do mosteiro de Santa Maria da Vitória de Batalha. Fonte: Sérgio Guimarães de Andrade, *Santa Maria da Vitória, Batalha*, p. 14.

194. Vista externa da "capela do fundador" do mosteiro de Santa Maria da Vitória de Batalha. Fonte: Sérgio Guimarães de Andrade, *Santa Maria da Vitória, Batalha*, p. 9.

195. Túmulo de D. João I e D. Filipa de Lencastre, "capela do fundador" do mosteiro de Santa Maria da Vitória de Batalha. Fonte: Sérgio Guimarães de Andrade, *Santa Maria da Vitória, Batalha*, p. 41.

196. Vista interna das "capelas imperfeitas" do mosteiro de Santa Maria da Vitória de Batalha. Fonte: Sérgio Guimarães de Andrade, *Santa Maria da Vitória, Batalha*, p. 21.

197. Vista externa das "capelas imperfeitas" do mosteiro de Santa Maria da Vitória de Batalha. Fonte: Sérgio Guimarães de Andrade, *Santa Maria da Vitória, Batalha*, p. 85.

198. Mosteiro dos Jerônimos, pintura de Filipe Lobo, cerca de 1660, Museu Nacional de Arte Antiga de Lisboa. Fonte: Paulo Pereira, *Mosteiro dos Jerónimos*, p. 14.

199. Mosteiro dos Jerônimos, vista aérea atual. Fonte: Paulo Pereira, *Mosteiro dos Jerónimos*, p. 53.

200. Planta do mosteiro dos Jerônimos. Fonte: Paulo Pereira, *Mosteiro dos Jerónimos*, p. 14.

201. Exéquias de D. Manuel no mosteiro dos Jerônimos, 1521. Do Livro de Horas de D. Manuel, fol. 129v. Museu Nacional de Arte Antiga de Lisboa. Fonte: Nuno Senos, *O paço da Ribeira*, p. 128-IX.

202. Nave da Igreja dos Jerônimos. Fonte: Paulo Pereira, *Mosteiro dos Jerónimos*, p. 74.

203. Capela - mor da Igreja dos Jerônimos, inaugurada em 1572. Fonte: Paulo Pereira, *Mosteiro dos Jerónimos*, p. 89.

204. Túmulo de D. Manuel, de Jerônimo de Ruão, cerca de 1570. Capela - mor da Igreja dos Jerônimos. Fonte: Paulo Pereira, *Mosteiro dos Jerónimos*, p. 90.

205. Túmulo de D. Sebastião, Igreja dos Jerônimos, 2004. Fotografia de Renato Cymbalista.

206 a 209. Detalhes da fachada do mosteiro dos Jerônimos. Fonte: Paulo Pereira, *Mosteiro dos Jerónimos*.

210 e 211. Capela de Nossa Senhora da conceição no convento de Cristo em Tomar, projeto de João de Castilho, 1547-1550, vista externa. Fonte: Vitor Serrão, *História da arte em Portugal:* o renascimento e o maneirismo, p. 65.

212. "Martírio de São Sebastião", pintura de Gregório Lopes, 1536-1538, proveniente da Charola do Convento de Cristo em Tomar. Coleção Museu Nacional de Arte Antiga de Lisboa. Fonte: Vitor Serrão, *História da arte em Portugal:* o renascimento e o maneirismo, p. 127.

213. "Ulisiponae Pars", desenho de Simão de Miranda, 1575. Arquivo do Estado de Turim. Fonte: Nuno Senos, *O paço da ribeira*, p. 128-X.

214 e 215. Passos do martírio de São Sebastião em que o rei D. Sebastião personifica a figura do santo. Pintura de finais do século XVI. Palácio Nacional de Sintra. Fonte: *Lisboa quinhentista:* a imagem e a vida da cidade (catálogo de exposição), p. 256.

216. Escudo dos sebastianistas, passagem do século XVI para o XVII. Arquivo General de Simancas. Fonte: Fernando Bouza Álvarez, *Portugal no tempo dos Filipes*, p. 108.

217. Desenho da construção do Escorial. Fonte: Jesus de la Iglesia, *Guia de San Lorenzo de El Escorial*, p. 67.

218. Ferramentas originais da edificação do Escorial, final do século XVI. Fonte: José Luis Sancho, *Real monasterio de San Lorenzo de El Escorial*, p. 168.

219. Altar de relíquias do Escorial. Fonte: Jesus de la Iglesia, *Guia de San Lorenzo de El Escorial*, p. 78.

220. Anônimo, escola madrilenha, Vista do Escorial, século XVII. Antecâmara de Filipe II, monastério do Escorial. Fonte: Adrian Tinniswood, *Visions of power*, p. 79.

221. Cúpula da basílica do Escorial. Fonte: Luis Sancho, *Real monasterio de San Lorenzo de El Escorial*, p. 25.

222. Vista noroeste do Escorial. Fonte: Luis Sancho, *Real monasterio de San Lorenzo de El Escorial*, p. 17.

223. Planta do Escorial. Fonte: Jesus de la Iglesia, *Guia de San Lorenzo de El Escorial*, p. 68-69

224. Cama de Filipe II no Escorial. Fonte: Luis Sancho, *Real monasterio de San Lorenzo de El Escorial*, p. 139.

225. São Lourenço, escultura anônima em mármore italiano, e bronze dourado, século XVI. Coro da Basílica do Escorial. Fonte: Luis Sancho, *Real monasterio de San Lorenzo de El Escorial*, p. 49.

226. São Jerônimo e Santo Agostinho, pintura de Alonso Sánchez Coello, Basílica do Escorial. Fonte: Jesus de la Iglesia, *Guia de San Lorenzo de El Escorial*, p. 79.

227. Panteão Régio, Escorial. Fonte: Luis Sancho, *Real monasterio de San Lorenzo de El Escorial*, p. 77.

228. Catafalco de Carlos V nas exéquias em San Benito el Real, Valladolid, 1559. Fonte: Carlos M. N. Eire, *From Madrid to purgatory*, p. 290.

229. Reconstrução do aparato fúnebre das exéquias de Filipe II no mosteiro dos Jerônimos de Lisboa, 1599, planta. Fonte: João Castel-Branco Pereira (coord.), *Arte efêmera em Portugal*, p. 34.

4. A comunidade dos vivos e dos mortos

232 a 235. Ars moriendi. Biblioteca Nacional de Lisboa, Seção de Reservados, F. 210.

236. Capa de *Explicación de la bula de los difuntos* (Saragoça, 1601).

237. Compromisso da Irmandade das almas do Purgatório (1568), Biblioteca Municipal de Setúbal, Portugal. Fonte: *Misericórdia cinco séculos – Oceanos 35*, p. 43.

238. Julgamento das almas, escola portuguesa, pintura, c. 1540. Museu Nacional de Arte Antiga de Lisboa. Fonte: João Castel-Branco Pereira (coord.), *Arte efémera em Portugal*, p. 19.

239. Capela de Nossa Senhora da Piedade na Sé de Lisboa. Fonte: *Misericórdia cinco séculos – Oceanos 35*, p. 25.

240. Livro de registro dos irmãos da Confraria da Misericórdia de Évora (1499). Fonte: *Misericórdia cinco séculos – Oceanos 35*, p. 31.

241. Painel de Azulejos da Misericórdia de Abrantes, Portugal, século XVIII. Fonte: *Misericórdia cinco séculos – Oceanos 35*, p. 34.

242. Bandeira da Misericórdia do Porto (século XVIII), Fonte: *Misericórdia cinco séculos – Oceanos 35*, p. 12.

243. Bandeira da Misericórdia de Alcochete (c. 1550). Fonte: *Misericórdia cinco séculos – Oceanos 35*, p. 138.

244. Gregório Lopes, Nossa Senhora da Misericórdia (1530-35). *Misericórdia cinco séculos – Oceanos 35*, p. 70

245 e 246. Capela dos ossos da Igreja de São Francisco de Évora, 2004. Fotografia de Renato Cymbalista.

5. Os índios, sua terra e seus mortos

230. Aldeia tupi. Theodore de Bry, *America tertia partis memorabile provinciae Brasiliae Historiam contines* (Frankfurt, 1592). Biblioteca José e Guita Mindlin.

231. Funeral tupi. Theodore de Bry, *America tertia partis memorabile provinciae Brasiliae Historiam contines* (Frankfurt, 1592). Biblioteca José e Guita Mindlin.

247. Frontispício de "Navigatio in Brasiliam Americae", vols. 3 e 4 de America de Theodore de Bry (Frankfurt, 1592). Fonte: Anthony Grafton, *New worlds, ancient texts:* the power of tradition and the shock of discovery, p. 110.

248. Mapa "Novus Orbis, Die Nüw Welti", de Sebastien Münster, 1540. Fonte: *O tesouro dos mapas: a cartografia na formação do Brasil*, p. 84-85.

249. Mapa "Delineatio Totius Australis Partis Americae", de Arnold Florent van Langren, 1596. Fonte: *O tesouro dos mapas: a cartografia na formação do Brasil*, p. 108-109.

250. A guerra tupinambá, Jean de Léry, "Histoire d'un Voyage fait en la terre du Brésil, autrement dite Amerique" (Genebra, 1594). Fonte: Roberto Gambini, *O espelho índio:* a formação da alma brasileira, p. 102

251 a 253. Ilustrações de Theodore de Bry, Biblioteca do Serviço Histórico da Marinha, França. Fonte: Ronald Raminelli, "Canibalismo em nome do amor", p. 26-29.

254. Guerreiro Tupi de corpo tatuado e portando o tacape, Jean de Léry, "Histoire d'un Voyage fait en la terre du Brésil, autrement dite Amerique" (Genebra, 1594). Biblioteca José e Guita Mindlin.

255. Francisco Carypira, imagem de Claude D'Abbeville, *Histoire de la mission des peres capucins en l'isle de Maragnan et terres circonvoynes* (Paris, 1614). Biblioteca José e Guita Mindlin.

262. Gravura em metal de Theodore Galle e Jan Van der Straet, 1589. Bibliotheque Mazarine, Paris. Fonte: Nicolau Sevcenko, "As alegorias da experiência marítima e a construção do europocentrismo", p. 129.

263 a 274. O ritual antropofágico tupinambá. Xilogravuras da primeira edição de Hans Staden (Marburg,1557). Biblioteca José e Guita Mindlin.

Considerações finais

256. Túmulo do "Menino Zezinho", Cemitério Municipal de Ribeirão Preto, 1999. Fotografia de Renato Cymbalista.

257 e 258. Obelisco, Parque do Ibirapuera, São Paulo, 2004. Fotografia de Luis Filipe Chammas.

259. Igreja de Santa Cruz das Almas dos Enforcados, bairro da Liberdade, São Paulo, 2004. Fotografia de Luis Filipe Chammas.

260. Fachada da Igreja e Colégio dos Jesuítas, Pátio do Colégio, São Paulo, 2004. Fotografia de Luis Filipe Chammas.

261. Relíquia de José de Anchieta, Igreja dos Jesuítas, Pátio do Colégio, São Paulo, 2004. Fotografia de Luis Filipe Chammas.

Glossário de personagens

D. AFONSO HENRIQUES (Guimarães, 1109 – Coimbra, 1185). Primeiro rei de Portugal, liderou a reconquista do território português pelos cristãos e a expulsão dos mouros. Após a grande vitória contra os mouros na conhecida Batalha de Ourique, proclamou-se rei de Portugal em 1139.

D. AFONSO II (Coimbra, 1186 – id., 1223). Proclamado terceiro rei de Portugal em 1211, conquistou terras retomadas pelos mouros, como Alcácer do Sal. Deu início a um processo de centralização do poder nas mãos do rei, entrando em conflito com bispos e irmãos para centralizar patrimônio e poderes.

D. AFONSO III (Coimbra, 1210 – id., 1279). Sendo segundo filho de Afonso II, não pôde assumir o trono e tornou-se conde de Bolonha na França. Com os problemas do rei Sancho II com o clero português, o Papa Inocêncio IV ordenou que assumisse o trono, tornando-se o quinto rei de Portugal em 1245. Terminou a ocupação do Alentejo e do Algarve, além de encerrar as disputas entre o clero e a Coroa portuguesa.

D. AFONSO V (Sintra, 1432 – id., 1481). Décimo segundo rei de Portugal, que iniciou a expansão dos domínios portugueses no norte da África. Ainda tentou uma fracassada invasão a Castela em 1475.

D. AFONSO FURTADO (Lisboa, 1610 – Salvador, 1675). Possuía o título de 1º Visconde de Barbacena. Era general de artilharia do exército português e foi governador de Armas da Beira. Entre os anos de 1671 e 1675, ocupou o cargo de governador-geral do Estado do Brasil.

SANTA ÁGATA (ou Águeda). Virgem mártir, padroeira de Catânia, onde nasceu entre 230 e 235. Segundo a tradição cristã, Águeda, que era filha de nobres, consagrou-se a Deus com quinze anos de idade. Depois de inúmeras tentativas do cônsul romano Quinciano para corrompê-la, Águeda foi encarcerada e depois condenada ao chicoteamento. Durante seu martírio, foi visitada por São Pedro que lhe confortou e curou-lhe as feridas. Por fim, Águeda foi submetida ao suplício das brasas ardentes. Morreu em sua cela em 5 de fevereiro de 251.

SANTO AGOSTINHO Agostinho de Hipona foi um bispo católico, teólogo e filósofo. Nasceu em 354, em Tagaste, (hoje Souk-Ahras, na Argélia) e morreu em 430, em Hipona (hoje Annaba, na Argélia). Sua grande obra, *A Cidade de Deus*" é um dos livros mais influentes da Idade Média. Agostinho foi canonizado e reconhecido como um doutor da Igreja. Seu dia é 28 de agosto, quando supostamente morreu. É considerado o santo padroeiro dos cervejeiros, impressores, teólogos, e de um grande número de cidades e dioceses.

SANTO ALBANO Nasceu na Inglaterra, em 304. Destacado habitante de Verulamium (hoje Santo Albano), escondeu em sua casa um sacerdote durante a perseguição de Diocleciano. Convertido, ficou tão tocado pela doutrina católica, que trocou de vestes com o sacerdote, sendo preso em seu lugar. Negando-se a oferecer incenso aos ídolos, foi açoitado, cruelmente torturado, e finalmente teve a cabeça decepada, sendo consagrado como o primeiro mártir cristão da Inglaterra.

AMBRÓSIO DE AMIENS Padre franciscano foi em 1612, juntamente com os padres Claude D'Abbeville, Yves D'Evreux e Arsênio de Paris e mais 500 pessoas, enviado pelo rei francês Henrique IV ao Maranhão para examinar as possibilidades de fundar uma colônia francesa e trabalhar na catequização dos índios. Lá levantaram um forte de nome São Luís, que deu origem à cidade, além de um conjunto de casas, um convento franciscano e armazéns. Em 1615, os franceses foram expulsos pelos portugueses, entregaram as fortificações e dirigiram-se à Guiana.

SANTA ANA Mãe de Virgem Maria, portanto avó de Jesus. Esposa de São Joaquim, é a padroeira dos idosos. Seu dia é comemorado pela Igreja católica em 26 de julho. Santa Ana e São Joaquim não tinham filhos já com idade avançada, e eram motivo de zombaria e falatório de todos. Até que um dia Santa Ana rezou a Deus e finalmente ficou grávida, e grávida de Maria. No Oriente, Santa Ana era venerada desde o século IV, no Ocidente a comemoração de sua memória fortaleceu-se após o século X.

SANTO ANDRÉ Santo e mártir cristão, foi um dos doze Apóstolos. Nasceu nas margens do Mar da Galileia. Foi discípulo de São João Batista, e cedo se tornou um dos primeiros seguidores de Jesus. André pregou na Ásia Menor e na Cítia, na margem Norte do Mar Negro e ao longo do rio Volga – daí se tornou santo patrono da Romênia e da Rússia. Foi o primeiro bispo de Bizâncio. Foi crucificado em Patras, no Peloponeso (na então província romana da Acaia, correspondente à moderna Grécia), numa cruz em forma de "X", a qual tomou o nome de Cruz de Santo André.

ANDRÉ THEVET (Angoulême, França, 1516 – Paris, 1592). O frade franciscano integrou, em 1555, a expedição colonizadora francesa comandada pelo almirante Nicolas Durand de Villegagnon com destino ao Brasil. Graças a essa experiência escreveu As singularidades da França Antártica (1557) e La cosmographie universelle (1575), dois dos primeiros livros que tratam do Brasil. Também percorreu o Oriente Médio, a África e a Europa Ocidental, viagens das quais guardou algum registro escrito.

PAPA SÃO ANICETO Nascido na Síria, foi Papa de 154, quando sucedeu a São Pio I, até 166, quando sofreu o martírio em Roma a 17 de abril. Durante seu pontificado enfrentou com vigor a heresia gnóstica, que então ameaçava os meios católicos. Foi o primeiro Papa a decretar oficialmente uma doutrina como heresia. Reuniu-se com São Policarpo, discípulo de São João Evangelista, quando este visitou Roma, para tratar de questões disciplinares que atormentavam a unidade da Igreja e acabaram por promover muitas conversões.

SANTO ANTÔNIO (Lisboa, 1195 - Pádua, 1232). Batizado como Fernando de Bulhões e Taveira Azevedo, entrou aos quinze anos para um convento de Cônegos Regrantes de Santo Agostinho, e em 1220, com 25 anos, impressionado pela pregação de alguns frades que conheceu em Coimbra enquanto estudava, trocou o seu nome por Antônio e ingressou na Ordem dos Franciscanos. Era um pregador culto e apaixonado, conhecido pela sua devoção aos pobres e pela habilidade para converter heréticos. Foi declarado santo menos de um ano após a sua morte, um recorde. É o santo padroeiro das cidades de Pádua e de Lisboa. É comumente considerado como um santo casamenteiro. É festejado em 13 de junho.

MÁRTIR ANTONIO CRIMINAL (Sissa, Parma, Itália, 1520 – Vedalai, Tamil Nadu, Índia, 1549). Missionário jesuíta morto quando se sacrificou para ajudar mulheres e crianças cristãs a se salvarem de uma retaliação das tropas do reino de Vijayanagar, na Índia, que haviam sido derrotadas anteriormente pelo comandante português João Fernandes Correa.

FREI ANTONIO JABOATÃO (Santo Amaro de Jaboatão, Pernambuco, 1695 – 1763). Religioso da Ordem de São Francisco, ingressou na ordem franciscana em 1716 e, no ano seguinte, tornou-se professor no Convento de Paraguaçu na Bahia. Concluiu seus estudos em 1725. Exerceu vários cargos na sua ordem, de que foi também cronista. Seus principais escritos são Discurso histórico (1751), Sermão de Santo Antônio (1751) e Novo Orbe Seráfico Brasílico (1757).

FREI ANTONIO DE JESUS (Requena, 1510 - Granada, 1601). Antonio de Heredia y Ferrer ordenou-se sacerdote aos 22 anos. Como prior do Convento de Alba conheceu Santa Teresa d'Ávila que, visando uma vida mais austera e contemplativa, lhe fala sobre o projeto de estender a Reforma do Ordem Carmelita também aos padres. Em 1558, junto a João da Cruz, inicia a Reforma, fundando o primeiro Convento dos Carmelitas Descalços em Duruelo, onde se tornou prior e passou a chamar-se Antônio de Jesus.

PADRE ANTÔNIO VIEIRA (Lisboa, 1608 – Bahia, 1697). Veio com seis anos para o Brasil com seu pai, funcionário da Coroa portuguesa. Estudou no colégio dos jesuítas, onde brotaria sua vocação sacerdotal, ordenando-se aos 26 anos. Foi um dos grandes oradores da língua portuguesa, e seus Sermões contam como um dos mais importantes conjuntos literários portugueses. Foi perseguido pela Inquisição por ideias supostamente filo-judaicas.

SÃO ASCICLO Mártir de Córdoba do século IV. Patrono da cidade de Mezquita, que comemora o santo e a aparição de suas relíquias na Paróquia de São Pedro em novembro.

JOÃO DE ASPICUELTA NAVARRO (País Basco, 1522-23 – Salvador, Bahia, 1557). Padre da Companhia de Jesus, chegou ao Brasil na primeira expedição jesuítica com Manuel da Nóbrega. Foi um dos primeiros jesuítas a aprender a língua dos índios e dela se utilizou, desde 1550, em sua pregação.

SANTA AUTA Uma das Onze Mil Virgens que acompanhavam Santa Úrsula (ver Sta. Úrsula) e que foram martirizadas no séc. IV em Colônia pelos Hunos. Em 1517, o imperador Maximiliano I presenteou Dona Leonor com as relíquias da santa, que foram depositadas na Igreja de Madre de Deus, onde se encontram até hoje.

PADRE BALTASAR DE TORRES (Granada, 1563 – Nagasaki, 1626). Juntou-se à Companhia de Jesus em 1579. Foi professor do Colégio Romano da Companhia de Jesus. Em 1600, chegou ao Japão onde trabalhou como missionário. No período das fortes perseguições contra os cristãos, continuou seu trabalho em segredo, sendo capturado em Nagasaki em 1626, quando foi martirizado.

SÃO BARTOLOMEU Também chamado Natanael, foi um dos doze apóstolos de Jesus, de quem ficou ao lado durante quase toda a sua pregação na terra. Depois da morte de Cristo, Bartolomeu foi evangelizar as regiões da Índia, Armênia e Mesopotâmia. Na Armênia, depois de converter o rei Polímio, sua esposa e mais doze cidades, ele teria sofrido o martírio por sacerdotes pagãos, os quais insuflaram o irmão do rei, e conseguiram uma ordem para matar o apóstolo. Bartolomeu foi esfolado vivo e, como sobreviveu ao martírio, foi decapitado, em 24 de agosto de 51.

SÃO BASÍLIO Nasceu em Cesareia, na Capadócia (atual Turquia), em 329. Pertencia a uma família de santos. Seu avô morreu mártir na perseguição romana. Sua avó era Santa Macrina e sua mãe, Santa Amélia. A irmã, cujo nome homenageia a avó, era religiosa e se tornou santa. Também, seus irmãos: São Pedro, bispo de Sebaste, e São Gregório de Nissa, e seu melhor amigo, São Gregório Nazianzeno, são honrados pela Igreja.

SÃO BERNARDO (Fontaine-les-Dijon, Borgonha, França, 1090 - Claraval, 1153). Bernardo de Claraval vinha de família nobre. Aos 22 anos foi estudar teologia na ordem de Cister. Em 1115 fundou a Abadia de Claraval, sendo o seu primeiro abade, onde acabou reunindo mais de 700 monges. Fundou 163 mosteiros em vários locais da Europa. Serviu à Igreja católica apoiando as autoridades eclesiásticas acima das pretensões dos monarcas. Em função disto, favoreceu a criação de ordens militares e religiosas. Uma das mais famosas foi a Ordem dos Cavaleiros Templários. Foi canonizado em 1174 pelo Papa Alexandre III.

SÃO BONIFÁCIO (Inglaterra, 672 - Países Baixos, 754). Seu nome verdadeiro era Wynfrith ou Winfrid, e foi chamado a Roma, onde recebeu do Papa a consagração episcopal e o novo nome de Bonifácio. Foi designado apóstolo dos germanos por restaurar e organizar a Igreja na atual Alemanha e ser o fundador da célebre Abadia de Fulda, centro propulsor da espiritualidade e cultura religiosa alemã, onde foi sepultado. Na celebração de uma missa, foi assaltado por um grupo de infiéis armados e degolado. Foi declarado santo e mártir pelas Igrejas Católica Romana e Ortodoxa.

SÃO BRÁS Mártir, bispo e santo católico que viveu entre o séculos III e IV na Capadócia. Após ser perseguido por Diocleciano, retirou-se para uma caverna onde passou a levar uma vida eremítica. Depois de descoberto e capturado, morreu decapitado em testemunho de sua fé sob as ordens do imperador romano Licínio, em 316. É celebrado no dia 3 de fevereiro. Seu auxílio é muito invocado para males da garganta, evocando o modo de seu martírio.

PAPA SÃO CALIXTO I (Roma, 155 - 222). Santo da Igreja Cristã Romana. Seu pontificado (217-222) foi marcado pela luta contra um cisma na Igreja Católica. Mandou construir as famosas catacumbas da Via Apia, onde foram enterrados 46 papas e milhares de cristãos, que ficaram conhecidas como catacumbas de Calixto.

CALVINO (Noyon, França 1509 – Genebra, 1564). João Calvino teve uma educação religiosa em sua cidade natal e depois em Paris, onde tomou conhecimento das ideias de Lutero. Em 1529, seu pai desentendeu-se com as autoridades católicas e reorientou a carreiro do filho para o Direito. Em 1531, seu pai morreu excomungado, e a família passou por humilhações para sepultá-lo em solo cristão, o que influenciou seu futuro como reformador. Em 1533, amadurece sua identidade como protestante, e devido aos conflitos religiosos fugiu para a Basileia em 1535, e depois para Genebra em 1536. Depois do seu afastamento da Igreja católica, começou a ganhar voz como expoente do movimento protestante, orando em igrejas e acabando por ser reconhecido por muitos como "padre". A partir de suas ideias, foi fundado o Calvinismo, uma forma de protestantismo cristão que pregava a autonomia da Igreja em relação ao Estado e a salvação não pelos sacramentos, mas pelo merecimento obtido com as ações em vida.

CARLOS V (Gand, 1500 – Cáceres, Espanha, 1558). Foi rei de Espanha (Carlos I) e imperador do Sacro Império Romano (Carlos V). Pai de Filipe, imperador do Sacro Império Romano, cunhado de D. João III. Pertencente a casa dos Habsburgos, Carlos V conseguiu reunir sob sua autoridade o conjunto dos territórios da Coroa de Castela (herança de sua avó, a rainha Isabel), da Coroa de Aragão (herança do avô, Fernando II) e das terras vindas por herança paterna (os Países Baixos, o Franco Condado) e do avô paterno (Áustria,

Estíria, Tirol). Durante seu reinado, acrescentou ainda novos territórios aos seus domínios, inclusive novas conquistas na América. Em 1527, comandou um exército anti papista que saqueou Roma, mas posteriormente arrependeu-se e terminou seus dias altamente católico.

D. CATARINA DE ÁUSTRIA (1507-1578). Foi arquiduquesa da Áustria, princesa de Espanha e rainha de Portugal (casa dos Habsburgos). Depois da morte do seu pai, Filipe, o Belo (arquiduque da Áustria e duque da Borgonha) em 1506, a sua mãe Joana foi encarcerada em Tordesilhas como louca, e Catarina seguiu com ela. Foi libertada graças à intervenção de seu irmão, Carlos V. Em 1525, casou-se com o rei D. João III de Portugal, tornando-se rainha consorte até a morte do marido em 1557. Foi mãe da infanta Maria Manuela e do príncipe João e avó do rei Dom Sebastião. Durante a menoridade de seu neto, exerceu a regência do reino português entre 1562 e 1568.

SÃO CECÍLIO Padroeiro de Granada, sua festa é comemorada em 1º de fevereiro. Foi o primeiro bispo de Granada. Sofreu martírio supostamente queimado. A tradição afirma que foi discípulo de São Tiago Maior e que fora consagrado bispo por São Pedro Apóstolo, sendo um dos "varões apostólicos". Suas relíquias foram encontradas no final do século XVI, no Sacro Monte de Granada, onde são veneradas desde então.

CLAUDE D'ABEVILLE (1570-1632). Padre capuchinho franciscano. Foi em 1612, junto aos padres Ambrósio de Amiens, Yves D'Evreux, Arsênio de Paris e mais 500 pessoas, enviado pelo rei francês Henrique IV ao Maranhão para examinar as possibilidades de fundar uma colônia francesa e trabalhar na catequização dos índios. Permaneceu lá até 1613. Ao retornar à França, levou consigo seis indígenas, que foram batizados com a presença do rei, evento que pode ser interpretado, junto à publicação em Paris, em 1914, de *História dos padres capuchinhos na ilha do Maranhão*, como tentativa de dar publicidade e apoio para a ocupação francesa na região, que em 1615 acabou sendo retomada por Portugal.

PAPA SÃO CLEMENTE (Roma, ? – Galípoli, 97). Foi o terceiro Papa, governou a Igreja Romana de 88 a 97. Discípulo de São Pedro, após eleito restabeleceu o uso da crisma, seguindo o rito de São Pedro e iniciou o uso nas cerimônias religiosas da palavra Amém. No ano 96, escreveu uma carta aos Coríntios, que é o documento papal mais antigo que se conhece. Por ser cristão, foi desterrado a Galípoli pelo imperador Trajano, onde executou trabalhos forçados. Lá, fez muitas conversões ao cristianismo, e realizou o milagre de fazer brotar uma fonte de água pura ao orar. Foi condenado à morte, e seu corpo foi jogado ao mar atado a uma pedra, que mesmo assim foi levado pelas ondas de volta à terra. É um dos padroeiros dos navegantes, e é consagrado no dia 23 de novembro.

CRISTÓVÃO DE GOUVEIA (Porto, 1542 – Lisboa, 1622). Chegou ao Brasil em 1583 como visitador da Companhia de Jesus, quando percorreu todos os colégios dos jesuítas, acompanhado do padre Fernão Cardim, que registrou a visitação. Escreveu duas obras que ficaram inéditas: *História do Brasil e costume de seus habitantes*, e *Sumário das Armadas*.

PAPA CLEMENTE VII (Florença, 1478 - Roma, 1534). Nascido Giulio di Giuliano de Medici, foi eleito Papa em 1523. Tinha uma política anti espanhola e querendo prejudicar ao imperador Carlos V, impulsionou contra ele a Liga Santa de Cognac (Liga Clementina), formada por França, Inglaterra, Florença, Veneza, Milão e o Papado. Carlos V respondeu tomando Roma em 1527. Quando se reconciliou com Carlos V, coroou-o imperador e rei de Itália em 1530. Em troca, Carlos V devolveu os territórios papais que havia conquistado. Foi mecenas de artistas como Rafael e Miguel Angelo.

SÃO CRISPIM e **SÃO CRISPINIANO** Crispim e Crispiniano eram irmãos de origem romana. Cresceram juntos e converteram-se ao cristianismo na adolescência. Ganhando a vida no ofício de sapateiro, eram muito populares, caridosos, e pregavam com ardor a fé que abraçaram. Quando a perseguição aos cristãos ficou mais insistente, os dois foram para a Gália, atual França. Quando alcançaram o território francês, os dois irmãos estabeleceram-se na cidade de Soissons e lá começaram a pregar. Quando a perseguição imposta por Roma chegou a Soissons, era época do imperador Diocleciano e a Gália estava sob o governo de Rictiovaro. Os dois irmãos foram acusados e presos. Seus carrascos os torturaram até o limite, exigindo que abandonassem publicamente a fé cristã. Como não o fizeram, foram friamente degolados.

SÃO CRISTÓVÃO O santo consta da relação dos "quatorze santos auxiliadores" invocados para interceder pelo povo nos momentos de aflições e dificuldades. Pregou na Lícia e foi martirizado a mando do imperador Décio, no ano 250. Os primeiros 40 soldados que tentaram prendê-lo converteram-se e, por isso, foram todos martirizados. Quando já estava no cárcere, mandaram duas mulheres, Nicete e Aquilina, à sua cela para tentá-lo e testar suas virtudes. Elas também abandonaram o pecado e batizaram-se, sendo igualmente mortas. Foi quando o tirano, muito irado, mandou que ele fosse submetido a suplícios e em seguida o matassem. Cristóvão foi, então, flagelado, golpeado com flechas, jogado ao fogo e por fim decapitado. São Cristóvão é popularmente conhecido como o protetor dos viajantes.

DAMIÃO DE GÓIS (Alenquer, Portugal, 1502 – id., 1574). Foi secretário da feitoria portuguesa em Antuérpia e guarda-mor dos Arquivos Reais da Torre do Tombo. Em 1558, foi escolhido pelo cardeal D. Henrique para escrever a crônica oficial do rei D. Manuel I, completada em 1567. Em 1571, foi processado pelo Santo Ofício, preso e depois transferido para o Mosteiro da Batalha. Abandonado pela sua família, apareceu morto, com suspeitas de assassinato, na sua casa de Alenquer.

DÉCIO (201 - 251) Foi imperador romano entre os anos de 249 e 251, ano em que morreu em uma batalha contra os godos. Vendo as igrejas cristãs cheias de fiéis e os templos romanos esvaziados, empreendeu a oitava perseguição geral contra o cristianismo.

D. DUARTE (Viseu, Portugal, 1391 – Tomar, Portugal, 1438). Foi o décimo primeiro rei de Portugal (1433-1438), em cujo curto reinado a monarquia fortaleceu-se e prosseguiram as navegações. Seu reinado ficou marcado pela passagem do Cabo Bojador por Gil Eanes, feito que permitiu uma mais rápida exploração da costa africana. Promulgou a lei mental, que excluiu as mulheres da sucessão real e proibiu a alienação dos bens da Coroa, uma medida centralizadora que se destinava a defender o patrimônio do reino, sem ferir os interesses senhoriais.

D. DUARTE DE MENESES Era filho de D. João de Meneses, prior do Crato e sucedeu-lhe no cargo de capitão de Tânger. De 1522 a 1524, foi governador de Goa. Teve uma administração desastrosa, com derrotas militares e perdas de territórios, voltando preso para o reino. Retomou depois às suas anteriores funções em Tânger.

EDMUND CAMPION (Londres, 1540 – Westminster 1581). Católico inglês, recusou-se a converter-se ao anglicanismo, tornando-se jesuíta. Recebeu a eucaristia em 1571 em Douai, na França. Posteriormente retornou clandestinamente à Inglaterra em uma tentativa de reconduzir o país sob o governo de Elizabeth I ao catolicismo, onde publicou também clandestinamente uma obra que elencava argumentos contra a Igreja Anglicana. Descoberto por espiões, foi então preso e martirizado pelos protestantes em 1581. Foi beatificado pelo Papa Leão XIII em 1886 e canonizado pelo Papa Paulo VI em 1970.

RAINHA ELIZABETH I (1533-1603). Foi rainha da Inglaterra e da Irlanda de 1558 a 1603. Seu reinado foi marcado pela consolidação da Igreja Anglicana, pelos conflitos com o rei Felipe II de Espanha e por um grande desenvolvimento na Inglaterra.

ERASMO DE ROTERDAM (Roterdam, Países Baixos, 1466 – Basiléia, Suíça, 1536). Conhecido popularmente como o "príncipe do humanismo", seu nome de batismo era Desiderius Erasmus Roterodamus. Seus pais morreram prematuramente com a Peste Negra, sendo Erasmo, então, enviado para um mosteiro, onde começou sua formação. Como acadêmico, tentou libertar os métodos da Escolástica da rigidez e do formalismo das tradições medievais, contribuindo para o ensejo da Reforma protestante. Seu principal livro foi *Elogio da Loucura*, obra na qual teceu duras críticas à Igreja dogmática, mas nunca rompeu com a Igreja católica.

SANTA ESPERANDIA ou Sperandia (Gubbio, 1216 - Cingoli, Itália, 1276). Monja beneditina, tornou-se patrona de Cingoli e tem seu corpo conservado no Monastério Beneditino que leva seu nome.

ESTÁCIO DE SÁ (Santarém, 1520 – Rio de Janeiro, 1567). Militar português, foi o fundador da cidade do Rio de Janeiro e primeiro governador geral da Província. Chegou a Salvador em 1563 com o objetivo de expulsar definitivamente os franceses da Baía de Guanabara e ali fundar uma cidade. Em 1567, lançou-se na batalha de de Uruçu-mirim e Paranapuã, com ajuda de reforços comandados por seu tio Mem de Sá, onde foi mortalmente ferido por uma flecha indígena envenenada, morrendo um mês depois.

SANTO ESTEVÃO Primeiro mártir do Cristianismo, sendo considerado santo por todas as denominações cristãs: Igreja Católica, Igrejas Ortodoxas e a Comunhão Anglicana. É celebrado a 26 de dezembro no Ocidente e a 27 de dezembro no Oriente. Estevão foi um dos primeiros diáconos da Igreja, logo após a morte de Jesus, pregando os ensinamentos de Cristo e convertendo tanto judeus como gentios. Foi detido pelas autoridades judaicas, levado diante do Sinédrio (a suprema assembleia de Jerusalém), onde foi condenado por blasfêmia e sentenciado ao apedrejamento.

SÃO EULÓGIO Uma das vítimas mais célebres da invasão da Espanha pelos mouros. Nascido em Córdoba de uma família da nobreza da cidade, era sacerdote quando a perseguição aos cristãos começou. Já era famoso pela sua erudição e seu trabalho junto aos pobres, e foi preso ao assistir outros cristãos também presos. Foi libertado graças à influência de familiares e autoridades locais, mas voltou a atuar com a mesma força. Falecido o bispo de Córdoba, Eulógio foi nomeado para o cargo. Passou então a ser considerado líder da resistência aos muçulmanos e, quando conseguiu converter a filha de um influente chefe árabe, despertou a ira dos mouros. Eulógio foi novamente processado, preso e, desta vez, condenado à morte. Sua execução se deu no dia 11 de março de 859.

PAPA SÃO FABIÃO (ou Fabiano). Seu pontificado se estendeu de 236 a 250. Na assembleia do povo e do clero reunida para eleger o novo papa em 236, uma pomba entrou voando e pousou sobre a cabeça do Santo. Embora ninguém tivesse pensado nele antes, por não ser um sacerdote, por conta da pomba foi escolhido como papa. Administrativamente, dividiu Roma em sete distritos eclesiásticos, ou paróquias, e delegou a cada uma os seus paroquianos, seu clero e cemitérios. Morreu mártir na perseguição de Décio em 250. Teve túmulo no cemitério de S. Calixto.

D. FERNANDO, INFANTE SANTO (1402-1443). Sexto filho do rei D. João I e de Filipa de Lencastre, desde cedo expressou interesse pela religião e foi ordenado Grão Mestre da Ordem de Avis pelo seu pai. Em 1437, participou de uma expedição militar ao norte a África, na qual as forças portuguesas foram rendidas e o Infante foi feito refém. Morreu no cativeiro em Fez, em 1443.

FERNÃO CARDIM (Viana do Alentejo, 1549 – Salvador, 1625). Entrou para a Companhia de Jesus em 1566, embarcando para o Brasil em 1582 como secretário do visitador da Companhia, Cristóvão de Gouveia, visitando as regiões em que a Companhia possuía aldeias, casas e colégios. Eleito, em 1598, procurador da Província do Brasil, parte para Portugal. Quando tentava voltar ao Brasil em 1601, foi aprisionado pelo corsário inglês Francis Cook. Após a sua libertação, voltou ao Brasil em 1604 como Provincial da Companhia, cargo que desempenhou até 1609. A sua obra, constituída por dois tratados e outras cartas, foi elaborada ao longo da década de 1580, quando desempenhava o cargo de secretário do Padre Visitador.

RAINHA D. FILIPA DE LENCASTRE (1359 – Lisboa, 1415). Tornou-se rainha consorte de Portugal através do casamento com D. João I em 1387, quando foi feita a aliança entre Inglaterra e Portugal contra França e o Reino de Castela. Da dinastia inglesa das Plantagenetas, foi muito popular em seu tempo. Morreu de Peste Negra em Lisboa e está sepultada ao lado de D. João I na Capela do Fundador do Mosteiro de Santa Maria da Vitória de Batalha.

FILIPE II DA ESPANHA ou **FILIPE I DE PORTUGAL** (Valladolid, Espanha, 1527 –Escorial, Espanha, 1598). Filho do imperador Carlos V, com D. Isabel de Portugal, reinou de 1556 até 1598. Anexou Portugal e suas possessões ultramarinas. O seu governo foi exercido com base em uma administração fortemente centralizada e um rigoroso arrocho fiscal. Altamente católico, foi o responsável por autos-de-fé que simbolizaram a eliminação dos focos de protestantismo da Espanha. Foi o responsável pela escolha de Madri como capital do império espanhol, e pela edificação do mosteiro do Escorial.

SÃO FILIPE (APÓSTOLO) Nasceu em Betsaida, na Galileia, e foi um dos primeiros discípulos de Jesus, tendo sido, anteriormente, discípulo de São João Batista. O seu nome ocupa sempre o quinto lugar nas listas dos apóstolos e é mencionado mais de uma vez no Evangelho. Segundo a tradição, ele foi enviado para pregar o Evangelho na Ásia Menor, onde patrocinou um fato prodigioso. Filipe teria sido obrigado a reverenciar o deus Marte, acendendo-lhe um incenso. Naquele instante, surgiu de trás do altar pagão uma cobra, que matou o filho do sacerdote-mor e mais dois comandados seus. Mas o apóstolo, com um gesto, os fez ressuscitar e matou a cobra. Esse e outros milagres de Filipe foram responsáveis pela conversão de muitos pagãos ao cristianismo.

SÃO FRANCISCO (Assis, Umbria, 1182 - 1226). Filho de comerciantes, Francisco Bernardone renunciou ao mundo em 1206, fez penitência durante dois anos e lançou-se a pregar em linguagem simples e ardorosa. Em 1209 formou, com doze discípulos, a família dos frades menores. Os Cluniacenses de Assis cederam-lhes um terreno, e os franciscanos construíram ali as suas choças. Adotaram vestuário dos humildes: túnica grossa de lã, com uma corda na cinta, e sandálias. A sua missão consistia em praticar e pregar simplicidade e amor a Deus e a caridade cristã. Esteve em Espanha e África, onde se juntou aos cruzados do Nilo. Dois anos depois de sua morte, foi canonizado pelo Papa Gregório IX.

SÃO FRANCISCO DE PAULA (Paola, Itália, 1416 – Tours, França, 1507) Aos onze anos, Francisco foi viver no convento dos franciscanos de São Marcos, dois anos depois vestiu o hábito, mas teve de retornar para a família, pois estava com uma grave enfermidade nos olhos. Foi curado da doença, o que creditou à intercessão de São Francisco de Assis. Como agradecimento pela graça concedida, a família seguiu em peregrinação para o santuário de Assis, e depois a Roma. Fez milagres ainda em vida.

PADRE FRANCISCO PINTO Liderou a tentativa de colonizar a região da Serra de Ibiapaba, no Ceará, feita pelos missionários da Companhia de Jesus em 1607. Penetraram pelo sertão até alcançar a serra, criando aldeias e missões ao longo do caminho, enquanto faziam amizade com os tabajaras. Era venerado pelos índios ainda em vida como um grande xamã. Foi morto a golpes de tacape por uma tribo inimiga dos tabajaras em 1608. Seu companheiro Luiz Figueira conseguiu salvar-se, e deu sepultura ao mártir. Jesuítas e índios entraram em uma disputa pelos ossos de Francisco Pinto após a sua morte, que os índios acreditavam regular o sol e a chuva.

SÃO FRANCISCO XAVIER (Xavier, Espanha, 1506 – Sanchoão, China, 1552). Foi um missionário cristão e apóstolo das Índias, além de cofundador da Companhia de Jesus. Considerado pela Igreja Católica Romana o maior conversor de pessoas ao Cristianismo desde São Paulo. Foi um dos primeiros integrantes da Companhia de Jesus e embarcou em 1540 para a Índia para converter o gentio. Também chamado de "Apóstolo do Oriente", é o padroeiro dos missionários e também um dos padroeiros da Diocese de Macau. Morreu na China, na Ilha de Sanchoão, próxima a Macau. Foi canonizado pelo Papa Urbano VIII em 1622.

GABRIEL SOARES DE SOUZA (c.1540 – Bahia, 1591). Colonizador dono de engenho, comerciante, sertanista e navegador português, conhecido por ter escrito o *Tratado descritivo do Brasil* (1587), um tratado que constitui um dos primeiros relatos sobre o Brasil colonial, que contém importantes dados geográficos, botânicos, etnográficos e lingüísticos, e publicado postumamente por Varnhagen (1879), em Lisboa. Morreu de uma febre no sertão, após atingir as nascentes do rio Paraguaçu.

GASPAR BARLÉU (1584-1648). Escritor, poeta e historiador belga, começou a vida como pregador calvinista. Devido às lutas religiosas, exilou-se em 1619, sendo contratado pelo conde João Maurício de Nassau para escrever sobre sua administração no Brasil, onde Barléu nunca esteve.

SANTOS GÊMEOS GERVÁSIO E PROTÁSIO Gervásio e Protásio eram gêmeos e os únicos filhos de Vidal e Valéria, cidadãos da nobreza de Milão. Pais e filhos haviam sido convertidos pelo bispo São Caio, e foram responsáveis pela instauração da Igreja católica em Milão, em 63. Vidal e Valéria foram mortos pela sua fé por Nero em 68. Órfãos dos pais, os dois irmãos venderam todos os bens e entregaram o que arrecadaram ao bispo para terminar a construção da igreja e distribuir aos pobres, e recolheram-se numa pequena casa afastada, onde passaram dez anos em orações e penitências. Denunciados como cristãos, foram torturados lentamente, e depois assassinados. Gervásio morreu sob os golpes de chicotes e Protásio, além disso, foi decapitado.

PADRE GONÇALO DA SILVEIRA Jesuíta português, partiu para a Índia em 1556 como missionário. Dali, por ordem do Provincial, partiu em 1560 para a África Oriental, chefiando uma missão que viria a ser a primeira a pisar tais terras com a finalidade de converter ao Cristianismo os povos de Tonga e Monomotapa. Apesar de ter obtido sucessos iniciais na sua obra de cristianização, rapidamente verificou-se a fragilidade do êxito. Gonçalo da Silveira partiu da cidade de Moçambique para o império do Monomotapa em 18 de Setembro de 1560. Por alturas do Natal chegou à capital do referido Império Negro, onde foi bem recebido, tendo levado pouco tempo a converter o imperador africano e a batizá-lo com o nome de D. Sebastião. Porém, a influência muçulmana junto do imperador conseguiu convencê-lo de que o padre Gonçalo da Silveira era um perigoso feiticeiro. Foi morto em 15 de março de 1561, e o seu corpo lançado no rio Mussenguese. É considerado o primeiro mártir do sul da África.

GREGÓRIO LOPES (1490 – 1550). Era pintor régio de D. Manuel e de João III, e um dos mais significativos da atividade das oficinas de Lisboa na primeira metade do século XVI. É um dos principais representantes da pintura renascentista e maneirista portuguesa. Entre outras obras importantes, pintou o "Martírio de São Sebastião" em 1536 para a charola do convento de Cristo em Tomar.

PAPA GREGÓRIO XIII (Bologna, 1327 – Roma, 1417). Papa da Igreja Católica Romana eleito em 1406, adotou o nome de Gregório, que significa "aquele que vigia". Antes havia sido Bispo de Castello (1380), titular do Patriarcado de Constantinopla (1390), secretário apostólico do Legado de Ancona e, finalmente, em 1405, cardeal de San Mareo. Como papa, viveu o período mais grave do cisma católico, período com três sedes papais: além de Gregório XIII em Roma, Bento XIII estava sediado em Avignon e Alexandre V em Pisa.

HANS HOLBEIN (Augsburg, Alemanha, 1497 – Londres, 1543). Pintor renascentista considerado um dos maiores retratistas alemães. Era filho do também célebre pintor Hans Holbein, o Velho. Atraído pela estética renascentista, viajou pela Itália e, depois (1523), chegou à Basileia, onde gravou sua famosa série de ilustrações *A dança da morte*. Em virtude dos conflitos entre católicos e protestantes, mudou-se para a Inglaterra (1526), onde ficou amigo de Thomas More. Voltou para a Basileia (1528), onde pintou o retrato de Erasmo de Rotterdam e gravou também cerca de uma centena de ilustrações para a publicação *Histórias do Antigo Testamento*. Viajou novamente para a Inglaterra (1532), onde passou os últimos anos de vida, na qualidade de retratista preferido da corte e da nobreza.

HANS STADEN (Homberg, c.1525 - Wolfhagen, 1579). Hans Staden foi explorador e aventureiro mercenário alemão. Naufragou em 1549 no litoral sul do Brasil, durante uma viagem destinada ao estudo dos costumes e da vida dos índios brasileiros. Foi aprisionado pelos Tupinambás no litoral de Bertioga, sendo quase morto e devorado por eles em ritual antropofágico. Resgatado, escreveu um relato do cativeiro, publicado em 1557, um dos primeiros relatos sobre os índios Tupi no Brasil e que despertou grande interesse por parte do público e de estudiosos.

CONDE D. HENRIQUE (Borgonha, 1066 - Astorga, 1112). Pai de D. Afonso Henriques, foi Conde de Portucale de 1093 até a sua morte. Era filho de Henrique de Borgonha, herdeiro de Roberto I, duque de Borgonha e irmão de Eudes I. Sendo um filho mais novo, Henrique tinha poucas possibilidades de alcançar fortuna e títulos por herança, tendo por isso aderido à Reconquista contra os mouros na Península Ibérica. Ele ajudou, enquanto cruzado, o rei Afonso VI de Castela e Leão a conquistar o Reino de Galícia, que compreendia aproximadamente à moderna Galícia e ao norte de Portugal, e como recompensa se casou com a filha do rei Teresa de Leão. Com este casamento, em 1093, Henrique tornou-se também o conde de Portucale, condado à época dependente do reino de Leão.

CARDEAL D. HENRIQUE I (1512 - Almeirim, 1580). Filho de D. Manuel I e de sua segunda mulher D. Maria, abraçou a carreira eclesiástica e foi sucessivamente arcebispo de Braga, Évora e Lisboa, e foi nomeado cardeal pelo Papa Paulo III. Foi regente substituto de D. Catarina, durante a menoridade de seu sobrinho-neto D. Sebastião. Com a morte de D. Sebastião na África, recebeu já idoso e sem herdeiros o trono português, como décimo sétimo rei de Portugal. Com sua morte em 1580, terminou a dinastia de Aviz, abrindo espaço para a união das coroas ibéricas sob Filipe II da Espanha.

INFANTE D. HENRIQUE (Porto, 1394 - 1460). Duque de Viseu, príncipe português considerado um dos grandes heróis da história de Portugal por seu relevante papel na expansão ultramarina, foi consagrado como o mentor dos descobrimentos. Terceiro filho de D. Filipa de Lencastre e de D. João I. Viveu parte da sua vida no Algarve, onde adquiriu seu gosto pela ciência em especial pela matemática e suas aplicações à ciência náutica.

HENRIQUE VIII (Greenwich, 1491 - Londres, 1547). Rei inglês a partir de 1509, conhecido por ter provocado a ruptura da Inglaterra com a Igreja católica, criando a Igreja Anglicana ou Episcopal, com o rei da Inglaterra como seu chefe supremo. Ordenou o confisco dos bens eclesiásticos, exerceu maior controle sobre o Parlamento e anexou à Inglaterra os territórios da Irlanda e do País de Gales.

SANTO HILÁRIO (França, 315 – 367). Acredita-se que tenha nascido de família rica e pagã, recebendo instrução privilegiada. Durante anos buscou na filosofia as respostas para seus questionamentos em busca da verdade, mas encontrou suas respostas no Evangelho e então se converteu ao cristianismo. Foi consagrado Bispo de Poitiers. Hilário foi perseguido pelos imperadores e sofreu o exílio durante cinco anos, quando escreveu livros contra os imperadores Constâncio e Auxêncio. Também foi o autor de diversas obras sobre a Santíssima Trindade, e comentários sobre os Salmos, entre outros. Passou a ser venerado como santo logo após sua morte.

SÃO HISCIO Padroeiro e primeiro bispo da cidade de Tarifa, tem nacionalidade desconhecida. Foi convertido na Espanha pelo apóstolo Santiago, do qual era discípulo. Pregou a doutrina cristã por volta do ano 44 d.C., sofrendo perseguição por parte dos imperadores pagãos. Realizou muitos milagres e morreu martirizado na cidade de Granada. Seus restos mortais se encontram em um vaso que é carregado todos os anos em Tarifa por uma procissão de fiéis.

SANTO HIPÓLITO Administrador romano do século III, Hipólito foi convertido por São Lourenço, a quem sepultou após o seu martírio. Após recusar-se a renunciar ao Cristianismo, Hipólito foi martirizado pelo imperador Décio no exterior da Porta Tiburtina em Roma.

PADRE INÁCIO DE AZEVEDO (? - Ilha Terceira, 1570) Após um retiro na cidade de Coimbra, o padre Inácio de Azevedo entrou para a Companhia de Jesus em 1548. Cinco anos depois, recebeu a ordenação sacerdotal. Francisco de Borja, admirado com a capacidade de Inácio, deu-lhe a incumbência de vistoriar as missões jesuítas nas Índias e no Brasil. Ao voltar, Inácio relatou ao geral que o trabalho poderia render ainda mais se houvesse um número maior de missionários. Recebendo autorização do superior, recrutou jesuítas na Espanha e Portugal. Após cinco meses de preparativos, ele e seus companheiros partiram para o Brasil, em 5 de junho de 1570, num navio mercante. No dia 15 de julho o navio foi atacado pelo corsário calvinista francês Jacques Sourie, que partira de La Rochelle, justamente no encalço dos missionários. O navio foi dominado, os tripulantes e demais passageiros poupados, mas todos os jesuítas foram degolados imediatamente. Por isso ficou conhecido como o líder dos "40 mártires do Brasil".

SANTO INÁCIO DE LOYOLA (Loyola, País Basco, 1491 – Roma, 1556). Foi o fundador da Companhia de Jesus. Quando jovem, foi ferido em combate, e em sua recuperação iniciou uma trajetória de devoção, interessando-se por teologia e pelos exercícios religiosos. Na Universidade de Paris, onde estendeu a sua educação literária e teológica, conheceu Pedro Faber, Francisco Xavier, Alfonso Salmeron, Jacob Laines, e Nicolau Bobedilla, espanhóis, e Simão Rodrigues, português, e com seus companheiros fundou em 1534 a Companhia de Jesus na Igreja de Santa Maria, em Montmartre. O Papa Paulo III concedeu-lhes uma recomendação e permitiu que fossem ordenados padres. Inácio escreveu as *Constituições Jesuíticas*, adotadas em 1554, que criaram uma organização hierarquicamente rígida, enfatizando o caráter apostólico, a auto abnegação e a obediência ao Papa. Foi canonizado em 1622 pelo Papa Gregório XV. O seu dia festeja-se em 31 de Julho.

D. INÊS DE CASTRO (Coimbra, 1320 – id.,1360). Foi amante e postumamente declarada esposa legítima do rei Pedro I de Portugal, que teria feito o cerimonial secretamente em 1354. Foi assassinada por ordens de Afonso IV, pai de Pedro, após diversas tentativas de afastar os amantes e casar o príncipe com uma princesa de sangue real. Os restos dos amantes jazem juntos até hoje no Mosteiro de Alcobaça.

D. ISABEL DE ARAGÃO (1470 – Saragoça, 1498). Filha de Fernando V e de Isabel I de Castela. Em consequência do tratado de Alcobozes, casou em Valência de Alcântara, em 1490, com o príncipe D. Afonso, herdeiro da coroa, filho do futuro D. João II. Viúva, voltou a casar com o cunhado D. Manuel I. Morreu ao dar luz ao príncipe Miguel, jurado herdeiro das coroas de Portugal, Castela e Aragão.

RAINHA SANTA ISABEL (Saragoça, 1271 – Santarém, 1336). Sexta rainha de Portugal, era filha do rei Pedro III de Aragão e de Constança de Hohenstaufen, rainha da Sicília. Isabel foi muito piedosa e passou grande parte do seu tempo em oração e ajuda aos pobres. Passou à história com fama de santa, tendo sido beatificada e posteriormente canonizada. Seu corpo é zelado pelas irmãs de Santa Clara de Coimbra.

SANTA IRIA Também conhecida como Santa Eria ou Irene. Nascida de uma rica família de Nabância, Iria professou num mosteiro de monjas beneditinas, o qual era governado pelo seu tio, o abade Sélio. Por sua beleza e inteligência, foi alvo de muitas paixões. Por causa do ciúme doentio de um monge chamado Remígio, foi vítima de um feitiço que fez surgir nela sinais de gravidez. Com isso, foi expulsa do convento, e por fim assassinada. Lançado ao rio, o corpo da mártir ficou depositado entre as areias do Tejo. Seu culto foi muito popular na época de dominação visigótica, e de "Santa Iria" deriva o nome da cidade de Santarém. Não foi reconhecida como santa canônica pela Igreja católica.

JEAN DE LÉRY (La Margelle-Saint-Seine, França, 1534 – Berna, 1611). Missionário huguenote francês cuja obra escrita é de grande valor histórico e etnográfico. Aderiu à Reforma e estudou teologia em Genebra até embarcar em 1557 com outros catorze missionários para a França Antártica, tentativa de colonização francesa no Rio de Janeiro. Regressou à Europa em 1558 e formou-se em Genebra. Nomeado pastor em 1560, começou a escrever suas experiências brasileiras que seriam publicadas em *Histoire d'un voyage fait en la terre du Brésil, autrement dite Amérique* (1578), cuja versão para o português tem o nome de *Viagem à terra do Brasil*.

SÃO JERÔNIMO (Strídon, c. 340 – Belém, 420). Eusebius Sophronius Hieronymus é conhecido sobretudo como tradutor da Bíblia do grego antigo e do hebraico para o latim. É o padroeiro dos bibliotecários. A edição de São Jerônimo, a "Vulgata", é ainda o texto bíblico oficial da Igreja Católica Romana, que o reconhece como Padre da Igreja (um dos fundadores do dogma católico) e ainda doutor da Igreja. A Vulgata foi publicada cerca de 400 d.C., poucos anos depois de Teodósio I ter feito do Cristianismo a religião oficial do Império Romano (391).

D. JOANA (1522 – 1573). Conhecida como D. Joana de Áustria, Joana de Espanha ou Joana de Habsburgo, a infanta espanhola e arquiduquesa de Áustria era a quarta filha do casamento do imperador Carlos V com Isabel de Portugal. Casou-se em 11 de janeiro de 1552 com o príncipe D. João, filho de D. João III e da rainha D. Catarina. Seu marido, ainda menor de idade, faleceu com dezesseis anos em 1554, deixando-a viúva e grávida e todo o reino português na expectativa do nascimento do príncipe herdeiro. Após alguns dias, deu à luz o rei D. Sebastião, confiando a educação da criança a Catarina de Áustria, partindo em seguida para a Espanha.

JOAN FELTON (Great Yarmouth, Inglaterra 1580 - em Lincolnshire, Inglaterra, 1645). Embora tenha sido educado como protestante, decidiu aos 23 anos ser católico e peregrinar até Roma. Anos depois, volta à Inglaterra como missionário jesuíta, onde é encarcerado. Meses depois, é libertado mas logo falece.

SÃO JOÃO (Betsaida, 2 – Éfeso, 103). São João Evangelista ou Apóstolo João, foi um dos doze apóstolos de Jesus. João era o mais novo dos doze discípulos, tinha provavelmente cerca de 24 anos de existência quando juntou-se a Jesus. Após a morte de Cristo, foi pregar na Ásia, onde fundou grande número de igrejas, o que ameaçou o imperador Domiciano, que mandou que fosse preso, levado a Roma e jogado em uma tina de óleo fervendo nas imediações da Porta Latina. João, no entanto, saiu do martírio são e salvo. Foi então exilado pelo imperador na ilha de Patmos, onde escreveu o Apocalipse.

JOÃO DE BARROS (Pombal, Portugal, 1496 – Pombal, 1570). É considerado o primeiro grande historiador português. D João III, que subiu ao trono em 1521, concedeu a Barros diversos cargos importantes da corte portuguesa entre eles o de tesoureiro da Casa da Índia em 1525, onde atuou até 1568. Em 1535, Barros foi agraciado com a posse de duas capitanias no Brasil em parceria com Aires da Cunha: o Ceará e o Pará. Por proposta de D. Manuel I, iniciou uma narrativa dos feitos portugueses na Índia, as *Décadas da Ásia*, cujos três primeiros volumes foram impressos entre 1552 e 1563. A *Quarta Década*, deixada inacabada, foi completada por João Baptista de Lavanha e publicada em Madri; em 1615.

PADRE JOÃO DE ALMEIDA (Londres, 1572 – Rio de Janeiro, 1653). Passou sua adolescência em Portugal, tendo vindo para o Brasil em 1592. Aqui, virou jesuíta e entrou para a Companhia de Jesus, se dedicando à catequização dos índios. Foi para Cananeia, e esteve presente quando os Carijós foram atacados por uma tribo inimiga. Iniciou uma grande jornada, levando 1500 Carijós para a Aldeia de Barueri, a qual fundou. Dizia-se que ele ressuscitava crianças e faleceu com fama de santo.

JOÃO DE CAPDEVILLE Corsário huguenote, responsável, em 13 de setembro de 1571, pelo ataque à nau do Governador do Brasil, D. Luis de Vasconcellos, morto em combate, entre outros saques e mortes (ver Pero Dias).

Glossário de personagens

JOÃO RAMALHO (Vouzela, Portugal, 1493 – Piratininga, 1580). Por volta de 1513, naufragou na costa do que é hoje São Paulo, sendo encontrado pela tribo dos Guaianases, com quem foi adquirindo prestígio, facilitando o estabelecimento de postos de comércio com os europeus no litoral. Casou-se com Bartira, filha do cacique Tibiriçá, tendo com ela nove filhos. Foi o fundador da Vila de Santo André da Borda do Campo. Atuou como um intermediário nas relações entre os índios e os europeus. Ajudou Martim Afonso de Souza na fundação de São Vicente em 1532 e foi um dos responsáveis pela vitória dos brancos contra os tamoios confederados que invadiram a Vila de São Paulo.

TOMÁS DE KEMPIS (Renânia, Alemanha, 1379 – Zwolle, 1471). Agostiniano autor do livro *De imitatione Christi* (Imitação de Cristo), tido como a mais importante obra da literatura cristã, depois da Bíblia. Filho de um artesão e de uma professora, foi estudar em Deventer (1392), na Holanda, centro religioso e sede da Irmandade da Vida Comum, comunidade dedicada ao cuidado e à educação dos pobres, onde ficou até 1399 quando ingressou no mosteiro de Agnietenberg, onde recebeu o hábito de noviço (1406), no qual permaneceria por mais de 70 anos. Ordenou-se em 1413, e passou a dedicar sua vida à cópia de manuscritos e ao ensino de noviços. *De imitatione Christi*, livro escrito em estilo simples, enfatizava a vida espiritual, afirmava a comunhão como prática para fortalecer a fé e encorajava uma vida pautada no exemplo de Cristo.

D JOÃO II (Lisboa, 1455 – Alvor, 1495). Décimo terceiro rei de Portugal, em cuja administração descobriu-se o Cabo da Boa Esperança e foi assinado o Tratado de Tordesilhas. Filho mais velho de D. Afonso V e D. Isabel, filha do Duque de Coimbra, casou-se com a prima Leonor (1471).

D. JOÃO III (Lisboa, 1502 – Lisboa, 1557). Monarca português, 15º rei de Portugal e sexto da Dinastia de Aviz. No seu reinado, deu-se o fortalecimento do poder marítimo dos portugueses no oceano Índico, a ocupação da costa brasileira com a criação do sistema de capitanias hereditárias (1534-1536) e o estabelecimento da Inquisição e da Companhia de Jesus em solo português. Assumiu o trono com a morte do pai, D. Manuel I, em 1521 e, em 1525 casou com Catarina, infanta de Espanha e irmã do imperador Carlos V, do Sacro Império Romano Germânico e rei da Espanha, que por sua vez desposou Isabel, sua irmã.

D. JOÃO V (Lisboa, 1689 – Lisboa, 1750). Monarca português cujo reinado caracterizou-se pelo exercício absolutista do poder monárquico, tomando por modelo Luís XIV, da França. Filho de D. Pedro II e de sua segunda esposa, Maria Sofia Isabel de Neuburg, assumiu o trono em 1707. Casou-se em 1708 com a arquiduquesa Maria Ana de Áustria, filha do imperador Leopoldo I. Rompeu relações com a Santa Sé no pontificado de Bento XIII, depois reatadas com o Papa Clemente XII.

JOSÉ DE ANCHIETA (Tenerife, Canárias, 1534 – Reritiba, Espírito Santo, 1597). Foi educado nas Ilhas Canárias até os quatorze anos de idade. Depois disso seus pais, descendentes de nobres, decidiram que ele continuaria sua formação na Universidade de Coimbra, em Portugal, onde se filiou à Companhia de Jesus. José de Anchieta transferiu-se para o Brasil em 1553, junto com outros padres que tinham a catequese como objetivo. Dentre suas obras podemos citar as poesias em verso medieval, os autos que misturavam características religiosas europeias e indígenas, a primeira gramática do tupi-guarani (a cartilha dos nativos). Fundou o Pátio do Colégio, embrião da cidade de São Paulo, junto com os padres da Companhia de Jesus (1554). Ainda em vida fez uma série de milagres, e morreu com fama de santo em 1597. É considerado o "Apóstolo do Brasil", mas sua santidade ainda não foi reconhecida pelo Vaticano.

FREI JOSÉ DE SIGUENZA (Siguenza, Guadalajara, 1554 - El Escorial, 1606). Escritor, historiador, poeta e teólogo espanhol, monge da ordem de São Jerônimo. Escreveu *A história da Ordem de São Jerônimo* e foi conselheiro de Filipe II. Por sua autonomia intelectual, foi acusado pela Inquisição, mas não chegou a ser condenado.

SÃO JORGE (Capadócia, atual Turquia, ? – Palestina, 303). Jorge mudou-se para a Palestina com sua mãe após a morte de seu pai. Lá foi promovido a capitão do exército romano devido a sua dedicação e habilidade, qualidades que levaram o imperador a lhe conferir o título de conde. Com 23 anos passou a residir na corte imperial em Roma, exercendo altas funções. Foi denunciado, porém, como cristão, preso, julgado e condenado à morte. Teve de caminhar descalço sobre brasas, depois jogado e arrastado sobre elas, e mesmo assim seu corpo não apresentou nenhuma lesão, sendo então decapitado pelos seus assustados torturadores. Jorge teria levado centenas de pessoas à conversão pela resistência ao sofrimento, inclusive a mulher do então imperador romano, é cultuado como símbolo de força e fé no enfrentamento do mal.

SÃO JULIANO   Viveu no tempo das perseguições de Diocleciano, no início do século IV. Fez de sua casa uma hospedaria para acolher os pobres e proteger os cristãos. São Juliano foi identificado como cristão e por isso foi levado para o tribunal, processado, torturado e condenado à decapitação em 308.

PADRE LEONARDO NUNES   (Vila de S. Vicente da Beira, ? – 1554). Ingressou no Colégio de Coimbra da Companhia de Jesus em 1548. Chegou ao Brasil na primeira viagem dos jesuítas ao Brasil na armada de Tomé de Souza em 1549, juntamente com outros cinco religiosos, entre os quais Manuel da Nóbrega. Como em S. Vicente não houvesse missionários, o padre Nunes foi pregar nessa região, onde instalou um seminário que foi o primeiro colégio da povoação. Morreu em meio a uma tempestade marítima, após salvar alguns náufragos. Antes de morrer, ergueu a cruz em uma das mãos e deixou-se afundar. Leonardo Nunes foi a primeira vítima da Companhia de Jesus na evangelização do Brasil.

RAINHA DONA LEONOR   (Viseu, 1458 – 1525). Princesa portuguesa da casa de Aviz, foi rainha de Portugal de 1481 a 1495, pelo seu casamento com D. João II de Portugal, que era seu primo pelos lados paterno e materno. Mesmo após a morte do rei, em 1495, a rainha mãe continuou a ser conhecida como rainha D. Leonor (ou a Rainha Velha) até à sua morte, sendo bastante respeitada na corte. É reconhecida como a responsável pela fundação das Misericórdias em Portugal.

SÃO LOURENÇO   Lourenço de Huesca foi um padre cristão e um dos sete primeiros diáconos, guardiões do tesouro da Igreja de Roma. Durante a perseguição do ano de 259 levada a cabo pelos romanos, o imperador romano mandou matar o Papa e ameaçou a Igreja para entregar as suas riquezas no prazo de três dias. S. Lourenço, naquela altura diácono da Igreja, levou os fiéis cristãos diante do imperador. Depois, exclamou a seguinte frase que lhe valeu a morte: "Estes são o patrimônio da Igreja". O imperador, furioso e indignado, mandou prendê-lo. Foi então queimado vivo em uma grelha.

SANTA LUZIA   (Sicília, c. 283 – c. 304). Luzia de Siracusa, também conhecida por Santa Lúcia, é venerada pelos católicos como virgem e mártir, morrendo por volta de 304 durante as perseguições de Diocleciano em Siracusa. Na antiguidade cristã, juntamente com Santa Cecília, Santa Águeda e Santa Inês, a veneração à Santa Luzia foi das mais populares chegando a existir vinte templos em Roma dedicados ao seu culto.

D. MANUEL I   (Alcochete, Portugal, 1469 – Lisboa, 1521) Soberano português cujo reinado (1495-1521) é considerado como a fase mais gloriosa de Portugal. Filho de D. Fernando e de D. Beatriz, e neto paterno do rei D. Duarte, assumiu a coroa como o quinto rei da Dinastia de Aviz e o décimo quarto rei de Portugal. Casou-se em 1497 com a princesa Isabel de Castela, viúva de D. Afonso e filha dos reis da Espanha, Fernando e Isabel. Durante seu reinado, os navegadores portugueses consolidaram suas proezas com as grandes descobertas. Foi responsável por importantes reformas urbanísticas em Lisboa no início do século XVI.

MANUEL DA NÓBREGA   (Entre-Douro-e-Minho, Portugal, 1517 – Rio de Janeiro, 1570). Filho do desembargador Baltasar da Nóbrega tornou-se integrante da Companhia de Jesus e chefiou o primeiro grupo de jesuítas que chegou ao Brasil, em 1549, na armada de Tomé de Souza. Ajudou na fundação de São Paulo, e auxiliou o governador Mem de Sá a expulsar os franceses do Rio de Janeiro. Foi muito notável por seus escritos, sendo alguns dos mais importantes, *Caso de consciência sobre a liberdade dos índios*, de 1567; *Informação da terra do Brasil*, de 1549 e *Tratado contra a antropofagia*, de 1559.

SÃO MARCOS   Autor do segundo Evangelho, foi discípulo de São Pedro e de São Paulo, que acompanhou nas suas viagens apostólicas. É o criador do gênero literário Evangelho. Pensa-se que, quando São Marcos escreveu o seu Evangelho, do de São Mateus só haveria uma coleção de palavras de Jesus, sem enquadramento narrativo e sem milagres. Ainda viajou para pregar no Chipre, na Ásia Menor e no Egito, especialmente em Alexandria, onde fundou uma das igrejas que mais floresceram. Segundo a tradição, foi martirizado no dia da Páscoa, enquanto celebrava o santo sacrifício da missa.

D. MARCOS TEIXEIRA   Foi bispo da então Diocese de São Salvador da Bahia no período de 1621 a 1624, sendo o quinto bispo do Brasil. Em 1624, quando da invasão da Bahia pelos holandeses, D. Marcos Teixeira, assumiu interinamente o governo geral, dado que o então governador Diogo de Mendonça Furtado foi preso e embarcado para a Holanda pela armada da Companhia das Índias Ocidentais. Foi quem organizou a resistência para a retomada da cidade pelos portugueses.

PADRE MARTIN DE ROA (Córdoba, 1561 – Montilla, 1637). Padre jesuíta e historiador. Foi reitor do Colégio Jesuíta de Málaga. Escreveu em 1602 sobre a história da Companhia de Jesus em Andaluzia, entre outras obras de história eclesiástica.

MARTINHO LUTERO (Eisleben, Alemanha, 1483 – Eisleben, 1546). Aos 14 anos, matriculou-se na Escola Superior de Latim, em Magdeburgo. Em 1502 conquistou o título de bacharel em Filosofia, e em 1505, o de Mestre em Artes. Em 1507, foi ordenado padre pela Ordem Agostiniana, mas devido às suas ideias, que eram contrárias às pregadas pela Igreja católica, ele foi excomungado. Sua doutrina de salvação pela fé e rejeição às práticas católicas de mediação entre o fiel e Deus, foi considerada herética pelo clero católico, pois abordava assuntos considerados até então pertencentes somente ao papado. Foi responsável também pela tradução da Bíblia para o alemão, popularizando ainda mais sua doutrina. Foi o principal líder das reformas protestantes na Europa na primeira metade do século XVI.

SÃO MAURÍCIO Líder de uma legião de guerreiros cristãos recrutados no final do século III para guerrear contra os gálios, conhecidos como "a legião de soldados cristãos tebeus". Depois de muitas batalhas, durante um período de descanso de três dias, por ordem do imperador haveria três dias de comemorações e grandes festas religiosas, nas quais os deuses pagãos seriam homenageados pela vitória conseguida. Porém, comandados por Maurício, todos os soldados da tropa de tebeus recusaram-se a participar dos festejos. Maurício e seus companheiros foram, então, massacrados pelos soldados romanos e desde então ficaram conhecidos como "São Maurício e os Mártires Tebeus".

IMPERADOR MAXIMILIANO I DE HABSBURGO (Viena, 1459 – Wells, 1519). Foi Sacro Imperador Romano de 1508 até a sua morte. Maximiliano era filho de Frederico III, imperador da Áustria e do Sacro Império Romano. Possuía também os títulos de conde do Tirol, duque da Estíria, senhor da Suíça, duque da Caríntia e senhor da Suábia, por isso, ao se eleger imperador, tornou-se o mais poderoso dos príncipes alemães desde Frederico II. Casou-se em 1477 com a duquesa Maria de Borgonha (1457-1482). Enviuvando, Maximiliano lutou contra a França que queria anexar o território borgonhês, o que de fato conseguiu. Foi sucedido no império por seu neto Carlos V. Foi conde de Habsburgo, arquiduque de Áustria, duque de Carniola, duque da Caríntia, duque da Estíria, conde de Ferrette, landgrave da Alta Alsácia, conde do Tirol, rei dos Romanos e imperador.

MEM DE SÁ (Lisboa, 1500 – Bahia, 1572). Era filho natural do cônego Gonçalo Mendes de Sá e irmão do poeta Francisco de Sá Miranda. Exerceu o cargo de Desembargador dos Agravos, e foi nomeado como terceiro governador geral do Estado do Brasil (1558 a 1572), sucedendo a D. Duarte da Costa. Seu governo teve como mais importantes realizações a fundação da cidade de São Sebastião do Rio de Janeiro, em 1565, por seu sobrinho Estácio de Sá, a expulsão dos franceses em 1567 e a normatização do aldeamento de tribos indígenas pelos jesuítas.

SÃO MIGUEL ARCANJO Seu nome significa "quem é como Deus". Segundo a Bíblia, é um dos sete espíritos que assistem ao trono do Altíssimo. O profeta Daniel nomeia este arcanjo chamando-o de príncipe protetor dos judeus e depositário das profecias do Antigo Testamento. Assume também a posição de padroeiro da Igreja católica.

REI MIRAMOLIM Miramolim é um título muçulmano que se pode traduzir como emir dos crentes, príncipe dos fiéis ou comandante dos fiéis. O Miramolim Aboidil, de Marrocos, foi responsável pelo martírio, em 1220, de um grupo de frades a serviço de S. Francisco de Assis, que saíram pelo mundo para pregar a doutrina cristã. Os mártires de Marrocos foram canonizados em 1481.

PAPA NICOLAU V (Sarzana, La Spezia, então República de Gênova, 1397 - 1455). Papa da Igreja Católica Romana eleito em 1447 como sucessor de Eugênio IV (1431-1447), um dos mais influentes pontífices do Renascimento. Grande parte da sua fama deve-se à sua obra de mecenas.

ONZE MIL VIRGENS Damas acompanhantes de Santa Úrsula que foram massacradas por exércitos hunos em Colônia quando ela se encaminhava para seu casamento (Ver Santa Úrsula). Suas relíquias, principalmente suas cabeças, foram espalhadas por todos os territórios católicos desde a Baixa Idade Média, e no século XVI, pelas colônias fora da Europa.

SANTA ORÓSIA (ou Eurosia). Princesa que vinha da Boêmia para a Espanha casar-se com um príncipe visigodo, mas abrigada nos Pirineus, foi surpreendida por tropas islâmicas e martirizada em data incerta entre os séculos VIII e IX. No século XI a virgem apareceu a um pastor e indicou a localização de suas relíquias, pedindo para que contruíssem uma capela para sua cabeça no local, mas que levassem o resto de seu corpo para a cidade de Jaca, onde gerou muita peregrinação, tornando-se padroeira da cidade. Comemora-se o dia da santa em 25 de junho.

SÃO PANCRÁCIO (Roma, ? – 304). Era filho de pais cristãos, nobres, ricos e amigos do imperador Diocleciano. Órfão, com o apoio de um tio chamado Dionísio, conseguiu estudar em Roma, indo morar na mesma casa onde fazia seu retiro o Papa Marcelino. A perseguição de Diocleciano não dava tréguas a cristão nenhum, e Pancrácio, então com 14 anos de idade, e seu tio Dionísio foram denunciados e levados a júri. O tio foi imediatamente morto. Pancrácio ainda mereceu uma certa consideração do imperador por ser jovem e filho de amigos seus. Depois de tentar envolver Pancrácio com promessas, astúcias e ameaças, vendo o adolescente ainda responder que não temia a morte, pois a levaria direto a Deus, o imperador mandou decapitá-lo.

SÃO PANTALEÃO Médico grego que, tendo-se convertido à religião católica, passou a operar curas milagrosas, com o que despertou inveja de médicos pagãos que o denunciaram ao imperador Maximiano. São Pantaleão, depois de sofrer vários tormentos, morreu martirizado em Nicomédia em 303. Foi um dos santos cristãos mais cultuados em Constantinopla, e suas relíquias teriam aportado no norte de Portugal, em meados do século XV, nas mãos de cristãos armênios em fuga após a tomada de Constantinopla pelos turcos.

SÃO PAULO (Tarso, na atual Turquia, c. 3 – c. 66). Paulo de Tarso ou São Paulo, o apóstolo, é considerado por muitos cristãos como o mais importante discípulo de Jesus. Foi um apóstolo diferente dos demais, primeiro porque ao contrário dos outros, não conheceu Jesus pessoalmente, segundo porque destacava-se pela sua erudição, sendo a maioria dos outros apóstolos de formação mais simples. Frequentou uma escola em Jerusalém e tinha feito uma carreira no templo onde foi sacerdote. Defendeu a abolição da necessidade da circuncisão e dos estritos hábitos alimentares tradicionais judaicos. Esta opção teve a princípio a oposição de outros líderes cristãos, mas, em consequência deste posicionamento, a adoção do Cristianismo pelos povos gentios tornou-se mais viável. Alguns afirmam que foi Paulo quem verdadeiramente transformou o Cristianismo numa nova religião, e não mais uma seita do Judaísmo.

PEDRO MÁRTIR (Verona, 1205 – Como, 1252). Seus pais eram adeptos da doutrina religiosa do persa Mani, ou Maniqueu. Converteu-se ao catolicismo e se separou da família, indo para Bolonha para terminar os estudos. Ali acabava de ser fundada a Ordem dos Dominicanos, onde ele logo foi aceito, recebendo a missão de evangelizar. Indo da cidade de Como para Milão, foi morto com uma machadada por um maniqueu que o emboscou.

SÃO PEDRO (? - 67 d.C). Foi um dos doze apóstolos de Jesus Cristo. Pedro tem uma importância central na teologia católico-romana, sendo considerado o príncipe dos apóstolos e o fundador, junto com São Paulo, da Igreja de Roma (a Santa Sé). É ainda reconhecido como o primeiro Papa (na verdade era Bispo de Roma, sendo o título de Papa instaurado anos mais tarde). Sobre o seu túmulo edificou-se o edifício mais significativo para a Igreja católica na Europa, a Basílica de São Pedro.

D. PEDRO I (Coimbra, 1320 – Estremoz, 1367). Oitavo Rei de Portugal, tornou-se particularmente conhecido pelo caso amoroso com Dona Inês de Castro. Era filho do rei Afonso IV com a princesa Beatriz de Castela, e sucedeu a seu pai com a morte deste em 1357. Casou-se com D. Constança de Castela, mas antes que esta morresse, apaixonou-se perdidamente pela dama de honra da sua mulher, a galega Inês de Castro, um caso que influenciou fortemente a política interna de Portugal no reinado de seu pai Afonso IV.

PEDRO CORREIA (? – 1554). Colono no Brasil desde 1534, participava em expedições pelo litoral, envolvendo-se em pilhagem e morte de índios. Foi porém um dos primeiros que o padre Leonardo Nunes recrutou para ajudar-lhe na catequese e no estabelecimento das primeiras missões jesuítas no Brasil. Ainda em 1550, Correia foi aceito na Companhia. Falava bem o tupi, sendo um dos principais tradutores do discurso religioso e identificado como um dos "línguas". Em 1554, durante trabalho catequético, foi morto por flechadas dos Carijós junto ao companheiro João de Souza.

FREI PEDRO PALÁCIOS   (Mediria, Espanha, 1500 – Vila Velha, Espírito Santo, 1570). Chegou a Vila Velha em 1558 como missionário da ordem franciscana. Levou uma vida contemplativa, além de se dedicar à implantação da fé cristã entre os indígenas e conservá-la entre os europeus residentes no Brasil. Foi construtor do Santuário de Nossa Senhora da Penha, em Vila Velha. Foi encontrado morto em sua ermida, diante do altar de São Francisco, e considerado santo pela população da região.

PERO DIAS   (Arruda dos Vinhos, Lisboa, 1526 – 1571). Padre jesuíta incumbido de liderar um grupo de missionários que tinha a função de acompanhar a nau capitânia do governador do Brasil, D. Luis Fernandes de Vasconcelos. O mau tempo os impediu de dobrar o Cabo de Santo Agostinho, arrastando-os para as Antilhas. Retomaram a viagem mas foram atacados por um grupo de corsários liderados por Capdeville, sendo considerados mártires desse evento doze homens: Pero Dias, o Padre Francisco de Castro e dez irmãos. Em homenagem ao mártir, Anchieta compôs um auto.

D. PERO FERNANDES SARDINHA   (Évora, 1495 – Alagoas, 1556). Foi designado bispo da Bahia em 1552 por D. João III, sendo o primeiro bispo do Brasil. Chegou a Bahia com uma comitiva de clérigos para o trabalho de catequese e inaugurou a Diocese de Salvador ainda sob o governo de Tomé de Sousa. Entrou em conflito com Manuel da Nóbrega e outros jesuítas por achar que eles eram muito complacentes com os costumes indígenas. Também entrou em choque com Duarte da Costa em razão de uma reprimenda que fez ao filho do novo governador. Embarcou, então, decidido a ir até Lisboa a fim de queixar-se ao monarca, porém o navio em que viajava naufragou na foz do Rio Coruripe, na costa alagoana. Sobrevivente do naufrágio, foi aprisionado pelos índios caetés que o devoraram.

PERO MAGALHÃES GANDAVO   (Braga, ? – Portugal, 1579). Historiador, gramático e cronista, autor do primeiro manual ortográfico da língua portuguesa e da primeira história do Brasil: *História da província de Santa Cruz* (1576). Filho de pai flamengo, foi professor de latim e moço de câmara do rei D. Sebastião. Trabalhou na Torre do Tombo, em Lisboa, na transcrição de documentos e foi nomeado Provedor da Fazenda na Bahia. Ali permaneceu por cerca de cinco anos (1565-1570). Percorreu outras partes do Brasil e registrou seus artigos em manuscritos que se perderam, salvando-se cópias do *Tratado da província do Brasil*, do *Tratado da terra do Brasil*, e da *História da província de Santa Cruz*. Seu trabalho era uma espécie de propaganda de incentivo à imigração, pois propagava o clima, as riquezas e a possibilidade de os portugueses enriquecerem na terra recém - descoberta.

ROBERT SOUTHWELL   (Horsham, Inglaterra, ? – Londres, 1595). Poeta e mártir inglês beatificado em 1929, ficou conhecido por suas composições devotas, tratados e epístolas. Estudou em colégios jesuítas de Douai, França, e de Roma, ordenando-se padre em 1584. Fez estudos complementares no Colégio Inglês de Roma em 1585. Viajou de volta para a Inglaterra como missionário no ano seguinte, para ajudar católicos perseguidos pelos protestantes. Traído, foi torturado e executado.

SÃO ROQUE   (Montpellier, França, c. 1350 – id., c. 1379). Santo da Igreja Católica Romana, protetor contra a peste e padroeiro dos inválidos e cirurgiões. É considerado por algumas comunidades católicas como protetor do gado contra doenças contagiosas. Até hoje sua popularidade é grande, sendo orago de muitas comunidades em todo o mundo católico e padroeiro de diversas profissões ligadas à medicina e ao tratamento de animais.

SANTA ROSA DE VITERBO   (Viterbo, 1233 - 1252). Virgem da Terceira Ordem Franciscana, canonizada pelo Papa Calixto III em 1457. Nasceu em uma família pobre de Viterbo e desde criança já manifestava experiências místicas. Viveu asceticamente e se impunha severas penitências. Seu corpo, incorrupto e flexível, está na Igreja de Santa Maria del Poggio, de onde todos os anos na data de 4 de Setembro é carregado em procissão pelas ruas de Viterbo. É a santa padroeira da Juventude Franciscana.

RUI DE PINA   (Guarda, 1440 - 1522). Foi nomeado cronista-mor do reino, guarda-mor da Torre do Tombo e da livraria régia por D. Manuel, em 1497. Escreveu as crônicas de vários reis, entre os quais D. Sancho I, D. Afonso II, D. Sancho II, D. Afonso III, D. Dinis, D. Afonso IV, D. Duarte, D. Afonso V e D. João II, adotando um ponto de vista que exaltava os feitos dos monarcas. Foi incumbido de várias missões diplomáticas, dentre as quais se destaca a representação dos interesses portugueses em Barcelona, após a viagem de descoberta de Colombo, em negociações que prenunciavam o Tratado de Tordesilhas.

D. SANCHO I (Coimbra, 1154 – id., 1211). Filho de D. Afonso Henriques, rei de Portugal e da condessa Mafalda de Saboia, casou-se (1175) com Dulce de Barcelona, infanta de Aragão e Catalunha. Foi o segundo rei de Portugal (1185-1211), continuou a atividade de seu pai, procurando alargar o território português, conquistando diversas cidades aos mouros, sendo a mais importante a de Sines, no Algarve. Fez de Coimbra o centro de seu reino e seu primeiro objetivo foi aumentar a população, oferecendo vantagens aos estrangeiros que passavam pelos portos portugueses, para passarem a morar no reino. Encontra-se sepultado no Mosteiro de Santa Cruz de Coimbra, juntamente com D. Afonso Henriques.

D. SEBASTIÃO (Lisboa, 1554 – África, 1578). Rei de Portugal de 1557 até seu desaparecimento em 1578, era neto e sucessor de D. João III. Foi coroado rei aos três anos de idade e durante a menoridade ficou sob a tutela do cardeal D. Henrique, seu tio-avô paterno, e da avó, D. Catarina. Assumindo o trono efetivamente em 1568, deu prioridade ao projeto de expandir a cristandade no norte da África. A empreitada terminou tragicamente, pois na Batalha de Alcácer-Quiber, os portugueses foram esmagados pelas forças do sultão Abd Al-Malik e o rei desapareceu misteriosamente em combate, quando tinha apenas 24 anos de idade. Com seu sumiço e por não ter herdeiros, foi proclamado rei o velho cardeal D. Henrique, seu tio, que reinou dois anos e faleceu sem deixar herdeiros, facilitando a incorporação de Portugal aos domínios do rei espanhol Filipe II em 1580.

SÃO SEBASTIÃO (Narbonne, 256 - Roma, c.288). Mártir e santo cristão, morto durante a perseguição levada a cabo pelo imperador romano Diocleciano. Sebastião era um soldado que se teria alistado no exército romano cerca de 283. Diocleciano, ignorando tratar-se de um cristão, designou-o capitão da sua guarda pessoal, a Guarda Pretoriana. Sua conduta branda para com os prisioneiros cristãos levou o imperador a julgá-lo sumariamente como traidor, tendo ordenado a sua execução por meio de flechas, que se tornaram o seu símbolo e uma constante na sua iconografia. Porém, Sebastião não faleceu, e voltou a criticar o imperador, que mandou golpearem-lhe até a morte.

SÃO SIMÃO (13 a.C – 107). Foi um dos discípulos de Jesus Cristo, conhecido como "Simão, o Cananeu" de acordo com o Livro de Mateus e como "Simão, o Zelote" no Livro de Lucas e Atos. A palavra grega Cananeu e a palavra Zelote, derivada do aramaico, significam "zeloso". Supõe-se por esse apelido que Simão pertencia à seita judaica conhecida como zelotes. Foi convidado a converter-se ao Cristianismo ao mesmo tempo que André, Pedro, Tiago, João, Judas Iscariotes e Tadeu. Conforme um antigo registro atribuído ao historiador Egesipo, Simão foi martirizado durante o governo do imperador Trajano com 120 anos de idade.

SIMÃO DE VASCONCELLOS (Porto, 1597 - Rio de Janeiro, 1671). Após os estudos primários em sua terra, deslocou-se para outros centros para continuar seus estudos. Em 1616, viajou à Bahia onde se ordenou padre da Companhia de Jesus, tornando-se professor de teologia. Foi Procurador Geral da Companhia em Roma. Era Provincial no Brasil, quando faleceu. Foi cronista da Companhia de Jesus no Brasil, e seu livro *Crônica da Companhia de Jesus no Estado do Brasil* foi publicado em Lisboa, em 1663.

PAPA SIXTO V (Grottammare, 1520 – Roma, 1590). Papa da Igreja Cristã Romana (1585-1590) cujas reformas realizadas contribuíram para restabelecer o prestígio político e espiritual da Igreja católica no século XVI. Dividiu a administração pontifícia em quinze congregações (1588) e complementou a reforma da Cúria, com uma rigorosa campanha contra a corrupção do clero. A reforma permitiu a efetivação dos decretos do Concílio de Trento e fez com que o Papa fosse considerado um dos fundadores da Contra-Reforma. Efetivou importantes obras urbanísticas em Roma, que após seu papado transformaram-se em vitrine da espacialidade da Contra-Reforma.

SANTA TERESA D'AVILA (Ávila, Espanha, 1515 - Alba de Tormes, 1582). Órfã de mãe aos doze anos, Teresa adotou Nossa Senhora como sua mãe adotiva. Quando completou quinze anos, o pai levou-a a estudar no Convento das Agostinianas de Ávila, para onde iam as jovens de sua classe social. Aos 20 anos, Teresa ficou no Convento da Encarnação. Foi a responsável pela fundação da Ordem das Carmelitas Descalças, fazendo o voto de pobreza, da mais estrita clausura e do silêncio. As religiosas vestiam hábitos toscos, usavam sandálias em vez de sapatos (por isso foram chamadas "descalças"). A pedido de seus superiores, registrou toda a sua vida de tentações e espiritualidade mística em livros. Já em vida tinha fama de santa, e foi canonizada em 1662. Sua morte no convento de Alba de Tormes iniciou uma longa disputa entre os conventos de Alba e Ávila por seus despojos.

THOMAS MORE (Londres, 1478 – id., 1535). Católico inglês, fez carreira como advogado e foi autor de vários tratados atacando as reformas religiosas e todos aqueles que questionassem qualquer área de privilégio da Igreja, seja espiritual seja temporal, como na primazia do direito canônico sobre o direito civil. Sendo conhecedor do direito canônico e profundamente religioso, More via no anulamento do sacramento do casamento uma matéria da jurisdição do papado, e a posição do Papa Clemente VII era claramente contra o divórcio. More foi chamado a fazer um juramento em abril de 1535 que reconheceria qualquer criança nascida do casamento de Henrique VIII com Ana Bolena e repudiaria "qualquer autoridade estrangeira, príncipe ou potentado". Perante sua recusa, foi aprisionado na Torre de Londres, onde continuou a escrever. More foi julgado, condenado e executado.

SÃO TIAGO Santiago o Grande, ou São Tiago Maior, foi um dos doze apóstolos de Cristo. Martirizado em Jerusalém no ano 44, seu corpo foi milagrosamente transportado para Compostela, na Galícia, onde desde a Idade Média é destino de peregrinações.

TOMACAÚNA Liderou um grupo de índios de várias procedências, em sua maioria Tupis, que faziam parte da Santidade de Jaguaripe, movimento mestiço de revolta contra a autoridade colonial. Tomacaúna foi incumbido pelo senhor de engenho Fernão Cabral Taíde de convencer a Santidade a se estabelecer em sua fazenda.

TOMÉ DE SOUZA (Rates, 1503 – c. 1579). Participou de ações militares, como a guerra contra os mouros no Marrocos e em Arzila, recebendo como recompensa a condição de fidalgo em 1535. Foi nomeado o primeiro governador geral do Brasil, em 1549, para onde veio com grande armada para fundar a cidade de Salvador. Após seu mandato como governador geral, retornou a Portugal em 1553, onde ocupou diversos cargos.

SÃO TOMÉ Tomé ou Tomás, como também é chamado, tinha o apelido de Dídimo, que quer dizer "gêmeo e natural da Galileia". Era pescador quando Jesus o encontrou e o admitiu entre seus discípulos. Como se recusou em acreditar na ressurreição de Jesus, o Senhor o repreende carinhosamente: "Tomé, porque viste, acreditaste: bem aventurados os que acreditarão, mas sem ver" (João 20,29). Pregou entre os medos e os partas, povos que habitavam a Pérsia. A narrativa cristã defende que ele teria catequizado a Índia, onde teria morrido martirizado com uma lança. Seu suposto corpo foi encontraso em Meliapor, na Índia, no século XVI.

SÃO TORPES Salvio Torpés, valido de Nero, foi convertido por São Paulo ao Cristianismo. Foi flagelado e decapitado pelos seus pares. O corpo foi metido numa jangada e lançado ao Rio Arno, em Pisa, com um galo e um cão. Havia uma disputa em torno da verdadeira localização de suas relíquias, até que no final do século XVI, o Papa Sixto V induz a descoberta de seu corpo na cidade de Sines, em Portugal.

PAPA SÃO URBANO I Seu pontificado se deu de 222 a 230. Natural da Itália, dentre outros feitos, determinou que as esmolas e os legados ofertados à Igreja fossem aplicados exclusivamente no sustento dos pobres e do culto divino. Foi caluniado, perseguido e preso por Almáquio, prefeito de Roma, sob o império de Alexandre Severo (222-235). Depois de sofrer duros ultrajes e açoites, foi degolado no dia 25 de maio de 230, tendo seu corpo sido lançado para ser consumido por aves e quadrúpedes. Uma mulher chamada Maimenia sua filha Lucina, recolheram seus restos e o sepultaram no cemitério de Pretextato, na Vila Ápia.

PAPA URBANO VIII (Florença, 1568 - Roma, 1644). Nascido em uma família de grande inluência, foi Papa de 1623 até a data da sua morte. Obteve várias funções de importância na hierarquia do Vaticano antes de se tornar papa. Estabeleceu um arsenal no Vaticano e uma fábrica de armas em Tivoli, fortificou o porto de Civitavecchia e o Castelo de Sant'Angelo (onde retirou vigas de bronze dos tempos do Império Romano para fundir canhões), entre outras construções. Foi durante seu pontificado que Galileu Galilei foi chamado a Roma para se retratar das afirmações científicas que havia produzido, em 1633. Encomendou a Bernini para a construção de diversas obras na cidade. Procedeu a numerosas canonizações, entre as quais as da rainha

Isabel de Aragão, São Francisco Xavier, Aloísio Gonzaga e Filipe Neri.

SANTA ÚRSULA Nasceu no ano 362, filha dos reis da Cornúbia, na Inglaterra. Cresceu muito ligada à religião. Por motivos políticos seu pai aceitou a proposta de casamento feita pelo duque Conanus, pagão. Quando soube que o pretendente não era cristão, Úrsula primeiro recusou, mas depois aceitou com a condição de esperar três anos para o duque converter-se ou desistir da aliança. Na época acertada, uma expedição, com dois navios, partiu levando Úrsula e suas dez damas, cada uma acompanhada de um séquito de mil virgens, que também se casariam com guerreiros escolhidos pelo duque Conanus. Navegando pelo Rio Reno, quando chegam a Colônia, na Alemanha, a cidade estava sob o domínio do exército de Átila, rei dos hunos. Logo os soldados hunos mataram todos da comitiva e, das virgens, apenas Úrsula escapou, pois Átila ficou maravilhado com a beleza e juventude da nobre princesa. Propôs-lhe casamento, porém, Úrsula recusou-o dizendo que era já era esposa do mais poderoso de todos os reis da Terra, Jesus Cristo. Ele mesmo a degolou. É padroeira de Colônia, onde desde a Idade Média diz-se ter encontrado o local de martírio de Úrsula e as onze mil virgens, de onde saíram milhares de relíquias para todas as partes do mundo.

VALERIANO Foi imperador romano entre 253 até 260, durante a crise do século III. Seu nome original era Publius Licinius Valerianus. Em 253, enfrentou as invasões de alamanos, francos e godos. Valeriano era de família senatorial, sendo ele mesmo um senador, ocupando importantes cargos durante impérios anteriores, como censor com Décio e governador do baixo Reno com Treboniano Galo. Foi o responsável pelo martírio de São Lourenço e Santo Hipólito.

ESTA OBRA FOI IMPRESSA EM SANTA CATARINA NO VERÃO DE 2011
PELA NOVA LETRA GRÁFICA & EDITORA. NO TEXTO FOI UTILIZADA
A FONTE MINION, EM CORPO 10 E ENTRELINHA DE 14 PONTOS.